한국어 의도성 표현의 교육

한국어 의도성 표현의 교육

김 서 형

한국문화사

한국어 의도성 표현의 교육

발 행 일	2012년 9월 25일 초판 인쇄
	2012년 9월 30일 초판 발행
지 은 이	김 서 형
꾸 민 이	김 성 아
펴 낸 이	김 진 수
펴 낸 곳	**한국문화사**
등 록	1991년 11월 9일 제2-1276호
주 소	서울특별시 성동구 아차산로 3(성수동 1가) 502호
전 화	(02)464-7708 / 3409-4488
전 송	(02)499-0846
이 메 일	hkm77@korea.com
홈페이지	www.hankookmunhwasa.co.kr

책값은 뒤표지에 있습니다.

잘못된 책은 바꾸어 드립니다.
이 책의 내용은 저작권법에 따라 보호받고 있습니다.

ISBN 978-89-6817-001-0 93710

머리글

　이 책은 2007년에 필자가 박사학위논문으로 제출한 '한국어 학습자를 위한 의도성 표현 교육'을 다소 보완한 것이다. 한국어 교육 현장에 있으면서 학습자가 배운 표현을 종합하여 정리하는 기회가 필요하지 않을까 하는 생각에서 시작한 작업이었다. 여기에 학습자가 한국인과의 의사소통에서 가장 답답한 것은 무엇일까? 왜 그럴까? 하는 의문을 해결하고자 하는 노력이 덧붙여진 것이다.
　의사소통이라는 것은 나의 의도를 정확히 전달하고 나 또한 다른 이의 의사를 정확히 파악하는 것을 목적으로 한다. '나'가 아닌 이상 내가 생각하는 그대로를 전달한다는 것은 모국어 화자들도 여간 어려운 것이 아니다. 하물며 한국어 학습자들은 한국어에 통달하지도 않은 상태에서 자신을 표현하려 할 때 자신의 의도와 전혀 다른 방향으로 의미가 곡해되어 당황하는 경우가 많을 것이다. 이러한 점을 고려하여 의미 기능을 가진 표현 가운데 1인칭 화자의 '의도'에 관심을 갖게 되었고 이를 '의도성 표현'이라는 범주를 설정하여 이러한 의미 기능을 갖는 여러 표현들을 아울러 정리하였다.
　현장에서 일하면서 박사 논문을 쓴 것은 필자의 의지만으로 된 것은 아니다. 언제나 필자의 뒤에서 든든히 지켜 주시는 고마운 여러 분들의 지지가 있었기에 가능하였다. 수준 있는 실력을 갖고 있는 쟁쟁한 선배님, 동학, 후배님들의 존재도 필자를 긴장하게 하고 정진하도록 하였다. 이렇게 하나를 마치고 좀 더 여유 있는 상황에서 한국어 교육과 연구의 길을 갈 수 있도록 이끌어 주신 분들을 생각한다.

　필자에게는 혈연의 부모님 이외에 인연의 부모님이 더 계시다. 90년대 아무것도 모르는 필자에게 한국어 교육에 대해 눈을 뜨게 해 주시고 늘 부드러우면서도 단호하게 용기를 일깨워 주신 故 배희임 교수님은 나에게 어머니이시다. 밖에서 들어온 자식임에도 불구하고 차별 없이 필자에게 따뜻한 격려와 엄격한 꾸지람으로 언제나 관심을 가져 주시는 지도교수님이신 홍종선 교수님은 나에게 아버지와 같은 분이시다.

　더욱이 한국어 교육학의 넓이와 깊이를 보여주시는 김정숙 교수님, 냉철하시면서도 자상하신 최호철 선생님, 성함만으로도 학문의 카리스마가 느껴지는 신지영 교수님은 필자를 학문적으로 매진하도록 일깨워 주시는 스승이시다. 멀리 계시지만 언제나 필자를 믿어 주시고 지지해 주시는 조재윤 교수님과 정문권 교수님께도 지면을 빌어 마음속 깊은 감사를 드린다. 또한 부족한 논문을 꼼꼼히 지도해 주신 배재대학교의 최정순 교수님, 경희대학교의 최동호 교수님께는 감사의 말씀을 드려도 부족하고 또 부족할 것이다. 마지막으로 1년 동안 마음 편안하게 공부할 수 있도록 물심양면 도와주신 Cornell University의 John Whitman 교수님께도 무한한 감사를 드린다.

　현재 한국어 교육 분야는 그 어느 때보다 많은 관심을 받고 있으며 활발한 연구도 진행되고 있다. 필자의 논문에서 살피었던 한국어 교육 교재들이 하나 둘씩 개정이 진행되고 있다는 것도 그 예일 것이다. 시일이 지나 필자가 논의하였던 대상 교육 기관 교재들의 개정이 모두 완간되면 필자의 학문도 조금은 깊어지지 않을까 기대한다. 그날이 되면 다시 새로운 마음으로 좀 더 의미 있는 연구로 발전시킬 것을 약속해 본다.

2012년 눈부신 가을날
김 서 형

차 례

머리글 / Ⅴ

제1장 서론 ··· 1
   1. 연구 목적 ··· 1
   2. 연구 대상과 방법 ··· 4
   3. 선행 연구 검토 및 문제 제기 ························· 8

제2장 의도성 표현의 개념과 유형별 특성 ············ 19
   1. 의도성 표현의 개념과 범위 및 유형 ············ 19
   2. 의도성 표현의 목록 ······································· 36
   3. 의도성 표현의 특징 ······································· 50

제3장 의도성 표현의 교육 실태 ····························· 59
   1. 교재에 나타난 의도성 표현 ·························· 59
   2. 학습자 말뭉치에 나타난 의도성 표현 ········ 124

제4장 교육용 의도성 표현 항목 선정과 위계 ······ 161
   1. 교육용 목록의 위계화 설정 원리 ··············· 161
   2. 의도성 표현 형태의 위계화 ······················· 213

제5장 의도성 표현의 교육 방안 ⋯⋯⋯⋯⋯⋯⋯⋯⋯⋯⋯⋯⋯⋯ 231
   1. 의도성 표현의 교수 원리 ⋯⋯⋯⋯⋯⋯⋯⋯⋯⋯⋯⋯⋯⋯ 231
   2. 의도성 표현의 교육 내용 ⋯⋯⋯⋯⋯⋯⋯⋯⋯⋯⋯⋯⋯⋯ 244
   3. 유사 관계 의도성 표현의 교수 내용 ⋯⋯⋯⋯⋯⋯⋯⋯⋯⋯ 301

제6장 결론 ⋯⋯⋯⋯⋯⋯⋯⋯⋯⋯⋯⋯⋯⋯⋯⋯⋯⋯⋯⋯⋯⋯⋯ 321

참고문헌 / 329
찾아보기 / 337

표 차례

<표 1> 한국어 교재에 나타난 '의지' 표현 ·················· 98
<표 2> 한국어 교재에 나타난 '계획' 표현 ·················· 109
<표 3> 한국어 교재에 나타난 '희망' 표현 ·················· 114
<표 4> 한국어 교재에 나타난 '약속' 표현 ·················· 119
<표 5> 학습자 쓰기 말뭉치에 나타난 의지 표현의 사용 빈도 ······ 127
<표 6> 학습자 쓰기 말뭉치에 나타난 계획 표현의 사용 빈도 ······ 133
<표 7> 학습자 쓰기 말뭉치에 나타난 희망 표현의 사용 빈도 ······ 136
<표 8> 학습자 쓰기 말뭉치에 나타난 약속 표현의 사용 빈도 ······ 140
<표 9> 한국어 교재와 학습자 말뭉치에 나타난 의도성 표현 목록 ···· 157
<표 9> 균형 말뭉치에 나타난 의도성 표현의 출현 빈도 ·········· 173
<표 10> 균형 말뭉치에 나타난 의지 표현의 출현 빈도 ··········· 175
<표 11> 균형 말뭉치에 나타난 계획 표현의 출현 빈도 ··········· 178
<표 12> 균형 말뭉치에 나타난 희망 표현의 출현 빈도 ··········· 180
<표 13> 균형 말뭉치에 나타난 약속 표현의 출현 빈도 ··········· 180
<표 14> 구어 말뭉치에 나타난 의도성 표현의 출현 빈도 ········· 182
<표 15> 구어 말뭉치에 나타난 의지 표현의 출현 빈도 ··········· 184
<표 16> 구어 말뭉치에 나타난 계획 표현의 출현 빈도 ··········· 188
<표 17> 구어 말뭉치에 나타난 희망 표현의 출현 빈도 ··········· 190
<표 18> 구어 말뭉치에 나타난 약속 표현의 출현 빈도 ··········· 191
<표 19> 의도성 표현의 사용 빈도 ························ 192
<표 20> 난이도에 따른 의도성 표현의 위계화 ··············· 209
<표 21> 교육용 의도성 표현의 빈도와 난이도 ··············· 215
<표 22> 의지 표현의 위계화 ···························· 224
<표 23> 계획 표현의 위계화 ···························· 225

<표 24> 희망 표현의 위계화 ·· 227
<표 25> 약속 표현의 위계화 ·· 228
<표 26> 의도성 표현의 위계화 ·· 229
<표 27> 의지 표현의 형태 정보 ·· 304
<표 28> 계획 표현의 형태 정보 ·· 304
<표 29> 희망 표현의 형태 정보 ·· 305
<표 30> 약속 표현의 형태 정보 ·· 305
<표 31> 의지 표현의 통사 정보 ·· 306
<표 32> 계획 표현의 통사 정보 ·· 307
<표 33> 희망 표현의 통사 정보 ·· 307
<표 34> 약속 표현의 통사 정보 ·· 308
<표 35> 의지 표현의 의미 정보 ·· 309
<표 36> 계획 표현의 의미 정보 ·· 309
<표 37> 희망 표현의 의미 정보 ·· 310
<표 38> 약속 표현의 의미 정보 ·· 310
<표 39> 의지 표현의 화용 정보 ·· 311
<표 40> 계획 표현의 화용 정보 ·· 312
<표 41> 희망 표현의 화용 정보 ·· 312
<표 42> 약속 표현의 화용 정보 ·· 313

제1장 서론

1. 연구 목적

언어 표현은 크게 두 가지로 나눌 수 있을 것이다. 하나는 어떠한 사건이나 현상에 대한 서술성 표현이며, 다른 하나는 자신의 뜻을 나타내는 의도 표출 표현이다.[1] 이들 두 가지는 일상적인 언어생활에서 모두 중요한 표현 영역이다. 본 연구에서는 이 가운데 후자의 표현을 '의도성 표현'이라 이름하여, 외국인을 위한 한국어 교육에서 이를 어떻게 교육할 것인가를 논의하고자 한다. 이를 위해 먼저 의도성을 가지는 표현 형태들의 의미 특성을 살피고, 유의적 관계에 있는 표현들이 갖는 용법상의 차이점을 고찰한다. 이어서 여기에서 얻어진 언어학적 정보를 바탕으로 한국어 교육을 위한 교수 방안을 모색하고자 한다.

학습자가 외국어를 조금이라도 배운 후에는, 자신이 원하는 사항을 표현할 기회가 올 때 자신의 뜻을 제대로 나타내고 싶어 할 것이다. 이러한 표현들 가운데 의도성 표현은 일상 언어생활에서 매우 기본적이고 빈번

---

1) 흔히 언어 표현을 화자의 발화, 심리 태도와 관련하여 [±의도(volitive)]의 유무를 기준으로 판단(혹은 인식)과 의도(혹은 의지)로 구별한다. 이러한 논의는 Jespersen(1924) 이후 고영근(1965), 이정민(1975) 등의 국내 연구에서도 이어져, 문장 내용에 대한 화자의 태도를 구별하는 기준으로 사용되었다. 이러한 관점에서 국어의 양태 요소는 기존에 논의되었던 선어말 어미, 종결 어미, 보조 용언, 보조사 이외에도 본고에서 논의되는 '구절 구조' 표현까지 확대될 수 있다.

하게 요구되는 표현이다. 따라서 한국어 교육에서도 초급 단계부터 한국어의 의도성 표현을 중요하고 광범위하게 다루며 연구하여야 할 것이다.

의도성 표현은 선어말 어미나 어말 어미 또는 보조 용언이나 명사구 등 여러 형태 구조로 나타난다. 그러나 이들은 화자의 의도에 따라 자연스럽고 적절하게 선택되어야 한다. 따라서 '의도성 표현'이라는 기능으로 묶이는 이들 표현 구조를 문법적 형태나 현상에 따라 분리하여 논의하면, 이들 사이에 나타나는 유기적인 관계나 공통적인 특성 등을 제대로 살피기 어려울 것이다. 이러한 문제점을 극복하고 '의도성 표현'이라는 과제를 한국어 교육에 효율적으로 도입하기 위해, 본고에서는 언어학적인 문법의 경계에 한정하지 않고, 자신이 1인칭 주어 화자가 되어 표출하고자 하는 의도를 나타내는 표현들 모두를 논의 영역으로 설정하여 종합적으로 고찰하고자 한다.

본고에서 논하는 '의도성 표현'은 "화자가 어떠한 것을 하고 싶다 또는 화자가 무엇이 되고 싶다는 '의도'를 나타내는 표현"이라고 정의를 내릴 수 있다. 즉 어떠한 사실을 나타내거나 느낌을 표출하는 것이 아니라, 화자가 하고 싶어 하는 내용 또는 화자가 되고 싶은 상태를 말하는 표현을 가리킨다.

의도성 표현은 의사소통 과정에서 화자가 하고자 하는 사항을 표출할 때 기본적이고 빈번하게 요구되는 언어 표현이다. 가령, 무엇을 하려고 하거나 선택을 하는 상황에서, 혹은 친구와 무엇인가를 약속할 때 등 기본적인 일상생활에서 자신이 가진 뜻을 나타내게 되는데, 이 때 의도성 표현이 자연스럽게 사용된다. 한국어를 처음 배우는 사람들도, 한국어를 사용하는 사회에서 자신의 위치나 자기가 하고 싶은 일 등을 표현해야 최소한의 생활을 할 수 있을 것이다. 그러나 학습자들은, 자신이 원하는 사항을 표현할 기회가 오거나 자신의 의사를 분명히 밝혀야 할 때 자신의 뜻을 제대로 나타내지 못해 답답함을 호소하거나 의사소통 자체를 포기하는 경우가 많다. 이처럼 '의도성 표현'은, 생활인으로서 매우 기본적인 표현이므로 한국어 교육에서도 초급 단계부터 중요하고 광범위하게 다루며 연구해야 한다.

이제까지 한국어 교육에서는 으레 언어학적 범주를 전제하고, 그 틀 안에서 논지를 전개하는 경우가 많았다. 언어학에서 언어 표현을 영역화할 때에는 흔히 문법 형태상 공통되는 범주를 갖거나 통사 구조상 관련성을 갖는 부류들 안에서 범주화하는 경향을 언어 교육학에서 수용했기 때문이다. 그러나 언중들의 실제 발화 상황에서는 어떠한 표현 구조를 택하든 자신의 생각을 얼마나 적절하게 표출하는가 하는 것이 우선한다. 따라서 본고에서는 선어말 어미나 보조 용언 등의 문법론적 범주 체계에 한정하지 않고, '의도성'이라는 표현의 의미 내용을 위주로 체계화하여 고찰해 나가기로 한다.

현재 한국어 교육에서 다루고 있는 의도성 표현들은 단원의 목표와 주제에 따라 몇몇 형태들이 제시되고 있다. 그러나 각 교재마다 목록의 종류와 기술 방식에 있어 차이를 보인다. 가령 '-겠, -(으)ㄹ 것이다' 등이 어떠한 점에서 차이를 가지며, 모국어 화자들은 이들을 어떠한 환경에서 사용하는지, 어떠한 표현을 더 자주 사용하는가 등에 대해, 언어 현실에 근거하기보다는 주로 국어학에서의 논의를 그대로 수용하여 문법 설명을 한다. 이는 외국어로서 한국어를 배우는 학습자들에게 너무 큰 부담을 안길 수 있을 것이다.

의도성 표현은 화자의 의도에 따라 자연스럽고 적절하게 선택되어야 한다. 따라서 '의도성 표현'이라는 기능으로 묶이는 이들 표현 구조를 문법적 형태나 현상에 따라 분리하여 논의하면, 이들 사이에 나타나는 유기적인 관계나 공통적인 특성 등을 제대로 살피기 어려울 것이다. 현재 대부분의 한국어 교재들은 비슷한 의미 기능을 갖는 형태들이 독립적으로 제시되고 있다. 이는 단원의 목표나 주제에 맞는 형태들을 선택적으로 제시하기 때문이다. 결과적으로 한국어 학습자들은 의도의 의미를 갖는 여러 형태들을 배우지만, 종합적으로 검토할 수 있는 기회를 제공받지 못한다. 결국 학습자들은 교실 밖의 담화 현장에서 비슷한 의미 특성을 갖는 형태들을 적절하게 활용하지 못해 모국어 화자의 담화 양식보다 단편적인 모습을 만들어 낸다. 학습자들은 유사한 의미 표현들 가운데 특정 표현만을 사용할 뿐 그 이외의 다양한 표현들을 장기적으로 기억하지 못한다.

　이러한 문제점을 극복하기 위해, 본고에서는 자신이 1인칭 주어 화자가 되어 표출하고자 하는 의도를 나타내는 '의도성 표현'을 종합적으로 다루고자 한다.

2. 연구 대상과 방법

　본 연구는 현상에 대한 화자의 판단이나 인식을 나타내는 표출 양상이 아닌, 화자가 무엇을 하고자 하거나 무엇이 되고자 하는 욕구나 의도를 담은 발화 표현만을 대상으로 한다. 물론 판단이나 인식에도 화자의 의도성이 있을 수 있지만, 그것은 의도된 결과가 서술 내용 속에 포함되어 있을 뿐 표현 형태로 나타나는 것은 아니다.

　　(1) 가. 나는 이 위기를 잘 이겨낼 수 있어요.
　　　　나. 나는 이 위기를 잘 이겨낼 거예요.

　(1가)는 화자가 이 위기를 자신의 능력으로 잘 해결할 수 있다는 것으로, 화자가 위기를 잘 넘기겠다는 의도를 나타낸다고 볼 수 있다. 그러나 이러한 내용은 발화 내용으로 전달되는 것으로, 특정 형태가 이러한 의미를 전달하는 것은 아니다. 이에 비해 (1나)는 이 위기를 이겨낼 것이라는 화자의 의지가 '-(으)ㄹ 거예요'를 통해 실현된 것이다. 본고는 화자의 의

도성이 (1나)처럼 형태적 표현으로 나타나는 구문의 경우로만 한정하기로 한다.

언어생활에서 다른 사람의 의도를 전달하는 것도 문장 내에 의도성 내용을 담고 있지만, 1인칭 화자 자신의 의도를 표현하는 것은 상위절의 서술어에 나타나는 그 나름의 문법적 특성과 의미 기능 표출 양상이 있다.

(2) 가. 나는 여행을 가려고 한다.
    나. 철수가 여행을 가려고 한다.
(3) 가. 나는 여행을 가고 싶다.
    나. 철수는 여행을 가고 싶다.

위의 예문에서 (2가)는 1인칭 화자가 여행을 갈 의사를 표현하는 것이지만 (2나)는 화자가 3인칭 주어인 철수의 의도를 청자에게 전달하는 것이다. (3가)는 1인칭 주어 화자가 갖는 의도의 표현으로 자연스러운 문장이다. 그러나 (3나)는 3인칭 주어의 의도 표현인데, 특정한 발화 상황 조건이 아니라면 매우 어색하거나 비문에 가깝다.[2] 이처럼 같은 형태의 표현이라도 화자의 인칭에 따라 문법성이 달라지므로, 이들에 대한 언어학적 접근이나 교육 내용은 다양해질 것이다. 그런데 한국어를 배우는 외국인에게는 이들 여러 인칭의 표현 가운데 1인칭 주어로 나타내는 표현이 우선적으로 많이 요구된다. 본고는 한국어 학습자들의 기본적인 언어 표현에 유의하고 있으므로, 여기에서는 1인칭 주어 화자의 의도성 표현만을 다루기로 한다.

(4) 가. 나는 여행을 가고 싶다.
    나. 나는 여행을 가기를 원한다.

---

[2] 전지적인 작가 시점과 같이 화자가 주어의 의도를 표출하는 상황에서는 이러한 표현이 가능하지만 일반적으로 '철수는 여행을 가고 싶어 한다.'로 표현한다.

(5) 가. 제가 먼저 가서 기다리겠습니다.
  나. 제가 먼저 가서 기다릴 계획입니다.

위에서 (4가)는 '-고 싶다'라는 구절 형태로 자신의 희망을 표현했지만, (4나)는 '원하-'라는 단어로써 자신의 희망을 표현했다. (5가)는 '-겠다'라는 문법 형태소로 자신의 '계획'을 표현하였지만, (5나)는 '계획입니다'라는 단어로 '계획'을 말하였다. 본고에서는 (4나), (5나)와 같은 단어가 아니라 (4가), (5가)와 같이 문법 형태나 구절 구조로 나타내는 표현들을 연구 대상으로 한다. 이렇듯 어휘적 표현이 아닌 문장 형태라고 해서 문법 범주를 제한하는 것은 아니다. 다만 본고는 문법적인 범주에 한정하지 않고 표현론적인 의미를 위주로 보기 때문에, 문법 범주의 동질성은 크게 고려하지 않으며 표현되는 의미 내용을 중심으로 고찰하는 것이다.

(6) 가. 나는 너랑 밥이라도 같이 먹을까 해서 전화했어.
  나. 나는 너랑 밥이라도 같이 먹을까 해.

의도성 표현도 내포문이나 접속문에 쓰일 수 있다. 그러나 본고에서는 (6가)처럼 내포문이나 접속문의 선행절에 나타나는 표현보다는, (6나)처럼 문장을 완전히 끝맺는 종결형에서 나타나는 표현을 주로 논의한다. 의도성 표현이 선행절에서 나타나는 경우를 포함하면 논의의 범위가 너무 확대되어, 통사 구조가 지나치게 복잡하지 않은 교육용 표현을 집중적으로 고찰하고자 하는 본고의 논지에서 벗어날 수 있기 때문이다. 다만 내포문이나 접속문을 포함하는 표현 가운데에서도 간단하고 짧은 문장이 있을 수 있으므로 이들에 대한 논의는 간략하게 다루기로 한다.

또한 본고에서는 음운론적 강세, 휴지 등에 따라 나타날 수 있는 화자의 의도성 문제도 고려하지 않는다. 형태 구조에 따르는 의도성 표현만을 대상으로 논의하는 것이다.

위의 연구를 진행하는 방향은 크게 두 가지가 가능하다. 첫째는, 기능 중심으로 기능별 구조를 짜서 각 기능에 해당하는 표현들을 정리하고, 이 표현들이 각각 가지고 있는 화용상 의미와 용법의 차이를 구별한 후에, 이들을 어떻게 한국어 교육에서 다룰 것인가를 논의하는 것이다. 이러한 방식은 기능을 중심으로 하여 고찰하므로 하나의 표현 형태가 갖는 다양한 의미 기능이 분산 논의되는 단점이 있지만, 이러한 방식을 위주로 교육 현장에 적용하면 학습자가 어떤 의미를 표현하고자 할 때 연관된 표현 형식 가운데 그 장면에 적합한 표현을 찾기 쉬울 것이다.

둘째는, 어느 정도 관련성을 갖는 중요한 표현 형태 몇 개를 선택하여 그들이 각각 화용상 나타낼 수 있는 수많은 의미 기능을 조사한 후, 그러한 여러 의미 기능들을 어떻게 한국어 교육에서 가르칠 것인가를 연구하는 것이다. 이 방식은 표현 형태 중심으로 서술하므로, 하나의 표현구가 가지는 다양한 의미 기능을 함께 배우면서 그 표현구에 대한 이해를 충실히 하고 그 표현구를 십분 활용할 수 있는 장점이 있다. 그러나 각 기능에 따른 표현이 분산 학습되므로 학습자가 어떠한 의미 내용을 말하려고 할 때 각 장면에 적합한 표현을 선택하는 데에 유기적으로 정보를 운영하기 어렵다는 단점이 있을 것이다.

따라서 두 방식 가운데 어떤 것을 택하든 각자의 단점을 보완하기 위해, 형태적으로 또는 기능적으로 유기적인 관계성을 갖는 고찰과 교육 내용을 논문 안에서 따로 장을 마련하여 부가하는 논의를 더하는 것이 필요할 것이다. 이러한 방식에 의한 교육은 한국어 교재 편성이나 교육 현장에서 1차적으로 나타나기보다, 각 장면에 따른 언어 수행을 위주로 기술된 교재에 부가적으로 요구하는 것이 좋을 수도 있다. 각 생활 장면별로 각 과가 설정되어 있는 기존의 교재에, 중간 중간에 기능별로 또는 형태별로 부족되는 내용을 보완하면 학생들이 입체적으로 한국어를 습득하는 데에 도움이 될 수도 있을 것이다.

본고에서는, 화자가 담화 상황에서 말하고자 하는 의미를 생각하고 이에 적합한 표현 형태를 선택한다고 보아 의미 기능을 위주로 한 첫 번째 방식으로 서술하고자 한다. 의미 기능 중심으로 기능별 구조를 짜서 각 기능에 해당하는 표현들을 정리하고, 이 표현들이 각각 가지고 있는 화용상 의미 차이를 구별한 후에, 이들을 어떻게 한국어 교육에서 다룰 것인가를 논의하는 방식으로 전개할 것이다.

이를 위해 제2장에서는 의도성 표현을 크게 '의지, 계획, 희망, 약속'으로 나누고, 이들 네 가지 하위 영역별로 그 문법 및 의미 특성들을 살핀다.

제3장에서는 의도성 표현의 교육을 위하여, 기존의 한국어 교재(고려대, 연세대, 서울대, 이대, 경희대)에서는 이들을 어떻게 다루었는가를 분석한다. 더불어, 학습자 말뭉치에 나타난 의도성 표현을 검토하여 학습자가 교육 내용을 어느 정도 습득(intake)하고 있는지 알아보고, 좀 더 효율적인 교육의 내용을 구축하기로 한다.

제4장에서는 이전 장들의 내용을 기초로 균형말뭉치 자료를 이용하여 한국어 교육을 위한 의도성 표현 형태들의 목록을 선정하고, 이를 토대로 의도성 표현의 교육을 위계화하고자 한다. 모국어 화자들이 어떠한 상황에서, 어떠한 의도성 표현을 자주 사용하는지를 교육 내용에 반영하면 교육 자료의 실제성에도 도움이 될 것이다.

제5장에서는 앞선 장들의 논의를 바탕으로 각 의도성 표현의 특성들을 한국어 교육에서 어떻게 도입할 수 있는가를 모색하기로 한다.

3. 선행 연구 검토 및 문제 제기

의도성 표현에 대한 연구는 국어학이나 한국어 교육 분야에서 아직 본격적으로 다루어지지 않았다. 국어학에서는 문법 범주를 기반으로 한 연구 방식에 기인하여 의도의 의미 기능을 나타내는 몇몇 형태나 구문을 중심으로 고찰이 이루어져서 의도성 표현이라는 의미 단위에 관심을 두지 않았을 것이고, 한국어 교육에서는 특정 문법 형태에 대한 연구는 진행되고 있지만 아직까지 포괄적으로 어떠한 표현이나 요소를 다루기에는 연구 역사가 길지 않다는 점에 그 이유가 있을 것이다.

여기에서는 기존의 국어학 분야와 한국어 교육 분야에서 부분적으로나마 의도성 표현이라고 볼 수 있는 형태에 대해 다루고 있는 연구들을 전반적으로 검토하고, 이후 이러한 연구들에서 더 나아가 본고에서 논의할 방향을 제시하고자 한다.

국어학 연구에서 의도성 표현을 본격적으로 다룬 연구는 거의 없지만, 종결 어미의 의미 기능을 기반으로 종결 어미의 체계를 세우고자 한 논의나 양태를 하나의 문법 범주를 설정할 것을 주장하는 논의에서 '의도성'이 부분적으로 언급되었다. 그 외에는 보조 용언의 통사적 특성을 다루면서 부분적으로 의미에 대해 소략하게 다루거나 개별 문법 형태소의 의미 기능의 하나로 논의한 것들이 있다. 국어학에서는 의도를 나타내는 문법 형태소의 의미 기능과 통사적 특성을 밝히는 것에 주력하였는데, 특정한 문법 범주를 제한하지 않고 의도 구문을 설정하거나 문장의 주어 인칭의 제약성을 밝힌 연구(이기갑 1987, 김제열 1993)가 있다. 이기갑(1987)은 '-거든'이 결합한 선행절은 의도의 의미를 나타내는 문장이 후행하는 특성을 가지는데, 이들을 의도 구문으로 설정하여 이들의 주어 제약의 특성을 살핀 것이다. 여기에서는 한 형태가 갖는 의미 특성으로 의도를 다루었던 기존의 논의와 달리 약속, 명령, 허락의 종결 어미와 의도의 의미를 갖는 어휘 서술어문도 의도 구문으로 포함시켜 의도의 의미를 문장 영역으로 확대하였다.

종결 어미의 의미에 대한 논의는 허웅(1995)에서 비교적 다양한 어미의 의미에 대해 다루어졌지만 문장 내에서의 실현되는 의미에 대해 주안을 두었다. 반면에 최근에 들어 형태 중심의 논의를 벗어나려는 시도가 종결어미 연구에서도 제기되었다. 종결형을 화자의 의도를 고려하여 분류하고 정립하려는 노력과 함께 담화 맥락이나 말뭉치 자료를 기반으로 언어 사용을 고려하는 논의들(윤석민 1994, 이종희 2004)이 제기되었다. 그러나 이러한 분류 방식은 목록만 커지고 다의성을 가진 종결어미인 경우 두 가지 이상의 범주에 속하게 된다는 점에서 문제가 될 수 있다고 본다. 또한 기존의 논의에서 제시되었던 목록이나 의미 특성에서 크게 벗어나지 못하였다. 이 밖에도 의도성과 관련 있는 특정 종결 어미에 대한 논의들(김하수 1979, 한길 1982, 1985, 박영준 1996, 안주호 2002 등)도 있다. 이들은 그동안 종결 어미 논의에서 다소 소극적으로 다루어졌던 '-(으)ㄹ까, -(으)ㄹ게'의 통사·의미적 특성이나 문법화를 연구하여 연구 대상의 폭을 넓혔다는 점에서 의의가 있다.

양태를 하나의 문법 범주로 인정한 논의들(장경희 1985, 조일영 1994, 박재연 2004, 김지은 1998, 강소영 2001)은 담화 상화에서 발현되는 기능과 주체, 대상에 따라 양태성을 분석적으로 심도 있게 다루었다는 점에서 국어의 양태 연구를 발전시키는 데 기여했다. 이 연구들에서 '의도'는 하나의 양태 의미 기능으로 분류되었지만, 특정 문법 형태나 관용 표현 등이 나타내는 여러 의미 중의 하나로 언급되어 깊이 있게 논의되지 못했다.

의도, 의지를 갖는 선어말 어미에 대한 논의들은 하나의 형태가 가지는 다양한 양태 의미를 다룬 것에서 유사한 양태 의미를 나타내는 문법소의 차이에 대해 지적한 논의들이 주를 이룬다(이정민 1975, 이남순 1998, 박재연 2003, 이해용 2003 등).

선어말 어미에 관한 논의 중 '-겠다'에 대해서는 범주 확립에 관한 것과 의미 특성을 논의한 연구들이 주로 이루어졌는데, '-겠다'를 시상의 범주나 서법의 범주로 볼 것을 주장하는 논의들(나진석 1965, 남기심 1973, 2001, 서정수 1977, 이익섭·임홍빈 1983 등)로 진행되어 왔다. 이들 논의들이 '-겠다'의 범주와 의미 특성을 다룬 것이라면 '-겠다'가 상황 맥락에 따라 관용적인 정중한 의뢰, [공손]의 의미를 밝힌 논의들(김혜정 1994, 전혜영 1995)도 있다. 이는 '-겠다'의 미래, 추측, 의지의 의미 기능을 논의한 기존의 연구만으로는 설명할 수 없었던 화용적인 관점에서 관용적인 '-겠다'의 기능을 찾았다는 점에서 의의가 있다.

보조 용언에 대한 연구는 통시적으로 이들의 형성 과정을 찾거나(손세모돌1996)이나 종결어미와 보조 용언이 통합한 구문의 특성과 차이를 밝힌 논의(엄정호 1990, 이관규 1986 등)이 있다. 이러한 보조 용언의 구문 특성을 다룬 논의 이외에 '싶다'에 대한 것은, 의미 기능에 대한 연구, 통사적 특성, 양태소로서 지위에 관한 것으로 구분할 수 있다. '싶다'는 전통 문법에서 대개 희망과 추측의 보조 형용사로 논의되었는데(최현배 1980, 허웅 1995 김석득 1986, 1992 등), 변형생성문법 이후 보조 동사로 다루어지기 시작하였다. 이러한 특성은 '싶다'가 '-고, -(으)면', 의문형 어미 등에 후행하는 구문상의 특성과 관계가 있다(김흥수 1983, 성낙수 1987, 엄정호 2003 등). 또한 양태 조동사로서 '싶다'의 통사와 의미 특성을 살핀 논의들(안명철 1983, 차현실 1984 등)과 이에 대한 통시적으로 그 과정을 논의한 연구(손세모돌 1995, 성광수 1993, 안주호 2005), '싶다'의 의미 특성만을 다룬 연구(변정민 2001)도 있다.

'싶다'의 의미를 통사적 구조의 특성과 관련하여 찾으려는 논의는 '싶다'를 양상 조동사로 다루는 연구에서도 이어진다. 차현실(1984)는 '싶다'가 명제 내용이 화자의 인식 내에서 이루어지면 '희망'의 의미를, 외부 사태에 초점이 맞춰지면 '판단'의 의미로 실현된다고 하였다.

배현숙(1989)에서도 '싶다'를 양상 서술어로 보고, 문장 내에서는 [욕구성]과 [주관적 판단]의 의미 자질을 가지는데 선행 요소의 성격에 따라 '희망, 추측, 의도'와 같은 의미로 실현된다고 하였다. '-고 싶다'는 어떤 동작이 완료되기를 바라는 것이며, '-(었)으면 싶다'는 당위성이 포함된 희망의 의미로 '-었-'은 주관적인 판단을 객관화하는 기능을 가진다고 하였다. '-ㄹ까 싶다'는 어느 정도 마음을 정하는 의도를 나타내는 것으로 '싶다' 구문의 의미 특성에 대해 구체적으로 설명하고 있다.

위의 연구에서는 대체로 '싶다'의 의미보다는 선행 요소와의 결합에서 비롯된 의미를 중심으로 다루고 있음을 알 수 있다. 이것은 선행 요소들의 의미가 보문을 형성하는 문법 기능만을 갖는 것이 아니라 그 나름대로의 의미를 갖고 있기 때문일 것이다. 이에 대해 변정민(2001)은 기존의 논의들이 본동사로서의 '싶다'의 의미에 대해 간과하고 있음을 지적하고 '싶다'의 어휘 의미를 분석하였다. '추정, 의도, 바람' 등의 의미는 '싶다'의 고유 의미가 아니라 선행어미나 의존 명사와의 결합에서 생겨난 문맥적 의미이며, '싶다'의 기본 의미 자질은 '기대성'과 '주관적 확신성'이라고 하였다.

지금까지 국어학 분야에서 의도성 표현과 관련된 논의들을 살펴보았다. 기존의 논의에서는 의도성을 갖는 형태의 통사·의미 특성이 심도 있게 다루어져, 논의 대상인 형태가 갖는 다양한 용법이 충분히 검토되었다는 점에서 의의가 있다. 그러나 의도성 표현에 대한 포괄적인 논의보다는 문법 범주 체계를 논의하는 과정이나 국어 양태 범주의 지위 확보를 모색하는 과정에서 부분적으로 다루어졌다는 것을 알 수 있었다. 또한 의미 특성에 대해서는 전통 문법에서 제기되었던 논의들이 거의 그대로 계승되었고 주로 이들의 의미나 화용상의 특성보다는 형태, 통사적 특성에 대한 논의를 중심으로 이루어졌다. 따라서 본고는 기존의 논의에서 주장되었던 의도성 표현이 갖는 문법 특성을 수용하고 실제 자료에서 얻어진 화용 특성을 고려하여 이를 교육에 적용하고자 한다.

다음은 한국어 교육 분야에서 의도성 표현에 관한 연구들을 살펴보기로 한다. 한국어 교육에서도 국어학과 마찬가지로 의도성 표현에 대해 본격적으로 논의된 연구는 거의 없다. 의도성 표현이 시제 표현이나 보조 용언, 의존 명사, 연결 어미 표현 구성과 관련이 있기 때문에 이들 주제를 다룬 문법 교육에 대한 연구에서 언급되었을 뿐이다.

한국어 교육은 '교육'을 전제로 한다는 측면에서 문법 요소의 의미 특성이 중요하게 다루어져야 한다. 이러한 경향은 의사소통접근법이 대두되면서 문법 교육의 연구 경향에 변화를 불러 일으켰다. 즉 이전에는 형태·통사적인 관점에서 개별 문법 형태에 대한 제약과 의미 특성을 논의하던 연구에서 최근에는 담화 맥락에서의 의미 특성을 강조하는 '표현', '구문' 중심의 문법 교육에 대한 논의가 진행되고 있다. 이러한 연구 방법론의 변화는 한국어 교육문법 교육 연구가 포괄적인 시각으로 문법 영역에 접근하고 있음을 보여 주는 것이다.

표현 중심의 논의 중에서 이효정(2003)는 한국어 교재와 문법서에서 추출한 양태 표현을 책임, 의지, 허용, 희망, 의도 등의 의미로 세분화하고 각 영역에 속하는 표현들의 차이점을 기술하였다. 유사한 의미 표현은 기본 의미, 통사 제약, 빈도수, 구어와 문어에서 모두 사용 가능한지를 고려해서 교수 순서가 정해져야 한다고 주장하였다. 이 연구는 문법 형태와 그 특성에 주로 관심을 두었던 기존의 접근 방식에서 탈피하려 하였지만, 양태가 '화자'의 심리 상태를 나타낸다고 기술하고도 실제 교육 방안에서는 담화 기능에 대해서는 소홀히 다루었다.

개별 항목에 대한 문법 표현에 대해서는 추측 표현에 대한 논의들(이윤진·노지니 2003, 노지니 2004, 이미혜 2005, 전혜영 1995 등)이 가장 활발하게 이루어졌다. 이러한 논의들은 대개 추측의 의미 특성을 보이는 유사 형태를 하나의 유형 혹은 범주로 구분하여, 유사한 의미를 보이는 표현들 간의 차이점을 교수법에 활용해야 한다고 주장하였다.

추측 표현은 의도성 표현에 포함되는 형태의 의미 특성이기도 한데, 이러한 논의 중에서 추측 표현의 제2 의미로서 의지를 다룬 연구(이윤진·노지니 2003)도 있다. 여기서는 추측과 의지를 나타내는 '-겠다, -(으)ㄹ

것이다, -(으)ㄹ게, -(으)ㄹ래, -(으)ㄹ걸'을 통사적 제약과 대규칙, 소규칙으로 구분하였다. 가령, '-겠'과 '(으)ㄹ 것이다'가 의지를 나타내는 경우, 통사적으로 '-겠다'는 1인칭, 2인칭 주어에서 사용 가능하며 과거 시제 선어말 어미와 사용할 수 없다는 점으로 우선 구분된다는 것이다. 이어 청자와의 관계를 고려한 대규칙에 의해 '-겠다'는 청자에 대한 완곡한 태도를 나타내고, '-을 것이다'는 청자를 배제하는 태도로 강한 의지를 나타낸다고 하였다. 또한 추측과 의지 표현은 상호작용적 대화 상황에서 교수되어야 하며, 비슷한 의미 범주로 실현되는 것끼리 비교 대조되는 방식으로 교수되어야 한다고 하였다. 노지니(2004)는 구절 구조의 형태를 '통어적 문법소'라 명하고 추측의 의미를 갖는 형태들을 논의하면서 이러한 교육 방법을 더욱 부각시켰다.

표현을 문법 단위로 접근하려고 했던 기존의 논의와 달리 이종은(2005)는 기존의 보조 용언, 기타 표현, 통어적 구성, 문형, 표현, 문법 등으로 다루어지고 있는 {-다} 용언 형태의 문법 항목들을 의존용언 표현이라고 명하고, 이를 어휘범주라 주장하면서 이들을 의도, 강한 의도, 희망, 의지 등의 의미 영역으로 세분화하여 해당 항목을 기술하였다. 이렇게 의도성 표현에 속하는 형태들을 다룬 논의들에서는 모두 의도와 의지를 구별하였고 각 의미 영역에 속하는 표현들의 특성들을 다루었다.

위의 논의들이 의미 특성을 강조하였다면 기능 중심으로 종결 표현의 특성을 제기한 연구도 있다. 이민선(2004)는 화자의 발화 의도를 기능으로 정의하고 '-고 싶다, -(으)ㄹ 것 같다, -아/어야 되다'를 대상으로 이들의 기능을 논의하였는데, '-고 싶다'는 의견 말하기, 아쉬워하기, 완곡하게 말하기, 요청하기, 거절하기의 기능을 나타낸다고 하였다.

의도성 표현에 속하는 형태에는 보조 용언 구성도 있는데, 한국어 교육 분야에서도 이 주제에 대해 꾸준히 논의(최해주 2003, 이영 2006 등)되는 이유는 보조 용언이 화자의 전달하고자 하는 의도를 세밀하게 구분하는 역할을 하기 때문일 것이다. 최해주(2003)은 한국어 교육 교재에 제시된 보조 용언의 기술 방법이 교육적으로 효율적이지 못하다고 하였다. 특히 형태를 중심으로 보조 용언들을 제시하고 있어서 비슷한 의미를 보이는 보조 용언들이 연계되지 않음을 문제점으로 지적하였다. 보조 용언은 의미 기능이 같은 것을 한 항목으로 설정하여 사용빈도, 난이도, 과의 주제나 목표 기능들을 고려하여 일차적으로 개별 보조 용언들을 교육하고, 중급과 고급 단계에서는 이미 학습한 보조 용언들을 다시 교육하는 단계별 교육 방안을 제안하였다. 그러나 이러한 제안들은 피상적으로 서술되었을 뿐 교육 현장에서 어떻게 적용될 수 있는지 구체적인 대안을 제시하지 못했다.

이 밖에도 의도성 표현은 시간 표현에 대한 논의(박선아1994, 김호정 2006 등)나 연결 어미(김수정2004), 종결어미(이현순1995, 박나리2004)에 대한 연구에서 부분적으로 언급되었다. 김수정(2004)는 '하다'와 하나의 연어 관계를 이루는 '-도록, -고자' 등은 다른 층위로 연구되어야 한다면서 이들의 의미에 대한 본격적인 논의는 전개하지 않았다.

지금까지 한국어 교육에서 의도성 표현과 관련이 있는 논의들을 살펴보았는데, 거시적인 시각에서 문법 단위들을 접근한 연구들은 수적인 면에서 부족하다는 것을 알 수 있었다. 한국어 교육은 담화 맥락을 중시한 의미 특성을 강조하면서 특정 문법 형태에 대한 의미에 관심을 둔 까닭에 짧은 기간 동안 비교적 많은 연구 성과를 이루었지만, 동일한 주제에 대한 반복적인 연구들이 많아 고찰 대상을 좀 더 폭넓게 다양화하지 못하였고, 아직도 문법 범주의 틀에 속하는 형태 중심의 연구가 주를 이룬다는 점에서 아쉬움이 있다. 또한 교육 현장에서 활용될 수 있는 교육 원리나 방안들을 제안하였지만, 이 제안들이 적용되는 과정을 구체적으로 기술한 연구가 아직 미흡한 실정이다.

이상으로 국어학과 한국어 교육에서 논의되었던 의도성 표현 연구에 대해 살펴보았다. 국어학에서는 선어말 어미, 종결 어미, 보조 용언 등의 문법 범주 내에서 의도성을 갖는 특정 형태들이 연구되었다. 이들 연구는, 주제의 반복성을 띠지만 한 형태를 대상으로 다각적으로 접근하여 그 형태가 갖는 통사·의미 특성을 심도 있게 다루었다. 이러한 연구 성과로 얻어진 의도성 표현의 기본 특성 가운데 교육 현장에서 적용할 부분을 선별하는 것이 본고의 과제일 것이다. 목표 항목을 잘 가르치는 것도 중요하지만, 이에 앞서 학습 과정에서 필수적으로 요구되는 내용을 선택하는 것이 더욱 기초적인 작업이기 때문이다.

한국어 교육에서는 그동안 조사, 어미 등의 특정 문법 범주에 대한 연구가 많았던 데 비해, 최근 들어 유사한 의미 특성을 가진 표현 혹은 구문에 대해 관심을 갖기 시작하면서 의미를 중심으로 한 표현 교육의 중요성이 제기되었다. 그 결과 국어학 논의와 달리 특정 형태나 구문이 갖는 화용, 담화 기능에 대한 활발한 연구가 진행되어 오고 있고, 이러한 특성을 어떻게 교육할 것인가 하는 교육 방안도 꾸준히 연구 성과를 보이고 있다. 그러나 한국어 교육에서 다루어진 의도성 관련 연구들이 여전히 양태 표현, 보조 용언, 연결 어미 등 국어학의 문법 범주의 틀 안에서 이루어지고 있으며 국어학에서 다루어진 전반적인 내용을 그대로 수용하고 있다. 그러나 문법 형태가 아닌 의미 기능 위주의 표현 단위 교육에 주안점을 두는 접근 방식도 필요하다. 한국어 교육에서는, 개별 형태의 의미 특성 중 선별된 내용도 학습자의 수준에 맞게 단계별로 구체적으로 이루어져야 한다. 이러한 교육 방안이 아이디어 수준에서 머물지 않고 제안된 내용이 어떻게 적용되는지 그 과정을 보이고, 나아가 적용된 결과를 산출하여 더 나은 모델임을 검증해 나가야 할 것이다.

본고에서는 특정한 문법 범주에 국한하지 않고 '의도성'이라는 특정 의미를 공유하는 표현들을 하나의 포괄적인 표현 범주로 설정하고 이들의 개별 특성을 살피고자 한다. 이어 의도성 의미를 의미 영역으로 세분화하여 동일한 의미 영역에 속하는 표현들을 제시하고자 한다. 이들은 자동적으로 유사 관계를 갖는데, 학습자들이 이들을 구별하여 선택하고 사용할 수 있도록 이들의 차별성이 포함된 교수 방안을 구체적으로 제시할 것이다.

제2장 의도성 표현의 개념과 유형별 특성

이 장에서는 의도성 표현의 개념과 범위에 대해 논의하고 이들을 의미 영역에 따라 유형화하여 영역별 각 목록을 체계화한다. 의도성 표현은 그 의미 특성에 따라 4개의 하위 영역으로 구분하고, 각 영역에 속하는 형태들의 목록을 총정리한다. 목록의 추출을 위해, 기존의 국어학 연구 성과(허웅 1975, 남기심·고영근 1993, 박재연 2004, 이종희 2004)와 한국어교육(이효정 2003, 이종은 2005 등), 한국어교육을 위한 한국어 문법사전(국립국어원 2005, 백봉자 2006), 한국어 교재에서 제시된 의도성 표현들에 대한 논의를 위주로 하여 검토한다.[1] 이는 한국어교육을 위한 의도성 표현의 범위를 설정하기 위한 기초 작업이 될 것이다.

1. 의도성 표현의 개념과 범위 및 유형

우리가 일상적으로 하는 표현에는 화자의 의도를 표출하는 것이 있고, 현상에 대한 판단이나 인식을 나타내는 표현이 있다.[2] 판단이나 인식에

---

1) 일반 목적의 학습자를 대상으로 집필된 교재 중 가장 대표적인 교재(경희대, 고려대, 서울대, 연세대, 이화여대에서 출간)를 선택하였다.
2) 어떠한 명제나 문장 내용에 대한 화자의 태도를 언어학에서는 양태(modal), 양상(modality) 혹은 서법(mood)으로 이르나, 본고는 화자의 심리 태도나 문법 범주에 관심을 두는 것이 아니라 형태가 갖는 의미 기능에 관심을 두기 때문에 이들 용어

도 화자의 의도성이 개입할 수 있지만, 그것은 내용 속에 포함되어 있을 뿐 발화 태도로 나타나는 것은 아니다. 본고에서 논의하는 것은 1인칭 주어 화자의 의도성이 형태 표현으로 나타나는 구조이다. 발화 내용에서 발화자의 의도성 태도를 밝히는 표현을 대상으로, 각 표현들의 문법 의미 특성과 이에 대한 교육을 논의하는 것이다.

언어생활에서 표현되는 거의 모든 발화에는 화자의 의도가 있다고 할 수 있다. 가령, 다음의 (1가)처럼 '철수'라는 화자가 자신에게 혼잣말로 스스로를 격려하면서 발화하는 것도, (1나)처럼 주어가 엄마에게 아픈 척을 하기 위해 신음 소리를 내는 것도 주어의 의도를 표현하는 것이다. 그러나 이러한 의도는 담화 상황에 따른 화자의 의도이다. 이에 비해 (1다)는 문장 내에서 1인칭 화자의 의도성을 읽을 수 있다. 이와 같이 어떠한 표현이 갖는 의미 내용의 해석이 그 문장의 구성 성분만으로 충분한 경우도 있고, 화용론적인 접근 방식으로 이루어져야 하는 경우도 있다. 따라서 언어 표현의 올바른 의미 해석을 위해서는 문장 층위와 담화 층위를 모두 고려해야 할 것이다. 본고에서는 의미 해석에서 이들 두 가지를 모두 수용하지만, 논의되는 형태 목록의 대상은 의도성이 문장 단위 안에서 드러난 표현만으로 한정한다.

(1) 가. 그래, 철수야 이제부터 힘내는 거야.
　　나. 나는 엄마 목소리가 나자마자 신음 소리를 냈어.
　　다. 이제부터 내가 전화할 테야.

본고는 (1가)나 (1나)처럼 화자의 발화 의도 자체를 대상으로 하는 것이 아니라, 위의 (1다)의 '-(으)ㄹ 테다'처럼 문장의 구성 요소가 갖는 의미 특성으로서 의도성이 발화에 나타나는 것만을 대상으로 한다.

와 개념에 대한 논의는 따로 하지 않는다.

(2) 가. 이번에는 내가 너에게 밥을 살게.
    나. 네가 이 일을 책임지고 해 볼래?
    다. 수미는 사법 시험에 응시하려고 한다.

(2가)는 주어인 내가 '너에게 밥을 사다'라는 행위를 할 마음이 있다가 '-(으)ㄹ게'로, (2나)는 '네가 이 일을 책임지고 해 보다'라는 행위를 할 의사가 있는지 '-(으)ㄹ래?'로 묻는 것이고, (2다)는 주어인 수미가 사법 시험에 응시할 생각이 있음을 '-(으)려고 하다'로 나타난 것이다. 위 예들은 어떠한 내용, 명제에 대해 주어가 행위를 할 의도가 있음이 각각 '-(으)ㄹ게, -(으)ㄹ래, -(으)려고 하다'로써 각각의 문장 형태의 의미 기능으로 실현되는 것이다. 이들 형태는 각기 다른 문법 범주를 갖지만, 주어의 의도를 나타낸다는 의미 기능은 유사하다. 박재연(2003:254-263)은 '-(으)ㄹ래'와 '-(으)려고 하다'가 의도의 의미 특성을 갖는다는 점에서 동일하지만, 인칭 제약을 근거로 전자는 화·청자 지향성을 갖는 양태 범주로, '-(으)려고 하다'는 주어 지향성을 갖는 문장 서술어의 기능을 갖는다고 하여, 이들의 범주에 차이가 있음을 주장하였다. 그런데 화·청자 지향성의 유무로 양태 범주를 세운다면 '-(으)ㄹ게'가 문제가 될 수 있다. 의도 전달 방식에서 '-(으)ㄹ게'와 '-(으)ㄹ래'는 직접적으로 의도를 표출하는 공통점을 갖지만, '-(으)ㄹ래'와 달리 '-(으)ㄹ게'는 언제나 1인칭 주어 화자문에서만 의도의 의미를 나타나기 때문이다.3) 또한 이러한 의도 전달 방식은 인칭 제약 없이 주어 지향성을 갖는 '-(으)려고 하다'와도 다르기 때문에 '-(으)ㄹ게'의 양태성을 설명하기가 어렵다.

---

3) 안주호(2002:112-115)는 '-(으)ㄹ게'가 2인칭 의문문에서 제약을 갖으며, 2·3인칭 주어 평서문에서 추측의 의미로 실현됨을 보였다. 또한 '-(으)ㄹ게'가 문법화의 과정을 거치면서 의미가 주관적으로 변하여 화자가 명제에 대해 갖는 태도를 표현한다고 하였다. 이는 '(으)ㄹ게'가 양태 요소로 포함시킬 수 있음을 의미한다.

(3) 가. 제가 노래를 할 것입니다.
　　나. 당신이 노래를 할 것입니까?
　　다. 영미가 노래를 할 것입니다.

　특정한 형태가 갖는 의미라고 하더라도 위 (3)의 예처럼 주어의 특성에 따라 이들이 수행하는 담화 기능에서는 차이가 난다. (3가)는 1인칭 주어 화자 스스로가 노래를 할 것이라는 의도를 직접 표출하는 기능, (3나)는 청자의 의도를 묻는 기능, (3다)는 화자가 주어인 영미가 노래를 할 것이라는 내용을 제3자에게 하나의 사실로 전달하거나, 혹은 화자가 추측하는 내용을 하나의 사실로 전달하는 기능을 한다. 따라서 동일한 형태도 주어에 따라 의도의 의미가 유지되지 않는다.

(4) 가. 내가 마중을 갈까 하는데요.
　　나. 철수가 마중을 갈까 하던데요.

　위의 (4)는 주어가 마중을 나갈 생각이 있다는 의도를 나타낸다는 점에서 동일하지만, 의도의 성격이 다르다. (4가)는 화자인 동시에 주어로서의 내가 마중을 갈 것이라는 의사를 표명한 것이지만, (4나)는 주어인 철수가 마중을 가려 한다는 의도를 사실로서 화자가 청자에게 전달하는 것이다. 본고에서는, (4가)과 같이 행위 주체로서의 화자, 즉 1인칭 주어 화자가 어떤 행위를 하려는 의사를 나타내는 표현이 들어간 문장만을 대상으로 삼아 고찰하고 논의한다.
　1인칭 화자 주어의 의도는 담화 상황에 따라 가변적이고 다양하게 나타날 수 있다. 다음의 (5가)는 '요리를 하는 사람이 나'라는 사실을 전달하는 발화일 수도 있고, 내가 요리를 할 테니 청자(혹은 상대)에게 요리는 나에게 맡겨 두라는 의미일 수도 있다. 이에 비해 (5나)는, 요리는 바로 내가 할 것이라는 화자의 의도가 '-겠다'와 같은 문법 형태로 드러난다.

본고는 (5가)처럼 담화 상황에 따라 가변적으로 드러나는 의도에 관심을 두는 것이 아니라, (5나)처럼 특정한 문법 형태에 나타난 의도의 의미를 다루는 것이다.

 (5) 가. 내가 요리를 합니다.
   나. 내가 요리를 하겠습니다.

형태에 따라서 갖는 의미 특성으로 의도가 담화에서 그대로 드러나는 것이 아니라, 시제소의 결합형에 따라 발화 기능에 따라 차이가 나타난다. 박재연(2003:258-259)는 '-(으)려고 하다'는 '-(으)ㄹ래'가 직접적으로 의도를 표출하는 것과 달리 진술문의 성격을 갖는다고 하면서도, 박재연(2003:260-261)에서는 '-(으)려고 하다'가 문맥에 따라 1인칭 주어 현재 시제문에서 수행문의 성격을 갖는다고 기술되었다. 이는 '의도'의 의미에 '행위'가 전제되어 있기 때문일 것이다. 그런데 여기서 관심을 갖는 것은, 의도성을 갖는 표현들이 모두 과거 시제가 아닐 때에 의도의 의미가 발화로 이어져 표출된다는 것이다. 즉, 박재연(2003:259)의 지적대로 수행문은 현재 시제만을 취하는데, 이러한 관점에서 '-(으)려고 하다', '-고자 하다' 등과 같은 의도의 의미를 갖는 형태들은 현재(비과거) 시제문에서 의도가 표출된다.4) 이들이 과거 시제와 결합하면 행위의 의도를 표출하는 것이 아니라 그러한 의도가 있었다는 사실을 보고하는 전달의 기능을 수행하게 되는 것이다.

 (6) 가. 나는 다음 회의를 사이판에서 개최하고자 합니다.
   나. 나는 다음 회의를 사이판에서 개최하고자 했습니다.

---

4) 한국어학계에서는 한국어의 시제 체계를 '과거, 현재, 미래'로 보기도 하고, '과거(過去), 비과거(非過去)'로 설정하기도 하지만, 어느 경우이든 적어도 과거 시제에서는 화자의 태도에서 '의도성'이 소멸한다. '-겠다'나 '-(으)ㄹ 것' 등도 미래 시제로 보든 비과거 시제로 보든, 비과거라는 범위 안에 포함이 된다.

(7) 가. 나는 미국에 갔으면 해요.
　　나. 나는 미국에 갔으면 했어요.

　현재형인 (6가)는 다음 회의를 사이판에서 개최하고자 한다는 의도를 표출한다는 것이고, (7가)는 내가 미국에 가고 싶다는 의사를 밝히는 것이다. 이에 비해 (6나)와 (7나)는 회의를 개최하고자 하는 의도와 미국에 가고 싶었던 마음이 있었다는 내용이 하나의 사실로서 전달되는 것이다.
　이렇게 의도의 의미를 갖는 표현 형태들은 주어 인칭의 특성이나 과거 시제소와의 결합 유무에 따라 발화에서 기능이 수반되느냐가 결정된다. 따라서 화자의 의도성 의미가 실제 담화에서 직접적으로 발현되는 경우는 1인칭 주어의 비과거(非過去) 시제의 환경에서 가능하다는 것을 알 수 있다.
　지금까지 의도의 의미를 갖는 표현의 특성에 대해 살펴보았는데, 의도의 의미를 갖는 표현을 목록화하고 이들의 특성을 검토하기에 앞서 의도의 의미를 규정할 필요가 있다. 이제까지 국어학에서는 '의도'를 '의지'와 구별하여 사용하기도 하였고, 유사어로서 혼용하기도 하였기 때문이다.[5] 그러나 본고에서는 이들이 유사어 관계를 갖지만 그 내용과 포괄 범위에

---

[5] 기존의 논의에서 '의도' 혹은 '의지'는 서법(mood)이나 양상/양태(modality)의 한 의미 영역으로 거론되었고, 이렇게 범주적 논의에서나 의미 용어의 사용에서 통일성을 보이지 않는다. '의도'와 '의지'를 혼용하는 관점에서도 가령, '-겠다'의 의미 특성을 서정수(1977)에서는 서법(mood)의 의도로, 임동훈(2001), 박재연(2004)에서는 양태(modality)의 의도로, 김석득(1974)은 시상 범주로의 의지로 보고 있어 범주 정의와 용어 사용에 차이를 보인다. 또한 의도와 의미를 구별하여 사용하는 이찬규(2004)는, 의도는 화용적인 측면에서, 의지는 문장 차원에서 다루어져야 한다며 이들을 구분하고, 주어가 1인칭으로 화자와 동일한 문장에서는 행위의 지향성을 구분하기 어렵다고 하였다. 그러나 주어 의지는 그의 주장대로 주어와 서술어 어간의 의미 관계에 따라 좌우되는 것이 아니라 다음 예처럼 '-겠다'의 결합 유무에 따른 결과로 나타나는 것이다.

　(예) 가. 나는 기차를 타겠어요.
　　　 나. 나는 기차를 타요.

차이를 갖는다고 본다.

'의도성'과 관련하여 '의도'에 대한 사전에서의 정의를 살펴보면, 다음과 같이 화자의 생각이나 계획 등을 포괄하는 의미로 풀이되고 있음을 알 수 있다.

> (8) 의도(意圖)「명」무엇을 하고자 하는 생각이나 계획. 또는 무엇을 하려고 꾀함. '본뜻'으로 순화. ¶연출자의 의도/정치적 의도가 깔려 있다./나쁜 의도로 그런 것은 아니다./그것을 묻는 진짜 의도가 궁금하다./일이 의도대로 잘 되지 않았다. §「비」뜻[1].「비」의사(意思).「비」의지(意志)[1].「비」의향(意向). (국립국어원(1999).「표준국어대사전」)6)

이렇게 '의도'는 사전에서 '계획'의 의미로 기술되었으나, 유사어로 제시된 '의지'의 의미에는 다음 (9)의 예처럼 계획의 의미를 담고 있지 않다. '의도'가 화자가 하고자 하는 뜻을 나타내는 '의지'와, 화자의 생각이 구체화된 계획의 의미까지 포괄함을 알 수 있다. 따라서 본고에서는 '의도'를, '의지'를 포함하는 상위의 개념으로 삼는다.

> (9) 의지(意志) [의 : -]「명」「1」어떠한 일을 이루고자 하는 마음. ≒지의(志意). ¶굳은 의지/의지가 강하다/그는 이번 일을 성사시키려는 의지를 보였다./머리는 보기 좋은 반백이었지만 눈엔 눈물 자국 대신 확고한 목적이 있는 젊은이 같은 어떤 의지를 담고 있었다. ≪박완서, 오만과 몽상≫§「2」『심』선택이나 행위의 결정에 대한 내적이고 개인적인 역량. ≒의욕[2].「3」『철』어떠한 목적을 실현하기 위하여 자발적으로 의식적인 행동을 하게 하는 내적 욕구. 도덕적인 가치 평가의 원인도 된다.「비」<1>뜻[1].「비」<1>의도(意圖).「비」<1>의사(意思).「비」<1>의향.

---

6) 본고에서 인용하는 사전에서의 의미는 모두 국립국어연구원(1999)의 「표준국어대사전」을 따르며, 이후에 논의되는 것은 따로 출처를 명시하지 않는다.

이러한 사전적 정의를 고려하여 '의도'는 화자가 무엇인가를 하고 싶거나 되고 싶은 마음, 뜻, 의사라고 보아서 의지를 포괄하는 개념으로 설정할 수 있다. 논의의 편의상 이렇게 '의도'와 '의지'의 층위를 달리하여 '의도'를 '의지'보다 상위 개념으로 삼고, '의도'가 갖는 포괄적인 개념을 강조하기 위해 '의도' 대신 '의도성'이라는 표현을 선택하고자 한다. 본고에서 논하는 '의도성 표현'은 "화자가 '무엇을 하고자 하거나 무엇을 하고 싶다'는 '의도' 혹은 '의향'을 나타내는 표현"이라고 정의한다. 즉 어떠한 사실을 기술·주장하거나 느낌을 표출하는 표현이 아니라, 화자가 하고 싶어 하는 내용 또는 그 행위의 결과로서 화자가 되고 싶은 상태를 말하는 표현을 가리킨다. 그것은 화자의 발화 태도로서 나타나는 것이다.

'의도'의 의미 풀이로 사용된 '-고자'의 의미를 살펴보면, 무엇을 하고 싶은 욕망의 의미가 있음을 알 수 있다.[7] 이렇게 의미의 연쇄성을 따지면, '의도'는 '무엇을 하고 싶다'는 욕망의 의미와 관련이 된다.

(10) -고자11「어미」 ('있다, 없다, 계시다'의 어간, 동사 어간 또는 어미 '-으시-' 뒤에 붙어) 어떤 행동을 할 의도나 욕망을 가지고 있음을 나타내는 연결 어미. ¶그는 특별히 예의라는 것을 엄격히 지키고자 노력하였다./나도 자네 이야기를 듣고자 찾아왔네./남의 윗사람이 되고자 하는 자는 남을 섬겨야 한다./선생님께서 말씀하시고자 했던 부분이 이 편지 속에 있다./남이 나를 해롭게 함을 원치 않듯이 나 또한 남에게 해를 가함이 없고자 한다.≪이문열, 황제를 위하여≫§「참」-려04. 「참」-려고02. 「참」-으려. 「참」-으려고. 「참」-자27.

이처럼 사전 정의에서 의도에는 '의지, 계획, 욕망'의 의미가 있음을 알 수 있는데, 기존의 연구에서 의도와 유사성을 보이는 의미로 '희망,

---

7) 이찬규(2004:19-20)은 의도를 희망이나 원망, 바람들의 의미를 포함한다고 가정하고, 의도의 연결 어미 '-고자'는 직접적으로 행위로 연결되지 않은 단순 희망을 나타낸다고 하였다.

약속'이 논의되었다. 박재연(2004:44-49)은 재귀적 조건을 부과하는 행위의 양태 의미 영역에 '약속, 의도, 소망'의 의미를 설정하였다. 이효정(2003:34-47)에서도 용어의 차이는 있지만 의무 양태 영역에 '의도, 의지, 희망'을 포함시켰다. 이렇게 의도와 관련하여 의도 혹은 의도/의지는 희망과 약속과 의미 특성을 공유하고 있음을 알 수 있다.[8] 약속문에 화자의 의사가 포함되어 있다고 지적한 남기심·고영근(1993:346) 이외에도 이기갑(1987:296)도 의미 특성만을 고려한다면 약속·명령·허락 등을 넓은 의미에서 의도의 범주를 형성한다고 하면서, '-겠다, -으려고, -어라, -자, -마, -을게, -을까' 등과 '약속하다' 등의 어휘 요소를 의도 구문의 범주에 포함시켰다. 이찬규(2004:19-20)에서는 여기에 부사어 '일부러, 고의로'를 포함하여 화자의 의도를 나타내고 범위를 확대하였다. 본고에서 주목하는 것은 약속문을 생성하는 종결 어미 '-(으)마, -(으)ㄹ게'이다.[9] 이들은 이미 다른 종결 어미와 달리 약속이라는 어휘 의미가 강하게 드러나는 것으로 화자 주체의 행위를 수반한다. 따라서 '의도'와 관련성을 갖는 의미 영역으로 '의지, 계획'이외에 '약속'도 포함시킬 수 있다.

(11) 가. 이것은 책이다.
　　　나. 이것은 아름답다.
　　　다. 영이가 학교에 간다.
　　　라. 얼음이 물이 되었다.
　　　마. 네가 가는 게 낫겠다.

---

8) 박재연(2004)는 의도와 의지를 구분하지 않으며, 이효정(2003)은 이들을 의미 자질에 따라 구분하였다. 이들 논의를 수정 없이 전달하려는 입장에서 '의도, 의도/의지'로 명시한 것이다.
9) 약속법에는 '-(으)ㅁ세, -(으)리다, -(으)오리다, -(으)마'가 있으나 현재 '-(으)마'만이 주로 사용한다고 지적하고 있다. 따라서 한국어 교육에서도 이러한 현대 언어생활의 사용 양상을 반영해야 할 것이다.

위의 (11가)에서 (11마)까지는 모두 사실을 말하거나 화자의 정서를 나타내지만 비의도적인 표현이다. (11마)와 같은 문장은 담화 상황에 따라 화자가 '네가 가는 것이 좋다고 생각하니 네가 가라'는 권유나 명령의 의도가 있을 것이다. 그러나 '-(느/으)ㄴ 것이 낫겠다' 구문은 화자의 추측, 판단의 의미가 있을 뿐 무엇을 하고자 하는 화자의 의도가 나타나지 않는다. 그러나 다음의 문장들은 모두 화자의 의도를 담고 있다.

(12) 가. 나는 이번 일만은 멋지게 끝내겠어.[10]
　　 나. 우리도 내일 산에 가려고 한다.
　　 다. 빨리 어른이 되면 좋겠다.
　　 라. 내일까지 밀린 월세는 전부 드릴게요.

(12가)는 '의지', (12나)는 '계획', (12다)는 '희망', (12라)는 '약속'을 각각 나타내는 표현으로, 이들에는 모두 1인칭 주어의 의도성이 들어 있다. 의도성 표현은 1인칭 외의 주어에서도 가능하다.[11]

(13) 가. 이 일을 네가 하고 싶어?
　　 나. 내일은 영호가 가기로 했다.
(14) 　 이 일을 내가 하고 싶어 할까?

(13가)는 2인칭 주어의 '의지'를 나타내고, (13나)는 3인칭 주어의 '계획'을 말하고 있다. 그러나 주어가 1인칭 이외의 문장에서는 항상 표현 자체가 의도성을 갖기보다 주어의 의도성이 들어있는 표현이라고 보는

---

10) '-겠다'가 언제나 화자의 의지를 나타내는 것은 아니다. '알다, 모르다'와 결합하는 경우나 '처음 뵙겠습니다.'와 관용적 표현에서는 의도성이 드러나지 않는다. 또한 '이 일을 가능한 빨리 처리해 주시면 감사하겠습니다.'에서의 경우도 관용적 표현으로 본다. 이에 대한 자세한 논의는 5장에서 할 것이다.
11) 본고는 명령, 청유, 약속의 의지문이나 평서, 의문, 감탄의 무의지문을 설정한 고영근(1965)의 논의처럼 문장 유형에 나타나는 의미가 아니라, 문장에서 독립적이고 특정한 의미 기능을 수행하는 모든 '형태'에 관심을 갖는다.

것이 나을 것이다. 즉 화자의 발화 내용은 의도성 표현이 아니라 사실을 말하는 표현인 것이다. 화자가 가지고 있는 의도를 언어 형태로 직접 나타내는 표현은 대체로 1인칭 주어 문장에서 확실하게 드러난다. 또한 (14)에서 보듯이, 1인칭 주어의 문장이라고 해도 의문문이라면 특별한 상황―예를 들어 독백이라든지―을 제외하고는 화자의 의도성을 표현하지는 않는다. 명령문은 모두 화자의 요구를 표출하는 것이지만 1인칭 문장이 아니다. 이러한 점에서도 본고에서는 1인칭 주어의 문장 가운데에서도 화자의 의도성이 제대로 표출되는 평서문을 주된 대상으로 삼아 논의하기로 하는 것이다.

1인칭 주어문의 의도성 표현들은 발화 상황에 따라 화자의 생각, 의도성의 내용을 직접적으로 표출하기도 하고, 단순히 사실이나 현상을 전달, 보고하는 기능을 한다.

(15) 가. 우리 이제 그만 싸우기로 해.
나. 우리 이제 그만 싸우기로 했어.
(16) 가. 아이들을 잘 돌보려고 해요.
나. 아이들을 잘 돌보려고 했어요.

(15)의 '-기로 하다'는 예정상을 갖는 '기'와 동사 '하다'가 결합하여 하나의 표현을 이루는데, 각 형태의 의미가 실현되어 화자가 무엇을 앞으로 할 것이라는 의미를 나타낸다. 그런데 (15가)와 (15나)의 '-기로 하다'는 의미 특성상 1인칭 화자 주어의 '약속'을 내용으로 하지만, 실제 이들은 문장 기능면에서 차이가 있다. (15가)는 문장 내용과 관련된 청자와 화자와의 '약속'을 직접 표출하는 것이지만, (15나)는 문장 내용과 직접적으로 관련된 청자뿐만 아니라 단순한 제3의 대화 참여자에게 약속의 내용을 전달하는 '보고'의 기능을 한다.

(16가)는 앞으로 아이들을 돌보고 싶은 화자의 뜻이 표출되지만, (16나)

는 화자의 뜻이 과거의 존재했던 사실로 전달되는 것이다. 이렇게 의도성을 갖는 형태들은 과거 시제소와의 결합 유무에 따라 표현의 의미가 달라진다. 이는 의도성 표현이 갖는 미래지향적인 특성에서 기인하는 것이다. 동일한 형태가 문장의 시제에 따라 다른 의미 기능을 갖는데도, 지금까지의 연구에서는 대체로 '형태'에 근거한 단순 의미에만 관심을 가졌을 뿐, 담화 상황에 따른 의미 기능의 차이를 소홀히 하였다.12) 자연스러운 담화, 의사소통을 목표로 하는 한국어 교육에서는 담화 상황, 문장 내용에 근거한 의미 기능에도 관심을 가져야 할 것이다.

위와 같이 '1인칭 화자 주체의 의도성 표현'의 의미 기능에는 거시적인 관점에서 '의지, 계획, 희망, 약속, 알림, 요청, 허락, 명령, 권유, 능력, 금지, 의무, 제안' 등이 포함된다고 볼 수도 있을 것이다. 이러한 의미들도 주체의 행위가 전제되는데, 행위는 결국 주체의 의도, 의사로 좌우될 수 있기 때문이다. 그러나 본고에서는 앞에서 논의한 바와 같이 '의지, 계획, 희망, 약속'만을 의도성 표현 범위 안에 넣기로 한다.13) 여기에서 제외된 표현들은 왜 1인칭 화자의 의도성 표현으로 볼 수 없는가를 살펴보고자 한다.

(17) 가. 제가 여러분께 오늘 기쁜 소식을 알립니다.
　　　나. 나 지금 출발해.
(18) 가. *내가/네가 이 책을 반납해 줄래?
　　　나. 벨 좀 눌러 주시겠습니까?.

---

12) 가령 (16)에서 '-기로 하다'라는 동일한 형태가 나타나지만, (16나)은 '화자가 아이를 잘 돌보려고 했지만 실제는 그렇게 되지 않았다는 사실을 전달'하는 담화 상황으로 '-기로 하다'가 갖는 의도의 의미가 실현되지 않았다고 본다.
13) 실제 한국어 교육 현장에서 근무하는 교사에게 화자의 의도가 드러나는 형태를 선택하는 설문 조사를 한 결과, '의지, 계획, 희망, 약속'의 의미 특성을 갖는 형태들로 그 범위가 압축되었다. 설문 조사에서는 문법 범주에 국한하지 않고 기존의 연구에서 '의지, 계획, 희망, 약속, 알림, 요청, 허락, 명령, 권유, 능력, 금지, 의무, 제안'과 같은 의미를 갖는다고 언급되었던 형태들이 제시되었다.

'알림'에는 화자가 어떠한 사실을 알리고자 하는 의도에서 발화를 하는 것이다. 그러나 (17가)의 예처럼 '기쁜 소식을 알린다'나 (17나)처럼 '지금 출발한다'에서는 화자의 의도가 드러나는 것이 아니라 하나의 사실일 뿐이며, 이를 청자에게 전달하는 표현이다.

'요청' 또한 문장 주어의 의도성을 나타낸다. (18)의 예처럼 문장 유형과 관계없이 요구, 요청의 기능을 수행하는 문장에서는 2인칭 주어의 의도나 의향을 나타내지만 1인칭 주어 문장을 상정할 수 없으므로, 1인칭 의도성만을 대상으로 하는 본고에서는 이를 제외한다.

제안문인 (19)는 화자가 청자에게 바라는 의도가 있는 권유이면서 제안이다. (19)의 '-자'는 화자가 청자에게 무엇인가를 제안하거나 요청하는 의미를 나타내는데, 형용사를 제외한 동사와만 결합하는 특성을 보이며 (허웅 1995:751-755, 백봉자 2006:186-187 등), '치다, 하다' 등의 일부 동사와 결합하여 관용구처럼 사용되거나 혼잣말의 형태로 화자의 결심이나 의지까지도 나타낸다.

(19) 가. 극장에 같이 가자.
　　　나. 이제 공부 좀 열심히 하자.
　　　다. 내가/나도 텔레비전을 좀 보자.
(20) 가. 너는 가는 게 좋겠다.
　　　나. 나는 가는 게 낫다.
　　　다. 너는 가는 게 싫겠다.
(21) 가. 이번에는 내가 가지.
　　　나. 이번에는 내가 가겠습니다.

(19가)는 1인칭 복수 주어문에서 청자에게 극장에 같이 갈 것을 제안하는 의미지만, (19나)는 대화 상황이라면 제안의 의미를, 독백의 상황이라면 결심의 의미를 나타낸다. 이러한 결심은 분명 화자의 의지에서 출발한 것이지만, 그 내용은 화자의 의도를 표출한다기보다 화자의 뜻을 1인칭

단수나 복수에게 요구하는 것이다. 또한 화자의 의도가 상대에게 전달되는 것이 아니라 자기 자신에게 메아리처럼 돌아오는 것에 그치는 것이다. 따라서 '-자'의 기본적이면서 포괄적인 의미 특성은 '제안'으로 제시하되, 대화 상황이 청자와의 상호 작용 대화인지 독백인지를 구분하여 화자의 의지가 청자에게 요구되는 것으로 교육하는 것이 좋다고 본다. 독백의 상황에서 일어나는 이와 같은 의미는 의사소통 생활에서는 그 분포가 매우 적다. 드라마나 읽기 텍스트에서 이러한 의미로 접할 수는 있지만 일상적인 표현 언어로서 사용 분포는 그리 넓지 않으므로 독립된 의지 표현으로 상정하지 않을 것이다. (19다)는 1인칭 주어 화자가 다른 사람이 아닌 '나' 자신이 텔레비전을 보겠다고 강조하는 경우에는 가능하다. 이것은 화자의 의도가 텔레비전을 보는 행위에 있다기보다는 그 주체가 '나'임을 강조하는 것으로, 극히 제한된 환경에서만 가능하다. 또는 '역시, 동일'의 의미를 나타내는 조사 '도'와 결합한 경우에 이 문장에서 화자 주어의 의도성이 드러난다. 그러나 '도'의 의미로 유추될 수 있는 양태적 의미로서의 의도를 다루면 논의가 광범위해질 것이다. 따라서 이러한 특수 환경에서 실현되는 주어의 의도성을 제외하기로 한다.

　권유문인 (20가)와 (20나)의 '-는 게 좋겠다, -는 게 낫다'의 화자의 의도 표현이라기보다 화자의 인식이나 판단을 나타내는 표현이다. '좋다, 낫다'의 의미는 화자의 판단 내용이지 의도성 표현이 아니다. (20다)는 '-는 게 좋겠다, 낫다'가 의도성 표현이 아님을 보여주는 예이다. '-는 게 싫겠다'는 주체가 가는 사실이 싫을 것이라는 추측의 판단을 의미하는 것이기 때문이다.

　'-지'는 이미 알고 있는 사실을 서술하거나, 그것을 청자의 동의를 구해 확인하거나, 명령·요청·못마땅함을 표현하는 등 여러 의미를 가지는 종결 어미이다. 그런데 '-지'는 동사와 결합하여 '-겠다'와 같은 의미로 의지를 나타내는 경우가 있다(허웅 1995:548-550, 국립국어원 2005:882-885).

(21가)와 (21나)는 모두 화자 자신이 가겠다는 의지를 나타내는 동시에 직·간접적으로 제안의 기능까지 수반하게 된다. 그러나 (21가)의 '-지'가 가지는 의지의 의미는, 독립적으로 제시하기에는 사용 범위가 매우 좁고 (21나)의 '-겠다'가 나타내는 의도의 정도성보다 약하기 때문에 이를 제안의 의미에 포함하여 제시해도 큰 무리가 없으리라고 본다.14) 제안/청유문은 화자의 의도를 나타내는 경우도 있지만 대부분 청자의 의미를 묻는 내용이다. 따라서 제안문이나 청유문은 화자의 의도성이 다소 적으므로 본고에서 논의 대상으로 삼지 않는 것이다.

'허락'은 대체로 1인칭보다는 2인칭이나 3인칭의 의도성과 관련을 갖는다. 1인칭 주어일 경우 평서문은 '허락하기'이지만, 이것을 '의도성'이라고 보기는 어렵다. 1인칭 의문문은 '허락 구하기'인데, 이는 상대방의 의도를 묻는 것이다.

(22) 가. 이 박물관에서는 사진을 찍어도 됩니다.
　　　나. 제가 먼저 가도 좋습니까?
　　　다. 내가 나중에 가도 됩니다.

(22가)에서는 화자의 의도성을 보이지만 2인칭 주어 문장이며, (22나)는 1인칭 의문문이지만 청자의 의도를 묻는 것이다. (22다)는 화자의 뜻을 나타내는 1인칭 문장이만, 그 뜻이 '의도성'에까지 이르기는 어렵다고 할 것이다.

'명령이나 능력, 금지' 등도 고찰 대상이 되지 않는다. 이기갑(1987)의

---

14) (21가)는 담화 상황에 따라 '의지'와 '제안'의 의미 기능을 나타낸다. 어쩔 수 없이 화자 자신이 가야 하는 주변 상황을 고려한 발화라면 의지를, 특별한 의미 없이 이번에는 자신이 가겠다는 제안의 의미를 나타낸다고 볼 수 있다. 이렇게 '-지'는 담화 환경에 따라 의미 해석이 달라질 수 있고, '의지'의 의미로 사용되는 상황에서도 화자 자신의 확연한 의지보다는 어쩔 수 없는 선택으로서의 의사 혹은 동의 표현으로 볼 수 있기 때문에 '-겠다'가 갖는 의도성보다 정도가 낮다고 보는 것이다.

의미·통사론적 관점이나 박재연(2004), 이효정(2003) 등 양태 의미론적 관점에서 '의도'와 '명령'은 동일한 부류로 설정할 만큼 밀접한 관계를 갖는다.

(23) 가. 너/영호는 가라.
나. 영호, 너는 가라.
다. *나는 가라.

위의 문장에서 명령문은 (23가)나 (23나)처럼 2인칭이나 3인칭에만 해당된다. 1인칭 명령문은 (23다)처럼 비문이 된다. (23가)나 (23나)는 화자의 입장에서 네가 갔으면, 영호가 갔으면 하는 바람의 의도에서 청자에게 지시를 내린 것이다. 그러나 이것은 화자의 의도가 있다는 점에서는 다른 의도성 표현과 공통된 특성을 보이지만, 행위 주체자의 성격이 다음과 같이 다르다.

(24) 가. 나는 너에게 꼭 우승컵을 가져다 주겠어.
나. 네가 우승컵을 가져다 주라.
다. *나는 너에게 꼭 우승컵을 가져다 주라.

(24가)와 같은 전형적인 의도문에서는 행위의 주체자가 1인칭 화자 주어인 반면, (24다)에서는 1인칭 화자 주어가 행위의 주체자가 될 수 없고, (24나)처럼 화자 자신을 제외한 주체가 되는 문장에서만 가능하다. 즉, 명령문은 화자의 의도는 담고 있지만, 주어의 의도는 표현하지 못한다. 따라서 본고에서 다루는 1인칭 주어 화자의 의도를 나타내지 못하므로 이를 제외하기로 한다. 그런데 행위 주체와 관련하여 앞서 살펴본 '희망'을 나타내는 표현은 성격을 달리한다.[15]

---

15) 이러한 주체 행위자가 화자냐 청자냐에 따라 박재연(2004:56-57)은 '기원'과 '소망'을 구분하고 '-지'를 제안, 기원의 의미로 나타내는 종결 어미로 보았다.

(25) 가. 나는 너에게 꼭 우승컵을 가져다 주고 싶어.
　　　나. 나는 네가 꼭 우승컵을 가졌다 주면 좋겠어.

(25가)는 화자 자신이 우승컵을 가져 오는 행위의 주체가 되고 싶은 마음을 표현하는 것이라면, (25나)의 행위 주체자는 '너'이기 때문이다. 그러나 (25나)는 모문의 주어인 '내'가 네가 무엇을 하기를 '바란다'는 것으로 '주어'의 바람, 즉 의도가 나타난다는 점에서 앞서 본 명령과는 차이를 보인다. 따라서 '희망, 욕구' 등의 의미를 갖는 형태는 1인칭 주어 화자문에서 의도성 표현으로 실현되는 것이다.

(26) 나는 그것을 할 수 있다.
(27) 나도 그것을 하면 안 된다.
(28) 나는 오늘 중으로 숙제를 끝내야 한다.

능력을 말하는 (26)은 화자의 판단 결과로 행위의 가능성 여부를 이야기한 것으로 화자의 의도가 아니다. 금지를 나타내는 (27)에는 화자의 의도성이 간혹 개입될 가능성이 있는데, 그것은 매우 드물고 거의가 판단의 표현이다. 의무를 말하는 (28) 역시 사실을 말하는 정도이다.
　이상으로 '의도성 표현'은 형태·통사·의미론적 관점에 국한하지 않고, 화자 주어가 무엇을 하고 싶거나 되고 싶은 상태를 의미하는 포괄적인 개념을 나타내는 형태들로, 이는 '의지, 계획, 희망, 약속'의 의미 영역으로 분류할 수 있음을 논의하였다. 다음 장에서는 이러한 의미 특성을 나타내는 형태는 어떤 것이 있는지 알아보고, 이들을 목록화하도록 한다.

2. 의도성 표현의 목록

앞에서 논의한 바와 같이 '의도성 표현'의 의미는 '의지, 계획, 희망, 약속'의 하위 의미 영역으로 분류할 수 있다. 이제 이러한 의미를 갖는 의도성 표현에 어떤 형태가 있는지 알아보기로 한다. 이는 위에서 의도성 표현의 하위 영역으로 설정한 '의지, 계획, 희망, 약속'이라는 분류가 정당한지를 검증할 수도 있을 것이다. 이를 위해 먼저 기존의 연구에서 의도성 표현과 관련하여 설정한 표현 형태들의 의미 특성과 목록들을 살펴본다.

본고는 기존에 논의된 표현 형태 가운데 교육용으로 채택될 가능성이 있는 형태들을 다음과 같은 기준에 따라 선택하기로 한다. 우선, 어휘적 표현과, 현대 국어에서 표현 언어나 이해 언어에서 모두 잘 사용하지 않는 형태,16) 특수적인 목적에서만 사용하는 형태는 예비 목록에서도 제외할 것이다.

둘째, 기존에 논의된 목록을 가급적 목록에 모두 포함하지만, 그 사용이 매우 심하게 궁벽하여 교육용으로 채택될 가능성이 거의 없다고 생각되는 것은, 여기에서 간단한 논의를 거쳐 예비 목록에서조차 제외한다. 이후의 논의를 좀 더 간명하게 하기 위함이다.

셋째, 다의미를 갖는 형태의 주변 의미로 '의도성'의 의미가 실현되지만 다른 형태로 충분히 대치할 수 있는 의미는, '의도성 표현'의 교육 내용으로 다루지 않을 것이므로 이 역시 예비 목록에서 제외한다. 이 연구의 목표는 한국어교육에 적용함에 있기에 현대 한국어에서 일상적으로 자주 사용되는 표현을 위주로 논의하는 것이다.

넷째, 독립된 의미를 가진 형태들의 결합형으로 생산성이 강한 것은

---

16) 빈도가 적고 분포가 좁다는 것에는 주관성이 개입될 가능성이 있기 때문에, 2장에서는 교육용으로 채택될 가능성을 최대한으로 넓히어 예비 목록을 만들고, 4장에서 면밀히 검토하여 '의도성 표현' 교육을 위한 최종 목록을 선정하도록 한다.

제외하되, 독립형에서 의미 추측이 어려운 결합형은 포함하여 의도성 표현의 목록을 선정할 것이다.

이러한 설정 기준에 따라 기존의 연구에서 공통적으로 제시된 것을 중심으로 하되, 각기 다른 견해를 보이는 것은 세밀하게 의미 특성을 살펴 목록에 포함하는가 여부를 결정할 것이다.

국어학에서 의도성 표현에 관해서는, 형태론적 차원에서 문법 형태의 의미 특성으로 논의하거나(허웅 1995), 종결 어미의 의미를 기반으로 체계를 세우고자 한 연구(이종희 2004)가 있다. 이들은 문법 범주 내에서 각 형태의 의미 특성을 다루었는데, 이와 달리 화용론적 층위에서 특정한 담화·의미 특성을 보이는 양태 표현으로 범주화되기도 하였다(박재연 2004). 이들은 다른 논의들에 비해 의도성 표현에 속하는 여러 형태들의 의미·화용적인 특성을 다루었다는 점에서 의미 기능에 따른 표현을 하나의 교육 단위로 삼는 본고와 관련성을 갖는다. 기존의 논의에서 다루어진 의도성 표현의 목록은 다음과 같다.

(29) 허웅(1995):
　가. 매인풀이씨(보조 용언):
　　바람(소원, 욕망, 희망): -고 싶다[17], -고 프다, -고 파하다, -고 지다/-어 지다,
　　뜻함: -으려고 하다/-으려 하다(장차 일어나려 하는 일), -고자 하다, -기로 하다(결정하다), -으러 들다, -으려(고) 들다(의도)

　나. 의향법(종결법):
　　약속: -으마, -을께, -음세
　　뜻(의욕, 의도, 바람): -과저, -을래, -을란다/을랜다, -을꺼나, -을라고/을려고/을랴고

---

17) 이는 허웅의 논의를 수정 없이 그대로 옮긴 것이다. 이후 각 연구에서 논의되는 목록 형태도 원 논의의 표기를 그대로 따를 것이다.

위의 연구에서는 문법 범주에 의거하여 각 형태를 기술하고, 그 의미 특성을 밝히고 있다. 형태별로 중심 의미를 나열하였는데, '바람과 뜻함'의 보조 용언, 종결형 어미로는 '약속과 뜻'의 어미가 본고에서 논의하는 의도성 표현에 속한다. 그런데 위 논의에서 제시된 의미로는 보조 용언의 '뜻함'과 종결법의 '뜻'이 동일한 것인지에 대한 충분한 설명이 없다. 가령, 종결형 어미의 의미로 제시된 '뜻'은 '의욕, 의도, 바람'을 모두 포괄하는 의미로 사용되었지만, 보조 용언의 '뜻함'과 차이가 있는지에 대한 설명이 없다.

위에서 제시한 목록들을 그대로 한국어 교육에 적용하기에는 무리가 있다. 예를 들어 '-고 프다, -고 파하다, -고 지다/-어 지다, -과저' 등은 현대 언어생활에서 거의 사용되지 않는 고어적 표현이기 때문이다. 따라서 본고에서는 현대 언어생활에서 자주 사용되지 않는 표현들은 목록에서 제외할 것이다. 또한 '-을란다 류, -을라고 류, -으러 들다' 등과 같이 방언이나 일부 언중의 구어로서 제한적으로 사용되는 형태도 제외할 것이다. 구어에서 사용되는 형태를 무조건 제외하자는 것이 아니라, 목표 형태를 교육하는 과정에서 교사가 구어 형태를 보충적으로 제시할 수 있으므로 이를 독립적인 형태로 분류할 필요가 없다는 것이다.

'-(으)마, -(으)ㅁ세'는 특정 세대나 문학 작품에서 사용되는 경향이 있는데, 교육 언어로 이용될 수 있음을 고려하여 예비 목록에 포함하기로 한다. '-을꺼나'는 현대에서 '-(으)ㄹ거나'로 자신의 생각을 스스로 묻거나 상대의 의견을 물을 때 사용하는 어미이나, 화자 자신의 의도를 나타내는 경우가 적으므로 이를 목록에서 제외할 것이다.

(30) 이종희(2004):
행위 기능: [약속](-ㅁ세, -마, -ㄹ게), [의지](-렵니다, -려네, -리다, -리, -리라, -ㄹ래, -려고, -아야지)
표출 기능: [기원](-고지고, -나이다, -소서)

위의 연구에서는 종결 어미의 기능을 상호성의 유무에 따라 크게 의사소통 기능과 표출적 기능으로 구분하고, 의사소통 기능은 행위성의 유무에 따라 다시 행위, 정보, 인지 기능으로 세분하였다. 이 중 의도성 표현에 해당하는 종결 어미는 화자의 행위 태도를 나타내는 행위 기능에 속하는 약속과 의지의 종결 어미가 있고, 화자의 감정을 직접적으로 표출한 기원의 종결 어미가 있다. 기존의 논의들이 주로 종결 어미가 갖는 형태·문법 특징에 치우친 것과 달리, 이 논의에서는 종결 어미로 실현되는 서법, 대우법 등을 종결 어미의 의미 기능과 구분하여 기술하여 순수한 종결 어미의 의미 특성을 기준으로 분류하였다. 각 종결 어미의 의미 기능에 대해 고찰하고 담화 목적에 따라 각 종결 어미의 의미·화용적 특성을 찾아 종결 어미의 체계화를 시도했다는 점에서 의의가 있으나, '-렵니다'는 축약형이지만 종결 어미 체계에 포함하고, '-(으)련다'와 같은 경우는 제외하고, '-(으)려고'와 같이 종결 어미로 기능하는 것은 목록에서 제외하여, 종결 어미의 기준이 모호하다.

위 논의에서 '-리, -리다, -리라'를 이종희(2004:90-91)에서는 주로 시나 노래 가사와 같은 문학적 표현이라고 하였다. 이들은 노래와 같이 학습자가 친근하게 접할 수 있는 자료에 등장하는 형태로서 교육적 활용 가치가 있으므로 '-리다'를 표제형으로 하여 우선 목록에 포함시키도록 한다. 그러나 '-고지고, -나이다, -소서'는 종교 자료 등에서 주로 사용하여 분포의 제약성이 크므로 목록에서 제외한다.

(31) 박재연(2004):
-겠다(개연성 판단, 의도), -으리-(개연성 판단, 의도), -을까(개연성 판단(질문), 의도(질문)), -지(이미 앎/미지 가정, 제안/기원), -을래 류(의도), -게(의도), -어야지(결심)

위 논의에서는 양태 의미를 인식과 행위 양태로 구분하고 이에 해당하는 어미를 선정하여 그 특성을 기술하였다. 의미 특성에서 의도성 표현에 속하는 목록을 기술하였는데, 이 중에서 '-지, -게, -(으)ㄹ까'는 논의하지 않을 것이다. '-을까'는 의도성이 표현되는 사용 범위가 의문문, 혼잣말과 같은 한정된 환경에서만 실현되고, '-게'는 특정 세대의 용어로 이 역시 제한성이 있기 때문이다. '-지'는 제안과 기원의 의미를 갖는다고 하였는데, 기원은 다른 사람이 화자를 위해 무엇인가를 해 주기 바란다는 (32다)의 경우를 가리킨다.

(32) 가. 오늘 점심은 내가 사지.
나. 자네가 이번에는 출장을 하지.
다. 오늘 점심은 내가 사게 해 주시지요.

(32가)는 화자가 점심을 사겠다는 의지를 나타낸 것인데, '-지'도 의도성 표현으로 볼 수 있다. 그러나 '-지'는 (32나)나 (32다)처럼 제안, 부탁의 의미로 사용되는 경우가 더 많다. 박재연(2004:153-154)에서도 1인칭 주어 화자문의 경우 화자의 의도로 볼 수 있겠지만, 실제 언중들의 사용에서는 제안에 가깝다고 하였다. 세밀한 의미 특성도 교육적인 목적에서는 필요하겠지만, 다른 주변 의미보다 사용 범위가 좁은 특성을 실용적이라고 보지 않아서 이를 목록에서 제외하기로 한다.18)

지금까지 국어학에서 논의된 의도성 표현에 대해 검토하였는데, 각 논의에서 공통으로 다루고 있는 형태와 의미 기술에 약간의 차이를 찾을 수 있었다. 본 논의는 의미 기능에 관심을 두기 때문에 문법 범주에 제한을 두지 않았지만 기존 논의들은 각각 종결 어미, 보조 용언, 양태 요소

---

18) (32)의 '-지'를 각각 의지의 '-지1', 제안의 '-지2', 부탁의 '-지3'로 구분하여 제시하여, '-지1'을 의도성 표현의 교육 내용에 포함할 수 있다. 그러나 '-지'는 의지의 의미보다는 다른 주변 의미가 사용 범위도 넓고 '-겠다'가 갖는 추측, 의지의 의미처럼 의미의 격차가 크지 않아 각 의미 특성을 개별적으로 제시할 만큼 의미가 분명히 구별되는 것이 아니므로 목록에서 제외한다.

등의 범주를 기준으로 하여 이들의 특성을 연구하여 연구 대상에 있어서 차이를 보였다. 또한 의미 기술에 있어서는 '의도', '의지', '뜻'이 거의 같은 의미로 혼용되었다. 의미 해석이 서로 다른 경우도 있는데, '-(으)ㄹ게(요)'를 박재연(2004)은 '의도'의 의미로 기술하였지만 허웅(1975)과 이종희(2004)는 '약속'의 의미 기능으로 보았다. '-아/어야지'도 박재연(2004)은 '결심'의 의미로 기술하였으나 이종희(2004)는 '의지'로 서술하였다. 이와 같이 의미 해석에서 서로 다른 체계나 견해를 보이는 것은, 이들 형태에 대해 몇 개의 예문만을 들면서 연구자가 자신의 직관에 따라 자의적으로 판단하였기 때문일 것이다.

다음은 한국어 교육 연구에서 제기된 의도성과 관련된 표현 목록에는 어떠한 것이 있는지를 살펴보기로 한다.

(33) 이효정(2003):
-(으)ㄹ 것이다(의지), -겠다(의지), -(으)ㄹ 터이다(의지), -(으)리다/-(으)리라(의지), -았/었으면 좋겠다(희망), -았/었으면 싶다(희망), -(으)면 좋겠다(희망), -았/었으면 하다(희망), -(으)면 하다(희망), -기 바라다(희망), -고 싶다(희망), -기로 하다(의도)

위 연구에서는 문법 범주를 중시하는 국어학 접근 방식에서 탈피하여, 한국어 교육적 측면에서 양태 의미를 나타내는 구성들을 대상으로 하였다. 그런데 여기서는 동일한 의미 영역에 속하는 형태들을 비교하고 있지만, 동일한 기능을 수행할 수 있는 의도와 의지 표현이 어떠한 차이가 있고, 이를 교육에 적용할 수 있는지 구체적으로 설명하고 있지 않다. 의도와 의지 자체가 동일한 기능을 수행하며 의미적으로 유사한데, 이들을 초급 단계부터 굳이 구별하여 가르쳐야 효율적인 것인가를 생각해 보아야 할 것이다.

(34) 이종은(2005) :
-고 말다(의지), -기로 하다(의도), -기로 마음먹다(의도), -(으)ㄹ 셈이다(의도), -(으)ㄹ 참이다(의도), -고자 하다(의도), -(으)려고 들다(의도), -(으)ㄹ까 보다/하다/싶다(의도), -고 싶다(희망), -기 바라다(희망), -(으)면 하다(희망), -았/었으면 하다(희망), -(으)면 싶다(희망), -았/었으면 싶다(희망), -(으)ㄹ 것이다/-(으)ㄹ 거예요(의지)[19]

위 논의에서는 위 형태들을 비자립적이고, 형태를 분리할 수 없으며, 용언으로서 본유적 형태와 기능을 보유한다는 점에서 의존 용언으로 범주화하고, 이들이 어휘적인 차원에서 제시되어야 한다고 주장하였다. 이 논의에 따르면 의지, 희망, 의도는 화용적 의미 기능을 수반하는 의존 용언에 속하는데, 이들의 특성 설명에서는 국어학적 내용과 차이가 없다. 또한 이들을 어떻게 교육 현장에서 차별적으로 제시해야 하는지 구체적으로 기술하고 있지 않다.

위의 목록에서는 '-기로 마음먹다' 등과 같은 어휘 요소로 의미가 분명한 형태를 의존 용언에 포함시켰는데, 이는 어휘적 표현이므로 본고에서는 목록에서 제외한다. '-기로 마음먹다'를 포함한다면 '-기로 결심하다, -기로 작정하다' 등의 여러 형태도 목록에 포함시켜야 한다. 이 외에도 '-기 바라다'는 '-기 원하다, -기 희망하다' 등과 마찬가지로 어휘적 표현이므로 논의 목록에 포함하지 않기로 한다. 본고에서는 어휘적 의미로 그 의미를 분명하게 알 수 있는 표현은 논의 대상에서 제외한다.

이렇게 한국어 교육의 연구에서 나타나는 의도성 표현의 의미 기술에서는 '의도'와 '의지'를 다른 의미로 서술하고 있다는 점에서 공통점을 보인다. '의도'와 '의지'는 계층적 관계가 아니라 나열 관계로 기술되고

---

19) 이종은(2005)는 '-(으)려던 참이다' 구성은 문법적 의미 기능인 상의 의미를 갖는 의존 용언으로 분류하였으나, '-(으)려던 참이다'는 '의도'의 의미로 사용되며, 하나의 형태, 구절 구조가 하나의 기능만을 수행하는 것은 아니다. 가령, 조사 '가'는 주어 표지이기도 하지만, 강조, 지정의 의미를 갖기 때문이다.

있다. 이종은(2005)은 의존 용언을 어휘로 다룰 것을 제안하여서 목록면에서 이효정(2003)의 논의보다 수적으로 더 많다.

다음은 한국어 교육을 위한 문법 사전에서 제시된 의도성 표현들이다. 각 형태와 그 의미 기술을 보면 아래와 같다.

(35) 국립국어원(2005):
-겠다(의도, 의지, 추측, 가정, 바람), -고 말겠다(강력한 의지), -고 싶다(희망), -고자 하다(의도, 희망), -기나 하다(실제 어렵지만 그래도 하기를 바라는 화자의 마음), -기로 하다(계획, 결정, 결심, 약속), -도록 하겠다(의지, 다짐), -아/어야지요(의지), -(으)려고 들다(의도, 목적), -(으)려고 하다(의도), -(으)런다(의지), -(으)리(의지), -(으)리라(의지), -(으)마(약속), -(으)면 좋겠다(소망, 바람), -(으)ㄹ 테다(의지), -(으)ㄹ게요(의지, 약속), -(으)ㄹ까 보다/싶다/하다(추측, 뜻, 의지), -(으)ㄹ란다(의지), -(으)ㄹ래(의향, 의지)

(36) 백봉자(2006):
-겠다(미래, 의도, 의지), -고 말고요(강한 의지), -고 싶다/-고 싶어하다(희망), -는/(으)ㄴ 가 싶다, -(으)ㄹ까 싶다(희망하다, 비슷하다, 거의같다), -도록 하다(의지), -아/어보고 싶다(희망), -아/어야 하다(당위성, 의도), -았/었으면 싶다(욕구, 강한 바람, 희망), -았/었으면 좋겠다(희망), -(으)려고 하다(의도), -(으)려고(요)(의도), -(으)려던 참이다(어떤 일을 하려던 중이다), -(으)려고 들다(의도, 추진), -(으)ㄹ 것이다(의지, 추측), -(으)ㄹ 참이다(계획), -(으)ㄹ 테다(의도, 예정), -(으)ㄹ게(요)(의지, 맹세, 약속), -(으)ㄹ까 하다(의도, 추측), -(으)ㄹ까 보다(의도), -(으)ㄹ래요(의도)

위 논의들은 모두 사전 형태로 가능한 많은 형태와 의미를 담으면서 경우에 따라 상황 의미를 세분하여 기술하고 있다. 의미 전달에 있어 세밀하게 분석하여 학습자에게 정확하게 전달하는 것은 좋지만, 모국어 화자조차도 상황에 따라 가변적으로 판단하는 것은 교육 범위에서 제외하는 것이 좋다. 국립국어원(2005:30-32)에서는 '-겠다'도 화자의 바람을 조심스럽게 나타낼 때 사용된다고 하였다. 그러나 '-겠다'가 갖는 희망의 의미는 담화 상황에 따라 가변적이고 발생 빈도가 낮은 주변 의미이다. 이렇게 중심 의미도 아니고, 그 형태만 갖는 유일한 의미도 아니어서 다른 형태로 쉽게 대치할 수 있는 특성은 교육 내용에서 제외하는 것이 좋다고 보아 '-겠다'가 갖는 다의미 특성 중 희망의 특성은 제외한다. 또한 모어 화자의 직관에 따라 의미의 가변성이 큰 '-(으)ㄹ까 싶다, -기나 하다' 등을 희망 표현으로 보는 것은 외국어로서의 교육적인 측면에서 그리 실용적이라고 생각되지 않으므로 본고의 논의에서 제외한다. '-기나 하다'는 화자의 바람을 간접적으로 나타나는 경우도 있지만, 1인칭 화자 주어문에서는 그러한 담화 의미가 발생할 경우가 적기 때문이다.

교육에 적용할 수 있는 의미 특성의 범위를 고려하여, '-고자 하다'도 의지의 의미와 함께 희망의 의미가 실현되는 경우가 있다고 주장한 논의들이 있다(국립국어원 2005:56, 백봉자 2006:103-104, 손세모돌 1996:105-109). 그러나 '-고자 하다'에서 드러나는 희망의 의미는 화자의 의지에서 출발한 이차적인 것이라고 보아 본고의 논의에서는 의지 특성만을 인정한다.

주변 의미로 의도성이 실현되는 '-아/어야 하다'도 목록에서 제외될 수 있을 것이다. '-아(/어)야 하다'가 백봉자(2006:436-437)에서는 당위성을 나타내지만 의도의 의미도 가질 수 있다고 하였다. '-아/어야 하다'의 당위성이 오히려 화자가 그렇게 한다는 의지를 더욱 드러나게 해석될 수 있지만, 의지는 '-아/어야 하다'의 일차적인 의미가 아닌 당위성에서 파생된 주변 의미라고 보아 이를 목록에서 제외한다. 반면에, 결합형으로는 독립형의 의미 결합을 예상하기 어렵거나, 독립형의 의미 그대로 발현되지 않은 형태인 '-아/어야지'는 목록에 포함시킬 수 있다.

'-는가/(으)ㄴ가 싶다', '-아/어 보고 싶다'도 목록에서 제외한다. '-(으)

는가/(으)ㄴ가 싶다'는 화자의 판단을 나타내는 것으로 '화자가 예상했던 것과 같다, 비슷하다'의 의미로 의도성 표현이 아니다. 백봉자(2006:320)에서 희망의 의미를 갖는 표제형으로 설정된 '-아/어 보고 싶다'의 희망 의미는 '-아/어 보다'가 아닌 '-고 싶다'에 있다고 본다. 만약 '-아/어 보고 싶다'를 독립된 하나의 희망 표현으로 설정한다면, '-아/어 주고 싶다'처럼 다른 의미 단위와 결합된 '-고 싶다' 구문들도 희망 표현 목록에 포함시켜야 할 것이다. 또한, '-고 싶다'가 결합된 구문들 중에서 '-아/어 보고 싶다'만을 목록으로 선정할 필요성도 두드러지지 않으므로 의도성 표현 목록에서 제외하기로 한다. '-고 싶어하다'는 거의 2·3인칭 주어의 희망을 표현하며, 1인칭 주어 화자와 공기하는 표현은 어색하므로 역시 논의에서 제외한다.

다음은 대학 기관에서 사용하고 있는 한국어 교재에서 목표 표현으로 제시되거나 지문에서 등장한 의도성 표현의 목록이다.[20]

(37) 한국어 교재:
- -겠다 류: -겠다, -겠습니다, -겠어요(의지, 의도, 추측, 가정, 예측, 계획, 미래 시제)
- -고 말다 류: -고 말다, -고 말겠다, -고야 말겠다(굳은 각오, 결심, 의지)
- -고 싶다/-고 싶어하다(희망)
- -고자 하다 류: -고자 하다, -고자 합니다
- -기로 하다(계획, 약속, 결심, 결정)
- -도록 하(겠)다 류: -도록 하다, -도록 하겠다, -도록 하겠어요(방향, 목적, 행위의 지속)
- -아/어야겠다 류: -아/어야겠다, -아/어야겠네요, -아/어야겠어요(의무, 의도성[21])

---

20) 본고에서는 고려대, 연세대, 이화여대, 서울대, 경희대에서 출간한 교재들을 대상으로 하였다. 교재에서 나타나는 의도성 표현 문제는 3장에서 자세히 논의할 것이다.
21) 일부 교재에서 예문으로 목표 형태의 의미를 대신하였는데, 예문에서 의지의 의미로 실현되는 것을 본고에서는 의도성이라는 용어로 대신하였다.

- -아/어야지(요)(의무, 계획/다짐/결심)
- -(으)려고 하다 류: -(으)려고 하다, -(으)려고 해요, -(으)려고 했다 (의도, 계획)
- -(으)려고 들다 류: -(으)려 들다, -(으)려고만 들다, -(으)려 들어요 (의도)
- -았/었으면 싶다(희망, 강한 바람/욕구)
- -(았/었)으면 좋겠다 류: -(으)면 좋겠다(희망) -(으)면 좋겠습니다, -(았/었)으면 좋겠다, -(았/었)으면 좋겠어요(희망)
- -(았/었)으면 하다 류: -았/었으면 하다, -(았/었)으면 합니다(의도성, 희망, 바람)
- -(으)려던 참이다 류: -(으)려던 참이다, -(으)려던 참이었다, (그렇지 않아도) -(으)려던 참이다(의도)
- -(으)ㄹ 것이다 류: -(으)ㄹ 거예요, -(으)ㄹ 것이다, -(으)ㄹ 겁니다 (추측, 미래, 계획, 의지, 의도) -(으)ㄹ게요(의도, 약속, 의지, 결심, 다짐), -(으)ㄹ까 보다 류: -(으)ㄹ까 보다, -(으)ㄹ까 봐(서)(걱정, 근심, 짐작, 의도, 망설임)
- -(으)ㄹ까 하다(계획, 가정, 의도, 희망, 추측)
- -(으)ㄹ래(요)(의도, 제안, 의사 표현)
- -(으)리-(의도성)
- -(으)ㄹ 테니(까)(의도, 의지, 이유)

    한국어 교재에서도 각 교재마다 의미 기술 방식이나 용어 사용에 있어서도 차이를 보인다. 위에서 제시된 목록에서 종결 표현인 아닌 '-(으)ㄹ 테니까, -(으)ㄹ까 봐(서)'등은 본고의 논의 대상이 아니므로 목록에서 제외하되, 이들이 종결 표현으로 실현되는 경우만을 고려한다.
    지금까지 검토한 국어학, 한국어 교육, 한국어 교육의 문법 사전, 한국어 교재에 나타난 의도성 표현의 목록은 다음의 (38)-(41)과 같다. 연구 분야에 따라 의도성 표현에 속하는 형태들은 문법 범주에 대한 정의와 의미 기술에서 차이를 보였다. 본고에서 논의할 의도성 표현은 국어학에서는 주로 종결 어미, 선어말 어미, 보조 용언의 문법 범주로 다루어졌는데, 고어적인 표현이나 희소성이 있는 형태도 논의 대상에 포함시켰다. 반면에, 한국어 교육 분야에서는 현대 언어생활에서 사용되는 표현 위주로 논의되어 목록에서 서로 차이를 보였다.

논의한 형태들은 '의지, 의도, 목적, 추진, 계획, 결심, 결정, 희망, 약속' 등의 의미로 기술되었는데, 의미 기술의 용어가 혼용되어 있음을 알 수 있다. 여기에서 언급한 의미들은 아래와 같이 크게 네 개의 영역으로 나눌 수 있을 것이다.22)

(38) 의지, 의도, 목적, 추진
-겠다 류(-겠다, -겠습니다, -겠어요), -고 말다 류(-고 말다, -고 말겠다, -고야 말겠다),23) -고자 하다, -도록 하다 류(-도록 하다, -도록 하겠다), -아/어야겠다, -아/어야지(요), -(으)려고 들다 류(-(으)려 들다, -(으)려고만 들다), -(으)려고 하다 류(-(으)려고 하다, -(으)려고(요), -(으)려네, -(으)련다, -(으)렵니다, -(으)ㄹ란다)), -(으)려던 참이다, -(으)리- 류(-(으)리-, -(으)리라, -(으)리다), -(으)ㄹ 것이다 류(-(으)ㄹ 것이다, -(으)ㄹ 겁니다, -(으)ㄹ 거예요), -(으)ㄹ게(요), -(으)ㄹ까 보다, -(으)ㄹ까 싶다, -(으)ㄹ까 하다, -(으)ㄹ래(요), -(으)ㄹ 셈이다, -(으)ㄹ 참이다, -(으)ㄹ 테다

(39) 계획, 결심, 다짐, 결정
-겠다 류(-겠다, -겠습니다, -겠어요), -기로 하다, -아/어야지(요), -(으)려고 하다 류(-(으)려고 하다, -(으)려고(요), -(으)려네, -(으)련다, -(으)렵니다, -(으)ㄹ란다)), -(으)ㄹ 것이다 류 (-(으)ㄹ 것이다, -(으)ㄹ 겁니다, -(으)ㄹ 거예요), -(으)ㄹ까 하다, -(으)ㄹ 참이다,

---

22) 추측, 미래, 가정 등과 같이 비의도성 의미 특성을 제외하고, 의도성 표현으로 볼 수 있는 의미 특성을 중심으로 기술한 것이다.
23) '-고 말다 류'는 '-고 말다'를 포함한 결합형을 편의상 통합하여 이르는 용어로, 각 형태의 기본형을 선택하여 대표형으로 기술하는 것이 더 간결할 것이다. 그러나 이들은 교수·학습적 관점에서 형태별로 문법 설명이 차별화되며, 기존 연구의 논의도 살리고자 각각의 형태를 밝힌 것이다.

(40) 희망, 욕구, 바람, 실제 이루어지기 어렵지만 그래도 하기를 바라는 화자의 마음
-고 싶다, -(으)면 싶다 류(-(으)면 싶다, -았/었으면 싶다), -(으)면 좋겠다 류(-(으)면 좋겠다, -았/었으면 좋겠다), -(으)면 하다 류(-(으)면 하다, -았/었으면 하다)

(41) 약속, 맹세
-기로 하다, -(으)ㄹ게(요) -(으)마, -(으)ㅁ세

위의 분류에서 보면, 지금까지 의도성을 다룬 연구에서는 '의지'와 '의도'를 혼용하여 사용하거나 의도와 의지를 병렬적으로 구분하여 의미 기술의 용어로 사용하기도 하였음을 알 수 있다. 의지와 의도를 구별하는 논의들에서는, 행위성의 정도에 따라 행위성이 약한 것은 '의도'로, 행위성이 강한 것을 '의지'로 파악한 것 같다. 또한 '목적'이나 '추진'은 '의도'나 '의지'의 의미가 구별된다. '목적'이나 '추진'은 행위 대상이나 결과에 관심을 두어 성취 지향적이라면 '의도'나 '의지'는 행위의 행위 주체 지향적이기 때문이다.

본고는 기존의 논의들을 참고하여 의도성 표현을 정립하고자 하는데, '의도'라는 어휘적 의미가 '의지'의 의미와는 구분될 수 있다고 보아서 이들을 구분하는 입장이다. 더 나아가 앞서 논의한 바와 같이 '의도성'을 '의지'의 상위 개념으로 삼았기에 '의도성'과의 차별성을 위해 '의지'로 한다.

'계획, 결심, 결정'은 화자가 무엇인가를 하고자 하는 마음을 행동으로 옮기는 과정에서 추출될 수 있는 의미 특성이다. 결심은 사전적인 의미로 어떤 일을 하기로 결정하다는 뜻이므로 하고자 하는 마음이 구체적으로 실현되는 사건의 출발점을 보아 의지보다는 계획과 관련이 깊다고 본다. 화자가 무엇을 계획하고 그것을 하기로 결심, 결정하는 것이기 때문이다.

이러한 의미 특성들을 아우를 수 있는 의미는 '계획'으로 보아 이들을 '계획' 표현으로 한다. '희망, 욕구, 바람'은 유사한 어휘인데 가장 일반성을 가지는 '희망' 표현으로 한다. '약속, 맹세'도 이와 같은 맥락에서 '약속' 표현으로 삼는다.

본고는 기존의 논의된 목록 가운데 동일한 기본형을 포함하고 있는 것은 가장 일반성이 큰 것을 대표형으로 삼을 것이다. 또한 기본형과 결합형에서 의미가 분명하게 드러난 것을 표제형으로 삼을 것이다. 의지 표현의 '-(으)려고(요), -(으)려네, -(으)련다, -(으)렵니다, -(으)ㄹ란다, -(으)려고 하다'에서는 '-(으)려고 하다'를 표제형으로 한다.

'-고 말(겠)다, -도록 하(겠)다, -아/어야겠다'에서는 기본형과 '-겠다'가 결합한 후의 의지성을 갖느냐에 따라 이들의 포함 여부가 좌우된다. '-고 말다'는 기본형으로 의지가 실현되기는 하지만 '-겠다'가 결합한 형태에서 더욱 의지성이 드러난다. '-도록 하다'는 문장의 유형에 따라 중의성을 갖는데, 화자의 의지성은 '-겠다'가 결합할 때 확실히 드러난다. '-아/어야겠다'도 '-아/어야 하다'에서 의무의 의미 대신 '-겠다'의 결합으로 의도성이 드러난다. 이처럼 이들 형태는 '-겠다'만으로 이루어지는 형태와는 의미의 차이를 가지므로 '-고 말겠다, -도록 하겠다, -아/어야겠다'를 별개의 항목으로 설정하여야 할 것이다.

본고는 1인칭 화자 주어문에서 실현되는 의도성 표현으로 연구 범위를 한정하는데, 주로 평서문에서 실현되는 문장을 완전히 끝맺는 종결형으로 나타나는 형태들을 검토할 것이다. 이러한 관점에서 '-겠다'는 '-겠다'로, '-(으)ㄹ게, -(으)ㄹ래' 등과 같이 조사 '요'를 외한 평서문 하라체를 표제형으로 삼는다.

이러한 과정을 통해 고찰한 의도성 표현들은 아래와 같이 '의지, 계획, 희망, 약속'의 네 의미 영역으로 나누어 목록화할 수 있다.[24]

---

24) 이는 기존의 연구에서 논의된 목록을 단순·명료하게 정리한 것으로 예비 목록의

(42) 가. 의지

-겠다, -고 말겠다, -고자 하다, -도록 하겠다, -아/어야겠다. -아/어야지, -(으)려고 들다, -(으)려고 하다, -(으)려던 참이다, -(으)리다, -(으)ㄹ 것이다, -(으)ㄹ게, -(으)ㄹ까 보다, -(으)ㄹ까 하다, -(으)ㄹ래, -(으)ㄹ 셈이다, -(으)ㄹ 참이다, -(으)ㄹ 테다

나. 계획

-겠다, -기로 하다, -아/어야지, -(으)려고 하다, -(으)ㄹ 것이다, -(으)ㄹ까 하다, -(으)ㄹ 참이다

다. 희망

-고 싶다, -(았/었)으면 싶다, -(았/었)으면 좋겠다, -(았/었)으면 하다

라. 약속

-기로 하다, -(으)ㄹ게, -(으)마, -(으)ㅁ세

위의 목록들은 일차적으로 기존의 논의에서 의도성을 갖는 표현으로 논의되어 왔던 것으로 학습자의 학습 목적에 맞게 각 표현의 내용이 선정되어야 할 것이다. 각 논의마다 서로 다른 직관들을 보인 의미 특성들도 다시 검토하여 각 형태에 나타나는 의미 특성을 좀 더 세밀하게 고찰하여야 할 것이다. 이를 위해 다음 장에서는 의도성 표현이 갖는 일반적인 특성들을 살펴보기로 한다.25)

3. 의도성 표현의 특징

이 장에서는 위의 목록을 중심으로 의도성 표현들이 어떠한 형태로 이

성격을 갖는다. 교육용 목록 선정에 관한 내용은 4장에서 본격적으로 다룰 것이다.
25) 이어 3장에서는 실제 한국어 교육에서 의도성 표현이 어떻게 교육되는지를 한국어 교육 교재에서 살펴볼 것이다. 2장에서 검토된 목록에다 3장에서 더 보태지는 목록은 없겠지만, 이러한 표현들을 학습자가 어떻게 습득하였는지에 대해서도 학습자 말뭉치를 바탕으로 알아보기로 한다.

루어지고 각 의미 영역에 속하는 표현들이 갖는 일반적인 특징이 어떠한가에 대해 살펴보기로 한다. 여기에서 논의하는 의도성 표현은 선어말 어미, 어말 어미(종결 어미), 의존 용언, 의존 명사 구성 등으로 나타나 문법 범주들은 다르지만 모두 '의도성'이라는 표현 의미를 가지는 형태들이다.

의지 표현에서 단독형 선어말 어미에는 '-겠다, -(으)리-', 종결 어미에는 '-아/어야지, -(으)ㄹ게, -(으)ㄹ래'가 있다. 결합형에서는 의존 용언 구성에 '-고 말겠다, -고자 하다, -(으)려고 들다, -(으)려고 하다, -(으)ㄹ까 보다, -(으)ㄹ까 하다'가 있다. 의존 명사로 이루어진 구도 있는데, 의존 명사 '참, 셈, 것, 터'는 시제를 나타내는 관형사형 어미 '-(으)ㄴ, -ㄴ/는, -(으)ㄹ'과 결합하여 하나의 표현을 이루기는 하지만, 화자의 의지를 나타내는 경우는 대개 미래 시제 '-(으)ㄹ'과의 결합만 가능하다. 따라서 화자의 의지 표현은 '-(으)ㄹ 참이다, -(으)려던 참이다, -(으)ㄹ 셈이다, -(으)ㄹ 것이다, -(으)ㄹ 테다'로 나타난다. 이렇게 의지 표현의 형태 구성은 어미와 같은 단일형과, 구절 구조로 이루어진 결합형으로 다양하게 나타난다.

계획 표현에서도 단독형 선어말 어미 '-겠다'와 명사구를 요구하는 구 구성인 '-기로 하다', 의존 명사 구성 '-(으)ㄹ 것이다, -(으)ㄹ 참이다, -(으)려던 참이다, -(으)ㄹ 셈이다'와 의존 용언 구성 '-(으)려고 하다'로 이루어진다. 계획 표현에서 새로운 표현 형태로 등장한 것은 '-기로 하다'뿐이며, 대부분이 의지 표현으로도 사용되는 다의미 특성을 가진 표현들이다.

희망 표현은 의존 용언 구성 '-고 싶다, -(았/었)으면 싶다, -(았/었)으면 하다'와 접속문을 이끄는 '-(았/었)으면 좋겠다'의 구성으로 이루어진다. 이들은 다른 표현들과 달리 단일 의미로만 사용된다. 특히 희망 표현에는 과거 시제 형태소 '-았/었-'의 결합형이 많은데, 이는 언술하는 어떠한 상태가 이미 이루어져 있기를 바라는 '희망'의 의미 특성에서 연유하는 것이다.

약속 표현은 명사구를 요구하는 구절 구조 구성인 '-기로 하다'와 종결 어미 '-(으)ㄹ게, -(으)마, -(으)ㅁ세'가 있지만, 이들 구조 속에는 '-기, -을, -음'이라는 명사화의 요소가 모두 들어있다. 이처럼 명사구절을 전제하는 것은, '약속'의 속성상 약속 발화 내용을 분명하게 드러내기 위한 것으로 보인다.

이상에서 말한 의도성 표현들을 구조상으로 정리하면 아래의 (43)과 같다.

   (43) 의도성 표현의 구성 특징
      가. 어미
         선어말 어미: -겠다, -(으)리-
         종결 어미: -아/어야지, -아/어야겠다, -(으)ㄹ게, -(으)ㄹ래, -(으)마, -(으)ㅁ세

      나. 구절 구조
         ㄱ. 의존 명사구: -(으)ㄹ 참이다, -(으)려던 참이다, -(으)ㄹ 셈이다, -(으)ㄹ 것이다, -(으)ㄹ 테다
         ㄴ. 의존 용언구: -고 말겠다, -고자 하다, -도록 하겠다, -(으)려고 들다, -(으)려고 하다, -(으)ㄹ까 보다, -(으)ㄹ까 하다, -고 싶다, -(았/었)으면 싶다, -(았/었)으면 하다
         ㄷ. 명사구: -기로 하다
         ㄹ. 종속구: -(았/었)으면 좋겠다

위 (43)과 같이 의도성 표현은 선어말 어미, 어말 어미, 의존 용언구, 의존 명사구, 명사구를 요구하거나 접속문을 이끄는 구절 구조까지 다양한 문법 범주에 걸쳐 나타난다. 의도성 표현은 형태·통사적으로 다양한 구성을 갖지만 공통적으로 갖는 문법적 특성들이 있다. 따라서 여기에서는 의도성 표현이 갖는 공통적인 특성에 대해 살펴보고자 한다.

   (44) 가. *나는 예쁘겠다.

나. *나는 이제부터 선생님일까 한다.
다. 나는 그 사람을 만날 거야.
(45) 가. *나는 예쁘기로 한다.
나. *나는 이제부터 선생님이려고 한다.
다. 나는 그 사람을 만나러 나가려던 참이야.
(46) 가. *나는 예쁘고 싶다.
가'. 나는 예뻤으면 좋겠어.
나. 나는 이제부터 선생님이면 좋겠어.
다. 나는 그 사람을 만났으면 싶다.
(47) 가. *나는 예쁠게.
나. *나는 이제부터 선생님이마.
다. 내가 그 사람을 만남세.

위의 예에서 나타나듯이 (44가), (45가), (46가), (47가)의 예들은 의도성 표현이 갖는 형용사와의 결합 제약을 보이고 있다. '의도성'은 행위를 전제로 하기 때문에 상태성 용언과 결합하지 않는 것이다. 또한 (44나), (45나), (46나)처럼 명사구와도 결합 제약을 보이는데, 명사구는 어떠한 사실, 명제를 나타내서 행위성과 거리가 멀기 때문이다. 그런데 (46가')의 '-았/었으면 좋겠다'는 형용사나 명사구와 결합이 가능하다. 이것이 단순히 화자의 바람을 표현하는 것이 아니라 다른 사람의 어떠한 행위를 해주기를 바라는 의미를 수행할 수 있기 때문이다. 이는 조건절과 '좋겠다'가 분리성이 강하기 때문인데, 조건절의 내용이 가정, 조건을 의미하므로 반드시 어떤 행위에 대한 조건뿐이 아니라 상태 조건도 기술이 가능한 것이다.

이러한 특수 경우를 제외하고 대부분의 의도성 표현은 (44다), (45다), (46다), (47다)처럼 동작성 용언과 결합하여 주체 주어의 의도를 표현한다.

(48) 가. *내가 청소를 했겠어요.
가'. 내가 청소를 했겠어요?
나. 내가 회장님을 만났을 거예요.

다. 나는 회장님을 만나고자 했습니다.
(49) 나는 회장님을 만나고 싶었어요.
(50) 네가 도착하기 전에 내가 먼저 가서 기다리기로 했어.
(51) *내가 전화했기로 한다.

의도성 표현들은 대개 위의 예처럼 과거 시제 '-았/었-'과 결합 시에는 (48가)나 (51)처럼 비문을 만들거나, (48나)처럼 의도성 표현에서 추측 표현으로 의미 기능이 변화하거나, (48다), (49), (50)처럼 문장 기능이 달라진다. 특히 '-겠다, -(으)ㄹ 것이다'처럼 의지 표현과 결합하는 경우 의도성 표현은 (48가)처럼 반어 의문문으로 실현되거나 (48나)처럼 추측 표현이 되어 정문을 생산한다. 이는 의미 기능을 하는 두 요소가 결합할 때 다의미, 다기능을 가진 요소가 충돌을 피하기 위해 기능 전이를 일으키기 때문이다. 이러한 현상은 서정수(1977), 이익섭/임홍빈(1983:177)의 논의처럼 '-았/었겠-'의 '-겠다'를 서법 요소로 파악하는 근거가 될 수 있다.

의도성 표현은 (48다), (49), (50)의 예처럼 '-았/었-'과 결합하는 경우, 의도성을 표출하는 것이 아니라 의도성이 있었다는 사실을 과거의 한 사건으로 전달, 보고하는 기능이 있다. (48다)의 '-기로 하다'는 과거 시제 요소가 결합하여 청자에게 이전에 화자가 결정한 내용, 약속한 내용을 청자에게 알리는 것으로, 이러한 발화는 결국 화자의 계획 내용을 보고하는 것이다. 따라서 화자의 의도성을 표출하는 것은 현재 시제의 문장에서만 가능한 것이다.

의도성 표현은 주어가 행위의 주체이며, 사람이 주어인 문장에서만 가능하다. 의도성이란 무엇인가를 행위로 옮기거나 그러한 행위나 상태가 되기를 바라는 것이므로 이러한 인지 작용을 할 수 있는 주체로서의 사람 주어가 문을 이끈다.

(52) 가. 내가 청소를 하겠습니다.

나. 돌이가 청소를 하겠습니다.
다. 알렉스가 청소를 하려고 한다.
(53) 가. 나는 지금 막 청소하려던 참이었어.
나. 알렉스는 지금 막 청소하려던 참이었어.
(54) 가. 나는 청소를 하고 싶어.
나. 알렉스는 청소를 했으면 좋겠어.
(55) 가. 내가 내일은 꼭 청소할게.
나. *알렉스가 내일은 꼭 청소할게.

위 (52가)와 (52나)를 비교하면, 의도성 표현 '-겠다'가 실현되었다고 해도 주어의 인칭에 따라 1인칭인 (52가)는 의지문이 되지만, 3인칭인 (52나)는 사실문이 되는 것이다. (52다)에서도 의지를 나타내는 '-(으)려고 하다'가 사용되었지만 의지문이 아닌 사실문이 된다. 허웅(1995:382)과 국립국어원(2005:671)에서는 '-(으)려고 하다'의 주어가 유정성 또는 사람에서 의도성 표현이 가능하다고 하였으나, 사람이 주어일 때에도 1인칭일 경우에만 의도성 표현이 되는 것이다. 그러므로 직접적으로 의도성을 표출하는 표현의 주어는 화자로서 1인칭 사람이라는 특성을 갖는다. 이러한 특성은 (53), (54), (55)에서도 그대로 드러난다.

(56) 가. *내가 그 일을 책임지겠자.
나. *우리가 그 일을 책임지겠어라.
(57) 우리가 그 일을 하기로 하자.
(58) *내가 밥 먹고 싶어라.
(59) *내가 밥을 먹기로 해라

의도성을 갖는 '-겠다'가 (56가)에서는 청유형과, (56나)에서는 명령형과 결합하지 못하는 서법 제약을 보여준다. 이에 대해 이효정(205:82-88)은 의지적인 의미가 1인칭 주체로 실현되기 때문이라고 하였다. 의지라는 것이 주체의 통제력으로 좌우되는 것이므로 화자인 내가 나에게 명령이나 제안을 할 필요가 없기 때문이다. 희망을 나타내는 문장 (58)은 '바람'이라는 내용을 표출하는 것인데, 화자의 바람을 화자 스스로가 명령한다는 것은 논리적으로 맞지 않으므로 이 역시 비문이 된다. 그러나 (57)의 계획, (59)의 약속의 '-기로 하다'는 청유형이 가능하다. 이는 통사적 구조의 특성에서 기인하는 것이다. (57)은 '우리가 너의 제안대로 그 일을 할 것'이라는 의미로 해석될 수도 있고, '우리가 그 일을 하기로 결정하자'의 의미로 해석될 수도 있다. '하다'의 분리성이 강해서 '기로'와 '하다' 사이에 행위의 주체 중의 하나인 '너도, 네가'라는 청자를 상정할 수 있지만, 2인칭 주어문에서도 의도의 주체는 2인칭 '너'가 아닌 화자가 된다. 물론 (57)과 같이 주어는 1인칭 복수로 나타날 수도 있다.

(59') 우리가 밥을 먹기로 해라.

그러나 위 예는 화자의 의도성을 표현한 것이 아니라 청자에게 명령을 지시하는 것이다. 이렇게 의도성 표현으로서 1인칭 문장이 명령문이나 청유문이 되는 경우는 매우 드물다. 이에 대한 자세한 논의는 5장에서 이루어질 것이다.

(60) *나는 그 일을 추진할 수 있고자 했습니다.
(61) 가. *나는 오늘 이성 친구를 못 만나기로 한다.
　　　나. *나는 오늘 이성 친구를 만날 수 있으려고 한다.
(62) 가. *나는 먹을 수 있고 싶다.
　　　나. 나는 그 일을 할 수 있으면 좋겠어.
　　　다. 나는 그 일을 못 했으면 좋겠어.
(63) 가. *내가 차량을 책임질 수 있을게.
　　　나. *내가 차량을 못 책임지마.

위의 예 (60), (61), (62가), (63)들처럼 의도성 표현들은 능력의 '-(으)ㄹ

수 있다'와 제약이 있으며, 역시 능력의 '못' 부정문도 생산할 수 없다. 이는 의도성과 관련이 있는데, 의도는 아직 이루어져 있지 않은 사항에 대해 그것이 이루어지기를 바라는 것이므로 능력의 속성과는 의미상 충돌하는 것이다. 그런데 (62나)와 (62다)의 '-(았/었)으면 좋겠다'의 표현에서는 능력을 말하는 선행문이 가능하다. 이는 능력과 관련하는 내용이 조건화되어 있기 때문이다. 이러한 개별 형태를 제외하고 대부분의 의도성 표현들은 능력을 말하는 어구와 공기하는 데에 제약이 있다.

이상과 같이 의도성 표현은 선어말 어미에서 의존 용언, 의존 명사구 등의 구절 구조까지 다양한 문법 범주에 걸쳐 나타난다. 일반적으로 의도성 표현의 의미가 표출되기 위해서는 1인칭 화자 주어문에서 동작성 서술어와 결합하는 현재문에서만 가능하였다. 의도성 표현들은 다른 문법 요소와 결합 제약이 있었는데, 명령과 청유형 종결 어미, 능력의 '-(으)ㄹ 수 있다', '못'과의 결합에 제약을 보였다. 이 외에도 '-았/었-'과 결합할 때 의도성이 아닌 추측 의미로 실현되는 표현도 있으며, 의도성을 표출하는 기능에서 전달하는 문장 기능의 변화 현상을 보였다.

제3장 의도성 표현의 교육 실태

 이 장에서는 한국어교육에서 의도성 표현들이 어떻게 교육되고 있는지를 살펴보고자 한다. 이를 위해 한국어 교재(고려대 「한국어회화」(1991-1992), 연세대 「한국어」(1992-1994), 서울대 「한국어」(1999-2001), 이화여대 「말이 트이는 한국어」(1998-2002), 경희대 「한국어」(2000-2003): 이후 교재 이름을 학교 이름으로 대체함)에서 이들이 어떻게 다루어지고 있는가를 살피고,[1] 한국어 학습자는 어떻게 이들을 사용하고 있는지를 학습자 말뭉치를 통해 검토하고자 한다. 이는 교수 내용이 본래의 의도대로 잘 반영되는지 점검할 수 있으며, 그 결과를 통해 보다 나은 교수 방안을 세우는 데 도움이 될 것이다.

1. 교재에 나타난 의도성 표현

 여기에서는 의도성 표현들이 한국어 교재에서 어느 단계에 어떠한 방식으로 제시되었는지 살펴보고자 한다. 이를 위해 교재별로 각 의미 영역

---

[1] 본고에서 살피는 5종의 한국어교육 교재 가운데에서는 고려대학교의 교재의 발간 시기가 가장 앞선다. 이는 현재 교육 기관에서 사용하거나 시중에 유통되고 있는 교재를 대상으로 한 것이며, 동일한 기관에서 출판한 교재라도 권수에 따라 발행 연도에 차이가 있어서 완간년도를 기준으로 하였다.

에 따라 어떠한 표현들이 제시되었으며, 어떠한 순서로 배열되었는지에 대해 검토한다. 또한 각 표현들의 목록과 의미 기술 방식이 교재들의 특성뿐만 아니라 이들 간에 나타나는 차이점도 종합적으로 고찰하여, 의도성 표현을 교육하는 데 있어 개선되어야 할 점을 찾기로 한다. 표현들이 단원의 목표 항목으로 제시되었다면, 그 이후에 이들의 처리는 어떻게 하였는지, 유사 의미의 표현이 나오는 경우 이것을 비교하고 있는지, 비교하였다면 어떠한 방식으로 기술하였는지 등에 대해 검토할 것이다.

고찰 대상은 각 교육 기관에서 자체 개발하여 그 기관의 정규 과정에서 현재 사용하고 있는 5가지의 한국어 교재로 한다. 교재의 고찰 순서는 발행 시기의 순서를 따르는데, 교재 발행 시기에 따라 당시 성행하던 교수법의 영향이 나타남을 고려한 것이다. 이는 교재의 구성뿐만 아니라 각 표현의 선정 및 배열, 기술 등에서 차이가 발생할 것이라고 보기 때문이다.

교재에 나타난 의도성 표현을 논의하기 전에 각 기관의 교재에 대해 간략하게 살펴보기로 한다. 교재마다 단계화나 교재 설계의 기준이 되는 교수법에 차이가 있음을 고려하는 것이다.

고려대의 한국어 교재는 총 6권으로, 각 권의 단원은 4개의 복습 단원을 포함하여 20개의 단원으로 이루어졌다. 제1권에서 제4권까지는 기본 문형을 위주로 목표 문법의 학습에 초점을 두었고, 제5권에서 제6권까지는 단원의 주제에 맞는 어휘를 중점으로 하여 배운 문형을 이용해 다양한 상황에서의 연습을 위해 설계되어 있다.

본고에서는 1권에서 6권까지를 검토 대상으로 삼는데, 문형 중심으로 이루어진 1권에서 4권까지의 각 단원은 '본문-새 단어-기본 문형-연습'의 순서로 구성되어 있다. 본문은 각 단원의 주제에 반영된 스토리 중심의 긴 대화이고, 기본 문형은 질문과 대답이 짝을 이루는 대화문으로 이루어졌다. 기본 문형에 대한 설명은 1권부터 2권까지만 영어로 기술되었고, 3권부터는 대화문만이 제시되어 있다. 5권과 6권은 '본문-알아 봅시다-이야기해 봅시다'으로 구성되었는데, 본문은 말하기와 듣기로 시작된다. '알아 봅시다'에서는 새 어휘가 제시되었고, '이야기해 봅시다'에서는 본문을 참고하여 각 단원의 주제 상황을 학습자가 재구성하는 말하기 활동이나 듣기 활동으로 이루어졌다.

단어는 본문이나 단원 전체에 제시된 새 단어를 소개하는 지면으로 1권과 2권에서만 찾아볼 수 있다. 목표 문법의 기술에서는, 초급 단계에 해당하는 1권과 2권은 목표 문법에 대한 설명이 영어로 첨가되어 있다. 고려대 교재는 목표 문법이 활용된 기본 문형이 여러 개 제시되는 방식을 취하고 있는데, 그 중 첫 번째 예문은 영어 번역문으로 제시된다. 설명 방식은 의미 중심으로 이루어졌고, 경우에 따라 화용적 특성도 기술하고 있다. 담화 상황에 대한 제시가 부족한 면이 없지는 않지만, 대화문 형식의 예문과 의미 중심 기술 방식은 학습자의 유창성 향상에 도움을 줄 수 있을 것이다. 그러나 3권과 4권은 목표 문법에 대한 설명이 없기 때문에 학습자는 예문이나 새 단어의 의미로 목표 표현을 추측하여야 한다. 즉, 교사의 역할이 더욱 중요하게 작용하기 시작하는 단계로, 학습자의 적극적인 참여와 교사의 전달력 등의 상호 작용이 요구된다. 또한 한국어회화 시리즈는 회화 교재의 특성을 살려, 기본 문형의 예시문이 모두 대화 형식으로 되어 있다는 점에서 실제 언어생활을 반영하였음을 알 수 있다. 5권과 6권은 주제에 맞는 자유 발화에 가까워 학습자의 언어 능력을 발휘할 수 있도록 짜여 있다.

연세대학교의 「한국어」는 총 6권으로 구성되었고, 각 권은 10과씩으로 되어 있다.[2] 제1권에서 제3권까지는 영어, 일본어, 중국어 설명이 각각 수록된 언어권 판본이 있으나, 제4권부터는 언어권별로 이루어졌던 문법 설명이나 해설이 한국어로 대치된다.

---

2) 각 권이 발행 시기가 다른데, 1권과 2권은 1992년, 3권은 1993년, 4권부터 6권까지는 1994년에 출판되었다.

각 권의 구성은, 3권 이전 단계는 '본문, 단어(본문에 제시된 것)-언어권별(영어/일본어/중국어)로 재구성된 본문-문법-유형 연습'으로, 그 이후 단계는 '본문-어휘와 문법-문형 연습-문화 해설-이야기해 봅시다'로 되어 있다. 본문 구성도 3권을 기준으로 이전 단계는 본문이 대화문으로, 4권부터는 대화문과 해설문으로 이루어졌다. 문법 설명은 전 권에서 기술되었으며, 학습은 모방이라는 청화식 교수법을 따라 각 단원에는 목표 문법의 패턴 연습이 많은 부분을 차지한다. 또한 학습자는 배운 내용을 연습하거나 확인하기 위해서 별도의 워크북을 이용해야 한다.

문형 중심의 서울대「한국어」는 총 4권으로 구성되어 있는데, 각 권의 단원 수는 수준별로 비례해서 많아진다. 제1권은 30과, 제2권은 22과, 제3권은 34과, 제4권은 35과로 구성되었으며, 권별의 기술 방식도 다르다. 1권과 2권은 목표 문법과 예문을 영문으로 번역해 놓았지만, 3권부터는 목표 문법에 대한 항목만 영어 해석이 색인으로 첨가되어 있다. 문법에 대한 설명은 단원 목표 항목 제시 부분에만 있는 것이 아니라, Note 부분에서도 문법 설명을 보충하고 있다. 또한 구성표를 보여서 각 단원의 목표와 주제를 미리 보여주고 있다.

각 단원의 구성은 1권은 '본문, 단어(본문에 제시된 것)-발음-문법-어휘와 표현-연습', 2권은 '본문, 단어(본문에 제시된 것)-발음-문법-어휘와 표현-연습-Notes', 3권과 4권은 '본문, 단어(본문에 제시된 것)-문법과 표현-연습-새 단어(해당 단원에 제시된 것)'로 단계별 차이를 두며 구성되었다. 연습은 읽기, 쓰기, 듣기, 말하기의 언어 기능을 고루 연습할 수 있게 배려되어 있다.

서울대 교재가 다른 기관의 교재와 다른 점은 '발음' 부분이 독립적으로 설정되어 있는 것이다. '발음'은 비모국어 화자가 가장 완벽하게 습득하기 어려울 뿐만 아니라 화석화가 되기 쉬우므로 초급 단계에서 정확하게 학습하는 것이 중요하다. 이러한 학습 과정 중에 발생할 수 있는 현상을 고려하여 초급 단계의 주교재에 제시하고 있다. 이 외에 다른 기관의 교재에서 찾을 수 없는 부분이 1권에서만 찾을 수 있는 'Note'인데, 해당 단원에서 보충 설명이 필요한 형태의 발음, 형태, 의미, 화용 정보를 간략하게 소개하고 있다. 그러나 이러한 부가적 장치에도 불구하고, 기본적인 설명 방식은 한국어와 영어를 일대일 번역에 그치고 있어 학습자의 이해를 위한 설명으로는 다소 간략한 인상을 준다.

이화여대의 교재는 통합 교재로서 총 4권으로 구성되어 있으며, 제1권부터 제3권까지는 15과로 구성되어 있고, 제4권은 10개의 단원으로 되어 있다. 의사소통 중심 과제 중심 교수법에 근거한 이 교재는 '준비합시다-해 봅시다'로 이루어졌는데, '준비합시다'에서는, 단원 주제에 필요한 어휘와 표현이 제시되어 있으며 이어 연습을 통해 형태를 학습할 수 있다. '해 봅시다'에서는 전 단계에서 학습한 어휘와 표현을 활용하여 과제를 수행하도록 구성되어 있다. 여기서는 과제와 함께 모델이 제시되어 있으며, 말하기나 읽기, 쓰기의 활동으로 한 과를 정리할 수 있다. 또한 구성표를 보여서 각 단원의 목표와 주제를 보여주고 있다.

목표 문법에 대한 특별한 설명이나 번역은 제시되어 있지 않으며, 1-2개 정도의 대화문과 과제를 통해 의미를 찾게 되어 있다. 따라서 교사의 역할이 크게 요구되며, 간혹 목표 표현이 제시되기 이전 단원에서 등장하여 예문 구성에 있어서도 단계별 배열에 부족하다는 인상을 준다. 또한 말하기와 읽기 비중이 다른 기능보다 높아서 진정한 통합 교재로서 아쉬운 면이 없지 않지만, 한국어 교육에서 삽화, 그림 등을 이용한 편집과 과제 중심의 교수법을 수용한 최초의 교재이다.

경희대 교재도 언어 기능이 통합된 의사소통 중심의 교재이며, 총 6권으로 구성되어 있다. 제1권은 20과, 제2권은 25과 구성이며, 5과마다 종합 복습 단원을 배치하여 기존 학습 내용을 확인할 수 있도록 설정되었다. 부록에는 모범 답안과 듣기 지문, 문법 설명 등을 부가하였다. 그러나 제3

권부터 제6권까지는 8과 구성으로, 복습 단원은 없다.

1권부터 6권까지 등장하는 인물들이 계속 유지되어 하나의 스토리를 갖는데, 이는 서울대 교재에서 취한 방식이다. 교재의 등장 인물은 실제 한국어 학습자가 경험하거나 이해하기 쉽도록 실제적인 환경을 고려했다는 점에서 학습자를 많이 고려했음을 알 수 있었다.

교재의 첫 부분은 각 단원의 주제와 목표, 학습할 표현 등을 구성표로 미리 제시하고 있다. 단원의 목표 문법은 초급 단계 교재는 색인에 외국어와 한국어 설명과 예문, 중급 단계 교재는 색인에 한국어 설명과 예문, 고급 단계 교재는 단원 내에 한국어 설명과 예문이 구성되었다.

각 단원은 '듣기-이야기해 보세요(문법과 말하기)-연습-말하기-읽기-쓰기-새 단어'의 형식이며, 단원의 도입 방식을 듣기 활동으로 일관되게 유지하고 있다. 이 교재는 통합 교재로서 듣기, 말하기, 읽기, 쓰기를 적절하게 배분하였다는 점과 CD가 수록되어 있다는 점에서 컴퓨터를 이용한 학습을 가능하게 했다는 점에서 차별성을 갖는다.

여기에서는 교재에 나타나는 의도성 표현이 목표 문법으로 제시되거나 본문이나 예문에 등장하는 경우까지 모두 포함하여 검토한다. 의미를 분명하게 기술하고 있지 않으나, 의도성 표현으로 해석되는 경우를 모두 포함한다. 의도성 표현에서 다의미 특성을 가진 표현은 어떤 의미로 제시되었고, 목표 항목으로 소개되고 있는지, 단계별로 의미를 나누어 제시하고 있는지, 의도성이라는 의미 특성이 다른 의미 특성보다 앞서는지에 대한 것도 간략하게 살펴본다.

1.1 의지 표현

각 교재에서 등장한 의지 표현 형태들에는 '-겠다, -고 말겠다, -고자 하다, -도록 하겠다, -아/어야겠다, -아/어야지, -(으)려고 들다, -(으)려고 하다, -(으)리다, -(으)려던 참이다, -(으)ㄹ 것이다, -(으)ㄹ게, -(으)ㄹ까 보다, -(으)ㄹ까 하다, -(으)ㄹ래, -(으)ㄹ 셈이다, -(으)ㄹ 참이다, -(으)ㄹ 테다'가 있다.3) 그런데 '-(으)ㄹ 테다'는 모든 교재에서 연결형 '-(으)ㄹ 테니까'로 제시되었는데, 본고에서는 종결 표현만을 대상으로 하지만 모든 교재에서 이를 표제형으로 삼았으므로 이를 포함하여 검토할 것이다.

▶ -겠다

'-겠다'는 각 교재의 초급에 해당하는 제1권에서 등장한다.4) 고려대에서 '-겠다'는 1급 1과 '처음 뵙겠습니다'의 관용 표현을 제외하면, 1권의 11과에서 '-겠어요'의 형태로 처음 제시된다. 추측의 '-겠다'는 2권 12과에서 '-겠다'를 기본형으로 제시되었는데, 2권 14과와 17과에서는 의지와 추측의 의미로 사용된 예문들도 찾을 수 있다. 그 이외에 4권 1과에서 능력의 '-겠다'의 특성이 본문 대화로 등장한다.

연세대는 1권 3과에서 목표 문법으로 '-겠다'가 제시되었는데, 미래 시간으로 제시하면서 주어에 따라 의도, 가정의 의미가 있다고 부가 설명하고 있다. 2권 1과에 해당하는 11과에서는 화자의 추측, 가정, 짐작을 나타내는 독립 문법으로 제시되었다. 3권에서는 '-겠다'가 포함된 결합형에서 나타나기 시작한다.

서울대는 1권 11과에서 의도성의 '-겠다'가 목표 문법으로 처음 등장하며, 2권 14과에서는 추측의 '-겠다'가 등장한다. 4권에서는 결합형에 포함된 '-겠다'가 주로 등장한다.

이화여대는 요청문에서 관용 표현으로 사용된 '-아/어 주시겠습니까?'

---

3) 2장에서 선정한 대표형으로 기술하되, 교재별 내용을 소개할 때에는 각 교재에서 제시된 표기를 그대로 수용하기로 한다.
4) 고려대와 연세대, 경희대 교재는 총 6권으로, 각 2권씩을 초·중·고급 단계로, 서울대와 이화여대의 교재는 1권을 초급, 2·3권을 중급, 4권을 고급으로 구분하였는데, 이는 책 서문에서 소개된 교육 과정에 따른 분류이다.

가 1권 11과에서 가장 먼저 등장한다. 목표 항목으로서 추측의 '-겠다'가 1권 13과에서는 '-겠습니다'의 형태로 제시되었지만, 실제 1권에서는 '-겠다'가 예측이나 관용 표현으로 사용되는 예 이외에도 의지의 의미로 사용된 경우가 많았다. 2권 4과에서는 미래 시제로서 '-겠습니다'를 독립된 표현으로 제시하고 있는데, 3권 이후에는 주로 결합형의 구성 요소로 등장한다.

경희대에서 '-겠다'는 1권 17과에서 단원의 목표 표현으로 선정되어 '-겠다'의 형태로 제시되었다. 2권 9과에서는 추측, 24과에서는 약속의 의미로 사용된 예를 발견할 수 있다. 4권부터는 다른 형태와 결합한 '-겠다'가 의지의 의미를 나타내는 경우가 많았다.

이상과 같이 각 교재에서 의도성 표현으로서의 '-겠다'가 등장한 시기는 초급 단계이며, 의지의 의미가 대체적으로 추측의 표현보다는 앞서 제시되었음을 알 수 있었다.

의미 기술과 제시 방법에 있어서도 각 교재들은 차이를 보인다. 의미 기술이 단원의 목표 표현으로 선정되면 외국어로 직접 설명되어 있는 교재도 있고, 대화문으로 내용을 대신하기도 하며, 지시문을 이용하여 상황 의미를 제시하기도 한다. 또는 특별한 설명이 없이 본문이나 예문으로 대체하기로 한다. 이 밖에 교재에서 의도성 표현으로 사용되지만 목표 표현으로 선정되지 않은 것이 예문이나 지문에서 발견되는 예도 있다. 이러한 형식상의 차이 이외에도 다의미 특성을 가진 표현인 경우 의미 특성들을 단계적으로 나누어 모두 제시하거나 한 번에 모든 의미 특성을 보이는 종합적 방식, 여러 의미 중 특정 의미만을 선택하여 제시하는 방식을 취하기 때문이다.

고려대는 '-겠다'를 의미 특성에 따라 단계별로 제시하였다. 1권 11과에서 주어의 의도(subject intention)의 의미를 가진다고 하였는데, 단원의 목표 문법으로 제시된 것이 아니라 '-(으)ㄹ게요'의 유사 표현으로 1인칭 평서문에서 사용된다고 영어로 제시하였다. 2권 11과에서는 목표 표현으로 동사나 형용사와 결합하여 주어의 추측/가정(supposition)의 의미를 나타내며, 친구나 화자보다 나이가 어린 사람과의 대화나 독백으로 사용한다고 설명하고 있다. 고려대 교재에서는 '-겠다'의 의미 특성에 따라 달라지는 형태·통사 정보를 제시하였고 담화 상황에서 대화 화용 정보까지 제시하고 있다.

연세대에서는 '-겠다'가 목표 표현으로 선정되어 1권에서는 동사와 결합하는 미래 시간 표현(future tense)으로 설명하면서 동사의 인칭에 따라 의도(intention)와 가정(supposition)이라는 부가 설명을 하였다. 2권에서는 주어의 추측(guess), 가정(assumption) 등의 의미를 갖는다고 설명하고 있다. 연세대 교재는 주로 형태·통사 정보를 중심으로 '-겠다'를 설명하고 있고, 영어로 기술되었다.

서울대에서는 '-겠다'가 1권 11과에서 목표 문법으로 선정되어 동사와 결합하는 의도성 어미(intentional ending)로 제시하였고, Note 부분에 화자의 의지(will), 의도(intention), 계획(plan)을 나타낸다고 기술하였다. 2권 14에서도 목표 문법으로 선정되어 형용사와 동사와 결합하며 가정(I suppose N will be A/will V), 추측(must have been A/V)의 의미를 갖는다고 영어로 제시하고 있다. 서울대는 한국어와 영어의 문법이 완전하게 대응되지 않는데도 일대일 대응 방식의 번역 제시에 그치고 있다.

이화여대에서 '-겠다'는 단원의 목표 문법으로 선정되었어도 단원 내에서 특별하게 의미 기술은 하지 않고 있다. 다만 구성표에서 해당 단원의 목표 표현으로 '-겠다'는 1권 13과에서는 예측의 의미로, 2급 4과에서는 미래 시제로서 목표 표현으로 선정·기술되었다. 그런데 단원 내에서는 예측의 '-겠다'는 아나운서가 일기 예보를 할 때 사용하는 표현으로, 2급에서 미래의 '-겠다'는 결심, 계획의 상황 의미로 제시되어 있다. 이화여대는 기본적인 의미 기술이나 형태·통사 정보가 없고 모델로 제시된 예문의 수가 1-2개에 그치고 있어 교사의 역할이 크다. 이 교재는 '-겠다'가 사용되는 담화 상황으로 의미를 대신하고 있다는 점이 특징이다.

경희대에서 '-겠다'는 1권 17과에서 단원의 목표 표현으로 선정되었는데, 미래 시간 표현(future tense)으로 1인칭 주어일 때는 화자의 의지(will)를 나타낸다고 색인 부분에서 제시되었다. 2권 9과에서는 일기 예보에 관한 듣기 지문에서 추측의 의미로, 24과에서는 약속의 의미로 사용되었다. 경희대 교재에서는 본문에서는 문장을 '-겠다'가 삽입된 것으로 대치·연습하는 방식을 취하고 있을 뿐 대화문에서 '-겠다'는 어떻게 사용되는지에 대한 정보를 찾을 수 없었으며, 본문에 해당하는 듣기 지문에서도 '-겠다'의 사용을 발견할 수 없었다.

이상과 같이 한국어 교재에서 '-겠다'는 '-겠다, -겠어요, -겠습니다'의 형태로 제시되어 있으며, 미래, 의도, 의지, 추측, 결심, 계획의 의미로 기술되었음을 알 수 있었다. 고려대와 서울대 교재에서는 의도성의 표현으로만 제시하여 미래 시간 표현으로 제시하지 않았고, 다른 교재에서는 미래 시간 표현이며 환경에 따라 화자의 의지, 의도, 추측을 나타낸다고 하였다. 의미 기술 방식에 있어서도 의도성 표현으로서의 '-겠다'는 모든 교재에서 목표 표현으로 제시되었다는 점에서는 동일하지만, 추측의 '-겠다'는 경희대 교재의 경우 목표 문법으로 선정되지 않았다. 의미 기술이나 기능에 대해서도 고려대, 서울대, 이화여대는 단계별로 제시하고 제시된 단원의 주제에 맞게 의지, 미래, 추측을 분리하여 제시하였으나, 경희대와 연세대는 한꺼번에 '-겠다'의 의미를 제시하는 방식을 취했다. 이화여대는 직접적인 의미 기술 없이 담화 상황에서의 '-겠다'의 사용을 제시하였다는 점에서, 고려대는 '-겠다'의 제시형과 관련된 화용 정보까지 설명했다는 점에서 차별성을 갖는다.

'-겠다'는 앞서 살펴본 것과 같이 다의미 특성을 가진 표현으로 제시되었다. 그러나 각 교재들 중에서 고려대, 서울대, 이화여대 등은 이들을 단계별로 나누어 제시하였지만 추측의 '-겠다'가 제시되는 단원에서 이전 단계에서 배운 '-겠다'에 대한 언급은 어떤 교재에서도 찾을 수 없었다. 그러나 모든 교재에서 추측의 의미까지 제시된 이후에는 의지나 추측의 의미로 사용되는 '-겠다'가 자주 등장하였고, 중급 이상의 교재부터는 '-겠다'가 포함된 '-도록 하겠다, -고자 하겠다'와 같은 결합형으로 나타났다.

비슷한 시기나 앞선 단계에서 학습한 유사 표현과의 비교는 고려대의 경우에서만 발견할 수 있었다. 고려대의 경우 '-(으)ㄹ게요'와 '-겠어요'가 화자의 의도를 나타내는 유사 표현이나 '-(으)ㄹ게요'가 보다 구어체에서 더 자주 사용된다고 설명하고 있다.

이상과 같이 한국어 교재에서는 '-겠다'가 가지는 의미 특성을 종합적으로 확인하거나 유사한 의미를 갖는 표현과의 비교를 학습할 수 있는 기회를 거의 제공하지 않고 있다.

▶ -고 말겠다

고려대에서는 3권의 1과에서 '-고 말다'의 형태로 제시되었는데, 의미를 대신하는 6개의 예문에서는 '-고 말다, -고 말았다, -고 말겠다'의 형태로 나타난다.

연세대와 서울대는 '-고 말(겠)다'는 제시되어 있지 않는데, 연세대의 경우 6권의 8과에 해당하는 58과에서 다른 문형을 설명하는 예문에 '-고 말겠다'가 나타난다.5) 이화여대는 3권 13과에서 '-고야 말겠다'로 형태로 제시되어 있고 '반드시'라는 부사와 호응되는 예문을 기본 문장으로 보이고 있다. 경희대에서는 4권 7과에서 '-고 말다'가 기본 형태로 제시되었다. 목표 표현의 설명 예문에서 '-고 말았다'는 예문으로 등장하지만 '-고 말겠다'는 나타나지 않고 다만 색인 부분에서 '-고 말다'의 제2용법으로 '-

---

5) 연세대 3권 28과에서 '말다'가 포함된 '-고 말고(요)'가 긍정의 의미로 제시되었으나 의지의 의미로 사용된 것은 아니다.

고 말겠다'를 들고 있다.

이상에서 검토한 결과 '-고 말겠다'가 목표 문법이나 예문에서 등장하는 시기는 주로 중급 이상의 교재이며, 고려대, 이화여대와 경희대 교재에서만 나타났다. 고려대와 경희대에서는 보조 동사 구문 '-고 말다'의 한 용법으로 '-고 말겠다'가, 이화여대는 의지의 '-고야 말겠다'가 제시되었다.

고려대는 대화문에 '-고 말다'가 목표 문법으로 선정되어 제시되고 있는데, 대화문 형식의 예문에서 '-고 말다'가 가지는 '완료'의 의미 이외에도 다른 문법소와의 결합하여 파생된 '의지, 추측'의 의미도 제시되었다. 예문에서 3개의 대화문은 보조 동사 '말다'의 의미로, 2개는 '-겠다'와 결합하여 1인칭 주어의 의지로, 1개는 '-겠다'와 결합한 1인칭 주어의 추측의 의미로 사용되었다.

연세대는 '-고 말겠다'가 목표 문법으로 제시되지 않았으며, 다만 다른 문형을 연습하는 과정에서 1인칭 화자의 의지 의미로 사용된 예문을 찾을 수 있었다. 이화여대는 단원의 목표 표현으로서 '-고야 말겠다'의 형태를 제시하고 있으며, 화자 자신의 굳은 각오나 결심의 의미를 나타낸다고 기술하였다. 경희대는 단원의 목표 표현으로 '-고 말다'가 제시되었는데, 이는 보조 동사 구문으로서 완료의 의미로 사용되었다. 그런데 색인 부분에서 '-고 말다'를 설명하면서 완료의 의미와 함께 어떤 일을 실현하고자 하는 화자의 의지를 나타낸다고 설명하며 의지의 의미를 보여주는 예문에서는 '-고 말겠다'를 들고 있다.

이상과 같이 교재에서 의도성 표현으로 제시된 형태는 '-고 말다, -고 말겠다, -고야 말겠다'인데, 우리는 앞서 '-고 말다'의 한 용법으로 제시된 경우와 단독의 의지 표현으로 제시된 경우가 있음을 살펴보았다. 여기서 우리는 화자의 의지를 나타내는 '-고 말겠다'를 이화여대의 경우처럼 새로운 표현으로 제시하는 방법과, 보조 동사 구문 '-고 말다'의 용법 가운데 하나로 의지의 '-겠다'와 결합하여 화자의 의지를 나타낸다고 제시하는 방법이 좋은 것인지에 대해 생각할 필요가 있다. 전자의 방법으로 제시한다면 학습자에게 새로운 표현을 알아야 한다는 부담감을 준다는 단점이, 후자는 선수 학습한 '-겠다'의 의미를 환기시킬 수 있다는 장점이 있을 것이다. '-고 말겠다'를 독립된 표현으로 가르칠 정도로 '-고 말다'와 의미 관계가 멀고 사용 범위가 좁다면 '-고 말겠다'를 독립적으로 제시할 필요가 있을 것이다. 그러나 '-고 말겠다'는 '-고 말다'가 나타내는 어떤 일을 끝낸다는 의미에 화자가 어떤 일을 할 것이라는 의지의 '-겠다'가 결합하여 어떤 일을 끝낼 것이라는 의미를 가진다고 설명할 수 있으므로, 이것을 하나의 독립된 의미로 제시할 필요가 없다고 본다.

고려대와 경희대에서는 '-고 말다'가 '-겠다'와 결합하는 경우에만 화자의 의미를 나타내는데, 이러한 형태·통사 정보 없이 '-고 말다'의 용법으로 제시되었다. 특히 고려대의 경우 '-고 말겠다'가 의지뿐만 아니라 추측의 의미로 사용된 예문이 제시되었다는 점에서 '-겠다'의 의미 특성이 '-고 말다' 부분에서 모두 나타난다고 할 것이다. '-겠다'의 의미에 대한 직접적인 확인 부분은 없지만, '-고 말다'의 다양한 용법의 하나로서 간접적으로나마 '-겠다'의 의미를 환기할 수 있는 여지는 제공된 셈이다.

이화여대에서 '-고 말겠다'가 하나의 독립된 목표 표현으로 제시되었음을 앞에서 살펴보았다. 해당 단원에서는 계획, 결심, 다짐을 표현하는 의도성 표현이 '-고 말겠다' 이외에도 '-(으)ㄹ까 하다, -아/어야지'처럼 유사한 의미 표현이 제시되어 있다. 이들을 비교하면서 설명하고 있지 않지만 막연한 계획, 스스로 하는 다짐이나 결심, 굳은 각오와 결심 등으로 의미 기술에 차이를 두고 있다.

▶ -고자 하다

'-고자 하다'는 이화여대를 제외한 4개 기관의 교재에서 제시되었다. 고려대에서는 3권 11과에서 '-고자 하다'가 독립 표현으로 제시되었는데,

용법을 제시하는 예문은 모두 격식체와 결합한 형태이다. 연세대는 4권 34과에서 '-고자 하다'로 제시되었는데, 내포문에서 사용된 예와 격식체와 결합한 예문이 설명과 함께 제시되었다. 서울대는 3권 30과에서 '-고자'와 '-고자 하다'가 함께 제시되었는데, '-고자 하다'는 모두 격식체와 결합한 예이다. 경희대는 4권 3과에서 '-고자 합니다'의 형태로 나타나지만 목표 문법으로 제시된 것은 아니며, 5권 1과에서 연결 어미 '-고자'가 종결형에서 '-고자 하다'로 사용된다고 기술하면서 격식체와의 결합한 형태로 제시되었다.

검토한 결과 '-고자 하다'는, 고려대, 연세대 교재에서 목표 표현으로 독립적으로 '-고자 하다'의 형태가 중급 교재에 제시되었다. 서울대 교재에서는 '-고자'와 '-고자 하다'가 목표 문법으로 중급 교재에서 나오고, 경희대 교재에서는 '-고자 합니다'가 중급에서 예시문으로 먼저 등장하고, 고급 교재에서 '-고자'의 한 용법으로 제시되었다. 그러나 이화여대 교재에서는 교재에서 제시되지 않았다. 교재에 선정된 '-고자 하다'는 예문에서 모든 교재에서 격식체와 결합하여 '-고자 합니다'의 형태로 나타났다. 그런데 교재들이 '-고자 하다'를 제시하고 '-고자'를 예문에 제시하여 '-고자 하다'를 중심으로 제시하거나, '-고자'를 위주로 '-고자 하다'를 부가적으로 제시한 것도 있었다. 그러나 본고에서는 '-고자 하다'를 제시하는 것이 좋다고 본다. (1가)는 '-고자'에 의한 연결 어미나 '-고자 하다'가 모두 문법적이지만, (1나)는 연결 어미 '-고자'는 비문이 된다. 즉, '-고자 하다'의 분포가 넓고, '-고자 해서'는 '-고자'로 생략될 수 있다고 제시하는 것이 학습자에게 부담이 덜 될 것이다.

    (1) 가. 이 회사에 지원하고자/지원하고자 해서 왔습니다.
        나. 열심히 *살고자/ 살고자 하니 한 번만 봐 주십시오.

고려대에서는 '-고자 하다'가 단원의 목표 표현으로 제시되었으나 특정한 의미 기술이 제시되지 않았다. 다만 1·3인칭 주어문에서 주체의 의지로, 격식체 '-습니다/ㅂ니다'와 결합한 것과 내포문에서 사용된 예문의 형태로 나타났다. 예문을 통해 공식적 상황이나 친밀하지 않은 상대방과의 대화 상황이라는 것을 예측할 수 있었다.

연세대는 '-고자 하다'가 동작 동사와 결합하여 주어의 의도를 나타낸다고 하였다. 이 때 주어는 유정성 주어문에서 자연스럽지만, 시제소 '-겠다, -었-'과 후행문에 명령, 청유형과 결합에 제약이 있다고 하여 형태·통사 정보를 자세히 기술하고 있다. 예문은 종결형에서 사용된 것뿐만 아니라 내포문에서 사용된 예문을 고루 제시하였다.

서울대는 '-고자'와 함께 제시하였고, 동사와 결합한다는 형태 정보와 문장을 끝맺는 '-고자 합니다'만을 예문으로 제시하였다. 색인 부분에서 '-고자'는 'wanting to, so as to, in order to, to intend to'로 번역하고 있어 의도성의 의미가 언급되었다.

경희대 교재는 '-고자 하다'는 독립된 문법 표현이 아니라 연설문 쓰기 예시문에서 '-고자 합니다'의 형태로 보인다. 의지의 의미로 사용되었지만, 학습하지 않은 형태를 학습하기 전에 접하는 학습자에게 이러한 예문 설정으로 적합하지 않을 것이다. 경희대에서는 '-고자'가 의도의 연결 어미로 '-고자 하다'의 형태로 종결형에서 나타난다고 기술하고 있다. 이는 '-고자 하다'를 연결 어미와 '하다'의 구성으로 설명하는 것인데, 예문에서는 격식체와 결합한 '-고자 합니다'로 제시하였다.

이렇게 '-고자 하다'는 각 교재에서 주어의 의도, 의지를 나타낸다고 기술했다는 점에서 동일하지만, 연결 어미로 취급한 교재도 있었고 독립된 표현으로 다룬 교재도 있어 문법 범주 설정에 있어서 다른 견해를 보였다. '-고자 하다'는 1인칭 화자 주어문에서 동사와 결합한다는 결합 정보를 제공한 교재는 연세대와 서울대 교재였다. '-고자 하다'가 공식적인 상황에서 사용된다는 화용적 특성은 '-고자 하다'가 제시된 4개 교재에서 직접적인 설명 대신 예문으로 대신하고 있다.

'-고자 하다'는 논의 대상이 되는 교재에서 중급 단계에서 제시되고 있지만 해당 단원을 제외하고는 그 사용 분포가 넓지 않았다. '-고자 하다'가 공식적인 상황에서 사용되는 담화 상황의 제약성을 갖고 있기 때문일 것이다.

'-고자 하다'와 유사한 표현을 함께 비교하여 제시한 교재는 없었지만 서울대 교재에서는 '-고자'와 '-도록'이 동일한 단원에서 제시되었다. 이들은 색인 부분에서 '-고자'는 'wanting to, so as to, in order to, to intend to'로, '-도록'은 'in order to, so that one may do'로 번역하여, 목적의 의미로 유사 관계에 있는 표현이라고 제시하였으나 이들을 유사 관계로 직접 비교한 것은 아니다.

▶ -도록 하겠다

'-도록 하겠다'가 목표 표현으로 제시된 교재는 없었으며, 의지의 의미로 사용되는 예는 모두 예문에서 나타났다. 고려대 교재에서는 '-도록 하다'는 목적의 의미로 3권 4과에서 제시되었지만, 의도성 표현으로서 제시되지 않았다.

연세대는 3권 24과에서 '-도록'이 행위나 조건이 어떤 시간까지 계속된다는 의미라고 하였다. 그런데 동일한 3권 24과의 본문과 유형 연습에서는 모두 '-도록 하겠다'의 형태로 1인칭 화자의 의지를 나타내는 예문이어서, '-도록 (하다)'의 문법 설명과 지문과 유형 연습에서의 '-도록 하다'의 용법이 일치하지 않음을 알 수 있었다.

서울대는 2권 18과에서 예문의 하나로 '-도록 하겠다'가 있지만 목표 문법으로 제시되는 것은 3권 30과에서 등장하는 '-도록'이다. 이화여대는 2권 7과에서 완곡한 명령의 '-도록 하세요'가 제시되었고, 의지의 의미는

2급 10과의 예문에서 '-도록 하겠다'로 나타난다. 경희대는 4급에서 1과에서 '-도록'이 제시되기는 하지만, 실제 '-도록 하겠다'는 6급 8과에서 의지의 의미로 사용된 예문을 찾을 수 있다.

이상과 같이 '-도록 하다'는 각 교재에서 중급 단계에서 제시되었는데, 고려대를 제외한 다른 기관의 교재에서는 '-도록 하다'는 '-도록'을 설명하면서 제시된 예문에 등장하는 형태에 그치고 있다. 화자의 의도성 표현으로 사용된 예들은 모두 '-도록 하겠다'의 형태로 실현된다.

고려대 교재는 2·3인칭 주어문에서 실현된 '-도록 하다'가 목적의 의미로 요청문에서 나타났다. 연세대는 3권 24과에서 '-도록'이 행위나 조건이 어떤 시간까지 계속된다는 의미라고 기술하였다. 그러나 실제 유형 연습에서는 모두 1인칭 화자 주어의 의지를 나타내는 '-도록 하겠다'가 문장을 맺는 종결형에서 실현되었다. 서울대는 '-도록'은 'in order to, so that one may do'로 번역되었는데, '-도록 하겠다'에 대한 설명은 없이 동사와 결합하는 목적의 의미를 갖는 '-도록'의 부가적 용법으로 제시되었을 뿐이다. 이화여대는 2권 7과에서 '-도록 하세요'가 완곡한 명령의 의미로 조언을 하는 상황에서 사용한다고 제시되었을 뿐 의도성 표현으로 제시된 것은 아니다. 의지의 '-도록 하다'는 '-도록 하겠다'의 형태로 예문으로 등장하는 수준이다. 경희대에서는 '-도록'이 동작 동사와 결합한다는 문법 제약을 색인 부분에서 기술하고 있다. 또한 '-도록'은 방향이나 목적을 나타낸다고 하면서 연결 어미로 제시하고 있다. 의도성 표현으로 실현된 형태는 '-도록 하겠다'인데, 이는 예문에서만 발견할 수 있었다.

이상과 같이 '-도록 하다'는 고려대에서 '-도록 하다'로 제시되기는 하였지만 목적의 의미로 사용된 의존 용언 구문이지 의도성 표현으로 제시되지는 않았다. 따라서 '-도록 하다'가 의지의 의미로 사용된 교재는 없었으며, 목표 문법으로 제시된 교재도 없다. 대신 연결 어미 '-도록'의 용법 중 하나로 '-겠다'와 결합한 형태가 주어의 의지로 나타나지만 이들은 모두 예문에서 발견할 수 있었다.

앞에서 살펴본 바와 같이 '-도록 하다'는 목표 문법으로 제시되지 않았지만 '-겠다'와 결합한 '-도록 하겠다'가 모든 교재에서 의도성 표현으로 사용된 예들은 발견할 수 있었다. '-도록 하겠다'는 주로 '-도록'이 제시된 이후에 등장하는데, 이들이 서로 관련성을 갖는다는 설명을 한 교재는 없었다. 여기서 우리는 의도성 표현으로 '-도록 하겠다'를 독립적으로 설정하는 것이 좋은지, '-도록'의 하위 범주로 기존의 교재 기술 방식을 수용하는 것이 나은지에 대해 생각해 봐야 할 것이다. 대체적으로 '-도록'은 목적이나 주어의 의도의 의미를 나타내기는 하지만, 실제 담화에서 다음의 (2가)보다는 (2나)처럼 가벼운 명령이나 권유, 제안의 상황에서 '-도록 하다'의 형태로 더 자주 사용된다.

(2) 가. ?낫도록 병원에 가세요.
    나. 병원에 가도록 하세요.

'-도록'과 '-도록 하다'의 '목적'이라는 의미를 공유하기는 하지만 실제 담화 상황에서 실현되는 담화 기능에서 차이를 보인다. 따라서 '-도록'과 구별되는 '-도록 하다'를 독립적으로 제시하는 것이 좋다고 본다. 그러나 '-도록 하다'를 의도성 표현으로 제시하기보다는 인칭의 변화에 따라 명령, 조언의 의미와 의지의 의미가 나타나는 다의성 표현으로 제시하면 좋을 것이다. '-도록 하다'가 1인칭 주어문에서 '-겠다, -(으)ㄹ게요, -(으)ㄹ 것이다' 등과 결합하는 경우 의지성이 두드러지기 때문이다. 따라서 '-도록 하다'를 기본형으로 제시하는 것이 아니라, '-도록 하겠다'를 제시형으로 삼되, 중급 이상의 단계에서는 이것이 '-도록 하다'와 의도성을 갖는 '-겠다'의 결합형임을 학습자가 유추할 수 있도록 유도하고, '-(으)ㄹ게요, -(으)ㄹ 것이다'와 같은 다른 의도성 표현과도 결합하여 화자의 의지를 나타낸다는 형태·통사 정보를 부가적으로 설명할 수 있다.6) 이러한 교육 방식은 보통 '-도록'보다 앞선 단계에서 배우는 '-겠다, -(으)ㄹ게요, -(으)ㄹ 것이다' 등 의미를 복습할 수 있을 뿐만 아니라, 학습자가 이미 알고 있는 표현으로 새로운 표현을 생산할 수 있다는 성취감을 줄 수 있을 것이다.

▶ -아/어야겠다

'-아/어야겠다'가 고려대에서는 1권 19과에서 '-아/어야겠다'로 제시되었는데, '-아/어야겠다'가 사용된 예문들이 제시되기는 하였으나 주어가 모두 생략되어 있어 상대방에게 무엇을 조언하거나 명령을 하는 기능으로 작용하는지, 1인칭 주어 화자의 의도성을 표현하는 의미 기능을 보이는 지에 대한 구별이 분명하지 않다. 연세대는 2권 13과의 예문에서 처음 등장하는데, 1인칭 주어문에서 '-아/어야겠지요?'로 나타난다. 서울대는 3권 11과에서 1인칭 주어문에 나타난 '-아/어야겠다'로 제시되었다. 이화여대에서는 2권 1과의 대화문에서 제시되었는데, 의지의 의미로 사용되었다. 경희대에서는 3급의 4과에서 의지의 의미로 해석되는 예에서 나타난다.

이상과 같이 고려대, 연세대의 경우는 초급 교재에서 제시되었고, 서울대, 이화여대, 경희대에서는 중급 교재에서 '-아/어야겠다'가 제시되었다. 교재에 나타난 '-아/어야겠다'는 대체적으로 '-아/어야 하다'와 '-겠다'를 학습한 뒤에 제시되고 있다는 점에서 동일한 제시 순서를 보인다.

고려대는 '-아/어야겠다'가 1권에서 목표 문법으로 제시되었는데, 동작동사와만 결합한다는 형태·통사 정보를 제시하면서 그 의미는 필요

---

6) 연구·교육용 균형 말뭉치를 검토한 결과 '-도록 하겠다'는 의지 표현으로서 사용 빈도가 비교적 높게 나타났다. 교육적인 측면에서 '-도록 하겠다'는 독립적으로 제시하는 것이 좋다고 보며, 이에 대한 설명은 4장에서 구체적으로 기술하기로 한다.

(necessity)와 의무(obligation)를 나타낸다고 하였다. 그런데 실제 예문에서는 2인칭 주어문으로 권유나 가벼운 명령을 나타내는 것인지, 1인칭 주어문에서 실현된 예문인지가 모호했다. 따라서 대화문으로 예문을 제시하는 경우 지칭하는 대상이 분명할 수 있도록 대화 인물을 실제처럼 명명하면 좋다고 본다. 인칭에 따라 의미가 구분되는 의도성 표현 이외에도 간접 화법에서 유용하기 때문이다.

연세대는 '-아/어야겠다'가 목표 문법으로 제시된 것이 아니라 본문의 대화에서 '-아/어야겠지요?'로 나타난다. 문장에서 의지라기보다는 필요성이나 당위성을 청자에게 확인하는 정도의 의미로 의도성은 드러나지 않는데, 이에 대한 설명이나 언급이 따로 없다.

서울대는 3권 11과에서 목표 문법으로 동사와 결합한다는 형태 정보를 함께 제시하고 있으며, 영어는 'will have to do'로 번역하고 있어 의무의 의미로 표현하였으나 실제 구성표에서는 의지 표현하기 기능을 단원의 목표로 선정하고 있어 의지의 의미도 고려한 것으로 보인다. 예시문들은 모두 1인칭 주어문에서 사용된 것으로 '-아/어야겠어요'로 나타나며, 다음과 같이 의무보다는 의지의 의미로 해석된다.

(3) 가. 아무리 바빠도 밥은 먹어야겠어요.
   나. 경치가 아름답다고 하니까 한 번 구경해야겠어요.

위의 예문 (3)은 고려대가 설명한 것처럼 필요나 의무로 의미로 해석된다기보다는 화자의 의지로 실현된 것이다. 여기서 우리는 '-아/어야겠다'를 하나의 독립된 표현으로 선정하여야 할 것인지를 고려해야 한다. '-아/어야겠다'를 하나의 독립된 표현으로 선정하고 '-아/어야 하다'와 '-겠다'의 결합형으로 주어의 인칭에 따라 의무와 의지의 의미를 나타낸다고 설명하는 방식, 독립 표현으로 선정하되 의무나 필요를 나타내는 구성 요소는 고려하지 않는 방식, 독립 표현으로 선정하지 않고 '-아/어야 하다'를 배우면서 부가적으로 (3가)와 같이 '-아/어야 하다'에 '-겠다'가 결합하여 사용되기도 하는데 실제 구어에서는 '-아/어야겠다'로 사용된다고 설명하는 방식도 가능할 것이다. 독립 표현으로 선정한다면 학습자가 선수 학습한 표현을 확인할 수 있다는 점에서 성취감을 줄 수 있을 것이고, '-아/어야 하다'의 한 용법으로 설명한다면 '-아/어야 하다'의 의무 의미로 '-아/어야겠다'까지 설명할 수 있어 경제성이 있다. 다만 '-겠다'가 결합하면 당위성이 순화되어 완곡한 표현이 된다는 화용 정보로 이들의 차이를 설명할 수 있다. 그러나 한국어 교육이 실제성에 큰 비중을 두어야 하다는 점에서 '-아/어야 하다'의 한 용법으로 소개하는 형태 분석적 방법은 자연스럽지 못하다는 약점을 갖는다. 완전한 독립 표현으로 제시하는 것은, 학습자에게 매일 새로운 표현을 학습해야 한다는 부담감과 함께 한국어를 너무 구문 중심의 단편적인 모습으로만 학습하여 한국어의 기본 특성을 곡해하게 할 수도 있다. 또한 학습자 모국어와 한국어 표현을 대응시켜 어휘처럼 암기하는 학습 유형으로 변형되기 쉽기 때문에 본고는 '-아/어야겠다'를 독립 표현으로 제시하는 것이 좋다고 본다. 그런데 '-아/어야 하다'와 형태적으로 유사한 '-아/어야겠다'에서 의무의 의미를 유추할 수 있고, 앞서 학습한 '-아/어야 하다'와 '-겠다'를 확인할 수 있도록 이를 고려하여 기술 방식에 응용해야 한다고 본다.

(4) 가. 제가 가야 하겠어요.
　　나. 그 사람이 가야겠어요.
　　다. 그 사람이 가야 해.

이화여대에서는 '-아/어야겠다'가 목표 문법으로 제시된 것이 아니라 2권 1과에서 의지의 '-아/어야겠어요'가 입사할 회사를 비교한 후 선택하는 상황의 대화에서 나타날 뿐 이에 대한 의미 설명은 발견할 수 없었다. 경희대에서는 목표 문법으로 제시된 것이 아닌 3권의 4과 대화문에서 '-아/어야겠네요'의 형태로 1인칭 주어의 의지를 나타내는 예가 나타나는데, 이에 대한 어떠한 설명도 없다.

'-아/어야겠다'는 각각 '-아/어야겠다, -아/어야겠어요?/, -아/어야겠네요' 형태로 나타나며, 고려대와 연세대 교재에서는 초급 단계로, 서울대, 이화여대, 경희대 교재에서는 중급 단계로 등장한다. 교재에서는 '-아/어야 하다'와 '-겠다'를 선수 학습한 뒤에 제시하고 있다. 그리하여 이들의 의미 결합상의 특성을 설명할 수 있음에도 불구하고 이러한 점을 언급하고 있지 않고 의무의 의미로만 기술하고 있어, 의지나 추측의 의미로 해석될 수 있는 예문에 대해서 설명할 수가 없다.

▶ -아/어야지

'-아/어야지'는 서울대 교재를 제외한 4개의 교재에서 나타나는데, 목표 문법으로 제시된 것은 고려대, 연세대, 이화여대 교재이다.

고려대 교재는 2권 8과에서 '-아/어야지요'로 제시되었고, 연세대 교재에서는 2권 17과에서 '-아/어야지요'로 제시되었으며 4권 38과에서 1인칭 화자 주어문에서 사용된 '-아/어야지요'가 제시되어 있다. 이화여대에서는 3권 13과에서 '-아/어야지'로 제시되었고, 경희대 교재는 5권 4과의 듣기 지문에서 등장한다.

이상과 같이 '-아/어야지'는 고려대와 연세대는 초급 단계의 교재에서 제시되었고, 이화여대는 중급, 경희대는 고급 단계의 교재에서 '-아/어야지(요)'로 기술되었다. '-아/어야지요'는 고려대 교재에서는 의무(must, to have to do something)의 의미로 기술되었는데, 제시된 대화문에서는 의무의 의미 이외에도 1인칭 화자 주어문에서 의지로 해석할 수 있는 예문도 나타났다. 문법 설명에서 형태·통사 정보는 없고 의무의 의미만이 제시되었다.

연세대 교재에서는 2권에서 17과에서 '-아/어야지요'를 목표 표현으로 선정하고 'one must to do it'의 의무의 의미로 설명하면서, '-아/어야 하다'와 '-지요'의 결합형으로 기술하였다. 문법 설명을 위한 예문에서는 모두 의무의 의미로 나타나지만, 유형 연습에서는 1인칭 화자 주어문에서 의무 혹은 의지의 의미로 사용된 예를 발견할 수 있었다.

이화여대는 새로운 계획이나 자기 스스로에게 하는 다짐이나 결심을 할 때 사용하는 표현으로 '-아/어야지'를 목표 표현으로 소개하였다. 다른 교재와 달리 자신의 결심이나 계획을 표현하는 것이므로 실제 예문도 독백으로 사용되었고, '해체' 화계를 제시 형태로 삼았다. 예문은 1인칭 주어문에서 동사와 결합한 '-아/어야지'로 나타났다. 새해 아침, 매월 등의 상황 의미를 제시하여 미래성이 확보되었기 때문에 '-아/어야지'가 결심이나 다짐의 의지 표현으로 사용될 수 있는 것이다.

경희대에서는 '-아/어야지요'가 목표 표현으로서 독립적으로 제시된 것이 아니라 듣기 대화문에서 아래의 (5)와 같이 화자의 의지 표현으로 사용되었다.

(5) A: 글쎄, 좋은 사람만 나타난다면 결혼해야지.
    B: 잘됐다. 우리가 밀어줄게.

위의 예문은 의무라기보다는 의지로 해석될 수 있는데, 특히 미래적인 암시인 조건절로 인해서 앞으로 있을 행위에 대한 화자의 의지로서 해석될 수 있는 것이다.

이상과 같이 '-아/어야지'는 '-아/어야지, -아/어야지요'의 형태로 나타나며, 서울대와 경희대를 제외하고 목표 표현으로 선정되었다. 목표 표현으로서 제시된 의미는 의무, 계획, 결심, 다짐으로 제시되었고, 의지의 의미로 사용된 예는 대화 예문에서 찾을 수 있었다. 그런데 '-아/어야지'는 미래에 발생한 행위로 1인칭 주어문에서 동사와 결합할 때만 의지의 의미로 실현될 수 있어야 하는데, 이화여대를 제외하고 다른 교재에서는 이러한 형태·통사 정보에 대한 언급이 없었다.

'-아/어야지'의 형태적 특성을 제시한 것은 연세대 교재에서만 찾을 수 있었다. '-아/어야지요'를 '-아/어야 하다'와 '-지요'의 결합형으로 기술하였는데, '-지요'는 1권 3권에서, 의무의 '-아/어야 하다'는 2권 11과에서 제시되었다. 그러나 선수 학습된 표현의 결합형이 학습 항목으로 제시되어 학습자에게 이전 단계에서 학습한 내용을 확인할 수 있는 구체적인 연습은 없었다.

▶ -(으)려고 들다

'-(으)려고 들다'는 연세대와 서울대 교재에서만 목표 문법으로 제시하였고 다른 교재에서는 소개하지 않았다. 연세대는 3인칭 주어문에서 의지의 의미로 사용된 예문이 먼저 등장한다. 서울대는 4권의 16과에서 1인칭 화자 주어의 의지가 드러나는 예문과 함께 목표 표현으로 들고 있다.

'-(으)려고 들다'는 연세대 교재에서 5권 48과의 '-는 고사하고'를 설명하는 예문에서 나타나는데, 3인칭 주어문에서 '-(으)려 들어요'의 형태로 등장한다. 목표 문법으로 제시되는 것은 6권 2과로 '-려 들다'가 제시되었다. 서울대는 4권 16과에서 동사와 결합하는 '-(으)려고만 들다'의 형태를 목표 문법으로 제시하고 있다. 예문에서는 '-고, -(으)면'과 결합한 접속문의 선행절에서 사용되었다.

이상과 같이 '-(으)려고 들다'는 연세대와 서울대 두 교재에서 선택적으로 제시되었으며, 이들 교재에서는 고급 단계의 교재에서 제시되었다.

연세대에서 '-(으)려고 들다'는 목표 문법으로 제시되기 전에 이미 예문에서 출현한다. 목표 문법으로 6권의 마지막 단원에서 '-려 들다'를 제시하고 있는데, 동작 동사와 결합하여 그 행위를 하려는 의도를 지닌다고 하면서 '-려고 들다'가 '-자고 들다'와 대응될 수 있다고 하였다. 서울대 교재에서는 특정한 의미 기술 없이 '동사+(으)려고만 들다'를 4권 16과에서 목표 문법으로 제시하고 있다.

'-(으)려고 들다'는 두 교재에서 모두 고급 단계에서 제시되는데, 연세대는 동사와 결합한다는 형태·통사 정보와 의미를 직접 기술하는 방식이나 서울대는 예문을 통해서 의미를 찾을 수 있도록 하였다. 기본형을 제시하는 방식에서도 이 두 교재는 차이를 보여, 서울대 교재는 음운 '-(으)-' 탈락 방식을, 연세대는 음운 첨가 방식을 이용하였는데, 학습자에게는 음운 탈락 방식이 첨가보다는 부담감이 덜 할 것이라고 본다.

두 교재에서 모두 고급 단계에서 등장하며, 실제 예문으로 활용되는 경우도 극히 적었다. 그런데 연세대 교재에서는 '-자고 들다'를 유사 관계로 소개하고 있는데, 이들이 어떠한 점에서 차이를 보이는지에 대한 설명은 없다.

▶ -(으)려고 하다

'-(으)려고 하다'는 각 교재에서 초급 단계에서 등장하는데, 고려대에서 1권 19과에서 '-(으)려고 해요'로 제시되었다. 연세대는 '-(으)려고 하다'는 1권 8과에서 목표 문법으로 제시되지만 그 이전에 5과에서 예문으로 사용되었다. 서울대 교재에는 1권 15과에서 'V+-(으)려고 하다'로, 이화여대에서는 1권 15과에서 의도의 보조 동사로서 '-(으)려고 하다'와 '-(으)려고 했다'를 제시하였는데, 이미 1권의 7과나 11과에서 '-(으)려고 하다'가 사용된 예문이 등장한다. 경희대에서는 2권 19과에서 '동작동사+-(으)려고 하다'와 '동작동사+-(으)려고'의 형태를 함께 제시하였다.

각 교재마다 제시형에서 차이를 나타내는데, 다른 교재와 달리 고려대 교재에서는 '해요'를 목표 표현의 형태로 제시하였다.

고려대에서는 '-(으)려고 해요'를 목표 문법으로 선정하고 'be going to

do (intention)'로 번역하고 화자의 의도를 나타낸다고 하였다. 연결 어미 '-는데'와 결합하여 접속문 구성에서 나타나는 예문, 주어의 인칭도 고르게 배분하여 예문으로 제시하고 있다.

연세대는 목표 문법으로 '-(으)려고 하다'는 동작동사와 결합하며, 계획(plan)과 의도(intention)의 의미를 갖는다고 하였다. 주어의 인칭이 다양하게 실현된 예문을 제시하고는 있으나 모두 문장을 완전히 맺는 종결형에 나타난 '-(으)려고 하다'를 들었다.

서울대는 목표 문법으로 'V+(으)려고 하다'로 제시하고 'intend to V'로 번역하였고, Note 부분에서는 'plan to do'라는 계획의 의미를 덧붙여 제시하였다. 예문은 모두 1·2인칭 주어문에서 실현된 것을 들었다.

이화여대 1권 15과에서 목표 문법으로 '-(으)려고 하다'와 '-(으)려고 했다'가 모두 제시되었다. 의도의 보조 동사로 구성표에서 제시한 후 '-(으)려고 하다'는 계획, '-(으)려고 했다'는 지금의 상황을 비교하여 어릴 적 꿈이라는 상황에서 제시되었다. 그런데 예문들은 모두 문장을 맺는 종결형에서 사용된 것뿐이다.

경희대에서는 2급 19과에서 목표 문법으로 제시되었는데, 동작 동사와 결합하며 시제소는 '하다'와 결합한다는 형태·통사 정보와 함께 화자의 의도와 계획의 의미가 있다고 하였다.

이상과 같이 '-(으)려고 하다'는 각 기관의 초급 교재에서 목표 문법으로 선정되었다. 의미는 영어로 제시되거나 일대일 방식 번역 방식으로 이루어졌으며, 고려대는 의도(intend)의 의미만을 언급한 반면에 다른 교재에서는 의도와 함께 계획의 의미도 기술하였다. 연세대와 서울대, 경희대만이 동사와 결합한다는 형태·통사 정보를 제공하였고, 고려대를 제외하고는 모든 교재에서 문장을 완전히 맺는 종결형에서만 나타나서 예문 구성이 단조로운 인상을 주었다.

교재에서 '-(으)려고 하다' 이외에도 '-(으)려고' 구성을 포함한 다른 형태들이 제시되기도 하였다. 여기서는 각 교재들에서 이러한 형태들과 '-(으)려고 하다'와의 관련성을 언급하였는지 살펴보기로 한다.

고려대에서는 1권 19과에서는 '-(으)려고 하다'만을, 2권 6과에서는 '-(으)려고'를 제시하였다. 그런데 '-(으)려고'를 설명하는 예문에서는 다음과 같이 '-(으)려고 하다'도 등장하는데, 이전 단계에서 배운 '-(으)려고 하다'와의 비교나 관계에 대한 언급이 없어 교재의 유기성이 부족하다는 인상을 준다.

(6) A: 오늘 저녁에 뭐 하실 거예요?
    B: 퇴근 후에 친구들하고 한 잔 하려고 해요.

고려대에서는 3권 7과에서 '-(으)려면', 9과에서 '-(으)려고 해도/-(으)ㄹ래도'가, 12과에서 '-(으)려다가'가 제시되었지만 '-(으)려고 하다'와 관계하여 언급하고 있지 않다. '-(으)려면, -(으)ㄹ래도, (으)려다가'는 '-(으)려고 하다'와 연결 어미와의 결합으로 설명할 수 있으므로, 이전 단계에서 배운 '-(으)려고 하다'와 연결 어미를 확인·복습할 수 있는 기회가 있으면 좋을 것이다.

연세대는 '-(으)려고 하다'가 1권 8과에서 목표 문법으로 제시되지만 그 이전 단원인 5과에서도 보인다. 10과에서는 '-(으)려고'가 목표 문법으로 제시되어 있는데, 설명 내용과 방식은 '-(으)려고 하다'와 동일하게 이루어졌다. 그런데 A와 같은 질문 유형을 주지 않고 하나의 문장으로만 제시한다면 학습자는 B와 B'의 구성을 '-(으)려고' 다음에 동사가 결합한 동일한 구성이라고 생각할 수 있을 것이다. 따라서 예문에 있어 이들을 구분할 때 반드시 대화문으로 예문을 보여줘야 할 것이다.

(7) A: 종로에 왜 가요?
    B: 친구를 만나려고 가요.

B': ?친구를 만나려고 해요.

　연세대 교재 8과에는 '-(으)려고 하다'와 '-겠다'를 대응시켜 유형 연습을 하는 부분이 있는데, 예문은 모두 1인칭 화자 주어문을 대치시키는 연습이다. '-겠다'는 인칭의 종류에 따라 의미가 달라지는 것이지만 '-(으)려고 하다'는 인칭이 유정성을 갖는다면 인칭의 종류에 관계없이 의도의 의미가 유지된다. 따라서 이러한 대체 연습이 형태를 정확하게 연습시킬 수 있으므로 이렇게 인칭 정보가 중요한 문법소의 경우 연습 문제 선정에도 주의를 기울여야 할 것이다.

　'-(으)려고' 이외에도 연세대에서는 2권 12과에서 '-(으)려면'을 목표 문법으로 제시하면서 '-(으)려고 하다'와 '-(으)면'의 결합형이라는 설명과 이러한 구성상의 특성 때문에 의도의 의미를 갖는다고 하였다. 이러한 결합 구성원의 제시도 유사한 표현 관계를 설명하는 하나의 방법이 될 수 있다고 본다.

　서울대에서는 '-(으)려고 하다'를 의도 표현으로 1권에서 제시한 후에 2권 9과에서는 '-(으)려고'가, 12과에서는 '-(으)려면'이 목표 문법으로 나타난다. 9과에서는 '-(으)려고'를 의도의 연결 어미로 소개하면서 'V+in order to V'로 번역하였고, 12과에서 '-(으)려면'은 'S if N intend to V'로 되어 있어 의도의 의미가 드러나지만 아무런 언급이나 비교가 없다. 표현과 연결 어미의 차이 이외에는 다른 비교 내용을 찾을 수 없다. 따라서 동사가 오는 것이라고 가르친다면 분명 '하다'도 동사로 인식하고 있는 학습자들은 이들의 혼돈스러울 것이며, 보조 동사 '하다'와 일반 동사의 '하다'의 특성을 설명하는 것도 특수 목적의 한국어 학습자들 이외에는 도움이 되지 않을 것이다. 따라서 대화 방식의 예문을 통해 이들의 용법상의 차이를 확인해 줄 수 있는 지면이 있으면 좋을 것이다.

　이화여대에서는 '-(으)려고 하다'와 '-(으)려고 했다'를 보조 동사로 모두 목표 표현으로 선정하여 이들이 다른 기능을 수행하는 인상을 준다. 2권에서는 의도의 연결 어미로 소개하고 있는 '-(으)려고, -(으)려면'이 있다. 그러나 이들은 연결 어미와 보조 동사의 범주 차이만을 보여줄 뿐이다. 이 외에도 4권에서는 '-(으)려고 보니까' 등이 선정되어 있지만 '-(으)려고 하다'와의 관계는 언급하고 있지 않았다.

경희대에서는 '-(으)려고 하다'와 '-(으)려고'를 동일한 단원에서 제시하고 있는데, 연습 문제가 대화 방식으로 구성되어 있어서 '-(으)려고 하다'와 '-(으)려고'의 질문 내용이 어떻게 다른지를 알 수 있게 한 점이 좋다고 생각된다.

이와 같이 '-(으)려고 하다'와 형태·의미적으로 관계가 있는 '-(으)려고, -(으)려면' 등이 교재에 제시되었음을 알 수 있었다. 교재에서는 모두 이러한 결합형이 대체적으로 단계별로 이루어지고 있었지만 이들의 연관성에 대한 설명을 찾을 수가 없었다. 또한 의도의 의미를 갖는 다른 유사 표현과의 비교를 언급한 교재도 거의 없었다.

▶ -(으)려던 참이다

'-(으)려던 참이다'는 5개 교재에서 모두 출현한다. 고려대 교재에는 3권 13에서 '-(으)려던 참이다'로, 연세대에서는 3권 23과에서 '그렇지 않아도 -(으)려던 참이다'로, 서울대에서는 4권 3과에서 '-(으)려던 참이다'로, 이화여대는 3권 10과에서 '-(으)려던 참이었다'로 경희대에서는 4권 3과에서 '(그렇지 않아도) 동작동사+-(으)려던 참이다'로 제시하고 있다. 이렇게 '-(으)려던 참이다'는 고려대, 연세대, 이화여대, 경희대에서는 중급 교재에서 제시되었고 서울대에서는 고급 단계의 교재에서 제시되었다. 이들은 제시 형태에서도 차이를 보이는데, 연세대와 경희대는 '그렇지 않아도'의 부사구를 삽입하여 기본 형태로 제시하였다.

'-(으)려던 참이다'는 모두 단원의 목표 표현으로 선정되었는데, 각 교재에서 의미가 직접적으로 기술된 것도 있지만 고려대나 서울대 교재에서처럼 예문으로 의미를 대신하는 교재도 있다. 예문을 통해서 화자가 무엇인가를 할 의도를 가지고 있었음을 나타낸다고 해석할 수 있다.

연세대에서는 '그렇지 않아도 -(으)려던 참이다'의 형식으로 제시하면서 화자가 어떤 일에 대해 아직 일어나지는 않았지만 그런 행동을 하려고 계속 생각할 때 사용하는 표현이라고 하였다. 이화여대에서는 '-(으)려던 참이었다'를 제시형으로 선정하고 주어가 어떤 일을 바로 하려고 했었다는 의미를 표현할 때 사용한다고 하였다. 이화여대 교재에서는 의미 기술이 따로 설정되어 있는 것이 아니라 과제나 연습 활동의 지시문에서 상황 의미를 기술하는 방식을 보인다. 경희대에서는 '그렇지 않아도 -(으)려던 참이다'를 제시하여 화자가 이미 그렇게 생각하거나 행동하려고 했음을 나타낸다고 하였고, '-(으)려던 참이었다'나 '-(으)려던 참이다'와의 의미 차이가 없다고 기술하였다.

연세대 교재에서는 '-(으)려던 참이다'와 유사한 표현을 들었지만 비교·설명을 하지는 않았다. 5권 49과에서 '-던 참이다'를 목표 문법으로 제시하면서 '-(으)려던 참이다'와의 관계에 대한 기술은 없었다.

이렇게 '-(으)려던 참이다'는 교재마다 단순히 과거형을 보이거나 혹은 자주 결합하는 부사구와 함께 보이는 등 제시 형태에서 차이를 보인다. 그러나 의미 기술 내용은 크게 다르지 않고, 상황 의미를 기술하느냐 직접적인 의미를 기술하느냐에 따른 차이가 있었다. 이화여대의 경우는 상황 의미를 중시하는 반면, 다른 교재들에서는 직접적인 의미 기술 방식을 취하기도 하고, 예문으로 대신하는 방식을 택하는 경우도 있었다. 예문으로 대신하는 교재는, '-(으)려던 참이다'가 보통 중·고급 단계에서 지시되는 형태이기 때문에 외국어 번역이나 직접적인 기술보다는 화자 스스로 의미를 생각하게 하였다.

▶ -(으)리다

'-(으)리-'는 이화여대 교재에서만 예문으로 등장하였고 다른 교재에서는 목표 표현이나 예문에서 사용된 예를 발견할 수 없었다. 아래의 예문 (8)이 4권 1과 읽기 예문에서 나타났지만 별도의 형태 제시나 의미에 대해서는 기술되지 않았다.

(8) 이민 가기 전에 우리가 살았던 우리의 옛 보금자리이다. 이번에는 꼭 한 번 가보리라 마음먹고 저녁 무렵에 아이들, 아내와 같이 예전의 그 집을 찾아 갔다.

▶ -(으)ㄹ 것이다

'-(으)ㄹ 것이다'는 각 교재의 초급에 해당하는 1권이나 2권에서 등장하는데, 제시 형태에는 다소 차이가 있다. 고려대에서는 1권 13과에서 '-(으)ㄹ 거예요', 연세대에서는 1권 7과에서 '-(으)ㄹ 것이다', 서울대 교재에서는 1권 22과에서 'V+-(으)ㄹ 거예요', 이대에서는 1권 7과에서 '-(으)ㄹ 겁니다', 경희대는 2권 1과에서 '동사+-(으)ㄹ 거예요'로 제시되었다. '-(으)ㄹ 것이다'가 '해요'체로 제시된 교재는 고려대, 서울대, 경희대인데, 연세대의 경우 해당 표현의 예문에서는 '-(으)ㄹ 거예요'와 '-(으)ㄹ 것입니다'의 형태가 고루 제시되었다. 이화여대는 공식적인 상황을 고려한 형태를 제시하고 있으나 연습 문제는 말하기와 쓰기를 이용하고 있다. 그러나 쓰기에서는 '-(으)ㄹ 겁니다'보다는 '-(으)ㄹ 것입니다'를 사용하는 것이 더 적합할 것이다. 따라서 목표 표현의 기본 형태도 주의를 기울여서 제시해야 한다.

'-(으)ㄹ 것이다'는 다의미 특성을 갖는 표현인데, 이러한 특성이 교재에서는 단계별 제시 방식, 종합적 제시 방식을 취했는지 살펴보기로 한다.

고려대 교재에는 1급 13과에서 추측(will probably)의 의미로 화자의 짐작이나 어떤 일이 일어날 가능성을 나타낸다고 하면서, 인칭과 관련된 통사 제약은 예문으로 대신하고 있다. 14과에서는 미래·계획(be going to), 의지(will)의 '-(으)ㄹ 거예요'를 제시하여 추측, 미래·계획, 의지의 의미를 단계별로 제시하고 있다.

연세대는 1·2인칭 주어문에서 동사와 결합하며 단순한 미래를 나타내는데 3인칭 주어문에서는 주어의 행위에 대한 추정(presumption), 가정(supposition)을 나타낸다고 설명하고 있어, 통사·의미 정보를 기술하였다.

서울대는 1권 22과에서는 'to be going to +V'로 제시한 뒤, Note에서는 미래 계획(future plan)이나 의도(intention)을 나타낸다고 하였다. 예문에서는 모두 1인칭 주어문에서 나타나는 '-(으)ㄹ 거예요'만 제시하였다. 그런데 2권 18과에서는 'A/V+-(으)ㄹ 겁니다'로 제시되었다. 'will be A/will be V(sentence ending)'으로 번역하여 추측의 의미를 제시하면서 제시 형태에 이전 단계에서 배운 의도의 '-(으)ㄹ 거예요'와 구별하려고 했고, 형태·통사 정보를 중심으로 제시하고 있다. 따라서 서울대 교재에서는 의미 제시에서 단계별로 제시하되, 형태도 비격식체에서 격식체를 보이는 것으로 차이를 두었다. 그러나 이전 단계에서 제시되었던 '-(으)ㄹ 거예요'나 다른 유사관계에 대해 기술하지 않았다.

이화여대는 1권 7과에서 '-(으)ㄹ 겁니다'를 미래 시간 표현으로, 2권 4과에서 '아마 -(으)ㄹ 겁니다'와 '아마 -었/았을 겁니다'를 추측의 표현으로 제시하여 단계별 기술 방식을 취하고 있다. 1권에서는 앞으로 5-10년 후의 계획을 세운다는 상황을 제시하였고 쓰기와 읽기 연습을, 2권에서는 '아마 -(으)ㄹ 겁니다'와 '아마 -었/았을 겁니다'로 가족과 친구의 상황을 추측하는 말하기와 다른 사람의 과거를 추측해서 말하는 상황을 제시하고 있다.

경희대에서는 2권 1과에서 '동사+-(으)ㄹ 거예요'를 제시하면서 화자의 계획, 의지, 추측/짐작의 의미를 종합적으로 기술하였는데, 인칭에 따라 의미가 변한다는 형태·통사 제약 위주의 설명 방식을 취하고 있다.

'-(으)ㄹ 거예요'는 각 교재에서 '미래 시간 표현, 추측, 계획, 의지'의 의미를 나타내는 단원의 목표 표현으로 선정되었다. 또한 고려대, 서울대, 이화여대는 단계별로 이들의 의미를 제시하였는데, 고려대의 경우는 추측의 의미를 먼저 제시하였고 서울대와 이화여대는 미래 시간, 의지에서 추측의 의미로 제시하여 구체적인 의미에서 비구체성을 가진 의미 특성을 제시하였다. 연세대와 경희대는 형태·통사 정보를 중심으로 '-(으)ㄹ 거예요'를 종합적인 기술 방식으로 제시하였다. 주어의 인칭 변화에 따라 의미가 구별되는 표현은 '-(으)ㄹ 거예요' 이외에 '-겠다'가 있고, 이들은 의미도 유사하다. 그러나 이들에 대한 비교나 유사 관계로서의 제시 설명은 없었다.

▶ -(으)ㄹ게

'-(으)ㄹ게(요)'도 교재마다 제시 순서에서 차이가 있는데, 고려대 교재에서는 1권 11과에서 'I will'로 번역되었고, 거의 모든 예문에 '내가'라는 1인칭 주어를 명시적으로 표시하였다.

연세대 교재에서는 3권의 23과에서 '-(으)ㄹ게요'로 제시되었다. 모든 예문은 '내가, 제가, 나는'의 1인칭 주어가 포함된 문장으로 구성하였다. 서울대에서는 1권 26과에서 '(내가) V+(으)ㄹ게요'로 선정하여 'I will V'와 함께 제시되었는데, 제시형에 '내가'를 명시적으로 제시할 만큼 1인칭 주어문에서의 환경을 강조하고 있다. 이화여대는 2권 교재에서 예문으로 '-(으)ㄹ게요'가 먼저 등장하며, 목표 문법으로 제시되는 경우는 3권 교재의 5과에서 '-(으)ㄹ게요'가 제시되었다. 경희대 교재는 2권의 8과에서 '동작동사+(으)ㄹ게요'로 제시되었고, 예문에서는 '내가, 제가'처럼 1인칭 주어문에서 실현된 예문을 보였다.

교재마다 '-(으)ㄹ게요'의 제시 순서나 의미 기술에서 차이를 보이는데, 고려대, 서울대, 경희대에서는 초급에서, 연세대와 이화여대에서는 중급에서 제시되어 다른 표현에 비해 교재 간의 편차가 나타난다.

고려대 교재에서는 1권 11과에서 '-(으)ㄹ게요'의 형태로 제시되어 주어의 의도(intention)를 나타낸다고 하면서 이것은 평서문의 1인칭 주어문에서 사용된다고 하였다. 연세대는 1인칭 화자 주어문에서 화자가 무엇을 할 것이라고 청자에게 약속(promise)하는 의미로 사용한다고 하였다. 서울대에서는 1급 26과에서 '(내가) V+(으)ㄹ 거예요, I will V'로 제시하면서 예문에서도 의지의 의미로 사용하였다. Note에서는 화자의 의도(intention)와 결심(determination)을 나타낸다고 하였다. 이화여대는 '-(으)ㄹ게요'는 2권 3과에서 처음 등장하며, 목표 문법으로 제시된 것은 3권 5과이다. 자신의 결심이나 다짐을 다른 사람한테 약속할 때, 화자가 무엇을 하겠다는 약속 상황에서 사용되는 표현으로 제시하고 있다. 경희대 교재는 2권의 8과에서 '-(으)ㄹ게요'는 목표 문법으로 제시되었는데, 1인칭 주어문에서 동작 동사와 결합하며 의지(will)와 약속(promise) 의미를 나타낸다고 하였다.

'-(으)ㄹ게요'는 각 교재에서 목표 표현으로 선정하였고, '의도, 의지, 결심, 약속'의 의미를 갖는다고 기술하고 있다. 고려대에서는 '의도', 연세대와 이화여대는 '약속'의 의미를 나타내는 단의미 특성을 갖는 표현으로 설정하고 약속의 의미를 선택하여 기술하였고, 서울대와 경희대는 '의지, 결심, 약속'의 다의미 표현으로 보고 있어 종합적인 기술방식을 취하였다.

대부분의 교재에서는 '-(으)ㄹ게요'와 비슷한 의미를 갖는 표현에 대한 언급이 없었는데, 고려대에서는, '-(으)ㄹ게요'와 '-겠어요'가 1인칭 화자 주어문에서 화자의 의도를 나타내는 유사 의미를 나타내는 표현들이며, 다만 대화체에서는 '-(으)ㄹ게요'를 더 자주 사용한다는 화용 정보를 보이고 있다. 그런데 이들의 특성은 인칭 제약의 차이일 것이다. 따라서 1인칭 주어문에서 사용되는 경우만을 한정하여 이들의 차이를 밝히는 것이 좋을 것이다. 그런데 실제 화자가 자신의 의지를 강력하게 전달하고자 하는 담화 상황에서는 '-(으)ㄹ게요'보다는 '-겠다'를 사용하는 것이 좋다고 본다. 고려대처럼 담화 상황의 차이를 설명하는 것도 좋을 것이다.

▶ -(으)ㄹ까 보다

'-(으)ㄹ까 보다'는 고려대는 2권 19과에서 '-(으)ㄹ까 봐', 연세대에서는 '-(으)ㄹ까 보다'로 제시되었다. '-(으)ㄹ까 보다'는 연세대 3권 23과 예문에 처음 등장하지만 26과에서 '-(으)ㄹ까 보다'의 형태로 목표 문법으로 제시된다. 서울대에서는 3권 27과에서 'A/V+-(으)ㄹ까 봐(서)', 이화여대에서는 3권 10과에서 '-(으)ㄹ까 봐서', 경희대에서는 3권 6과에서 '-(으)ㄹ까 봐서'의 형태로 제시되었다.

'-(으)ㄹ까 보다'는 고려대는 초급에서, 연세대, 서울대, 이화여대, 경희대는 중급 교재에서 제시되었는데, 연세대의 경우에만 '-(으)ㄹ까 보다'의 형태로 제시되었다.

'-(으)ㄹ까 보다'는 고려대에서 '-(으)ㄹ까 봐'가 목표 문법으로 제시되는데, 'I wonder, I am afraid'로 번역하면서 동사나 형용사 뒤에서 주어의 근심과 걱정을 나타낸다고 하였다. 연세대 교재에서 '-(으)ㄹ까 보다'는 3권 26과에서 목표 문법으로 제시되는데, 동사에 붙어 화자의 짐작(conjecture)과 의도(intention)를 나타낸다는 설명을 하였고, 예문에서는 종결형에 사용된 예와 '-아/어서'와 결합된 예를 소개하고 있다. 서울대 교재에서는 3권 27과에서 'A/V+-(으)ㄹ까 봐(서)'로 제시하며 'to be afraid that~, so~'로 번역하였고, 이화여대는 '-(으)ㄹ까 봐서'가 목표 문법으로 제시되었는데, 주어가 망설이며 표현할 때나 화자가 걱정할 때 사용하는 표현으로 상황을 설정하고 있다. 경희대에서는 3권 6과에서 '-(으)ㄹ까 봐서'를 그러한 행위나 상황이 될 것을 걱정할 때 사용하는 표현으로 제시하였다.

　이상과 같이 한국어 교재에서는 걱정, 근심을 나타내는 표현으로 '-(으)ㄹ까 봐(서)'의 형태를 제시하고, -(으)ㄹ까 보다'의 의미 중 '걱정하다'를 선택하여 기술했다. 연세대의 경우는 화자의 의도를 나타낼 때도 있다고 기술하고 있어 '-(으)ㄹ까보다'의 의미를 모두 기술하는 종합적 방식을 택하였다. 그러나 어떤 환경에서 '의도'나 '추측'의 의미가 실현되는지에 대한 언급이 없었다. 다른 교재들은 '의도'의 의미 대신 '걱정, 근심'의 기능을 갖는다고 기술하였고, '-(으)ㄹ까 봐(서)'의 구성에 '-아/어서'가 포함되었다는 형태 정보는 보이지 않았다.

▶ -(으)ㄹ까 하다

　'-(으)ㄹ까 하다'는 모든 교재에서 동일한 형태로 제시되는데, 고려대에서 2권 6과, 연세대의 교재는 3권 23과에서, 서울대는 3권 16과, 이화여대는 3권 17과에서, 경희대는 3권 4과에서 제시되었다. 고려대는 초급 교재에서 제시된 반면, 다른 교재들은 모두 중급에서 다루고 있었다.

　'-(으)ㄹ까 하다'는 각 교재에서 동일한 형태로, 단원의 목표 문법으로 선정되었다. 고려대 교재에서 '-(으)ㄹ까 하다'는 동사와 결합하며 화자의 계획(plan)이나 가정(supposition)을 나타낸다고 하여 형태 정보 이외에 의미도 기술하였다.

　연세대는 '-(으)ㄹ까 하다'를 목표 문법으로 제시하면서 1인칭 주어문에서 동작동사와 결합하여 행동을 할 것이라는 형태·통사 정보와 함께 의도를 나타낸다고 하였다. 예문에서는 문장을 완전히 맺는 종결형 이외에 '-고'와 결합하여 접속문에 사용된 예도 제시되었다. 서울대에서는 3권 16과에서 'V+-(으)ㄹ까 하다'를 목표 문법으로 제시하였는데, 계획(to planning to), 의도(to be thinking of)로 번역하면서 동사와 결합한다는 형태 정보를 제시하고 있다. 이화여대는 막연하게 세운 계획을 표현할 때 사용하는 표현이라는 상황 의미를 말하였고, 경희대는 화자가 무엇을 하고 싶어 하거나 추측한 내용이 후행절의 이유가 된다고 하였다.

이상과 같이 '-(으)ㄹ까 하다'는 고려대에서는 초급, 다른 교재에서는 중급에서 제시되었다. 계획, 의도, 가정, 희망, 추측의 의미를 갖는다고 기술하였으며, 고려대, 서울대, 경희대의 경우는 종합적 의미 기술 방식을 취해 이들의 상황 기능까지 언급하였다. 그러나 '-(으)ㄹ까 보다'와 '-(으)ㄹ까 하다'는 형태적 유사성이나 보조 동사 구문이라는 통사적 유사성을 갖는데도 이에 대한 언급은 없었다.

▶ -(으)ㄹ래

고려대에서는 1권 12과에서 목표 문법으로서 '-(으)ㄹ래요?/-(으)ㄹ래요', 서울대는 2권 19과에서 'V+-(으)ㄹ래요?/-(으)ㄹ래요', 이화여대는 3권 2과에서 '-(으)ㄹ래요', 경희대는 6권 5과에서 '-(으)ㄹ래(요)'가 제시되었다. 이렇게 각 교재마다 제시 순서에서 차이를 크게 보이는데, 고려대의 경우 구어 중심으로 교재가 편성되어 초급에서 제시되고 있다. 서울대와 이화여대는 중급에서, 경희대는 고급 단계의 교재에서 제시되었고 연세대에서는 등장하지 않았다.

고려대에서는 1권 12과에서 목표 문법으로서 '-(으)ㄹ래요?/-(으)ㄹ래요'로 제시되었으며, 청자의 의도와 화자의 의도를 나타내는 것으로 '-고 싶어요?/-고 싶어요'의 친근한 표현이라고 하였다. 서울대에서는 목표 문법으로 '-(으)ㄹ래요?/-(으)ㄹ래요'가 선정되었는데, 'would you like to V?/will V'로 번역되었다. 그런데 'would you like to V?'와 '-(으)ㄹ래요?'는 화용적으로 상당한 차이를 갖는다. 영어는 존칭의 의미가 있으나 '-(으)ㄹ래요?'는 친근한 사회적 관계에 있는 상대와의 대화에서 사용하기 때문에 영어 번역에 있어 언어간의 차이가 혼돈을 주지 않도록 주의를 해야 할 것이다. 이화여대 3권 2과에서 목표 문법으로 '-(으)ㄹ래요'가 제시되었는데, 친하거나 가까운 사람에게 무엇인가를 제안할 때 사용한다고 하였다. 경희대에서는 목표 문법으로 '-(으)ㄹ래(요)'가 어떤 일을 하려고 하는 화자 자신의 의사나 청자의 의사를 질문할 때 사용한다고 하였다.

'-(으)ㄹ래(요)'는 연세대를 제외한 다른 교재에서 목표 문법으로 제시되었는데, 각 교재에서 출현하는 시기는 고려대는 초급, 서울대와 이화여대는 중급, 경희대는 고급 교재로 모두 달랐다. 그러나 화자의 의도와 청자의 의도를 묻는다는 점에서 의미 기술 내용에는 교재에 따라 큰 차이가 없다. 고려대와 이화여대에서는 특히 대화 상대자와의 친밀성을 기술하여 화용 정보에 유의하여 이 표현이 갖는 필수적인 특성을 제공하였다.

고려대에서는 1권 12과에서 목표 문법으로서 '-(으)ㄹ래요?/-(으)ㄹ래요'가 제시되었다. 청자의 의도와 화자의 의도를 나타내는 것으로 '-고 싶어요?/-고 싶어요'의 친근한 표현이라고 하였다. 서울대에서는 '-겠다'를 유사한 표현으로 보아 '-(으)ㄹ래요?/-(으)ㄹ래요'의 하단에 예문을 제시하고 있지만, 이 두 표현의 관계는 영어 해석에 의존해야 한다.

▶ -(으)ㄹ 테다

'-(으)ㄹ 테다'는 교재에서 기본형보다는 현실적으로 많이 사용되는 연결 어미와의 결합형이 제시되었다. 주로 연결 어미 '-(으)니까, -는데'인데, 각 교재에서 제시된 형태와 시기는 다음과 같다. 고려대에서는 2권 8과와 4권 13과에서 '-(으)ㄹ 테니까', 연세대는 2권 15과에서 '-(으)ㄹ 테니까', 서울대에서는 2권 15과에서 'A/V+-(으)ㄹ 테니까', 이화여대는 3권 11과에서 '-(으)ㄹ 테니까', 경희대는 4권 3과에서 '동사+-(으)ㄹ 테니까'로 나타났다. 이렇게 '-(으)ㄹ 테다'는 고려대, '-(으)ㄹ 테니까'는 연세대의 초급 단계에서, 서울대, 이화여대, 경희대는 중급 단계에서 제시되었다.

'-(으)ㄹ 테다'는 각 교재에서 목표 표현으로 선정되었는데, 고려대는 2권 8과에서 '-(으)ㄹ 테니까'를 목표 문법으로 제시하여, 동사나 형용사 뒤에서 화자의 의도(intention)나 짐작(conjecture)을 나타낸다고 하였다. 또한 선행절의 화자와 후행절의 주어가 다르면 특별한 상황에 대한 이유를 의미한다는 형태·통사 정보도 기술하였다. 그런데 고려대 3권 19과에서는 3인칭 주어문에서 사용된 '-(으)ㄹ 테니'를 목표 문법으로 선정하였다. 추측과 이유의 의미로 '-(으)ㄹ 테다'를 단계별로 기술한 것이다.

연세대에서는 2권 15과에서 '-(으)ㄹ 테니까'를, 이 구성원의 의미의 결합이 곧 이 표현의 의미가 된다는 것을 형태를 분리하여 설명하면서, 'Since one intends to do'로서 화자의 의도와 이유를 나타낸다고 하였다.

서울대에서는 'A/V+-(으)ㄹ 테니까'가 15과에서 이유의 표현으로 소개되었고, 이화여대서는 '-(으)ㄹ 테니까'가 목표 문법이 아닌 예문의 하나로 등장하였다.

경희대에서는 '동사+-(으)ㄹ 테니까'를 제시하면서 화자의 의지나 예정을 나타내거나 화자의 추측을 나타낸다고 하면서, 이 형태의 구성이 의존 명사구에 연결 어미가 결합한 것이라는 정보를 부가적으로 설명하고 있다. 또한 인칭에 따라 의미가 의지와 추측으로 구분된다는 종합적 방식으로 의미 기술을 하였다.

이상과 같이 '-(으)ㄹ 테다'는 고려대와 연세대에서는 초급 교재에서, 서울대와 경희대 교재에서는 중급 교재에서 목표 표현으로 제시되었다. 이화여대는 목표 문법으로 선정되지 않았지만 중급 교재에서 예문에서 '-(으)ㄹ 테니(까)'가 제시되었다. 의미 기술 방식에 있어서도 고려대는 인칭에 따른 의미의 다양성을 단계별 기술 방식으로, 연세대와 경희대는 의도와 이유, 추측과 이유라는 종합식으로, 서울대는 의도의 의미만을 선택하여 제시하였다. 경희대 교재에서는 '-(으)ㄹ 테니까'의 의미 특성을 구성 요소에서 기인한 것으로 지적하면서 형태를 분석하는 방식으로 설명하였는데, 이러한 방식이 경우에 따라서는 학습자에게 효율적으로 작용할 수 있을 것이라고 생각한다.

'-(으)ㄹ 테다'는 교재에서 '-(으)니까' 이외에 다른 연결 어미와의 결합형이 목표 문법으로 선정되기도 하는데, 경희대 3권 7과에서 '-(으)ㄹ 텐데'가 제시되기는 하였지만 이것은 의도성 표현이 아니다. 고려대의 경우는 '-(으)ㄹ 테니(까)'가 3번이나 목표 문법으로 등장하지만 이들의 연관성에 대해서 언급하지 않았다. 한 형태가 갖는 특성이 많아 한 번에 학습하기 곤란한 형태가 아니라면 목표 문법이 반복되지 않도록 교재 편성에 주의해야 한다.

이상에서 각 교재에 나타난 의지 표현에 대해 검토해 보았다. 그 내용을 표로 정리하면 다음과 같다.

<표 1> 한국어 교재에 나타난 '의지' 표현

의지표현	항목	고려대	연세대	서울대	이화여대	경희대
-겠다	출현	초급	초급	초급	중급	초급
	형태	-겠어요	-겠다	-겠다	-겠습니다	-겠다
	방법	목표 표현	목표 표현	목표 표현	목표 표현	목표 표현
	의미	의도, 추측/가정*	미래시간/의도/가정, 추측/가정/짐작	의도/의지/계획, 가정/추측	예측, 미래시제(계획, 결심)	미래시간/의지/추측, 약속
	제시	단계식**	단계식	단계식	단계식	종합식
	연계성	-(으)ㄹ게요	×	×	×	×
-고 말겠다	출현	중급	고급	×	중급	중급
	형태	-고 말다	-고 말겠다	×	-고야 말겠다	-고 말다
	방법	목표 표현	예문	×	목표 표현	목표 표현
	의미	완료, 의도성***, 추측	의도성	×	굳은 각오/결심	완료, 의지
	제시	예문으로 대치	×	×	종합식	종합식
	연계성	×	×	×	×	×
-고자 하다	출현	중급	중급	중급	×	중급
	형태	-고자 하다	-고자 하다	-고자 하다	×	-고자 합니다
	방법	목표 표현	목표 표현	목표 표현	×	쓰기 예시문
	의미	의도성	의도	의도/목적	×	의도성

	제시	예문으로 대치	종합식	종합식	×	종합식
	연계성	×	×	×	×	×
-도록 하겠다	출현	중급	중급	중급	중급	중급
	형태	-도록 하겠다	-도록 하겠다	-도록 하겠다	-도록 하겠다	-도록 하겠다
	방법	예문	예문	예문	예문	예문
	의미	의도성	의도성	의도성	의도성	의도성
	제시	예문으로 대치	종합식	종합식	×	종합식
	연계성	×	×	×	×	×
-아/어야겠다	출현	초급	초급	중급	중급	중급
	형태	-아/어야겠다	-아/어야겠지요	-아/어야어요	-아/어야겠어요	-아/어야겠네요
	방법	목표 표현	본문 대화문	목표 표현	본문 대화문	본문 대화문
	의미	비의도성 (필요/의무)	비의도성 (필요/당위성/의무)	비의도성 (의무)	의도성	의도성
	제시	종합식	의도성	종합식	×	×
	연계성	×	×	×	×	×
-아/어야지	출현	초급	초급	×	중급	고급
	형태	-아/어야지요	-아/어야지요	×	-아/어야지	-아/어야지요
	방법	목표 표현	목표 표현	×	목표 표현	듣기 예문
	의미	의무	의무	×	계획/다짐/결심	의도성
	제시	종합식	종합식	×	종합식	×
	연계성	×	×	×	×	×
-(으)려고 들다	출현	×	고급	고급	×	×
	형태	×	-(으)려 들어요, -려 들다	-(으)려고만 들다	×	×
	방법	×	예문,목표 표현	목표 표현	×	×
	의미	×	의도	의도성	×	×
	제시	×	종합식	예문으로 대치	×	×
	연계성	×	-자고 들다	×	×	×
-(으)려고 하다	출현	초급	초급	초급	초급	초급
	형태	-(으)려고 해요	-(으)려고 하다	-(으)려고 하다	-(으)려고 하다/-(으)려고 했다	-(으)려고 하다/-(으)려고

	방법	목표 표현	목표 표현	목표 표현	예문/목표 표현	목표 표현
	의미	의도	계획/의도	의도.(계획)	계획	의도/계획
	제시	종합식	종합식	종합식	종합식	종합식
	연계성	×	×	×	×	×
-(으)려던 참이다	출현	중급	중급	고급	중급	중급
	형태	-(으)려던 참이다	그렇지 않아도~(으)려던 참이다	-(으)려던 참이다	-(으)려던 참이었다	(그렇지 않아도)-(으)려던 참이다
	방법	목표 표현	목표 표현	목표 표현	목표 표현	목표 표현
	의미	의도성	의도	의도성	의도가 있었음	의도가 있었음
	제시	예문으로 대치	종합식	예문으로 대치	종합식	종합식
	연계성	×	×	×	×	×
-(으)리다	출현	×	×	×	고급	×
	형태	×	×	×	-(으)리-	×
	방법	×	×	×	예문	×
	의미	×	×	×	의도성	×
	제시	×	×	×	×	×
	연계성	×	×	×	×	×
-(으)ㄹ 것이다	출현	초급	초급	초급	초급	초급
	형태	-(으)ㄹ 거예요	-(으)ㄹ 것이다	-(으)ㄹ 거예요	-(으)ㄹ 겁니다	-(으)ㄹ 거예요
	방법	목표 표현	목표 표현	목표 표현	목표 표현	목표 표현
	의미	추측,미래/계획/의지	단순미래/추정/가정	미래 계획/의도, 추측	미래시간, 추측	계획/의지/추측/짐작
	제시	단계식	종합식	종합식	단계식	종합식
	연계성	×	×	×	×	×
-(으)ㄹ게	출현	초급	중급	초급	중급	초급
	형태	-(으)ㄹ게요	-(으)ㄹ게요	-(으)ㄹ게요	-(으)ㄹ게요	-(으)ㄹ게요
	방법	목표 표현	목표 표현	목표 표현	예문, 목표 표현	목표 표현
	의미	의도	약속	의지/의도/결심	결심/다짐/약속	의지/약속
	제시	종합식	종합식	종합식	종합식	종합식
	연계성	-겠어요	×	×	×	×

	출현	초급	중급	중급	중급	중급
-(으)ㄹ까 보다	형태	-(으)ㄹ까 봐	-(으)ㄹ까 보다	-(으)ㄹ까 봐서	-(으)ㄹ까 봐서	-(으)ㄹ까 봐서
	방법	목표 표현	목표 표현	목표 표현	목표 표현	목표 표현
	의미	걱정/근심	짐작/의도	걱정	망설임/걱정	걱정
	제시	종합식	종합식	종합식	종합식	종합식
	연계성	×	×	×	×	×
	출현	초급	중급	중급	중급	중급
-(으)ㄹ까 하다	형태	-(으)ㄹ까 하다	-(으)ㄹ까 하다	-(으)ㄹ까 하다	-(으)ㄹ까 하다	-(으)ㄹ까 하다
	방법	목표 표현	목표 표현	목표 표현	목표 표현	목표 표현
	의미	계획/가정	의도	계획/의도	계획	희망/추측
	제시	종합식	종합식	종합식	종합식	종합식
	연계성	×	×	×	×	×
	출현	초급	×	중급	중급	고급
-(으)ㄹ래	형태	-(으)ㄹ래요?/ -(으)ㄹ래요.	×	-(으)ㄹ래요?/ -(으)ㄹ래요.	-(으)ㄹ래요	-(으)ㄹ래(요)
	방법	목표 표현	×	목표 표현	목표 표현	목표 표현
	의미	의도	×	would you like to V? /will V	제안	의사 표현
	제시	종합식	×	종합식	종합식	종합식
	연계성	-고 싶어요?/-고 싶어요	×	-겠다	×	×
	출현	초급, 중급	초급	중급	중급	중급
-(으)ㄹ 테다	형태	-(으)ㄹ 테니까, -(으)ㄹ 테니	-(으)ㄹ 테니까	-(으)ㄹ 테니까	-(으)ㄹ 테니까	-(으)ㄹ 테니까
	방법	목표 표현	목표 표현	목표 표현	예문	목표 표현
	의미	의도, 짐작, 추측/이유	의도/이유	이유	의도성	의지/예정/추측
	제시	단계식, 예문으로 대치	종합식	종합식	×	종합식
	연계성	×	×	×	×	×

* '의도, 추측/가정'에서 ','은 교재에서 먼저 제시된 것, '/'는 동일한 단원에서 제시한 것을 의미한다. 이 예는 교재에서 '의도'의 의미로 먼저 소개된 후 '추측/가정'이라는 의미가 제시된 것을 뜻한다.

** 다의미 특성을 가진 형태의 각 의미를 다른 단원에서 독립적으로 기술했으면 단계식, 모든 의미를 한 번에 제시했으면 종합식이라 이름하여 각 교재의 제시에서 의미 차이를 보인 것이다.
*** '의도성/비의도성'이란 교재에서 직접적인 기술이나 번역형이 제시되지 않고 예문으로 의미를 대체한 경우에, 집필진의 의도에 어긋나지 않기 위해 그 의미만을 의도성과 비의도성이라고 표현하였다.

위 표에서 각 교재에서 등장한 의지 표현 형태들에는 '-겠다, -고 말(겠)다, -고자 하다, -도록 하(겠)다, -아/어야겠다, -아/어야지(요), -(으)려고 들다, -(으)려고 하다, -(으)려던 참이다, -(으)리-, -(으)ㄹ 것이다, -(으)ㄹ게요, -(으)ㄹ까 보다, -(으)ㄹ까 하다, -(으)ㄹ래(요), -(으)ㄹ 테다'가 있다. 이러한 의지 표현에서 다섯 교재에 모두 출현한 형태는 '-겠다, -도록 하겠다, -아/어야겠다, -(으)려고 하다, -(으)려던 참이다, -(으)ㄹ 것이다, -(으)ㄹ게, -을까 보다, -을게 하다, -(으)ㄹ 테다고,'이다.

교재에 나타난 의지 표현은 교재의 성격에 따라 목록에서 어느 정도의 차이를 보였다. 또한 의미 기술의 있어 내용에는 큰 차이가 없었지만 다의미를 갖는 형태에 대해 의미 기술의 범위에는 차이가 있었다. 즉 기본 의미나 중심 의미를 위주로 할 것인가와 다의미적 특성을 대부분 기술하느냐에 따라 달랐다. 또한 다의미를 기술하는데 있어서, 서울대 교재는 tip이라는 코너를 이용하고 경희대에서는 아예 교재 뒷부분에 문법 설명을 상세히 하는 등, 기술 방식의 선택에서 차이를 보였다.

1.2 계획 표현

▶ -겠다

'-겠다'를 계획의 표현으로 제시한 것은 서울대와 이화여대이며, 고려대와 연세대, 경희대에서는 이를 다루지 않았다. 서울대는 1권 11과에서 의도성의 '-겠다'가 목표 문법으로 처음 등장하며, 이화여대는 1권 11과에서 처음 등장한다. 이상과 같이 각 교재에서 계획 표현으로서의 '-겠다'가 등장한 시기는 초급 단계이다.

서울대에서는 '-겠다'가 1권 11과에서 목표 문법으로 선정되어 동사와 결합하는 의도성 어미(intentional ending)로 제시하였고, Note 부분에 화자의 의지(will), 의도(intention), 계획(plan)을 나타낸다고 기술하였다. 서울대는 한국어와 영어의 문법이 완전하게 대응되지 않는데도 일대일 대응 방식의 번역 제시에 그치고 있다.

이화여대에서 '-겠다'는 단원의 목표 문법으로 선정되었어도 단원 내에서 특별하게 의미 기술은 하지 않고 있다. '-겠다'는 1권에서 제시되었던 의도나 추측의 의미가 아니라, 2권에서 결심, 계획의 상황 의미로 제시되어 있다. 이화여대는 '-겠다'가 사용되는 담화 상황으로 의미를 대신하고 있다는 점이 특징이다.

이상에서 한국어 교재에서 '-겠다'는 미래 시제나 의도, 추측의 의미 이외에도 계획이라는 의미로 소개되었음을 알 수 있었다. 의미 기술에 있어 서울대와 이화여대는 단계별로 '-겠다'가 의미를 제시하였는데, 어떠한 환경에서 계획의 의미가 실현되는지에 대한 설명은 없었다. '-겠다'는 앞서 살펴본 것과 같이 다의미 특성을 가진 표현으로 제시되었다. 그러나 각 교재들 중에서 서울대, 이화여대는 이들을 단계별로 나누어 제시하였지만 계획의 '-겠다'와 추측의 '-겠다'에 관한 비교나 언급은 어떤 교재에서도 찾을 수 없었다.

이상과 같이 한국어 교재에서는 '-겠다'를 아예 다루지 않은 경우가 많고, '-겠다'가 제공된 교재에서도 이 표현이 가지는 의미 특성을 종합적으로 확인할 수 있는 기회를 제공하거나 유사한 의미를 갖는 표현과 비교하는 설명이 거의 이루어지지 않았다. '-겠다'가 가진 계획의 의미 표현을 그리 중요하게 받아들이지 않은 것이다.

▶ -기로 하다

'-기로 하다'는 모든 교재에서 목표 문법으로 제시가 되었지만, 의미 설명 내용에 있어 다소의 차이를 나타낸다. 교재마다 약속의 의미 기능에 초점을 둔 교재도 있고 계획에 좀 더 비중을 둔 교재도 있기 때문이다. '-기로 하다'는 대부분 초급 교재에서 다루어지고 있기 때문에 의미 설명을 직접적으로 제시하고 있다. 따라서 이러한 의미 기술에 따라 계획의 '-기로 하다'를 설정하기로 한다. 계획의 '-기로 하다'를 선정하고 있는 교재는 서울대와 경희대이다. 서울대 교재는 2권 26과에서 'V+-기로 하다', 경희대는 2권 18과에서 '동작동사+-기로 하다'가 제시되었다. 이렇게 '-기로 하다'는 경희대 경우 초급에서, 서울대는 중급 교재에서 다루어지고 있다.

서울대는 2권 26과에서 'V+-기로 하다'를 'to make plans to V'로 번역하였는데, '-기로 했어요. -기로 합시다, -기로 할까요?'로 다양하게 보여주고 있다. 또한 유사 관계가 있는 표현으로 'V+-기로 약속(을) 하다'를 소개하면서 'to promise to V'로 번역하고 있다.7)

경희대에서는 2권 18과의 목표 표현으로서 '동작동사+기로 하다'를 제시하면서, 청자에게 말하기 전에 화자는 어떤 일에 대해 결정을 하거나 계획을 할 때 사용되는 것이라고 설명하였다. 형태는 1인칭 주어문에서 '-기로 했습니다, -기로 합시다'가 예문으로 나타났다. 계획이나 결정이 수행된 것을 모를 때는 '-기로' 앞에 시제소를 사용할 수 없다는 형태·

---

7) '-기로 하다'와 관련할 만한 문법으로 '-기로 약속하다'를 제시한 것은 '-기로 하다'에 약속의 의미도 어느 정도 있기 때문일 것이다. 그러나 실제 서울대 교재에서는 '약속'의 의미보다는 아래의 예문과 같이 계획의 의미를 보여주는 예문을 위주로 제시하고 있어, '-기로 하다'의 기본 의미를 계획으로 설정한 것이라고 생각한다.

(예) 나는 방학 동안에 유럽으로 여행 가기로 했어요.

통사 정보를 주고 있다.

이상과 같이 교재에서 '-기로 하다'는 계획의 의미를 갖는다고 하였는데, 실제 예문에서 '-기로 했어요'의 형태만을 제공하였다. '-기로 하다'는 서울대 교재에서는 중급, 경희대 교재에서는 초급 교재에서 계획의 의미로 소개되어 제시 순서에 차이를 보였다. 서울대 교재에서 '-기로 약속(을) 하다'와 유사 표현으로 제시하고 있다.

▶ -아/어야지

'-아/어야지(요)' 형태는 서울대 교재를 제외한 4개의 교재에서 나타나지만 '계획'이라는 의미를 언급한 것은 이화여대 교재뿐이다. 이화여대에서는 3권 13과 중급 단계의 교재에서 '-아/어야지'로 목표 표현으로 제시하고 있다.

이화여대는 새로운 계획이나 자기 스스로에게 하는 다짐이나 결심을 할 때 사용하는 표현으로 '-아/어야지'를 목표 표현으로 소개하였다. 다른 교재와 달리, 자신의 결심이나 계획을 표현하는 것이므로 실제 예문도 독백으로 사용되었고, 해체를 제시 형태로 삼았다. 예문은 1인칭 주어문에서 동사와 결합한 '-아/어야지'로 나타났다. 새해 아침, 매월 등의 상황 의미를 제시하여 미래성이 확보되었기 때문에 '-아/어야지'가 결심이나 다짐의 의지 표현으로 사용될 수 있다는 것이다.

이화여대는 1권 14과에서 '-아/어야 하다'를 의무를 나타내는 조동사로 제시하였고, 1권 11과에서 확인 의문문의 '-지요?'가 제시되었을 뿐, 선수 학습된 표현의 결합형이 학습 항목으로 제시되어 학습자에게 이전 단계에서 학습한 내용을 확인할 수 있는 구체적인 연습은 없었다.

▶ -(으)려고 하다

'-(으)려고 하다'는 각 교재에서 초급 단계에서 등장한다. 계획의 표현으로는 연세대 1권 8과에서, 서울대 교재에는 1권 15과에서, 이화여대에서는 1권 15과에서 의도의 보조 동사로서 '-(으)려고 하다'를, 경희대에서는 2권 19과에서 '동작동사+-(으)려고 하다'를 제시하였다.

각 교재마다 제시형에서 차이를 나타내는데, 연세대는 목표 문법으로 '-(으)려고 하다'를 제시하여, 이 형태가 동작동사와 결합하며, 계획(plan)과 의도(intention)의 의미를 갖는다고 하였다. 서울대는 Note 부분에서 'plan to do'라는 계획의 의미를 덧붙여 제시하였다. 예문은 모두 1·2인칭 주어문에서 실현된 것을 들었다. 이화여대는 1권 15과에서 목표 문법으로 제시하면서 계획의 의미를 말하였다. 경희대에서는 2급 19과에서 목표 문법으로 제시하면서, 이 형태는 동작 동사와 결합하며 시제소는 '하다'와 결합한다는 형태·통사 정보를 주고, 화자의 의도와 계획의 의미가 있다고 하였다.

이상과 같이 '-(으)려고 하다'는 각 기관의 초급 교재에서 목표 문법으로 선정되었으며, 의미 제공은 영어로 제시되거나 일대일 번역 방식으로 이루어졌다. 이들 교재의 특성은 '-(으)려고 하다'의 의지 의미와 함께 기술하고 있다.

교재에서 '-(으)려고 하다' 이외에도 '-(으)려고' 구성을 포함한 다른 형태들이 제시되기도 하였다. 각 교재들에서 이러한 형태들과 '-(으)려고 하다'와의 관련성을 언급하였는지 살펴보기로 한다.

'-(으)려고 하다'와 형태·의미적으로 관계가 있는 '-(으)려고, -(으)려면' 등이 교재에 제시되어 있지만, 이들 교재에서 이러한 결합형이 의도 의미 이외에 계획의 의미를 공유하는지는 찾을 수가 없었다. 실제 통합 교재의 형식을 갖는 서울대 교재는 내용 구성에 있어서는 문장 단위의 의미를 중심으로 기술하였기 때문에 문맥, 담화에서 나타날 수 있는 의미 기술에 있어서 그것을 대치할 수 없었다고 본다. 그러나 이화여대나 경희대 교재에서는 교재 자체가 기능 달성을 위한 과제와 연습 활동에서 이러한 의미를 암시하고 있다. 따라서 교재의 성격에 따라 이러한 의미 기술에 있어 차이를 보인다고 생각된다. 고려대의 교재는 기본 문형과 문형 대치 연습 활동이 주가 되기 때문에 '-(으)려고 하다'의 다의미 특성에 대한 해설을 마련하지 않았다.

▶ -(으)ㄹ 것이다

'-(으)ㄹ 것이다'는 각 교재의 초급에 해당하는 1권이나 2권에서 등장하는데, 제시 형태는 다소 차이가 있다. 계획의 의미를 갖는 표현이 고려대에서는 1권 13과에서 '-(으)ㄹ 거예요', 서울대 교재에서는 1권 22과에서 'V+-(으)ㄹ 거예요', 이화여대에서는 1권 7과에서 '-(으)ㄹ 겁니다', 경희대는 2권 1과에서 '동사+-(으)ㄹ 거예요'로 제시되었다. 연세대에서는 계획의 의미를 설정하고 않았다.

'-(으)ㄹ 것이다'는 다의미 특성을 갖는 표현인데, 이러한 특성이 각 교재에서 단계별 제시 방식, 종합적 제시 방식을 취했는지 살펴보기로 한다.

고려대 교재에서는 1급 14과에서 미래·계획(be going to)과 의지(will)의 '-(으)ㄹ 거예요'를, 서울대는 1권 22과에서는 Note에서는 미래 계획(future plan)이나 의도(intention)을 나타낸다고 하였다. 예문으로는 모두 1인칭 주어문에서 나타나는 '-(으)ㄹ 거예요'만 제시하였다. 그런데 2권 18과에서는 'A/V+-(으)ㄹ 겁니다'로 제시하여, 의미 제시에서 단계별로 제시하되 형태도 비격식체에서 격식체를 보이는 것으로 차이를 두었다. 그러나 이전 단계에서 제시되었던 '-(으)ㄹ 거예요'나 다른 유사관계에 대해서는 기술하지 않았다.

이화여대는 1권 7과에서 '-(으)ㄹ 겁니다'를 미래 시간 표현으로 소개하였는데, 상황 의미로 앞으로 5-10년 후의 계획을 세운다는 상황을 제시하였다. 경희대는 2권 1과에서 '동사+-(으)ㄹ 거예요'를 제시하면서 화자의 계획, 의지, 추측/짐작의 의미를 종합적으로 기술하였는데, 인칭에 따라 의미가 변한다는 형태·통사 제약 위주의 설명 방식을 취하고 있다.

'-(으)ㄹ 거예요'는 의지나 추측의 의미 이외에도 계획의 의미로도 기술되었는데, 고려대, 서울대, 이화여대는 단계별로 이들의 의미를 제시하였고, 경희대는 형태·통사 정보를 중심으로 '-(으)ㄹ 거예요'를 종합적인 기술 방식으로 제시하였다. 주어의 인칭 변화에 따라 의미가 구별되는 표현은 '-(으)ㄹ 거예요' 이외에 '-겠다'가 있고 이들을 의미도 유사하다. 그러나 이들에 대한 비교나 유사 관계로서의 제시 설명은 없었다.

▶ -(으)ㄹ까 하다

'-(으)ㄹ까 하다'는 모든 교재에서 등장하지만, 계획의 의미로는 고려대에서 2권 6과, 서울대는 3권 16과, 이화여대는 3권 17과에서 제시되었다. 고려대는 초급 교재에서 제시한 반면, 다른 교재들은 모두 중급에서 다루고 있었다.

'-(으)ㄹ까 하다'는 각 교재에서 동일한 형태로, 단원의 목표 문법으로 선정되었다. 고려대 교재에서 '-(으)ㄹ까 하다'는 동사와 결합하며 화자의 계획(plan)이나 가정(supposition)을 나타낸다고 하여 형태정보 이외에 의미도 기술하였다.

서울대에서는 3권 16과에서 'V+-(으)ㄹ까 하다'가 목표 문법으로 제시되었는데, 계획(to planning to), 의도(to be thinking of)로 번역되어 있어서 동사와 결합한다는 형태 정보를 제시하고 있다.

이화여대는 막연하게 세운 계획을 표현할 때 사용하는 표현이라는 상황 의미를 경희대는 화자가 무엇을 하고 싶어하거나 추측한 내용이 후행절의 이유가 된다고 했다.

이상과 같이 '-(으)ㄹ까 하다'는, 고려대에서는 초급, 서울대와 이대는 중급 교재에서 제시되었다. 이들 교재에서는 계획, 결심(결정, 의도), 가정의 의미를 갖는다고 기술되었으며, 고려대, 서울대, 경희대의 경우는 종합적 의미 기술 방식을 취해 이들의 상황 기능까지 언급하고 있다. '-(으)ㄹ

까 보다'와 '-(으)ㄹ까 하다'는 형태적 유사성이나 보조 동사 구문이라는 통사적 유사성을 갖는데도 이러한 제시는 언급되지 않았다. 다음은 교재에 나타난 계획 표현을 표로 정리한 것이다.

<표 2> 한국어 교재에 나타난 '계획' 표현

계획 표현	항목	고려대	연세대	서울대	이화여대	경희대
-겠다	출현	×	×	초급	중급	×
	형태	×	×	-겠다	-겠다	×
	방법	×	×	목표 표현	목표 표현	×
	의미	×	×	의도/의지/계획	결심/계획	×
	기술	×	×	단계식	단계식	×
	연계성	×	×	×	×	×
-기로 하다	출현	×	×	중급	×	초급
	형태	×	×	기로 하다	×	기로 하다
	방법	×	×	목표 표현	×	목표 표현
	의미	×	×	계획	×	결정, 계획
	기술	×	×	종합식	×	종합식
	연계성	×	×	-기로 약속(을) 하다	×	×
-아/어야지	출현	×	×	×	중급	×
	형태	×	×	×	-아/어야지	×
	방법	×	×	×	목표 표현	×
	의미	×	×	×	결심/계획	×
	기술	×	×	×	종합식	×
	연계성	×	×	×	×	×
-(으)려고 하다	출현	×	초급	초급	초급	초급
	형태	×	-(으)려고 하다	-(으)려고 하다	-(으)려고 하다	-(으)려고 하다
	방법	×	목표 표현	목표 표현	목표 표현	목표 표현
	의미	×	계획/의도	계획	계획	의도/계획
	기술	×	종합식	종합식	종합식	종합식
	연계성	×	×	×	×	×

-(으)르 것이다	출현	초급	×	초급	초급	초급
	형태	-(으)르 거예요	×	-(으)르 거예요	-(으)르 겁니다	-(으)르 거예요
	방법	목표 표현	×	목표 표현	목표 표현	목표 표현
	의미	미래/계획/의지	×	미래계획/의지	미래계획	계획/의지/짐작/추측
	기술	단계식	×	단계식	단계식	종합식
	연계성	×	×	×	×	×
-(으)르까 하다	출현	초급	×	중급	중급	×
	형태	-(으)르까 하다	×	-(으)르까 하다	-(으)르까 하다	×
	방법	목표 표현	×	목표 표현	목표 표현	×
	의미	계획/가정	×	계획/의도	계획	×
	기술	종합식	×	종합식	종합식	×
	연계성	×	×	×	×	×

교재에서 제시한 계획 표현은 '-겠다, -기로 하다, -아/어야지, -(으)려고 하다, -(으)르 것이다, -(으)르까 하다,'이다. 이 계획 표현 중에서 '-겠다, -아/어야지, -(으)려고 하다, -(으)르 것이다, -(으)르까 하다'는 의지 표현과 중첩되는 것이고, '-기로 하다'만이 1차 의미로 계획을 나타내는 표현이라 할 수 있다.

계획 표현은 제시 순서나 의미 기술에서 거의 동일하게 기술되어 있었다. 그러나 각 교재에서의 의미 기술은 다의적인 설명의 범위에 따라 달라진다. 계획 표현은 '-기로 하다'를 제외하고는 중급 교재에서 형태가 제시되거나 그러한 의미로 사용한 예문을 발견할 수 있다.

1.3 희망 표현

교재에 나타난 희망 표현에는 '-고 싶다, -았/었으면 싶다, -(았/었)으면 좋겠다, -(았/었)으면 하다'가 있다.

▶ -고 싶다

'-고 싶다'가 5개 대학 교재 모두 희망의 의미로 초급 단계에서 제시되기는 하지만, 제시 순서에서는 차이를 보였다.8) 연세대는 1권 교재의 2과에서 제시되고 있어 다른 교재보다 상당히 일찍 다루고 있다.

'-고 싶다'의 형태·통사 정보에 대해서 이화여대와 서울대가 보조 형용사로 제시하였고 다른 교재에서는 모두 조동사로 제시하였다. 이는 다른 언어에 많은 '조동사' 개념에 기댄 것이겠지만, 한국어에서 대체로 조동사를 문법 범주로 설정하지 않는 것이 일반적이므로 보조 형용사로 설명하는 것이 더 적합하다고 생각된다. 그러나 초급 단계의 학습자에게는 이러한 문법 범주로 설명할 필요가 없이 실제 언어생활에서 실용적으로 이용될 수 있는 정보가 우선적으로 제공되어야 할 것이다. 가령, 선행 요소는 동작 동사와만 결합하고, 후행에는 '-은데' 등과 결합한다는 정보를 예문으로 주는 것이다. '-고 싶다'의 화용 정보를 제공한 교재는 없었고, 물건을 구매하거나 자신의 의도를 표현하는 상황에서 목표 항목으로 제시되고 있을 뿐이다.

▶ -았/었으면 싶다

'-았/었으면 싶다'는 연세대 중급에 해당하는 3권 21과에서, 이화여대는 고급 단계인 4권 4과에서 희망의 의미로 제시되었는데, 이화여대에서만 화자의 내적인 욕구와 강한 바람을 나타낸다고 설명만이 제시되었.

'-고 싶다, -았/었으면 싶다'는 희망 표현으로 제시되었으나 실제 언어생활에서 생산적으로 이용할 수 있는 기본 정보가 위의 두 교재에서 모두

---

8) 각 교재에서 '-고 싶다'는 'want, would like to, desire, wish, 희망'로 번역되어 제시되고 있지만 의미는 희망이라고 기술하고 있다는 점은 별 차이가 없다.

제대로 제공되어 있지 않았다. 가령, '-고 싶다'가 가장 직접적인 화자의 바람을 나타내는 표현으로, 친밀도가 높은 대화자와의 담화 상황에서 사용한다는 정보를 제공한 교재는 없었다. 따라서 고급 단계의 학습자들도 담화 상황이나 대화 참여자는 고려하지 않고, 자신의 희망을 말할 때 무조건 '-고 싶다'를 사용하는 것으로 생각할 수도 있으므로 앞으로 교재 편성에 더욱 주의를 기울여야 한다.

이상과 같이 '-았/었으면 싶다'는, 연세대는 중급, 이화여대는 고급 교재에서 희망의 의미로 제시되었다. 그러나 '-았/었으면 싶다'는 사용 빈도도 낮고 다른 희망 표현으로 대체할 수 있으므로, 목표 표현을 선정할 때 현대 생활언어에서 사용되는 분포를 고려하여 교재에 반영하는 것이 좋을 것이다.

▶ -(았/었)으면 좋겠다

'-(으)면 좋겠다, -았/었으면 좋겠다'를 모든 교재에서 희망의 의미로 설명하였지만, 이들의 사용을 화용론적으로 구분한 교재는 없다.

고려대에서는 2권 3과에서 '-면 좋겠다'를 목표 형태로 제시하고 있지만, 실제 예문에서는 '-(으)면 좋겠다'와 '-았/었으면 좋겠다'를 한 문장에 괄호를 이용하여 제시하였다. 연세대에서는 '-(았/었)으면 좋겠다'를 목표 문법으로 제시하지 않고 1권 9과에서 '-았/었으면 하다'를 대신할 수 있다고 설명하였다. 이후에도 '-았/었으면 좋겠다'와 '-(으)면 좋겠다'를 구분하여 사용하지는 않았다. 서울대는 2권 6과에서 'S+-(으)면 좋겠다'를 목표 문법으로 제시하여 'it would be nice if S'로 번역하였다. 이후 교재에서는 '-(으)면 좋겠다'의 출현 빈도는 높았으나, '-았/었으면 좋겠다'도 나타난다. 이화여대는 지문에서 '-(으)면 좋겠다'가 2권 8과에서 나오고, 3권 9과에서는 '-았/었으면 좋겠다'로 나타나지만 목표 문법으로 설명되지는 않았다. 경희대에서는 3권 1과에서 예문에 '-았/었으면 좋겠다'가 등장하고, 4과에서는 목표 문법으로 '-았/었으면 하다/좋겠다'를 제시하였지만, 이후에는 '-았/었으면 좋겠다'와 '-(으)면 좋겠다'를 구별 없이 사용하고 있다. 고려대와 연세대는 초급 단계에서 '-(았/었)으면 좋겠다'를 제시하였고 다른 기관에서는 중급 교재에서 제시하였다.

'-(았/었)으면 좋겠다'에 '정말, 더'의 부사가 삽입된 문장을 서울대와 이화여대에서는 제시하고 있다. 이렇게 문장 성분이 사용된 예문을 통해 '-(았/었)으면 좋겠다'의 분리성을 보이면서 생성 가능한 문장의 다양화를 보여주는 것도 좋을 것이다. 고려대에서는 실제 회화에서 '-았/었으면 좋겠다'가 '-(으)면 좋겠다'보다 더 자주 사용된다는 화용 정보를, 이화여대는 새해 소원이나 결심을 이야기할 때 사용한다는 담화 상황을 제공하였다.

▶ **-(았/었)으면 하다**

'-았/었으면 하다'가 연세대는 초급 1권 9과에서, 고려대는 중급에 해당하는 4권 9과에서, 경희대는 중급에 해당하는 4권 3과에서 목표 문법으로 제시되었다. '-(으)면 하다'와 '았/었으면 하다'도 이화여대 2권 8과에서 읽기 지문으로만 나타났다.

'-았/었으면 하다'의 형태·통사는 제시되지 않았고, 의미는 대부분의 교재에서는 희망(wish, desire, hope)으로 제시되었지만, 고려대에서는 대화문 형식의 예문으로 소개되어 있어 학습자가 그 의미를 추측해야 한다. 이화여대에서도 부탁하기 상황의 읽기 지문에서 등장하지만 이에 대한 특정 정보는 없었다. 경희대 교재에서는 화자의 희망과 바람을 나타낸다는 설명을 하였다.

이상과 같이 '-았/었으면 하다'는 서울대 교재에서는 제시되지 않았고, 연세대는 초급, 다른 교재에서는 중급에서 등장하여 제시 단계에서 큰 차이를 보였다. 제시된 교재에서 이화여대 교재에서는 목표 표현으로 제시하고 있지 않아 제시 순서와 목표 항목의 선정성에서도 차이를 보였다.

그러나 목표 문법으로 제시된 교재에서는 모두 희망의 의미로 소개되었다. '-았/었으면 하다'는 대용 표현이라는 점과, 주로 공식적인 담화 상황에서 부탁, 당부의 의미를 나타낸다는 화용 정보가 기술된 교재는 없었다. 연세대에서는 '-(으)면 좋겠다, -(으)면 하다'를 유사 관계로 설명하였고, 경희대는 중급에 해당하는 4권 3과에서 목표 문법으로 제시하여 '-(았/었)으면 좋겠다'와 의미가 유사한 표현이라고 기술하였다.

지금까지 각 교재에 나타난 희망 표현에 대해 검토하였다. 한 항목에 대해 미시적인 설명을 통한 전달 방법도 정확하게 표현을 습득하는데 도움을 줄 수 있지만 실제 언어생활에서 올바른 언어 사용을 할 수 있도록 거시적인 관점에서의 유사 표현에 대한 교육도 필요하며, 이것이 교재에서도 반영되어야 할 것이다. 즉, 각 항목에 대한 형태, 통사, 의미, 화용 정보만을 전달하는 것이 아니라, 모국어 화자들은 어떠한 상황에서 이들을 각각 선택하여 사용하는지에 대한 정보도 마련되어야 할 것이다. 그러나 각 교재에서 이러한 기본 정보가 제공된 경우가 드물었다. 실제 모국어 화자들은 공식성과나 대화 참여자와의 친밀도에 따라 '-고 싶다, -(았/었)으면 좋겠다, -(았/었)으면 하다'등을 선택하여 사용하지만 학습자는 이러한 정보를 접할 기회가 없어 고급 단계 학습자도 어색한 한국어를 구사하는 일이 많은 것이다.

다음은 교재에 나타난 희망 표현을 표로 정리한 것이다.

<표 3> 한국어 교재에 나타난 '희망' 표현

희망 표현	항목	고려대	연세대	서울대	이화여대	경희대
-고 싶다	출현	초급	초급	초급	초급	초급
	형태	-고 싶다	-고 싶다	-고 싶다	-고 싶다	-고 싶다
	방법	목표 표현	목표 표현	목표 표현	목표 표현	목표 표현
	의미	희망	희망	희망	희망	희망
	기술	종합식	종합식	종합식	종합식	종합식

표현	항목					
	연계성	×	×	×	×	×
-았/었으면 싶다	출현	×	중급	×	고급	×
	형태	×	-았/었으면 싶다	×	-았/었으면 싶다	×
	방법	×	예문	×	목표 문법	×
	의미	×	희망	×	강한 바람/욕구	×
	기술	×	종합식	×	종합식	×
	연계성	×	×	×	×	×
-았/었으면 좋겠다	출현	초급	초급	중급	중급	중급
	형태	-았/었으면 좋겠다	-았/었으면 좋겠어요	-았/었으면 좋겠어요	-았/었으면 좋겠다	-았/었으면 좋겠다
	방법	예문	예문	예문	대화문	예문
	의미	희망	희망	희망	희망	희망
	기술	×	×	×	×	×
	연계성	×	×	×	×	×
-(으)면 좋겠다	출현	초급	초급	초급	중급	고급
	형태	-면 좋겠다	-(으)면 좋겠어요 (으)면 좋겠다	-면 좋겠다	-면 좋겠습니다	-(으)면 좋겠다
	방법	목표 표현	예문	목표 표현	읽기 예문	예문
	의미	희망	희망	it would be nice if S	희망	희망
	기술	×	×	×	×	×
	연계성	-았/었으면 좋겠다	×	×	×	×
-았/었으면 하다	출현	중급	초급	×	중급	중급
	형태	-았/었으면 하다	-았/었으면 하다	×	-(았/었)으면 합니다	-았/었으면 하다/좋겠다
	방법	목표 표현	목표 표현	×	예문	목표 표현
	의미	의도성	희망	×	의도성	희망/바람
	기술	예문으로 대치	종합식	×	×	종합식
	연계성	×	-(으)면 좋겠다/ -(으)면 하다	×	×	-았/었으면 좋겠다

제3장 의도성 표현의 교육 실태 115

희망 표현에는 '-고 싶다, -았/었으면 싶다, -(았/었)으면 좋겠다, -(았/었)으면 하다'가 있다. 이 중에서 '-고 싶다, -(았/었)으면 좋겠다'는 다섯 개 교재에서 모두 희망의 의미로 사용되었고, '-았/었으면 하다, -았/었으면 싶다'는 2-3개의 교재에서 희망 표현으로 제시되었다. 그런데 모든 교재에서 사용되었다고 하더라도 형태 제시나 의미 기술에서 약간의 차이를 보인다. 대부분의 교재에서 이들의 의미에 대한 차이를 구별하여 설명하지 않고, '-았/었으면 좋겠다'와 '-(으)면 좋겠다'의 구별도 하고 있지 않았다.

1.4 약속 표현

약속 표현에는 '-기로 하다, -(으)ㄹ게'가 있는데, 이들은 각 형태가 갖는 다의미 특성 때문에 나타난 것으로, 상황 맥락에 의존적인 의미라고 할 수 있다. 따라서 각 교재의 특성에 따라 이들의 출현 유무가 달라진다.

▶ -기로 하다

'-기로 하다'는 각기 다른 의미로 제시되기는 했으나 목표 문법으로 다루어졌다. 약속의 의미로는 고려대에서는 1권 14과에서 '-기로 하다'가 제시되었는데, 실제 예문은 '-기로 했어요'로만 나타난다. 연세대는 1권 9과에서, 이화여대는 2권 9과에서 '-기로 하다'가 제시되었다. 이렇게 '-기로 하다'는 고려대, 연세대에서는 초급 단계에서 제시되었으나, 이화여대는 중급 교재에서 등장한다.

고려대는 'to decided to do'로 번역하고, 동사와 결합하며 약속 (promise), 결심(decision), 동의(agreement)의 의미를 나타낸다고 한다는 형태·의미 정보를 제공하고 있다. 또한 모든 의미를 동시에 제시하는 종합적 제시 방식을 취하고 있다. 그런데 예문으로 제시된 '-기로 했어요'는 약속을 하는 것이 아니라 약속한 내용을 상대에게 알리는 것으로, '-기로 해요'와는 문장의 기능에서 차이를 보이지만 이런 차이점에 대해서는 언급하지 않았다. 또한 제시 형태를 '-기로 했어요'로 한다면 학습자가 오히려 '-기로 해요'에 노출이 덜 되지만, 유독 이 표현만 과거 시제소가 결합된 형태를 사용해야 하는지 궁금증을 유발할 수 있을 것이다. '-기로 하다'는 다의미 특성을 갖는 형태인데, 고려대 교재에선 '-겠다'와 같은 형태와 달리 종합적으로 의미를 기술하였다.

연세대는 '-기로 하다'를 목표 문법으로 선정하고, 동작 동사와 결합하여 'decide to do something'의 의미를 갖는다고 하였다. 또한 '하다'를 대신하여 '정하다, 약속하다, 결정하다'를 이용한다고 기술하였다. 연세대에서 제시된 예문에는 '-기로 할까요?, -기로 해요. -기로 약속했어요. -기로 결정했습니다'로 다양하게 제시되어 있다. 또한 '-기로 하다'를 설명하면서 '하다'를 대신해서 사용할 수 있는 표현으로 '약속하다, 결정하다' 등을 제시하였다.

이화여대는 '-기로 하다'가 목표 표현으로 제시되는데, 선약이 있음을 친구에게 말해야 할 때 사용하는 표현으로 이미 약속이 있다는 '-기로 했어요'의 의미를 지시문을 통해 기술하고 있다. 실제 예문에서도 '-기로 했어요'로 제시되어 있다.

이상과 같이 '-기로 하다'는, 고려대와 연세대 교재에서는 초급 교재에서, 이화여대 교재에서는 중급에서 약속의 표현으로 소개되었고, 서울대와 경희대 교재에서는 계획의 의미로 소개되지 않았다. 교재에서 '-기로 하다'는 약속, 결심, 결정, 동의, 선약의 의미를 갖는다고 하였다. '-기로 하다'는 모두 '-기로 하다'로 사용되었으나 연세대에서는 실제 예문에서 '-기로 했어요'의 형태만을 제공하였을 뿐이다.

▶ -(으)ㄹ게

'-(으)ㄹ게'도 교재마다 제시 순서에서 차이가 있는데, 약속의 의미로 기술한 것은 연세대, 이화여대, 경희대 교재에서이다.

연세대 교재에서는 3권의 23과에서 '-(으)ㄹ게요'로 제시되었다. 모든 예문은 '내가, 제가, 나는'의 1인칭 주어가 포함된 문장으로 구성하였다. 이화여대는 2권 교재에서 예문으로 '-(으)ㄹ게요'가 먼저 등장하며, 목표 문법으로는 3권 교재의 5과에서 '-(으)ㄹ게요'가 제시된다. 경희대 교재는 2권의 8과에서 '동작동사+(으)ㄹ게요'로 제시되었고, 예문에서는 '내가, 제가'처럼 1인칭 주어문에서 실현된 예문을 보이고 있다.

교재마다 '-(으)ㄹ게요'의 제시 순서나 의미 기술에서 차이를 보이는데, 경희대에서는 초급 교재에서, 연세대와 이화여대에서는 중급에서 제시되어 다른 표현에 비해 교재 간의 편차가 나타난다.

연세대는 1인칭 화자 주어문에서 화자가 무엇을 할 것이라고 청자에게 약속(promise)하는 의미로 사용한다고 하였다. 이화여대는 '-(으)ㄹ게요'가 자신의 결심이나 다짐을 다른 사람한테 약속할 때, 화자가 무엇을 하겠다는 약속 상황에서 사용되는 표현으로 제시하고 있다. 경희대 교재는 2권의 8과에서 '-(으)ㄹ게요'는 목표 문법으로 제시되었는데, 1인칭 주어문에서 동작 동사와 결합하며 의지(will)과 약속(promise) 의미를 나타낸다고 하였다.

'-(으)ㄹ게요'는 연세대, 이화여대, 경희대 중급 교재에서 목표 표현으로 선정하고, '결심, 의지, 약속'의 의미를 갖는다고 기술하고 있다. 그런데 의미 기술 방식에서 연세대는 약속의 의미를 나타내는 단의미 특성을 갖는 표현으로, 이화여대와 경희대는 의지와 결심, 약속의 다의미 표현으로 보고 있어 종합적인 기술 방식을 취하였다.

대부분의 교재에서는 '-(으)ㄹ게요'와 비슷한 의미를 갖는 표현에 대한 언급이 없었다. 약속 표현은 문맥 의존적이기 때문에 상황에 따라 여러 가지 해석을 유발한다. 따라서 기능 중심으로 기술하거나 혹은 맥락 의존적으로 이러한 의미를 설명할 때 어떻게 하면 좋을지 생각하는 것이 필요하다. 즉 이러한 상황에서 약속의 의미로 사용된다고 제시만 할 경우에는, 이 형태가 가지는 본래의 의미와 상황의 의미가 같은 것인지를 기술하거나, 그렇지 않으면 이 형태의 의미가 왜 필요한지, 기능과 의미의 유기적인 관계를 설명해야 할 것이다. 다음은 지금까지 살펴본 약속 표현을 표로 정리한 것이다.

<표 4> 한국어 교재에 나타난 '약속' 표현

약속 표현	항목	고려대	연세대	서울대	이화여대	경희대
-기로 하다	출현	초급	초급	×	중급	×
	형태	-기로 하다 (기로 했어요)	-기로 하다	×	-기로 하다 (기로 했어요)	×
	방법	목표 표현(예문)	목표 표현	×	목표 표현(예문)	×
	의미	약속/결심	결정/약속	×	선약이 있음	×
	기술	종합식	종합식	×	종합식	×
	연계성	×	×	×	×	×
-(으)ㄹ게	출현	×	중급	×	중급	초급
	형태	×	(으)ㄹ게요	×	(으)ㄹ게요	(으)ㄹ게요
	방법	×	목표 표현	×	목표 표현	목표 표현
	의미	×	약속	×	결심/다짐/약속	의지/약속
	기술	×	종합식	×	종합식	종합식
	연계성	×	×	×	×	×

약속 표현에는 '-기로 하다, -(으)ㄹ게'가 있는데, 이들은 각 형태가 갖는 다의미 특성 때문에 나타난 것으로 상황 맥락에 의존적인 의미라고 할 수 있다. 따라서 각 교재의 특성에 따라 이들의 출현 유무가 달라진다. 연세대 교재는 목표 문법을 제시하고 패턴 연습을 주로 하기 때문에 약속의 의미나 기능으로 실현된 예문을 발견하기가 어렵지만, 다른 교재에서

는 이들 형태가 약속의 의미로 실현된 예문을 찾을 수 있다.

약속 표현은 교재의 특성에 따라 이러한 의미를 수행하는 예문을 사용하였다. 약속 표현 형태들의 의미 기능은 상당히 문맥 의존적이기 때문에 이들이 약속의 의미로 제시된 경우는 없고, 다만 상황 속에서 이러한 의미로 실현되었음을 찾을 수 있을 뿐이다. 그런데 대체적으로 이러한 의미는 대부분 초급과 중급 교재에서 실현된 것으로, 이들에 대한 설명 방침이 필요하다고 본다.

지금까지 의도성 표현들이 각 교재에서 어떤 단계에서 어떠한 방식으로 제시되었는지를 살펴보았다. 의도성 표현들은 대부분 초급과 중급 교재에서 제시되었는데, 그 목록은 다음과 같다.

(9) 한국어 교재에서 나타난 의도성 표현
    가. 의지 표현
        -겠다, -고 말다 류(-고 말다, -고 말겠다, -고야 말겠다), -고자 하다, -도록 하겠다, -아/어야지, -아/어야겠다, -(으)려고 들다 류(-(으)려 들다, -(으)려고만 들다), -(으)려고 하다, -(으)려던 참이다, -(으)리-, -(으)ㄹ 것이다(-(으)ㄹ 겁니다/-(으)ㄹ 거예요), -(으)ㄹ게, -(으)ㄹ까 보다 류(-(으)ㄹ까 보다, -(으)ㄹ까 봐, -(으)ㄹ까 봐서), -(으)ㄹ까 하다, -(으)ㄹ래, -(으)ㄹ 테다 류(-(으)ㄹ 테니, -(으)ㄹ 테니까)

    나. 계획
        -겠, -기로 하다, -아/어야지 -(으)려고 하다, -(으)ㄹ 것이다(-(으)ㄹ 겁니다/-(으)ㄹ 거예요), -(으)ㄹ까 하다

    다. 희망
        -고 싶다, -았/었으면 싶다, -(았/었)으면 좋겠다, -(았/었)으면 하다

    라. 약속
        -기로 하다, -(으)ㄹ게

위의 목록을 앞의 2장과 비교해 보면, 교재의 나타난 의도성 표현이 학습자의 숙달도와 사용 빈도를 고려하여 균형적으로 배열되었음을 알 수 있다. 가령, '-겠다'의 결합으로 의지성이 강하게 드러난 표현 중에서 '-고 말겠다'는 목표 문법으로 제시되었는데, 초급 단계에서 다루어지는 '-겠다'를 제시하면서 '-고 말겠다'의 경우도 함께 설명할 수는 없기 때문이다.

또한 교재에서는 대체적으로 구어를 중심으로 반영하였다. 예를 들어, 모든 교재에서 '-(으)ㄹ 테다'를 대신하여 '-(으)ㄹ 테니까'라는 연결형이 제시되었고, 후회, 걱정의 '-(으)ㄹ 텐데'와도 독립적으로 배열되어 있다. 구어의 현실성을 반영한 것이다.

위에서 제시된 목록 가운데 모든 교재에서 기본적으로 제시하고 있는 형태로는, 의지 표현의 '-겠다, -(으)ㄹ 테다, -아/어야겠다, -(으)려고 하다, (으)려던 참이다, -(으)ㄹ 것이다, -(으)ㄹ게,'와, 희망 표현의 '-고 싶다', '-았/었으면 좋겠다'이 있다. 약속 표현으로 다섯 개 교재에서 공통적으로 나타난 형태는 없고, '-겠다, -기로 하다, -(으)ㄹ게요'가 세 개 교재에서 보인다.

각 교재에 나타난 의도성 표현들은 대체적으로 교재마다 일관성 있게 제시되었고, 의미 기술에서도 많은 차이를 보이지는 않았다. '-겠다, -(으)ㄹ 것이다'를 시간 표현으로 제시하는가의 차이를 보이는 정도였다. 그러나 제시 순서와 의미 기술 방식, 유사 관계 설명이나 예문의 단계화 등은 다음과 같은 문제점을 보였다.

의도성 표현들은 대부분 초급과 중급 교재에서 제시되고 있다. 다섯 개 교재에서 제시되고 있는 이러한 형태들 중에서 가장 이른 단계에서 제시되고 있는 것은 의지 표현의 '-겠, -고 싶다'로, 다섯 개 교재에서 모두 1급 교재에서 제시되었다. 즉 의지와 희망의 표현이 가장 이른 단계에서 제시되고 있으며, 이들 표현 중에서 형태, 통사적으로 가장 단순한 형태를 먼저 제시하였음을 알 수 있다. 물론 이들은 일상생활에서 널리 쓰이는 고빈도 표현일 것이다.

의도성 표현 중에 교재마다 제시 순서가 차이가 났던 형태를 각 의미 영역별로 살피면 다음과 같다.

(10) 의지 표현
　　가. 초급과 중급: -겠다, -아/어야겠다, -(으)ㄹ게, -(으)ㄹ까 보다, -(으)ㄹ까 하다, -(으)ㄹ 테다
　　나. 중급과 고급: -고 말겠다, -도록 하겠다, -(으)려던 참이다
　　다. 초급, 중급, 고급: -아/어야지(요), -(으)ㄹ래

(11) 계획 표현
　　가. 초급과 중급: -겠다. -기로 하다

(12) 희망 표현
　　가. 초급, 중급: -(았/었)으면 하다
　　나. 중급, 고급: -(았/었)으면 싶다
　　다. 초급, 중급, 고급: -(았/었)으면 좋겠다

(13) 약속 표현
　　가. 초급과 중급: -기로 하다, -(으)ㄹ게

1단계 이상 차이가 나는 표현은 '-아/어야지(요)'와 '-(았/었)으면 하다'로, 교재간의 편차가 심했다. 이러한 제시 순서의 차이는 교육 과정 뿐만 아니라 공식적인 한국어 교육 인증 시험의 평가 내용에도 영향을 미칠 수 있으므로 교수 요목 설계에서 신중히 고려되어야 한다.

교재에서의 의미 기술 방식에서도, 다의미 표현의 경우 단계별로 제시하는 경우와 한 번에 종합적으로 제시하여 차이를 보였다. 경희대 교재에서는 단원에서 주제나 목표와 직접적인 상관이 없는데도 책 뒷부분에 목

표 표현의 문법 정보를 한 번에 기술하고 있었다. 이러한 제시 방법은 학습자들에게 해당 단원의 목표를 교육하는데 오히려 어려운 요소로 작용할 가능성이 있다.

다의미 표현 뿐 아니라 단일한 의미를 가진 표현을 포함하여 한 형태가 갖는 정보는 음운에서 담화 정보까지 다양하다. 또한 학습자의 수준에 따라 이해할 수 있는 내용도 다를 것이다. 그럼에도 불구하고 현재 교재들에서는 의도성 표현이 처음 제시되는 경우에만 각 단계에 적합한 내용만을 선별하여 기술하고 있다. 그러나 학습자들은 단계별로 새로운 항목만을 배우는 것이 아니다. 한국어 능력도 학습 단계에 따라 비례하기 때문에, 관련 있는 단원이나 표현이 나오는 경우에는 이미 선수 학습한 내용이라도 이를 복습하는 기회로 만들고 그 단계에 맞는 표현 방식을 익힐 수 있는 기회를 제공해야 한다.

의도성 표현은 각 의미 영역별로 유사 관계에 있는 표현이다. 그러나 각 교재에서 차이점을 비교·설명의 기회를 제공하는 경우는 거의 발견할 수 없었다. 학습자는 담화 상황에서 자신들이 표현하고자 하는 의미를 나타내는 형태를 선택해야 할 것이다. 이 때 각 의도성 표현의 차이를 모르는 학습자들은 여러 목록에서 하나를 선택해야 하는 어려움을 겪거나 어울리지 않는 표현을 쓰거나 전략적으로 자신이 알고 있는 특정 표현만을 사용할 것이다. 따라서 유사 관계에 있는 표현들에 대한 설명이 교재에서 제공되어야 한다. 이러한 방식을 어느 정도 수용한 교재는 서울대와 고려대 교재인데, 어떠한 점에서 차이가 있는지에 대한 구체적인 기술이 없었다.

현재 통용되는 교재에서 제시되어 있는 예문들은 몇 개의 문법소와 결합된 단편적인 모습만을 보이고 있다. 가령, '-고 싶다'는 '-은데, -아/어서, -고, -지만'과의 연결 어미와 결합된 예시문 위주로 소개되고 있다. 이들은 국어 텍스트에서 높은 사용 빈도를 보이는 연결 어미이기는 하지만, 너무 한정된 연결 어미와의 결합 유형만을 보이고 있다는 점에서 문제가 있다. 상위 단계에 올라가면서 한국어의 특성을 잘 반영한 문장 형태가 제공되어서 목표 문법의 단계화뿐만 아니라 예문의 단계화도 함께 이루어져야 할 것이다.

이러한 문제점을 개선하여 교육에 반영된다면 학습자의 이해에 도움이 될 것으로 기대된다. 그런데 교수 설계자와 교사가 원하는 대로 학습자가 잘 습득하여 사용하는가도 중요할 것이다. 이론적으로 잘 설계된 교재와 능숙한 교사의 수업이 있다고 해도 학습자가 이를 잘 이해하지 못하거나 사용하는 데 어려움을 겪는다면 의미가 없다. 따라서 다음 장에서는 의도성 표현을 학습자들이 어떻게 사용하고 있는지 살펴보고, 이를 바탕으로 한국어 의도성 표현 교육에서 더 개선되어야 할 점을 검토하기로 한다.

2. 학습자 말뭉치에 나타난 의도성 표현

여기에서는 한국어 학습자의 문·구어 자료에 나타난 의도성 표현의 사용 양상과 오류 현상을 살펴본다. 작업의 분석 결과는 의도성 표현의 효과적인 교육 내용과 방법을 제안하기 위해 활용할 수 있기 때문이다. 가장 이상적인 방법은 설계된 교수요목에 따라 학습한 학습자들의 성취 결과를 질적인 연구 방식으로 꾸준히 관찰하는 것이지만, 이는 현실적으로 어려움이 많다. 본고에서는 자료의 공정성을 위해 세 종류의 말뭉치 자료를 이용하려고 한다.

각종의 기관에서 학습한 학습자들이 한국어 의도성 표현을 어떻게 사용하는지 살피는 동시에, 교재 편찬자나 교육 기관의 교육 의도대로 이를 잘 습득·사용하고 있는지 알아보기 위해서, 2005년에 고려대학교 한국어문화교육센터에서 주최한 전국 외국인 백일장 대회의 작문 자료를 분석한다. 또한 보다 구체적인 오류 양상을 살피기 위해 고려대학교 일반 정규 과정에 등록한 학습자들의 작문 자료, 말하기 자료도 분석할 것이다.9) 특히 말하기 자료는 특정 단계인 초급 과정에 있는 학습자가 생산한 것이다. 쓰기 자료에서는 발견하기 힘든 사용상의 오류를 발견할 수 있다는 점에서 의의가 있다. 언어 표현은 문장 단위로 발화되지만, 대화 참여자와의 상호 작용으로 완성되는 것이기 때문에 실제 담화에서의 사용 양상이 중요하다.

쓰기 말뭉치로 구축된 백일장 대회의 작문은 주제만 주어지고 표현 형식에는 제한을 두지 않은 자유 작문이고(이하 '자유 작문'), 고려대 정규 과정 학습자들의 작문 자료는 표현 형식을 지정한 통제 작문이다(이하 '통제 작문'). 전체 쓰기 말뭉치 규모는 초급부터 고급 단계에 있는 한국어 학생 참가자가 작성한 70,415 어절, 고려대 정규 과정의 학습자가 작성한 128,124 어절로, 총 1,198,539 어절이다. 흔히 학습자의 오류를 판단하는 근거로, 반복적인 실수, 자가 수정이 불가능한 실수를 든다. 이런 점에서 일회적인 작문 결과로 학습자의 오류를 판단하기 어려울 것이나, 학습자(응시자)에게 여러 번 퇴고를 할 기회가 주어졌다는 점에서 이것을 오류로 볼 수 있을 것이다.

말하기 말뭉치는 정규 과정에서 공부하는 초급 단계의 학습자가 응시한 말하기 시험 결과를 이용한 것이다. 사전 준비 없이 주어진 상황에 맞게 학습자가 대화를 완성해야 하는 롤플레이와 인터뷰 방식으로 진행된 순수 구어 자료이다. 쓰기 말뭉치와 달리 초급 단계의 학습자가 생산한

---

9) 백일장의 시제는 '고향의 봄'이고, 글짓기 장르는 시와 수필로 구성되었다. 본고는 심사 대상이 된 시 251편, 수필 310편을 이용하였다. 다른 작문 자료는 2005년 고려대학교 한국어문화교육센터에 봄 학기에 등록한 학습자들의 작문 시험이다. 이들은 문어 말뭉치가 된다. 구어 말뭉치는 2006년 고려대학교 한국어문화교육센터에 봄·여름·가을 학기에 초급 학습자들이 응시한 롤플레이 형식의 말하기 시험을 음성 파일로 구축한 것이다.

한국어 자료이기 때문에 의도성 표현의 구사 범위에 한계가 있지만, 문장 단위에 국한된 쓰기 자료에서 오류라고 판단하기 어려운 문장들에 대한 판단을 분명히 할 수 있다는 점에서 말하기 말뭉치의 역할이 크다고 하겠다. 본고에서 검토한 전체 말하기 말뭉치는 약 54.6MB 크기의 음성 파일이다.

본고의 목적은 한국어 학습자가 의도성 표현을 어떻게 사용하는가를 살피는 것이므로 오류 현상에만 관심을 두지는 않는다. 본고에서 고찰하는 학습자 말뭉치는 1인칭 화자의 의도를 표현할 수 있는 주제 작문과 상대방과의 상호 작용을 통해 화자 자신의 의사를 밝혀야 하는 담화로 구성되었다는 점에서, 필자 혹은 화자 자신이 원하는 내용을 표현한 자연 발화 언어 자료라 할 수 있다. 따라서 한국어 학습자의 의도성 표현의 사용 실태를 살펴보기 위한 자료로서 의의가 있다고 본다. 학습자의 문어·구어 말뭉치에서 나타난 언어에서 오류 표현 등의 원인을 찾아 학습 방안에 적용할 방법을 모색할 수 있을 것이다.

2.1. 쓰기 말뭉치에 나타난 의도성 표현

2.1.1. 의지 표현의 사용 빈도와 양상

총 1,198,539 어절로 이루어진 학습자 쓰기 말뭉치 가운데, 1인칭 화자 주어의 의도성 표현에 해당하는 내용은 자유 작문에서 389 문장, 통제된 작문에서 962 문장을 합하여 총 1,351개의 문장에서 실현되었다. 이제 각 형태별로 사용 빈도와 표현 양상을 살펴본다.

학습자 쓰기 말뭉치에서 실현된 의도성 표현 1,351개 문장 가운데 의지 표현은 398개 문장에서 나타났는데, 출현 빈도는 다음과 같다.

<표 5> 학습자 쓰기 말뭉치에 나타난 의지 표현의 사용 빈도

빈도순	의지 표현	자유 작문	통제된 작문	의지 표현 빈도/총 의도성 표현 빈도
1	-겠다	34	125	159
2	-(으)ㄹ 것이다	30	73	103
3	-(으)려고 하다	4	43	46
4	-고자 하다	0	43	43
5	-아/어야겠다	5	6	11
6	-아/어야지	10	0	10
6	-(으)ㄹ게	6	4	10
8	-도록 하겠다	5	2	7
9	-(으)리다	4	0	4
10	-고 말겠다	1	1	2
10	-(으)ㄹ 테다	0	2	2
12	-(으)려고 들다	0	0	0
12	-(으)려던 참이다	0	0	0
12	-(으)ㄹ까 보다	0	0	0
12	-(으)ㄹ까 하다	0	0	0
12	-(으)ㄹ래	0	0	0
		99	299	398/1351

사용 빈도는 '-겠다>-(으)ㄹ 것이다>-(으)려고 하다>-고자 하다>-아/어야겠다>-(으)ㄹ게·아/어야지>-도록 하겠다>-(으)리다>-(으)ㄹ 테다··-고 말겠다'의 순으로 나타났다. '-겠다'나 '-(으)ㄹ 것이다'의 사용 빈도가 높은 것은, 비교적 초급 단계부터 꾸준히 접하는 형태일 뿐만 아니라 이들이 가지는 의지나 추측 등의 다의미 특성이 학습자의 입장에서는 실용적인 요소로 비춰질 수 있기 때문이다. 더욱이 '-겠다'는 형태적으로 간단하고 형태 변화도 없는 요소이기 때문에 사용 빈도가 가장 높다고

할 것이다.

'-(으)려고 들다, -(으)려던 참이다, -(으)ㄹ까 보다, -(으)ㄹ까 하다, -(으)ㄹ래'는 출현하지 않았는데, '-(으)ㄹ래'는 구어 환경에서 사용되는 것이며, 화자의 선택이라는 의미 특성은 특정한 담화 상황에서 나타나기 때문에 작문 말뭉치에서 나타나지 않은 것이다. 구어 환경에서 나타나는 '-(으)ㄹ게'는 통제된 작문에서는 나타나지 않았으나, 자유 작문에서는 등장한다. 학습자 중에서 '-(으)ㄹ게'가 구어에서 사용된다는 담화 제약을 알지 못하거나 혹은 직접 대화하는 것처럼 화자의 의사를 전달하기 위한 수단으로 사용했을 가능성도 다소 있을 수 있다. '-(으)려고 들다, -(으)려던 참이다, -(으)ㄹ까 보다'는 말뭉치에서 전혀 나타나지 않았고, '-(으)ㄹ까 하다'는 1인칭 주어문에서 의지의 의미로 실현된 예가 없었다. 학습자들은 의미가 첨가되는 의존 명사나 의존 용언 구성을 잘 사용하지 않았는데, 세밀한 의미를 갖는 요소들이기 때문에 습득했다고 하더라도 언제 사용해야 하는지를 몰라서 표현하지 않는 것이라 여겨진다.

다음에는 쓰기 말뭉치에 나타난 의지 표현의 양상을, 예를 들면서 살펴보기로 한다.[10]

(14) 가. 일본 봄은 시작의 계절인데, 학교에 입합하고 회사에 √취직하겠어요.
나. 불가리아 믿음에 따라 무지개를 볼 때 소원을 바라면 그 소원을 정말이 √되겠습니다.
다. √내일 결석하겠습니다.

(14)의 예들은, 일반적인 현상에 대해 기술할 때는 현재 시제를 사용하

---

[10] 학습자의 말뭉치에서 추출한 예들은 표현 내용이나 띄어쓰기, 맞춤법, 문장 부호 등에서 어떠한 수정이나 보완을 하지 않고 그대로 인용하였다. 이는 3.2장 전체에서 마찬가지이다. 예문에 나온 의도성 표현에서 오류를 범한 부분 앞에 '√' 표를 하였다.

여야 하는데 미래 시제 '-겠다'를 사용하여, 전체적으로 어색한 문장이 되었다. 의지 표현 '-겠다'에 관심을 두고 위 예들을 검토하면 우선 3인칭 주어문에서 '-겠다'의 의미가 추측의 의미를 갖는다는 기본 사실을 인지하지 못해 범한 오류라고 여겨진다. '-겠다'를 무조건 미래 시제로 학습하는 경우, 학습자들은 위 예들처럼 앞으로 일어날 사건에 대한 표현이므로 당연히 '-겠다'를 사용하게 되고 이렇게 오류문을 생산하게 되는 것이다. 따라서 '-겠다'를 무조건 미래 시간 표현으로 가르치는 것보다, 인칭에 따라 1·2인칭 주어문에서는 주체의 의도를 나타내고, 3인칭 주어문에서는 추측을 나타낸다는 내용을 제시해야 할 것이다. 특히 (14다)는 문법적으로 혹은 상황에 따라 정문이 될 수 있다. 그러나 학생이 교사에게 내일 결석해야 한다는 사실을 전달할 때, 모국어 화자는 이러한 표현을 사용하지 않고 간접적으로 자신의 의사를 전달할 것이다. '-겠다'는 1인칭 화자 주어문에서 화자의 직접적이면서 강한 의사를 표현하므로, 부탁하기 상황에서 이러한 표현을 사용하지 않기 때문이다. 따라서 '-겠다'가 형태·통사 정보 이외에 다른 사람에게 부탁을 하는 상황에서 잘 사용하지 않음을 제시해야 할 것이다.

다음은 '-(으)ㄹ 것이다'의 사용에서 나타난 오류 현상인데, (15)와 (16)의 예들은 차이가 있다. (15)는 모두 맞춤법과 관계되는 오류이고, (16)은 상황에 따라 정문이 될 수 있는 오류문이다. (15가)는 소리나는 대로 표기를 해서 발생한 오류문이고, (15나)는 구어체인 '거' 다음에 '-이에요/예요'를 사용해야 하는데, 철자법을 제대로 익히지 않아 범한 오류이다. (15다)는 '-ㅂ니다/습니다'가 첨가되어 문법소를 과잉으로 사용하는 오류를 범하였다.

    (15) 가. 여행사에 취직하기 위해서 한국어나 영어나 여러 나라 말을 √공부할 거십니다

나. 돈이 없기 위해한국에 공부가 끝난 후에 친구를 √만알 거어요
다. 하년 후에 한국에서 공부으면서 √취직할 거예습니다.

(16가)와 (16나)는 화자가 혼잣말로 자신의 굳은 결심을 표현하는 지극히 한정된 상황에서 가능할 수 있지만, 가장 일반적인 담화 상황에서는 오류에 속한다고 본다. '-(으)ㄹ 것이다'는 1인칭 화자의 의지를 나타내는 표현으로 (16다)처럼 자신의 의지로 좌우될 수 있는 내용의 문장에서 사용한다. (16가)처럼 여행사에서 일하는 상황이나 (16나)의 간호사 일을 한다는 것은 다른 사람의 결정으로 가능하지 자신의 의지로 되는 일이 아니기 때문이다.

(16) 가. √그리고 1년 후에 여행사에서 일할 것입니다.
나. √5년 후에 저는 간호사 일을 할 것입니다.
다. 꿈을 실현기 위해서 한국어를 많이 듣고 한국말로 많이 이야기할 것입니다.

이러한 오류를 통해 '-(으)ㄹ 것이다'를 교수할 때에는, 친밀한 관계에 있는 대화 상대자와의 담화에서 '거예요'를, 공식적인 대화 상황에서는 '-(으)ㄹ 겁니다'를 사용한다는 것과, 문어체 형태인 '-것입니다'를 정확하게 제시하고 상황에 따라 이들의 형태를 사용하는지 확인해도 좋을 것이다. 의미에 관련해서 '-(으)ㄹ 것이다'는 화자의 의지로 통제할 수 있는 문장 내용과 관련성이 깊다는 것도 가르쳐야 할 것이다. 이와 같이 어떠한 표현을 가르칠 때는 표현이 갖는 본래의 의미에만 한정하지 않고 문장의 내용과 기능에 대한 정보도 함께 제시해야 할 것이다.

(17) 가. 어느 날 횡단보도를 건녀려고 했는데 갑자기 차가 지나가서 차에 칠 뻔했습니다.
나. 특히 인터넷으로 뭔가 사려고 해도 주민번호가 없으면 물건을

사기는커녕 회원 가입도 하지 못합니다.
다. 시간이 있으면, 나는 거기 또 여행을 하겠다(하려고 한다).

(17가)와 (17나)는 '-(으)려고 하다'의 사용에 있어서 오류가 없이 '-는데, -아/어도'의 연결 어미와 결합한 형태로 잘 사용하고 있다. 그런데 (17다)는 학습자가 '-겠다'와 '-(으)려고 하다'를 한 문장에 동시에 적은 것이다. 학습자는 이들이 유사한 의미를 갖는다는 인식은 하고 있으나 두 표현에 대한 확신이 없어 적은 것이라고 생각된다. 두 표현은 이 문장에서 사용 가능하지만 의지의 정도에서 차이가 있는데, 학습자는 개별적으로 이 표현들을 배우기는 하였으나 이들의 차이가 무엇인지 구체적으로 접할 기회가 없었을 것이다. 가고 싶은 의지의 정도가 크면 '-겠다'를 사용한다는 정보만 확실히 알았다면 학습자는 이 두 표현을 동시에 쓰지 않았을 것이다. 교육 과정에서 초급 단계의 학습자는 수동적으로 교사의 설명에 의존하며, 또한 교사와 의사소통도 쉽지 않아 단순하고 간단하게 의미만이 제공된다. (17다)가 그러한 결과로 발생한 문제일 것이다. 단순하게 설명하다 보니 비슷한 의미를 가진 표현들은 늘어나지만 이들을 종합적으로 확인할 수 있는 기회가 제공되지 않았기 때문에 이러한 고민에 빠지는 것이다. 따라서 유사한 표현은 종합적으로 검토할 수 있는 부분이 교육 과정의 하나로 설계되어야 할 것이다.

(18) 가. 지금부터 저는 고려대학교 도서관 자리 문제 대한 √투고문이 시작하고자 합니다.
나. 셋째, 사람이 어디든지 쓰레기를 버리면 √안 되고자 합시다.

위의 (18가)는 '시작하다'의 격 표지 사용에 있어 오류를 범하여 '을/를'이 '이/가'로 대치된 것으로, '-고자 하다'와 관련된 직접적인 오류는 아니다. 격식적인 상황에서 1인칭 주어 화자가 자신의 의지를 표출하는 의미로 잘 사용하고 있다. 그런데 (18나)는 '-고자 하다'가 1인칭 주어문에서 사용된다는 것과 의지문은 명령·청유형 종결형과 결합하지 않는다는 통사 제약을 어겨서 비문이 된 것이다. 따라서 '-고자 하다'와 같이 모든 의도성 표현을 가르칠 때에는 명령이나 청유형과 결합하지 않는다는 사실을 제공해야 할 것이다. 바로 1인칭 화자 주어문의 의지를 표현하는 문장에서 의도성 표현이 사용되기 때문에 발생하는 제약이므로, 학습자에게 직접적이고 연역적인 제시보다는 의미적 접근 방식을 통해 그 원인을 설명해야 할 것이다.

(19) 가. 그리고 마지막 무대 위에서 저는 "언젠가 통일 시켜야겠다"고 결의하고 있었다.
나. 내일부터 해야지, 다이어트 안 하면 치마 어떻게 입어.
다. 내가 당신에게 만나러 갈게요.
라. 넓은 벌판 속에 자애의 빛을 찾으리라.
마. √언제나 먹고 자고 살 테니까 복이 많아 보인다.

(19가)는 학습자가, '-아/어야겠다'가 화자 자신의 의지를 표현한다는 의미를 알고, '결의'라는 단어와 함께 사용한 것으로 보인다. (19나)는 정문으로, 다이어트를 하려고 하는 화자의 결심을 '-아/어야지'로 잘 표현했다. 화자 자신의 결심을 이야기할 때는 반말체로 사용한다는 것도 제시해야 할 항목이다. (19다)는 '만나다'의 격 표지 '을/를'이 '(으)로'로 대치된 비문이지만 의지의 '-(으)ㄹ게'는 바르게 사용한 문장이다. (19라)는 시에서 나타난 예문인데, 이러한 표현은 담화 상황보다는 시와 같은 문어에서 사용한다는 화용 정보를 학습자가 잘 파악하고 사용한 것이다. (19마)에선 선행절은 화자 자신의 이야기를, 후행절은 3자에 대한 이야기를 하고 있어 선행절과 후행절의 주어가 달라서 비문이 되었다. 즉 '-(으)ㄹ 테니까'가 목표 문법으로 선정되어 있다면 화자 자신의 의지를 나타내며, 이

러한 주관성이 '-(으)니까'와의 결합을 가능하게 한다는 것을 이해시켜야 할 것이다. 이로써 선·후행절의 주어가 동일해야 하는 이유도 설명할 수 있다.

이상으로 학습자 말뭉치에 나타난 의지 표현의 사용 양상을 살펴보았다. 학습자들은 '-(으)려고 들다, -(으)려던 참이다'와 같은 세밀한 의미 정보를 갖는 표현들은 사용하지 않았고, '-겠다'와 같은 단순한 형태, 의미가 많아서 실용적인 형태를 선호하여 사용함을 알 수 있었다.

2.1.2 계획 표현의 사용 빈도와 양상

학습자 말뭉치 어절 안에서 계획 표현은 총 1,198,539 어절에서 보인 의도성 표현 1,351개 문장 가운데 30개 문장에서 나타나는데, '-기로 하다>-(으)ㄹ 것이다>-(으)려고 하다'의 순으로 보였다. 계획 표현의 출현 빈도는 다음과 같다.

<표 6> 학습자 쓰기 말뭉치에 나타난 계획 표현의 사용 빈도

빈도순	계획 표현	자유 작문	통제된 작문	계획 표현 빈도/ 총 의도성 표현 빈도
1	-기로 하다	1	19	20
2	-(으)ㄹ 것이다	4	5	9
3	-(으)려고 하다	1	0	1
4	-겠다	0	0	0
4	-아/어야지	0	0	0
4	-(으)ㄹ까 하다	0	0	0
		6	24	30/1351

계획 표현은 문장 단위의 작문 말뭉치에서 적게 나타났는데, '계획'의

의미가 형태 의미에만 국한되지 않고 대화 상황에 따라 의미가 파생되는 문장 기능과 관련되기 때문이다. 계획 표현 중에서 '-기로 하다'가 가장 높은 빈도를 보이는데, 통제된 작문에서는 진단 평가 항목으로 지정되어 이 표현의 빈도를 높이는 데에 작용했을 것이다.

다음은 학습자 말뭉치에서 나타난 계획 표현의 사용 양상을 살펴보기로 한다. 아래의 문장 (20)은 '-기로 하다'가 약속의 의미가 아닌 계획의 의미로 사용된 예이다. 약속의 의미가 성립되려면 화자의 발화 내용이 청자와 관련이 있어야 하며, 특히 구체적인 담화 상황이거나 특정한 시간 표현이 문장에 함께 출현하는 경우가 계획의 의미로 실현될 수 있다고 보아, 다음의 예들을 계획의 의미로 보았다.

(20) 가. 한국에서 공부가 끝난 후에 러시아에 √가기로 하겠습니다.
　　 나. 저는 열심히 √공부하기로 할 것입니다.
　　 다. 그래서 겨울에는 중국에 √가기로 합니다.
　　 라. 그래서 앞으로 저는 열심히 √공부하기로 합니다.
　　 마. 그런데 나는 지난 3월에 대학교를 졸업해서 유학준비를 하러 다시 고향집에 돌아가기로 했어요.

(20가)와 (20나)는 '-기로 하다'가 앞으로 일어날 일에 대한 계획이라는 점에서 미래적 요소와 결합할 수 없다는 제약을 몰라서 범한 오류이다. 따라서 학습자에게 미래 의미를 갖는 '-(으)ㄹ 것이다, -겠다'의 결합 제약이 있음을 제시해야 할 것이다. (20다)와 (20라)는 중국에 가는 일이나 열심히 공부할 것이라는 생각을 한 후에 화자가 그것을 행동으로 옮길 것이라는 내용이다. 따라서 이 문장들은 모두 '-기로 했어요'를 사용해야 한다. 따라서 학습자에게 '-기로 했다'와 '-기로 하다'의 사용상의 차이점을 제시해야 할 것인데, 대화에서 '-기로 하다'는 약속을 하는 과정에서 사용하는 약속 표현이고, 이미 약속의 내용이 결정된 '-기로 했다'는 계획

의 의미라고 제시해도 좋을 것 같다. (20마)는 화자 자신의 앞으로의 계획을 '-기로 했다'를 사용해서 잘 표현한 문장이다.

(21) 가. 앞으로 한국을 저의 나라처럼 생각하고 고향으로 생각하면 살 것입니다
    나. 나는 한국어 공부가 끝난 후에 한국대학교를 진학할 것입니다.
    다. 미국에는 6월 19일부터 6월 24일에 비영기를 타고 갈 거예요.
(22) 나는 내년 3월에 돌아가자마자 나가노를 찾아가려고 한다.

(21가)는 앞으로 한국을 화자 자신의 나라로 생각하고 살고 싶다는 마음에서 의지의미로 잘 사용된 것이고, (21나)와 (21다)는 특정한 시간이나 상황이 조건이 되어 이들의 계획을 전달하는 것이다. (21다)는 어휘에 맞춤법 오류는 있지만 실제 '-(으)ㄹ 것이다'의 사용에서 나타나는 오류는 없다.

(22)는 '-(으)려고 하다'가 화자 자신의 앞으로 계획을 '-(으)려고 하다'로 잘 표현한 정문이다.

이상으로 학습자 말뭉치에 나타난 계획 표현에 대해 살펴보았다. 계획 표현에서도 '-기로 하다, -(으)려고 하다'처럼 비교적 형태 변화가 적고, 통사 제약이 없는 형태만을 집중적으로 사용하고 있음을 알 수 있다.

2.1.3 희망 표현의 사용 빈도와 양상

학습자 말뭉치 어절 안에서 희망 표현은 총 1,198,539 어절에서 보인 의도성 표현 1,351개 문장 가운데 919개 문장에서 나타나, 매우 많이 사용되었음을 알 수 있다. 형태별 빈도는 '-고 싶다>-(으)면 좋겠다>-았/었으면 하다>-았/었으면 좋겠다>-았/었으면 싶다>-(으)면 하다'의 순이다.

<표 7> 학습자 쓰기 말뭉치에 나타난 희망 표현의 사용 빈도

빈도순	희망 표현	자유 작문	통제된 작문	희망 표현 빈도/총 의도성 표현 빈도
1	-고 싶다	261	556	817
2	-(으)면 좋겠다	9	54	63
3	-았/었으면 하다	1	16	17
4	-았/었으면 좋겠다	2	9	11
5	-았/었으면 싶다	6	0	6
6	-(으)면 하다	2	3	5
		281	638	919/1351

희망 표현 중 '-고 싶다'의 빈도가 다른 희망 표현보다 월등하게 높아 거의 절대 다수를 이룬다. 이와 달리 '-고 싶다'와 같은 부류인 '-았/었이으면 싶다'의 용례는 매우 적고, 그마저 통제된 작문에서는 하나도 발견할 수 없었다. 이는 대부분의 교재에서 목표 학습으로 제시하고 있지 않고, 내국인도 일상생활에서 많이 쓰지 않으므로 접해 보기 어려운 때문일 것이다.

'-고 싶다'의 빈도가 높다는 것은, 형태 구성소가 간단하고 통사적으로 제약이 적은 표현을 학습자들이 선호함을 말해 준다. '-(으)면 좋겠다, -(으)면 하다'가 같은 부류인 '-았/었-'의 결합형보다 사용 빈도가 높게 나타난 것도 학습자들이 단순한 형태를 택한 결과일 것이다. 학습자들이 어휘 의미가 분명한 형태를 더 많이 사용하고 있음도 알 수 있다. '하다'류보다 '좋다'류의 사용 빈도가 높은 것은, '좋다'의 실질적 의미가 '하다'보다 더 분명하게 드러나기 때문이며, '좋다'가 기초 어휘로 학습자에게 이미 낯익은 어휘라는 점도 이유가 될 수 있을 것이다.

학습자 말뭉치에서 나타난 희망 표현을 '싶다', '좋다', '하다' 계열로 나누어 그 사용 양상을 살펴보기로 한다.

'-고 싶다'는 비교적 문법 제약이 적고 의미가 분명하며, 자신의 의도를 표현할 때 널리 사용할 수 있다는 점에서 학습자 말뭉치에서도 오류가 적었다. '-고 싶다'는 선행 용언과의 결합 제약, 주어 인칭 제약, 부정문에서 결합 제약 등을 잘 파악하여 대개 바르게 사용하고 있었지만, 간혹 다음과 같이 오류를 범한 예를 보인다.

(23) 가. 내가 √원하고 싶은 사범대학교에 진학하게 됐습니다.
　　　나. 다시 고향에 가서 어릴 때의 친구와 같이 √놀려고 싶다.
(24) 가. 그래서 필리핀 사람들이 다른 나라에 일을 √하고 싶습니다.
　　　나. 제가 한국 친구와 같이 백남 유행 √가고 싶는데 맛있는 음식을도 많이 먹을 거예요.
(25) 가. 나는 당신이 보고 싶어서 눈물을 흘려 내린다.
　　　나. 나는 봄날에 흩날리던 벚꽃을 그리워하는 것처럼 당신을 보고 싶다.

(23가)는 '-고 싶다'와 '원하다'를 중복하여 사용한 과잉 오류로, '-고 싶다'의 의미는 파악한 것으로 보아 긍정적인 오류문으로 해석한다. (23나)도 (23가)처럼 의미가 중복 발생한 문장이다. 이러한 과잉 오류는 학습자의 중간 언어 과정에서 발견될 수 있는 것이다.
　(24)는 문법적 오류가 있는 문장이다. (24가)는 주어가 3인칭인데 '-고 싶어하다'를 사용하지 않아서 비문이 되었다. 이것은 학습자들이 자주 범하는 오류 중의 하나로 '-고 싶다'와 '-고 싶어하다'를 단계별로 나누어 제시할 필요성을 말해 준다. '-고 싶다'는 1인칭 화자 주어의 의사를 표현하다는 점에서 초급 단계에서 제시되고, '-고 싶어하다'는 제3자의 바람을 청자에게 전달하다는 점에서 '-고 싶다' 이후 단계에서 제시되어 할 것이다. (24나)는 '여행'을 '유행'으로 잘못 쓰는 등 여러 오류가 복합적으로 드러난 문장인데, 희망 표현과 관련된 오류는 '싶다'와 '-는데'의 결합 제약에서 기인한 것이다. 이는 '-고 싶다'와 관련하여 선행 요소와의 결합

제약만을 강조할 것이 아니라 '싶다'의 형용사적 특성도 제시되어야 할 필요성을 시사해 준다.

'-고 싶다' 구문에서는 격교체 현상이 나타나는데, 학습자들의 작문에서도 이러한 특징이 나타난다. (25가)와 (25나)는 본용언 '보다'와 '-고 싶다' 중에 어느 것에 초점을 두느냐에 따라 격교체가 나타난 것이다. 학습자 말뭉치에 나타난 '-고 싶다'가 '보다'와 결합한 예 60개 가운데 조사가 '을/를'로 실현된 예가 28개, '이/가'는 3개로 나타났다. 이는 위치상 가까운 선행 용언(본용언)의 논항을 더 중시한 까닭이다. 따라서 '-고 싶다' 구문에서 격표지가 다양하게 나타날 수 있다는 점을 제시해도 좋지만, 특히 조사라는 문법소가 없는 언어권의 학습자에게는 내포문의 동사를 기준으로 격표지를 선택하도록 권유하는 방법이 오류 발생을 줄이는데 도움이 될 수 있을 것이다.

'하다'류는 '-(으)면 하다'와 '-았/었으면 하다'가 말뭉치에서 나타나는데, 1인칭 화자 주어의 희망 표현으로 실현된 예는 모두 22개였다.

  (26) 가. 미래의 내 아이를 위해 다시 옛날 같은 자연을 만들을 수 있으면 한다.
     나. 황우석 교수처럼 무든 사람이 고향에 대한 자부심을 가지고 열심히 할길 바라고 한국이란 이름을 전세계에서 √빛냇으면 합니다.

위 (26가)에서는 맞춤법 오류가 있지만, 희망 표현 '-(으)면 하다'의 사용은 정확한 편이다. (26나)에서는 맞춤법 오류, 조사 대치 오류가 있지만, '-았/었으면 하다'의 형태로 내포문의 3인칭 주어에 대한 화자의 소망을 잘 표현하고 있다. 이처럼 '하다'류는 표현이 대체로 정확하게 쓰였지만 사용 빈도가 낮다는 점을 간과해서는 안 된다. 또한, 학습자에게 '-았/었으면 하다'가 '-았/었으면 좋겠다'를 대용할 수 있다는 정보도 제공한다면 학습자는 보다 다양한 표현을 할 수 있을 것이다.

'좋다'류는 '-(으)면 좋겠다'와 '-았/었으면 좋겠다'가 모두 학습자 말뭉치에 등장한다.

(27) 또 언제까지나 한국의 풍경을 지키고 아름다운 봄을 앞으로도 몇 번도 맞을 수 있으면 좋겠습니다.
(28) 언제 그랬냐는 듯이 지나가 버리면 좋은데 아직 내 마음을 휘젓는 거예요.
(29) 가. 그리고 사람든 마음이 봄처럼 따듯해졌으면 좋겠습니다.
  나. 모든 생각 끝에, 봄, 봄이 빨리 왔으면 좋겠다는 생각밖에 없다.

(27)은 상위문과 내포문의 주어가 일치하는 문장으로, '몇 번' 뒤에 '이라도'를 '도'로 잘못 썼을 뿐 희망 표현은 정확하다. (28)의 '-(으)면 좋다'는 조건절의 상황에 대해 화자 판단을 나타내려는 표현이거나, '-(으)면 좋겠다'의 표현을 의도했지만 오류를 범한 표현일 수도 있다. 만약 후자의 경우라면 학습자에게 '-(으)면 좋겠다'와 '-(으)면 좋다'와의 의미 차이에 대한 학습을 할 필요가 있다. (29가)는 '사람들'과 '좋겠습니다'의 맞춤법 오류, (29나)도 문장 주어 누락 오류만이 있을 뿐 희망 표현에 직접적인 오류는 없다. (29나)는 완형 보문을 사용한 것으로, 이 글의 학습자에게는 '-았/었으면 좋겠다'를 제시할 때 내포문 생성에 대한 제약도 가르치면 좋을 것이다.

이상으로 학습자 말뭉치에 나타난 희망 표현에 대해 살펴보았는데, 희망 표현은 전체 의도성 표현의 대다수를 차지할 정도로 사용 빈도가 높았다. 희망 표현 중에서는 형태가 단순한 '-고 싶다' 위주로 사용하였으며, 사용 빈도는 낮지만 '-(았/었)으면 하다, -(았/었)으면 좋겠다'는 비교적 정확하게 구사하였다.

2.1.4 약속 표현의 사용 빈도와 양상

학습자 말뭉치 어절 안에서 약속 표현은 총 1,198,539 어절에서 보인 의도성 표현 1,351개 문장 가운데 4개의 문장에서 나타나, 작문의 의도성 표현 중에서는 사용 예가 매우 적음을 알 수 있다. 형태별 빈도는 '-기로 하다'와 '-(으)ㄹ게'가 같은 2회이다.

<표 8> 학습자 쓰기 말뭉치에 나타난 약속 표현의 사용 빈도

빈도순	약속 표현	자유 작문	통제된 작문	의지 표현 빈도/ 총 의도성 표현 빈도
1	-기로 하다	1	1	2
2	-(으)ㄹ게	2	0	2
		3	1	4/1351

약속 표현은 대화 참여자와의 상호 작용을 통해 발생하는 의미이므로 쓰기 말뭉치에서 흔히 발견되지 않는 것이다. 그런데 '-기로 하다'와 '-(으)ㄹ게'의 약속의 기능은 차이가 있다. '-기로 하다'가 1인칭 단수를 주어로 하면 이미 약속한 내용에 대해 청자에게 보고하는 의미를 가지며, 이것은 엄밀하게 본다면 약속을 하는 것이 아니다. 반면에 '-(으)ㄹ게'는 화자가 표출하는 내용이 그대로 약속의 기능을 한다.

(30) 가. 그래서 방학은 후에 친구하고 같이 제주도에 √여행가기로 합니다.
　　　나. 그래서 친구하고 수업 끝난 후에 제주도에 가기로 했어요.
　　　다. 그리고 이야기하기로 하고 커피숍에 가고 싶습니다.

(30가)는 방학을 하면 친구와 여행을 가기로 했다는 약속의 내용을 말하는 경우와 앞으로 여행을 가고 싶다는 화자의 바람, 의지로서 여행을 갈 것이라는 의미로 발화한 경우에도 계획의 의미라고 본다. (30나)는 엄

격하게 약속한 내용을 통보하는 것으로 계획의 의미로 볼 수 있을 것이다. 그러나 (30다)는 이야기를 하는 것은 자신만의 결심으로 이루어지는 행동이 아니라 상대방과의 상호 작용이 필요한 것으로 이야기를 하기로 약속한다는 약속의 진행 과정에서 발화하는 것이라면 약속의 의미이다. 우리는 여기서 '-기로 하다'와 관련하여 시제소와의 결합 유무에 따른 의미 차이를 제시할 필요가 있다고 본다. 단순히 약속의 의미로 '-기로 하다'를 가르칠 것이 아니라, '-기로 하다'는 1인칭 복수('우리') 주어문에서만 약속을 만드는 상황에서 사용한다는 것과, '-기로 했다'는 이미 약속한 내용을 전달할 때에 사용한다는 담화 기능의 차이를 제시할 필요가 있다. 다만 '-기로 했다'는 유사 표현인 '-(으)ㄹ게'처럼 직접적인 표출이 아니라는 점도 밝힐 필요가 있을 것이다.

(31) 가. 엄마에게 꼭 전해 줄게.
나. 나중에 우리 같이 갈게요.
다. 여러분들이 제 고향에 가서 직접 고향의 봄을 한 번 √해 볼게요!

위의 (31가)와 (31나)는 작문 말뭉치에 나타난 구어체 표현이지만 직접 인용의 형태로 가능하기 때문에 이들을 정문으로 본다. 이들은 상대방에게 단순히 자신의 의도를 전달하는 것이 아니라 약속의 기능으로 나타난다. (31다)는 의미 파악이 힘든 오류 문장인데, 아마 청자에게 자신의 고향에 가서 봄을 한 번 보라는 의미로 사용된 문장으로 보인다. 이런 경우 학습자는 '-(으)ㄹ게'가 반드시 1인칭 화자 주어문에서만 가능하다는 통사 제약을 몰라서 오류를 범한 것이다. 따라서 '-(으)ㄹ게'를 제시할 때는 언제나 1인칭 주어문에서 사용된다는 것과 청자와의 상호 작용이 담화 상황에서 필수 요건으로 작용한다는 것을 설명해야 할 것이다.

이상에서 학습자 말뭉치에 나타난 약속 표현에 대해 살펴보았는데, 문장 단위의 자료 특성상 약속 표현의 사용 빈도는 아주 낮았다.

지금까지 학습자 말뭉치에 나타난 의도성 표현의 사용 빈도와 양상을 검토한 결과 학습자들은 '희망 표현>의지 표현>계획 표현>약속 표현'의 순으로 사용하였다. 학습자들의 의도성 표현의 사용 양상을 통해 한국어 교육에 적용할 만한 몇 가지 문제를 발견할 수 있었다.

학습자들은 의도성 표현 중에서 구절 표현보다는 단순한 형태 표현을, 구절 구조 중에서는 짧은 구조 형태를 선호하는 경향을 보였다. 구어에서 경제성을 고려하는 언중들의 심리를 반영한다면 이러한 현상은 자연스러운 것이다. 그러나 모국어 화자는 구절 표현들도 상황에 따라서 비교적 다양하게 사용하여 표현의 적합성을 구현하지만, 한국어 학습자는 전략적으로 쉬운 표현만을 사용하기도 한다. 따라서 한국어 학습자가 형태적으로 긴 표현도 자연스럽게 발화할 수 있도록 연습 활동을 충분히 제공해야 한다.

의도성 표현의 각 형태별로 문법적 제약이나 화용적 특성 등을 충분히 알지 못한 채 사용하는 경우가 많았다. 가령, 선행 용언이 동작성이 있어야 한다는 형태 정보, 청유형이나 명령문에서 제약이 있다는 통사 제약뿐만 아니라 어떠한 담화 상황에서 사용해야 하는지에 대한 정보 등을 함께 제시해야 한다. 학습자 오류에서는 선행 용언에 무조건 동작성 어휘가 온다고 생각하여 화자 자신이 조절할 수 없는 능력 밖의 내용을 사용하여 어색한 문장을 생산하고 있음을 보았다. 따라서 문장 차원이 아닌 언어 내용에 대한 정보도 아울러 제시해야 할 것이다. 또한 단순히 구어와 문어적 차이 이외에 부탁할 때 등과 같은 특정한 담화 상황이나 대화 상대자의 지위에 따라 달라지는 사용법을 가르쳐야 할 필요가 있음을 알 수 있었다.

한편, 학습자들은 자신이 배운 표현을 다각도로 사용하려는 의지가 있음을 알 수 있었다. 유의 관계에 있는 표현들을 한 문장에 1개 이상 사용하는 예가 그것인데, 이러한 학습자들의 이해를 돕기 위해서 유사 표현의 비교 설명을 교수 내용에 포함해야 할 것이다. 이와 관련하여 언어의 실태를 제대로 반영하기 위해 교재의 꾸준한 보완도 필요하다. 학습자들은 실제 언중들은 잘 사용하지 않는 '-았/었으면 싶다'와 같은 표현을 구사하였는데, 교재 개발에 있어 현대 언어생활을 잘 반영할 필요가 있음을 알 수 있었다.

2.2 말하기 말뭉치에 나타난 의도성 표현

이 장에서는 한국어 학습자의 말하기 말뭉치에서 나타난 의도성 표현의 사용 양상에 대해 살펴보고자 한다. 이 구어 자료는 초급 단계 학습자의 성취도를 평가하는 말하기 시험에서 얻어진 것으로, 인터뷰와 롤플레이 방식으로 진행되었다. 주어진 주제가 있기는 하지만 사전 준비 없이 의사소통 상황에 맞는 대화를 완성해야 한다는 점에서 학습자의 사용 능력을 평가할 수 있고, 더불어 학습자가 발화하는 의도성 표현의 사용 양상도 살필 수 있었다.

본고에서 검토한 전체 말하기 말뭉치는 약 54.6MB 크기의 음성 파일로, 쓰기 말뭉치와 달리 초급 단계의 학습자가 생산한 한국어 자료이기 때문에 의도성 표현의 구사 범위에 한계가 있다. 그러나 실제 의사소통 과정에서 학습자가 의도성 표현의 사용 양상과 이들의 습득 여부를 살펴볼 수 있다는 점에서 의의가 있을 것이다. 이 구어 자료는 중국, 일본, 캄보디아, 라오스, 대만, 독일 국적을 가진 학습자들이 생산한 한국어이며, 이들은 고려대학교에서 공부하기 바로 직전에 다른 기관에서나 독학으로 한국어를 공부한 경력이 있다.[11] 따라서 이 말하기 자료는 특정 기관에서 설계된 교육 과정으로 인해 발생될 수 있는 오류율이 적다는 점에

---

11) 본고에서 검토한 학습자 말하기 말뭉치는, 초급 1·2 단계의 수준을 가진 학습자 19명의 한 학기 중간·기말 말하기 시험을 음성 파일로 구축한 것으로 약 3시간 정도의 분량이다.

서 비교적 일반적인 실태를 보여준다고 말할 수 있다.

실제 말뭉치에서 고빈도를 보이는 의도성 표현은 '-고 싶다, -(으)ㄹ 것이다, -기로 하다, -(으)면 좋겠다'이다. 이 중 '-(으)ㄹ 것이다, -기로 하다'는 평가 내용과 직접적으로 관련이 있어서 사용 빈도가 높았을 것이나, 나머지 표현들은 학습자들이 주어진 담화 상황에 맞게 스스로 선택한 것으로 학습자들의 의도성 표현 사용 실태를 반영하는 것이다. '-고 싶다'는 '-고 싶어요'처럼 단문에서 사용되는 예도 발견되었지만 '-지만, -은데, -어서'와 결합한 형태도 보였다. 다른 표현들은 '-기로 하다'를 제외하고는 현재 시제로 '-아/어요'와 결합한 용례로 나타났다.

말하기 말뭉치에 나타난 의도성 표현은 말하기 방식에 따라 다소 차이를 보였다. 인터뷰에서는 '-고 싶다'와 '-기로 하다, -아/어야겠다, -(으)ㄹ 것이다, -(으)ㄹ까 하다, -(으)면 좋겠다'가, 롤플레이에서는 '-고 싶다'와 '-기로 하다, -(으)려고 하다, -(으)면 좋겠다, -(으)ㄹ 것이다, -(으)ㄹ게, -(으)ㄹ까 하다, -(으)ㄹ래, -(으)ㄹ 테니까'가 나타났다.

인터뷰와 롤플레이는 서로 다른 담화 유형을 갖는데, 인터뷰는 상대에게 단순히 사실이나 현상으로서 자신의 발화를 전달하는 발화이고, 롤플레이는 대화 상대와 상호 작용을 통해 과제를 완성하는 방식으로 구성된다. 따라서 화자의 생각이나 의도를 직접적으로 표출하는 표현은 인터뷰 방식에서 극히 제한된 사용 분포를 가지게 되는데, 학습자 말하기 말뭉치에서 '-(으)ㄹ게, -아/어야겠다'처럼 화자의 뜻을 직접 나타내는 표현이 사용된 예가 발견된다. 이는 언어 기능은 무시하고 표현의 의미를 토대로 한 언어 내용에 충실하여 오류를 범하게 된 것이다. 따라서 목표 표현을 제시할 때 문장 단위의 의미나 내용뿐만 아니라 언어 기능의 특성도 함께 제시되어야 할 것이다.

이렇게 학습자 말뭉치에서는 의지, 계획, 희망, 약속 표현들이 모두 나타나는데, 표현의 목록은 다양하지 않았지만, 학습자들은 비교적 의미를 정확하게 파악한 것으로 보인다.

2.2.1 의지 표현

학습자 말하기 말뭉치에 나타난 의지 표현은 '-아/어야겠다, -(으)ㄹ 것이다. -(으)ㄹ게, -(으)ㄹ까 하다, -(으)ㄹ래, -(으)려고 하다, -(으)ㄹ 테니까' 등이다.

'-아/어야겠다'는 다음 (1)의 예처럼 의무의 -아/어야 하다'나 '-아/어야 되다' 대신 '-아/어야겠다'로 대치시킨 오류가 나타났다.

 (32) 가: 그 시장은 어땠어요?
    나: 음 그 시장은 그 시장에 갔는데 혹시 약간 무서운 느낌이 있었어요.
    가: 어떤 모습이었어요?
    나: 음 아저씨 우리는 점원한테 인터뷰해야겠어요. 그런데 과일 가게 아저씨한테 "질문 지금 해도 괜찮아요?"라고 내가 했지만 아저씨는 지금 너무 바빠서 안 돼요. 조금 무서워 조금 무서웠어요.

위의 (32)에서 '-아/어야겠어요'는 '-아/어야했다'를 '-아/어야겠다'로 오용한 것으로, '-아/어야겠다'가 아직 일어나지 않은 일에 대한 화자의 의지를 표현하는 것이라는 의미를 분명히 인지하여 못한 결과로 보인다. '-아/어야겠다'는 화자의 생각이나 의도를 직접적으로 표출하는 표현이라서 과거의 상황을 단순히 전달하는 담화 상황에서 사용되지 않는다는 점도 숙지하지 못해 이러한 오류를 범한 것이다.

학습자 말뭉치에서 '-(으)ㄹ 것이다'는 '-(으)ㄹ 거예요'의 형태로만 나타나는데, 친근감을 갖는 교사와 동료와의 말하기였기 때문일 것이다. 실제 학습자 말하기 말뭉치에서 '-(으)ㄹ 거예요'는 의지보다는 계획의 의미로 사용된 예가 많았는데, 다음과 같은 예에서는 의지의 의미로 실현되었다.[12]

---

12) 말뭉치에서 추출한 예들은 어떠한 수정이나 보완을 하지 않고 그대로 인용하였으

(33) 가: 닐스 씨가 그 친구들에게 선물을 준다면 어떤 선물을 하고 싶어요?
나: 이 질문 어려워요. 왜냐면 그 친구들 다 너무 달라요. 한 친구 호주 사람이에요. 한국 한국 왔을 때 그 사람 같이고 살았어요. 그 친구 아마 그 친구 읽으는 것을 너무 좋아해요. 아마 좋은 책 살 거예요.13)

(34) 가: 그러면 어떤 선물을 사 가지고 가고 싶어요?
나: 음 저는 아마 학생이니까 친구한테 선물 안 가지고 일본에 갈 거예요.(중략)
가: 가지고 갈 거예요?
나: 네. 가지고 갈 거예요. 근데 아마 여기 친구들은 여자 친구가 많아서 아마 악세서리나 티셔츠나 예쁜 거 사고 일본에 돌아갈 거예요.

　(33)과 (34)는, 화자가 이전에 이 주제나 내용에 대해 생각한 적이 없는 것을 전제 조건으로 갖는다. 이것은 발화 당시 상대방의 질문에 대해 즉흥적으로 대답하는 과정에서 생산된 대화이다. (33가)의 '-(으)ㄹ 거예요'는 1인칭 화자 주어문에서 '아마'라는 부사와 호응하면서 추측의 의미를 나타낸다. 1인칭 화자 주어문이지만 화자 자신이 스스로를 객관화하여 추측의 의미가 실현되는 것이다. (34)의 '-(으)ㄹ 거예요'는 화자가 이전에 이 주제에 대해 생각한 적은 없고 본국에 돌아갈 때 선물을 안 살 것이라고 자신의 생각을 밝힌 것이다.
　다음은 '-(으)ㄹ게'가 의지 표현으로 사용된 예인데, 약속과는 달리 행위의 결과가 청자에게 직접적으로 영향을 주는 것이 아니다.

(35) 가: 어 근데 내일 시험이 있으니까 (웃음) 음 다음 주 시험이 있으니

며, 의도성 표현과 관련된 오류만을 √으로 표시하였다.
13) 학습자의 발화에서 공통적으로 드러나는 특징 중의 하나가 동일한 어휘와 표현을 반복하는 것이다. 자신감이 결여되어 있어 상대방에게 확인을 구하거나 다음 발화를 위해 준비하려는 담화 전략의 한 유형으로 해석할 수 있는데, 이러한 학습자 담화 전략은 본고의 논의 대상이 아니므로 이를 심도 있게 다루지 않을 것이다.

까 시간이 별 별로 없어서 좀 미안해.
나: 배은 씨 있으면 좋겠는데, 어 시간 없으면 괜찮아요. 다른 사람도 어 다른 사람한테도 물어 볼게요. 그럼 내일 밤에 거 공부 끝난 후에 시간 있어?
(36) 가: 거 만들 수 있는데 거 그렇게 예쁘게 만들 수 없는데 괜찮아?
나: 괜찮아. 왜냐하면 인형 옷은 아주 비싸기 때문에 사고 싶지만 돈이 없어.
가: 네 알았어. 만들어 볼게. 그런데 거 잘 못 만들면.
나: 괜찮아요. 괜찮아. 괜찮아
(37) 가: 어디 백화점에서 웨일이세요? 뭐 사러 왔어요?
나: 친구가 아기를 낳면 낳아서 선물 사려고 왔어요. (중략)
가: 꽃하고 양말? 좋아요. 좋겠어요.
나: 아. 그럼 얼마 쓰면 좋겠어요?
가: 아 글쎄요. 3만 정도 어때요?
나: 음 좋아요. ?√그러믄 꽃하고 양말 살게요. 보통 도리이씨 시간 있으면 같이 갈까요?

위 예들은 상대와의 상호작용으로 무엇인가를 함께 이루는 약속의 의미라기보다는 화자의 의지를 나타낸다. (35나)에서 '-(으)ㄹ게요'는 주체의 시도, 경험을 나타내는 '-아/어 보다'와 결합하여 화자의 의지를 나타내고 있고, (37)은 문장 단위에서는 '그러면'의 어휘 오류만 문제가 되지만, 전체 담화에서는 '-(으)ㄹ게요'보다 '-아/어야겠어요, -아/어야겠네요'가 더 적당할 것이다. 상대방의 조언으로 인해 화자가 어떤 결정을 하게 되고 그것을 표출하는 상황에서 '-(으)ㄹ게요'는 어색하다. '-(으)ㄹ게요'가 기본적으로 상대와의 상호 작용이 직·간접적으로 전제되어 있기 때문일 것이다.

'-(으)ㄹ까 하다'는 '-(으)ㄹ까 해요, -(으)ㄹ까 했어요'로 나타나는데, 다음과 같이 화자의 의지를 나타내는 표현으로 정문과 오류문이 모두 발견되었다.

(38) 가: 아 그래요? 아. 그러면 그런 것들은 어디서 살 거예요?
나: 아마 이대나 근데 아마 저 제일 여기도 너무 가까워 성신여대도 너무 예쁜 가게 있어서 예, 성신여대나 이대에서 √아마 살까 해요.
(39) 가: 뭐라고요? 내일이 결혼 기념? 결혼기념일이에요? 뭐 할 거예요?
나: 명동에 가서 선물을 사고 싶어요.√무슨 선물 살까 해요? 선생님 생각해요?
가: 아~ 선물. 선생님이 만약 부모님이라면 꽃을 선물 받고 싶어요. 꽃 어때요?
(40) 가: √언제 친구 집에 갈까 해요?
나: 주말에 갈까 해요.
(41) 가: 어 좋아요. 에 결혼 선물이라면 어떤 선물이 좋을까요?
나: √나중에 생각이 향수를 줄까 했어요. 어때요?
가: 5만원이라면 향수는 못 사요. 좋은 향수는 너무 비싸요. 다른 선물을 생각해합시다.

(38나)에서 화자는 성신여대나 이대에서 선물을 사고자 하는 마음이 있다는 의도성을 '-(으)ㄹ까 해요'로 표현하고 있다. 그런데 '-(으)ㄹ까 해요'는 불확실성을 이미 내포하기 있기 때문에 '아마'와 같은 부사와 자연스럽게 호응되지 않는다. 원하는 장소에서 선물을 살 것이라는 화자의 의지는 전달되지만 '-(으)ㄹ까 해요'를 올바르게 사용한 것은 아니다. 따라서 의지 표현들 간의 비교 설명에서 부사와의 호응 제약 차이를 제시한다면 학습자의 이해에 도움이 될 것이다.

(39나)와 (40가)의 '-(으)ㄹ까 해요'는 화자의 의지를 나타낼 때는 1인칭 화자 주어문이라는 환경에서만 가능한데 학습자들은 이를 잘 인지하지 못해서 이러한 오류를 범한 것이다. (39나)는 '(나는) 무슨 선물을 살까 생각하고 있어요' 정도로, (40가)는 '언제 친구 집에 갈 거예요?'로 대치될 수 있을 것이다. 학습자들은 (40가)처럼 '-(으)ㄹ 거예요'와 '-(으)ㄹ까 해요'를 유사 관계로 파악하고, 이 중 배운 지 얼마 안 되는 '-(으)ㄹ까 해요'

를 우선적으로 사용하려는 의도가 있는 것 같다. 같은 의미 영역에 있는 표현 간의 비교는 학습자의 요구를 반영한다는 점에서 교육 과정에서 배려되어야 할 것이다. 이에 비해 (40나)는 '-(으)ㄹ까 해요'로 화자의 의도성을 잘 표현하고 있다.14)

(41나)는 가장 최근에 생각한 선물이 향수라는 의미인데, 화자가 그런 생각을 했었다는 의미에서 의도성 표현의 직접적인 오류는 아니다. 과거 시제소의 유무가 문장 기능에 영향을 주는 경우로, '-(으)ㄹ까 해요'는 화자가 앞으로 향수를 주려고 한다는 화자의 의지를 표출하는 것이고 '-(으)ㄹ까 했어요'는 그런 의지가 있었다는 사실을 전달하는 것이다. 따라서 그런 마음을 아직도 가지고 있다면 현재형으로, 과거 시제소와 결합하는 경우 전달의 의미가 있다고 제시해야 할 것이다.

'-(으)려고 하다'는, 문장을 완전히 맺는 '-(으)려고 해요'와 '-는데'와 결합하여 선행절에서 사용된 예가 나타났다.

(42) 가: 네 안녕하세요? 히도미 씨. 여기 백화점에 웬일이세요?
   나: ?√친구 집들이 선물 사려고 해요.
(43) 가: 어 자문 씨 안녕하세요? 백화점에 여기 웬일이세요? 뭐 사러 왔어요?
   나: 다음 주 수미 결혼식 있거든요.?√그래서 수미한테 선물을 사려고 해요.
(44) 가: 친구 집들이 선물 주려고 하는데 뭐 주면 좋겠어요?
   나: 여기가 일본이라면 손수건이나 코가 좋은데 한국이라서 잘 모르는데요. 수건은 어때요? 그런데 비용은 얼마예요?

(42나)에서는 '-(으)려고 하다'는 문장 단위에서 본다면 정문이지만, 담

---

14) 대체적으로 학습자들은 상대방의 표현을 복사하는 경향이 있는데, 이 발화자가 참여한 전체 담화를 고려하였을 때 '-(으)ㄹ까 하다'를 정확히 알고 사용한 것으로 보인다.

화 단위에서 본다면 조금 자연스럽지 못한 문장이다. (42가)의 질문에 대한 대답으로는 '친구 집들이 선물을 사려고 왔어요' 혹은 '친구 집들이 선물을 사려고요' 정도가 가장 적절할 것이다. (42)의 예처럼 표현이나 문법의 제시에 있어서 대화문 형식의 중요성을 알게 해 주는 동시에 해당 표현의 의미 내용 이외에도 담화 내에서의 문장 내용도 함께 제시되어야 할 것이다.

(43나)도 (42나)의 예와 유사한 경우로 '-(으)려고 하다'를 사용한다면, 수미한테 줄 선물을 사려고 왔어요/사려고요' 혹은 '결혼 선물을 사려고 왔어요/사려고요'로 대답하는 것이 더 자연스럽다. 따라서 학습자들에게 '-(으)려고 하다'와 '-(으)려고'의 사용 차이에 대해서 분명하게 제시하는 것이 좋다. '-(으)려고 하다'는 대화에서 문장을 맺는 종결형보다는 (44가)처럼 연결 어미와 결합한 경우가 더 많이 사용되는 듯하다. 따라서 '-(으)려고'와 '-(으)려고요'를 먼저 제시하고 '-(으)려고 하다'를 제시하는 것이 좋다. 실제 문장 구성보다 가시적인 문장 길이로 난이도를 평가하는 학습자의 성향을 고려한다면 이러한 제시 순서가 더 적합하다고 본다.

'-(으)ㄹ래'는, 다음과 같이 1인칭 복수 주어 의문문과 1인칭 주어의 평서문에서 사용된 예가 보인다.

    (45) 가: 그런데 우리 내일 오전에 갈래?
           나: 어어 하숙집 아줌마 4시 괜찮다고 물었어요.
    (46) 가: 시간이 있으면 같이 갈래요?
           나: 예 내가 오늘 시간이 없어서 내일 같이 갑시다.
    (47) 가: 자 그럼 결혼할 때 나한테 전화 하세요.
           나: 네. 좋아요.
           가: 그래서 전화번호 써 주세요. (웃음) 네. ?√지금 바빠서 먼저 집에 갈래요. 안녕히 가세요.

(45가)의 '물었어요'와 같은 어휘 오류나 (46나)의 '-아/어서' 후행절에

서의 청유문 사용 오류가 나타나지만, 이 두 문장에서 '-(으)ㄹ래요'는 주체의 의지를 묻는 상황에서 문법적으로 사용되었다. 이에 비해 (47가)의 '-(으)ㄹ래요'는 문장 단위에서는 정문이지만 성인이 주체가 되는 담화에서는 오류에 가깝다고 할 정도로 언어 예절에 어긋난 문장이 된다. 따라서 성인 학습자에게는 '-(으)ㄹ래'는 아주 친밀한 관계에 있는 상대와의 대화에서 제안이나 선택의 상황에서 화자의 의지를 나타낼 때 사용된다는 화용적인 특성을 제시해야 할 것이다. '-(으)ㄹ래'가 이러한 담화 특성을 갖는 것은 다른 의지 표현보다 직접적인 화자의 뜻을 전달하기 때문일 것이다. 더불어 '-(으)ㄹ래'는 화제가 계속 유지되는 상황에서 사용되는 표현으로, 갑자기 화자가 (47나)처럼 화제를 바꾸면서 '-(으)ㄹ래요'를 사용하는 경우 떼를 쓰거나 억지를 써서 화자 자신에게 관심을 유도하는 뉘앙스가 있다는 것을 부가적으로 제시해도 좋을 것 같다.

'-(으)ㄹ 테다'는 '-(으)ㄹ 테니까'로 나타나는데, 사용 횟수는 다음의 예에서 발견될 뿐, 다양한 의지 표현을 학습했어도 실제 대화에서는 '-(으)ㄹ 테니까'는 잘 사용하지 않았다. 이 표현의 격음 발음은 학습자들에게 부담을 줄 수 있고, 다른 의지 표현보다 노출 빈도가 낮아서 익숙하지 않아 이러한 결과가 나타나는 것이라고 생각된다.

 (48) 가: 철부 씨 오늘도 도서관에 가요?
   나: 네 가요
   가: 그럼 미안하지만 나 오늘 도서관에서 영화를 보고 싶은데 좀 일이 있어서 늦게 도서관에 갈 거예요. 그래서 철부 씨가 자리를 예약하면 좋겠는데요. 내가 커피를 사고 도서관에 갈 테니까 부탁을 들어 주세요

위의 예에서는 계기의 '-아/어서'를 '-고'로 대치한 오류는 있지만 '-(으)ㄹ 테니까'의 사용은 문법적이다.

2.2.2 계획 표현

계획 표현에서는 '-기로 하다, -(으)ㄹ 것이다, -(으)려고 하다'가 나타났는데, '-(으)ㄹ 것이다'의 사용 빈도가 가장 높았다.

'-기로 하다'는 다음의 예처럼 '-기로 했어요'의 형태로 자신의 계획을 전달하는 상황에서 비교적 잘 사용하고 있다.

> (49) 가: 미영 씨 벌써 8월이에요. 벌써 8월이에요. 혹시 2006년에 세웠던 계획들이 있어요?
> 나: 음 한국에 올 때, 한국어 배우기로 한국어 잘 배우기로 했어요. 그런 기획 했는데, 한국어 아직 안 느느늘었어요.
> (50) 가: 안녕하세요. 광자 씨는 이번 방학 때 뭐해요?
> 나: 여름 방학이요? 여름 방학 때는 교토에 안 가기로 했어요.
> (51) 가: 요즘 날씨가 좀 더워서 내일 이사하기로 했어.
> 나: 어디 어디에 이사 이사할 거예요?

(49)는 인터뷰에서, (50)과 (51)은 롤플레이에서 사용된 예인데, '2006년, 방학, 내일' 등 특정한 시간에 일어날 사항에 대해서 미리 계획을 한 사실에 대해 이야기하고 있다.

학습자 말하기 말뭉치에서 '-(으)ㄹ 것이다'는 의지보다는 계획의 의미로 사용된 예가 많았는데, 통제적이고 유도적인 인터뷰의 영향도 있기는 하지만 계획은 미래 요소와 관련성이 깊기 때문일 것이다.

> (52) 가: 아~ 좋아해요. 오늘 오후에는 뭐 할 거예요?
> 나: 식당에서 먹어 먹어 먹을 거예요.
> (53) 가: (중략). 00 씨 1년 후에는 어떤 계획이 있어요?
> 나: 1년 후? 지금 생각 안 나와요. 어떻게. 아마 한국말을 잘 하고 싶어요. 아마 학원에, 한국말 한국말 공부할 거예요. (중략)
> (54) 가: 그럼 미안하지만 나 오늘 도서관에서 영화를 보고 싶은데 좀 일

　　　　　이 있어서 늦게 도서관에 갈 거예요. (중략) 내가 커피를 사고
　　　　　도서관에 갈 테니까 부탁을 들어 주세요.
　　　　나: 네 알았어. 음 음 빨리 와요. 거기서 기다리 수 음. ?√나 기다릴
　　　　　거예요.
(55) 가: 오늘은 병원 병~ 병원 끝난 후에 학교에 다시 갈 갈 거예요?
　　 나: 아뇨. 아 아마 집에서 쉴 거예요. 너무 너무 피곤해요. 그리고
　　　　　그리고 아파요.

(52)의 단시간 계획, (53)의 장기간 계획을 나타날 때 학습자들은 모두 '-(으)ㄹ 거예요'를 사용하여 잘 말하고 있다. 그런데 (54나)는 오히려 '-(으)ㄹ게요'를 사용하면 더 자연스러울 것이다. 학습자가 '미래'적인 것에 초점을 두었거나 상대방의 대화를 복사하여 '-(으)ㄹ 거예요'를 사용했을 것이다. 상대방의 부탁이나 제안을 수락하는 경우에는 화자의 의지가 아닌, 화자가 그 행위에 대한 약속의 표현이 사용되어야 함을 가르쳐야 할 것이다.

(55나)는 화자가 '아마'와 '-(으)ㄹ 거예요'를 함께 사용하여 1인칭 주어문에서 화자 자신의 행위에 대해 추측의 의미를 나타낸 것이다. 학습자의 수준에 따라 초급에서는 인칭을 구별하여, 1·2인칭에서는 주어의 의지, 3인칭에서는 추측이라고 제시해도 좋을 것이다. 그러나 '-겠다'는 인용문에서 사용이 자유로운데, 소설과 같은 문어체 인용문에서는 3인칭 주어문에서 '-(으)ㄹ 거예요'가 의지를 나타내기도 한다. 또한 1인칭 주어문에서 화자의 행위에 대한 추측을 나타낼 수도 있다. 전자의 경우는 인용문을 배우면서 '-(으)ㄹ 거예요'를 확인하면서 이러한 특별한 경우를 제시하는 것이 좋다. 그러나 1인칭 주어문에서 추측의 의미를 나타내는 경우는 학습자가 '-겠다'와 '-(으)ㄹ 것이다'의 비교를 원할 때 제시하는 것이 좋다. '-겠다'는 '아마'와 호응하지 않지만 '-(으)ㄹ 것이다'는 추측의 '아마'와 호응하기 때문이다. 따라서 '-(으)ㄹ 것이다'는 미래적인 추측의 의

미 분포가 넓은 표현이고 '-겠다'는 의지의 의미 분포가 넓다고 비교할 수 있다.

'-(으)려고 하다'는 다음의 예에서 계획의 의미로 사용되었는데, '-고 있다'와 결합하여 오류가 되었다.

> (56) 가: 나도 여름 방학 때 일본에 여행 가려고 하고 있는데, 일본 어디에 가면 좋을지 잘 몰라서.
> 나: 어디에 일본에 가요? 아까 일본에 안 가기로 했잖아.

(56가)의 화자는 일본인 학습자인데, 일본어권 학습자들은 흔히 '-고 있다'와 현재형의 사용에서 주로 오류를 범한다. 학습자가 인지할 때 어떤 상태가 유지되는 경우 일본어 표현에 대응되는 '-고 있다'를 사용하여 오류를 범하는 것이다. 따라서 '-(으)려고 하다' 자체에 어떤 일을 하고자 하는 화자의 의지를 과거의 어느 시점부터 현재까지 아직 가지고 있음을 나타낸다고 설명한다면 도움이 될 것이다.

2.2.3 희망 표현

희망 표현에서는 '-고 싶다'와 '-(으)면 좋겠다'가 나타나는데, '-(으)면 좋겠다'의 교육 과정에서 '-았/었으면 좋겠다'가 동시에 제시되지만 '-았/었으면 좋겠다'의 예는 발견할 수 없었다. 학습자들은 '-고 싶다'나 '-(으)면 좋겠다'와 같은 단순 형태를 선호함을 알 수 있었다. 다음은 '-고 싶다'를 사용하여 자신의 바람을 나타낸 예이다.

> (57) 가(교사): 대학교에 가서 뭐 하고 싶어요?
> 나(학습자): 디자인 공부하고 싶어요.
> (58) 가(교사): 그러면 국제 호텔에서 어떤 일을 하고 싶어요?
> 나(학습자): 국제 호테르에서 외국 사람한테 간단한 가이드나 이런

일이 하고 싶다고 생각하고 있어요.

위 (57)과 (58)은 모두 1인칭 화자의 '-고 싶다'를 비교적 잘 사용하여 자신의 바람의 나타내고 있다. (57나)는 중국인 학습자의 발화인데 '-고 싶다'의 격이 실현되지 않았다. 중국인 학습자들은 흔히 조사를 누락하는 경우가 많은데 이는 모국어의 언어 체계에는 조사가 없어 익숙하지 않기 때문일 것이다.

(58나)는 일본인 학습자의 발화로 '-고 싶다'의 선행 용언에 따른 격을 실현시킨 것이 아니라 '-고 싶다'의 격으로 표현하였다. 그러나 대체적으로 학습자들은 위치가 가까운 용언의 격을 우선적으로 사용하였다.

'-(으)면 좋겠다'는 말하기 말뭉치에서 희망의 표현으로 잘 사용되고 있는데, 내포문의 주어와 모문의 주어가 일치하지 않은 경우에도 1인칭 화자 주어의 바람을 잘 나타내고 있다.

(59) 가: 미영 씨 그러면 5년 후에는 뭐하고 싶다고 세운 계획이 있어요?
나: 만약이 한국에서 신문학과 들어갈 수 있으면 어 신문학과 잘 배운 후에 중국에 돌아가고 싶어요. 중국에서도 한국처럼 어 어 어 텔레비전 어 잘 하는 거 어 (웃음) 어 한국에서 배운 후에 중국에서 쓰면 좋겠어요. 저 배우는 거 다 쓰기 다 배 한국에서 배우는 거 중국에 가서 쓰면 좋겠어요. 더 좋을 거 더 좋겠어요.
(60) 가: 다음 학기 같이 할 수 있으면 좋겠다.
나: 네. 네. 다시 만났을 때 여행 이야기, 사진도 많이 듣고 싶어요.
(61) 가: 네 어제 어제까지 음 엄 언제까지 거 어 이 책 어 필요 빌려두 돼요?
나: 언제까지나 써도 돼요. 그러니까 이 책 보면 잘 공부하고 꼭 3급 능력 시험에 합격 합격 합격하세요. 잘 되기로 잘 될 잘 되기로 잘 되면 좋겠어.

(59가)와 (69가)는 모문의 주어가 1인칭 주어로 내포문의 주어와 일치

하는 경우이다. 화자는 자신의 무엇을 하고 싶다는 바람을 잘 표현하고 있다. 이에 비해 (61나)는 내포문의 주어가 2인칭인데, 앞으로 상대방이 3급 능력 시험에 합격해서 잘 되길 바란다는 1인칭 화자의 희망을 잘 표현하고 있다.

2.2.4 약속 표현

약속 표현에서는 '-(으)ㄹ게'가 나타나는데, 다음의 예처럼 화자가 상대에게 무엇인가를 해 주겠다는 의미로 잘 사용하고 있다.

(62) 가: 나도 삼성관에서 빌렸어. 그래서 삼성관에 반납하면 돼요
 나: 삼성 도서관에서 몇 몇 층에서 반납해야 돼? (중략)
 가: 삼층에서.
 나: 아. (웃음) 삼층에서 그래서 오늘 오후에 나 책 갖다 줄게. 어 밤에까지 어 도서관에 가 ..가... 반납해야 돼. (예 예) 괜찮아?
(63) 가: 28,000원 괜찮습니까?
 나: 28,000원? 그래요? 그러면 우리 미용사 카드 만들면 이 가격에 싸게 해 드릴게요.
 가: 네. 고맙습니다.

위 (62나)와 (63나)는 1인칭 화자 주어문에서 화자가 상대방에게 상대가 부탁한 내용을 수락하는 상황에서 사용되었다. 학습자들은 이렇게 상대에게 무엇인가를 베푸는 상황에서 약속의 '-(으)ㄹ게요'를 사용하고 있다.

지금까지 한국어 학습자의 말하기 말뭉치에 나타난 의도성 표현의 사용 양상을 살펴보았다. 학습자들은 말하기 말뭉치에서도 동일한 의미 기능을 표현하는 형태에서도 단순형을 선호함을 보였다. 말하기 말뭉치에서는 문장 단위에서 발견할 수 없었던 오류도 나타났다.

학습자의 말하기 말뭉치에 나타난 오류 양상을 통해 두드러지게 드러

난 사실은, 의도성 표현을 교수할 때는 형태·통사적 정보를 분명하게 제시해야 한다는 것이다. 특히 다의미 특성을 갖는 형태들은 주어의 인칭에 따라 의미가 변하므로 이에 대한 각별한 지도가 필요하다. 의도성 표현에서는 의도 표현 형태가 동작성이 있는 용언과 결합할 때에 모든 동작성이 용언과 결합하되, 발화 내용이 화자 자신이 통제할 수 있는 사건만 가능하다는 사실도 제시해야 함을 교육해야 한다. 이 외에도 의도성 표현과 자주 호응하는 부사어에 대한 정보를 부가적으로 설명하는 것이 필요함도 알 수 있었다. 화용적 측면에서는 공식적인 상황과 비공식적 상황에서 사용하는 형태를 구별하여 사용하는 것이 서투르므로 이에 대한 내용도 교수 내용에 포함해야 한다. 따라서 한 형태가 갖는 형태·통사·의미·화용 정보 어느 한 부분도 소홀하게 다루어야 할 부분이 없음을 확인할 수 있었다. 학습자가 오류를 범할 때 이에 대한 피드백이 있으면 학습자의 발화 내용이 풍부해지는 동시에 정확한 한국어를 구사하게 될 것이다.

 이 장에서는 한국어 학습자의 말뭉치에 나타난 의도성 표현의 사용 양상을 살펴보았다. 검토한 결과, 앞 장에서 논의한 교재에서 제시된 의도성 표현 목록에 비해 학습자의 사용 목록은 적었다. 교재에서 다룬 목록과 학습자 말뭉치에 나온 목록을 비교해 보면 아래와 같다.

<표 9> 한국어 교재와 학습자 말뭉치에 나타난 의도성 표현 목록

의지 표현	가. 교재: -겠다, -고 말다 류(-고 말다, -고 말겠다, -고야 말겠다), -고자 하다, -도록 하겠다, -아/어야지, -아/어야겠다, -(으)려고 들다 류(-(으)려 들다, -(으)ㄹ 려고만 들다), -(으)려고 하다, -(으)려던 참이다, -(으)리-, -(으)ㄹ 것이다 (-+ㄹ) 겁니다/(으)ㄹ 거예요), -(으)ㄹ게, -(으)ㄹ까 보다 류(-(으)ㄹ까 보다, -(으)ㄹ까 봐서, -(으)ㄹ까 봐), -(으)ㄹ까 하다, -(으)ㄹ래, -(으)ㄹ 테다 류(-(으)ㄹ 테니, -(으)ㄹ 테니까)
	나. 학습자 말뭉치: -겠다, -고 말겠다, -고자 하다, -도록 하겠다, -아/어야지, -아/어야겠다, -(으)려고 하다, -(으)리-, -(으)ㄹ 것이다, -(으)ㄹ게요, -(으)ㄹ래, -(으)ㄹ까 하다, -(으)ㄹ 테다, -(으)테니까

계획 표현	가. 교재: -겠다, -기로 하다, -아/어야지(요), -(으)려고 하다, -(으)ㄹ 것이다(-(으)ㄹ 겁니다, -(으)ㄹ 거예요), -(으)ㄹ까 하다 나. 학습자 말뭉치: -겠다, -기로 하다, -아/어야지(요), -(으)려고 하다, -(으)ㄹ 것이다, -(으)ㄹ까 하다
희망 표현	가. 교재: -고 싶다, -았/었으면 싶다, -(았/었)으면 좋겠다, -(았/었)으면 하다 나. 학습자 말뭉치: -고 싶다, -았/었으면 싶다, -(았/었)으면 좋겠다, -(았/었)으면 하다
약속 표현	가. 교재: -기로 하다, -(으)ㄹ게 나. 학습자 말뭉치: -기로 하다, -(으)ㄹ게요

위 목록을 보면 학습자들은 대체적으로 학습한 표현들을 사용하고 있음을 알 수 있었다. 다만, 의지 표현에서 '-(으)려고 들다, -(으)려던 참이다, -(으)ㄹ까 보다'를 생산한 예는 찾을 수 없었다. 이러한 결과를 통해 학습자들이, 의존 구성들이 담당하는 특수한 의미 기능을 표현 언어로서 사용하는 것에 익숙하지 않거나 혹은 교수 과정에서 이들을 주로 이해 언어로 학습함을 짐작할 수 있다. 학습자가 특정 표현을 사용하지 않았다고 하여 학습자가 그것을 모른다고 말할 수는 없다. 학습자가 사용하지 않은 형태들은 그와 형태·의미면에서 유사한 표현이 여럿이 있을 때 표현 형태의 선택에서 밀려난 것으로 보인다. 계획이나 희망, 약속에서는 교재에서의 목록이 대개 학습자 사용 목록으로도 나타나지만, 표현 목록이 많은 의지 표현에서는 학습자 사용 목록이 교재에서의 목록보다 훨씬 적게 나타나는 것이다. 이처럼 학습자들은 쉬운 표현을 골라서 이들만을 주로 쓰는 경향이 있다. 학습자들이 좀 더 정확하고 다양한 표현을 쓰도록 하기 위해선, 유사한 표현들을 비교하면서 종합하는 교육이 더 요구됨을 알 수 있었다.

이상과 같이 이 장에서는 한국어 교재에 나타난 의도성 표현을 검토하고, 학습자들의 사용 양상을 살펴보았다. 2장의 목록과 비교하면, 새로 추가되는 것은 없고 오히려 교육 현장에서 사용되지 않는 형태들이 있음을 보았다. 의지 표현의 '-(으)ㄹ까 싶다, -(으)ㄹ 셈이다, -(으)ㄹ 참이다'와 계획 표현의 '-(으)ㄹ 참이다' 등이 그것이다. 한국어 교육을 위한 목록이, 내국인의 표현 목록 가운데 특히 중요한 것이나 사용 빈도가 높은 것을 기준으로 추린 결과일 것이다.

학습자들의 사용 양상과 오류를 통해 학습자에게 요구되는 교수 내용이 무엇인지를 어느 정도 알 수 있었다. 앞에서 지적한 문제들을 개선하고 화자 자신의 의도를 잘 표현할 수 있도록 교육하는 교수 방안을 5장에서 모색하기로 한다. 이를 위해 4장에서는 우선 한국어 균형 말뭉치에서 각각의 의도성 표현 형태들이 나타나는 빈도수를 조사하고, 형태별 난이도와 과제·기능의 적용 범위 문제를 고려하여 교육용 목록을 추출하여 위계화하기로 한다.

제4장 교육용 의도성 표현 항목 선정과 위계

 의도성 표현을 교육하기 위해서는 표현 목록을 작성하고 이들을 위계화하는 과정이 필요할 것이다. 하나의 의미 영역에 속해 있는 표현들은 그 목록들이 많으므로 이들을 한꺼번에 교육할 수가 없다. 이 때 목록들의 교육에 선후가 요구되며, 이를 위하여 교육 목표에 맞게 목록들을 배열해야 한다. 교육의 선후를 결정하는 것은 각기 교육 목록이 얼마나 쉽고 일상적인가, 각 목록은 서로 어떠한 관계에 놓이는가 등을 고려하여 이루어질 수 있을 것이다. 이러한 문제는 이들 항목의 정도성에 따른 각 목록의 위계화로 나타난다. 4장에서는 이를 위해 먼저 어떠한 원리로 이들 목록을 설정하고 위계화하는가 하는 문제를 논의하고, 그 결과에 따라 의도성 표현 형태들의 위계화 작업을 진행하여 교육 목록을 산정하기로 한다.

1. 교육용 목록의 위계화 설정 원리

 각각의 의도성 표현들도 교수 요목에 따라 선정 배열되는 것이므로 외국어교육의 설계에서 고려되는 요소이다. 문법 표현의 위계화에 대한 논의들은 일찍부터 진행되어 왔는데, 한국어 교육 분야에서는 교수 내용 대상이 문법 항목 전체이거나 개별 항목에 대한 것이라도 그 배열 원리에서는 큰 차이는 보이지 않는다(김유정 1998, 김제열 2001, 이해영 2003, 김수정 2003, 이미혜 2005 등). 이들은 문법 항목의 선정 기준과 배열 원리 항목에서 대체적으로 사용 빈도를 가장 중요시하고 있다. 난이도와 일반화 가능성도 하나의 기준으로 제시되기는 하지만, 이미혜(2005:74-75)에서 지적된 것처럼 이것에 대한 객관성 확보가 어려워 실제 배열 원리로 적용한 연구는 거의 없다. 최근 연구에서는 주로 사용 빈도에 근거하여 문법 표현들을 배열하는 것이 주된 경향인데, 이는 교육 대상이 실제 언어생활을 기반으로 하는 자료의 실제성과 활용성을 중시하기 때문이다. 그러나 교육 내용의 선정과 배열에 앞서 이루어지는 것이 바로 교수 요목의 선택이다.[1] 어떠한 유형의 교수 요목을 선택하느냐에 따라 목표 표현의 선정과 배열에 영향을 끼치기 때문이다. 가령, 과업 중심의 교수 요목을 선택한다면 의사소통적 과제·기능도 위계화 원리에 포함해야 한다.

특정 문법 항목에 대한 연구(김수정 2003, 이미혜 2005 등)에서도 빈도와 난이도는 고려해야 할 중요 사항으로 다루어지고 있다. 김수정(2003)은 말뭉치를 기반으로 하여 텍스트 종류에 따라 나타난 출현 빈도와 형태/의미/화용 제약에 따라 난이도를 설정하여 연결 어미를 위계화하였다. 이미혜(2005)는 의사소통 기능, 빈도, 학습/교수 용이성을 배열 원리로 들어 추측 표현을 위계화하였으나, 추측 표현이 이미 추측의 기능을 수행하여 변별 기준으로 작용하지는 않는 것 같다. 또한 학습 용이성과 교수 용이성은 쉬운 것부터 어려운 것으로의 난이도와 밀접한 관계를 가진다고 하였는데, 결국 빈도를 문법 항목의 배열에 있어 가장 기본적인 기준으로 택하면서, 난이도를 부수적인 근거로 삼았지만 객관성 확보를 문제 삼아 이를 적용하고 있지 않다.

---

[1] 김정숙(2002, 2003)은 언어 사용의 유창성과 정확성이 고루 반영된 '형태를 고려한, 과제 중심의 한국어 교수 요목'을 한국어 교육을 위한 이상적인 교수 요목으로 제안하였다.

사용 빈도와 난이도를 제외한 선정 원리로 제기된 것으로 일반화 가능성이나 사용 분포 범위, 학습자의 기대 문법, 주제·기능·과제 등이 있지만, 김유정(1998, 2001)은 난이도가 낮고 사용 빈도가 높은 요소일수록 일반화 가능성이 높고 이것은 넓은 분포 범위를 갖는다고 하였다. 따라서 일반화 가능성은 대체로 빈도와 난이도의 하위 영역으로 수용할 수 있을 것이다. 학습자의 기대 문법은 이미혜(2004:73)가 지적한 것처럼, 개별적인 요구 사항을 맞춘다는 것이 현실적으로 어려우므로 학습자의 수학 목적에 맞게 교육 대상이 선정되어야 할 것이다. 배두본(1997:230-246)은 내용을 등급화 하기 전에 학습자의 요구 분석을 통해 교수 목표가 정해지면 이에 맞는 학습 내용을 선택하여 기능과 과제의 복잡성을 고려해야 한다고 논의하였다. 교육용 의도성 표현의 선정을 하기 전에 이러한 절차가 진행되어야 하는데, 현재 한국어 교육 현장에서 선호하고 있는 의사소통적 기능 중심의 교수 요목을 받아들이면, 과제·기능도 교육용 의도성 표현의 선정과 배열 기준으로 삼아야 할 것이다.

본고에서는 한국어 교수 대상이 되는 표현들의 선정과 배열에 있어 사용 빈도와 난이도, 의사소통적 과제·기능을 중심으로 위계화를 시도하고자 한다.2) 이들 기준 중에서, 실제 의사소통 과정에서 자주 사용하는 표현일수록 학습자에게 필수적으로 요구되는 중요 표현이라고 보아서 빈도를 가장 중요한 기준으로 삼는다. 이어 난이도를 적용하는데, 의도성 표현의 음운·형태·통사·의미·화용 정보를 측정 도구로 삼아 이를 수치화하여 객관성을 확보하고자 한다. 마지막으로 이 표현들이 단원의 주제나 기능, 과제 등과의 연관성을 고려하여 과제·기능의 적용 범위를 기준으로 삼는다.

이렇게 교육용 의도성 표현을 선정하기 위해 빈도, 난이도, 과제·기능

---

2) 과제·기능의 적용 분포는, 3장에서 검토한 5개 기관 교재 중 의사소통식 교수 요목을 표방·지향 하며 편찬된 4개 교재의 각 단원에서 기능과 과제가 적용된 경우와, 말뭉치에 나타난 의도성 표현의 기능을 분석하여 참고하였다.

이라는 세 가지를 기준으로 세우지만, 각 기준이 배열 선정에 있어 동등한 지위를 갖는 것은 아니다. 본고에서는 어떠한 표현이 실제적인 언어생활에서 얼마나 자주 쓰이는가 하는 현실성이 가장 중요하다고 보아, 사용 빈도를 중시하여 1차 기준으로 삼는다. 김정숙(2003:137)에서도, 교육 내용을 선정할 때는 학습자가 경험하게 될 의사소통 상황을 고려해야 하므로 사용 빈도가 일차적인 기준이 된다고 주장하였다. 이와 더불어 학습자가 습득하기에 얼마나 쉬운가, 일상적인 과제나 기능을 수행하기 위해 얼마나 요구되는 표현인가도 배열 선정에 중요하게 고려되어야 하므로, 이들을 2차 기준으로 설정한다.

교수 내용은 한국어 학습자가 가장 접하기 쉬운 일상에서 자주 사용되는 표현을 위주로 하되, 가능하면 쉽고 일상생활에서 꼭 요구되는 것부터 가르쳐야 할 것이므로, 본고에서는 이들의 적용 비율로 빈도를 2, 난이도를 1로 한다. 난이도의 가중치가 반드시 빈도의 1/2이 된다고 말하기는 어렵다. 그러나 위계화를 하기 위해서는 각 목록의 값을 점수화하여야 하는데, 빈도를 더 큰 비중의 중심 기준으로 삼고 난이도를 부차적인 기준으로 삼기 위해서는 값을 매겨야 하므로 편의상 '2: 1'이라는 기준값을 정하였다. 이는 교육용 의도성 표현의 목록을 체계화하는 데 있어 최대한 주관성을 배제하고 임의적인 처리로 그치지 않게 하기 위한 것이다. 또한 난이도 문제를 논의하는 과정 중에 과제·기능과 관련된 문제들을 해당 항목에서 더불어 심의하여 위계를 조정하는 데에 영향을 주었다. 부가적 기준인 과제·기능은 특정한 목록에만 적용되며, 이는 수치로 나타낼 수 없는 것이므로 따로 기준값을 주지 않았다. 이와 같은 2-3차의 작업을 거치면 드디어 의도성 표현들의 교육 목록과 위계를 결정하게 되는 것이다.

본고에서는 사용 빈도와 의사소통적 과제를 조사하기 위해 세종 말뭉치를 이용한다. 이 세종 말뭉치는 1,000만 어절 상당의 연구·교육용 균형 말뭉치이다. 교육에 있어 특정 표현의 사용 빈도를 살피는 데는 출현 빈도만이 아니라 담화 상황과 담화 참여자에 따른 분포를 찾는 것도 고려되어야 할 것이다. 국어는 담화 중심적 언어이고 모든 언어는 사회적 제약이 있기 때문에 이러한 부분도 학습 내용에 포함되어야 한다. 더욱이 한국인의 문화가 녹아 있는 담화 맥락의 요소, 즉 화용적 특성의 중요성은 매우 클 것이다. 외국어 학습자의 경우에는 언어의 모든 것이 그냥 아는 것이 아닌 학습해야 할 항목이기 때문이다. 현재 구축된 말뭉치에서는 문장 단위를 기본으로 출현 빈도를 찾는 방식에 만족해야겠지만 담화 의미도 결국 문장 의미에서 출발되는 것이므로 의의가 있는 작업이 될 것이다.

다만 의도성 표현은, 외국인 학습자가 문헌을 읽으며 이해하는 기회보다 스스로가 자기의 뜻을 발화하는 기회에 사용하는 경우가 많으므로 구어 말뭉치가 조사 대상으로 더 의미가 있을 수 있다. 그러나 현재 균형화된 구어 말뭉치로 충실하게 구축된 것이 현재 없으므로 일반 균형 말뭉치를 1차 조사 대상으로 삼고, 그 가운데 포함되어 있는 구어 말뭉치에서 얻어진 결과와 사용 양상도 참고하였다.

난이도 검토에 있어서는 음운, 형태, 통사, 의미, 화용적인 관점으로 접근하기로 한다.3) 언어의 구성은 말소리를 지닌 형태가 문장을 이루어 의미를 나타내는데, 그것은 발화 상황에 따라 인식되는 대상체인 것이다. 즉 발화 구조와 표현 의미의 올바른 이해는 화용적인 정보를 동반할 때에 제대로 실현되는 것이므로, 언어 수행 전반을 난이도의 하위 항목으로 설정하였다. 각 항목들을 좀 더 살펴본다. 이제까지 기존의 연구(김유정

---

3) Lado(1957), Prator(1967) 등은 학습자의 모국어와 목표어 간의 차이에 따라 학습 방해 요소가 될 수 있음을 주장하면서 음운에서 문법 특징을 모두 난이도 위계에 적용하였다. 이들이 논의는 그 절차나 항목이 단순하여 충분하게 언어간 차이를 반영할 수 없다는 점에서 비판을 받지만, 음운적인 요소도 학습의 난이도에 영향을 준다는 사실을 대변한다. 본고에서도 난이도 평가에 음운 요소를 포함시키도록 한다. 언어는 문법적 특징으로만 이루어지는 것이 아니고, 음운에서 화용적 특징에 이르기까지 하나의 복합체로서 이를 모두 이해해야 사용이 가능한 것이다. 이러한 점에서 학습자들에게는 그 표현이 갖는 여러 특성들 모두가 학습 대상이 된다.

1998, 김제열 2001, 이효정 2003 등)에서 음운, 문법, 의미, 화용적인 요소 등이 난이도에 고려되어야 한다고 하였으나, 실제 어떻게 적용하면 좋은 지에 대한 구체적인 방법을 제안한 연구는 많지 않았다. 본고에서는 의도 성 표현을 대상으로 언어 학습시에 나타나는 난이도 책정을 시도하고자 한다. 난이도를 점검은 학습자 말뭉치에서 나타난 사용 양상을 근거로 한다.

첫째, 음운적인 난이도를 고려하는 것은 학습자 중심의 교수 방식을 취하는 맥락에서이다. Larsen-Freeman(2001)이 문법 교수에 있어 음소적 패턴이나 강세, 연접 등 음운론적인 조건을 설정한 것처럼 하나의 형태를 교수할 때 음운론적인 요소는 통사, 화용적 특성과 함께 고려되어야 할 부분이다. 이와 마찬가지로 학습자 입장에서는 동일한 의미 기능을 가진 여러 표현들 중에서 발음이 쉬운 것부터 사용하고자 하는 욕구가 있을 것이다. 이러한 학습자의 요구를 고려한다면 발음하기 용이할 표현부터 제시하는 좋을 것이다. 학습자의 언어 배경에 따라 어려운 발음이 다르겠 지만, '[으], [어]'와 같은 발음이 들어간 형태나[4] '[예, 얘]'와 같은 이중모 음 등은 일반적으로 학습자가 발음의 어려움을 호소하는 것이다. 희망 표현에서 '-(으)면 하다, -(으)면 좋겠다, -았/었으면 하다, -았/었으면 좋겠 다'는 다른 언어권 학습자에게 생소한 [으]나 격음화 현상이 있어서 학습 자들은 '-고 싶다'보다 이들을 어렵다고 느낄 것이며, 이것은 결국 난이도 와 연결된다.

음절 구성이 간단하며 음절수도 가급적 적은 것이 표현하기에 쉬울 것이다. 1인칭 화자의 의도성 표현은 화자의 표현 언어인 만큼 발음의 용이 성이 고려되어야 한다. 그러나 발음의 난이도는 개인별 차이가 존재하고

---

4) Chomsky & Halle(1968)에 의하면, 여러 언어에서 가장 일반적인 5개 모음으로 /a, e, i, o, u /이 꼽힌다. 세계의 언어들 가운데에서 매우 드문 '으' 모음은 그만큼 범언어적이지 못하여 외국인들이 발음하기를 어려워하며, 중국어나 일본어 등에서 없는 '어' 모음의 발음도 그들을 어렵게 한다.

대개는 초급 단계에서 해결되어야 할 문제이므로 다른 기준에 비해 선정 배열에 적용 비중이 높지는 않을 것이다.

둘째, 문법소가 적은 형태부터 제시되어야 한다. 단독형 표현이 결합형 표현보다 학습 부담감이 적다고 보는 것이다. 가령, '-었-'과 '-겠'과 같은 문법소가 덜 들어간 표현이 일단 학습자가 학습해야 할 정보가 적다. 앞선 장에서 살펴본 학습자 말뭉치에서는 '-(으)면 좋겠다'를 '-았/었으면 좋겠다'보다 더 자주 사용하는 것으로 나타났다. 결합형 표현일수록 띄어쓰기를 고려해야 하는데, 띄어쓰기에 익숙하지 않은 학습자들의 경우 이러한 형태상의 특성도 주의를 기울여 학습해야 할 대상이므로 그만큼 부담을 준다.

표현 형태의 활용상의 특성도 고려된다. 음소나 음절이 탈락하거나 대치되어 형태 변화가 일어나거나 자체 활용이 있는 표현은 고정된 형태보다 학습의 어려움이 크기 때문이다. 선·후행 결합 요소와의 관계에 따른 제약을 검토해야 할 것이다. 결합 가능한 선행 어간의 성격과 어말 어미와의 결합성 여부를 살펴보는 것이다.

셋째, 문장 구성과 관련하여 접속문, 내포문 구성 여부도 고려해야 한다. 문장이 복잡할수록 고급 수준의 언어 능력을 요구하기 때문이다.

넷째, 기본 의미나 단순 의미를 파생 의미보다 먼저 배열하는 것이 좋으나, 때로는 파생 의미가 더욱 일상적인 경우도 많으므로 주의해야 한다. 의도성 표현 중에는 단의미를 갖는 형태도 있지만 다의미 특성을 갖는 것도 있다. 단의미를 갖는 형태가 다의미 형태보다 학습하거나 표현하기는 쉬워서 위계화에선 앞설 수 있으나, 다의미 형태가 고빈도인 경우가 많으므로 양면성을 고려해야 한다. 그러나 다의미를 갖는 형태에서도 그 목록을 처음 배울 때에는 단의미만 익히게 되므로, 다의미 학습에서 오는 어려움을 처음부터 적용할 필요는 없을 것이다.

다섯째, 화용적 특성도 고려하여 배열해야 한다. 대화 참여자간의 상호 작용을 고려한다면 그 상황에 맞는 어법이 존재할 것이다. 초급 단계의 학습자는 자신의 의사를 분명하게 전달할 수 있는 능력이 더 시급할 것이고, 전체적인 대화 상황과 흐름을 이해할 수 있는 고급 단계의 학습자한테는 직접적인 표현보다는 간접적이고 완화된 어법이나 격식성이 고려된 표현이 제시되어야 한다. 따라서 담화 상황에 따라 요구되는 표현의 난이도를 고려해야 할 것이다.

여섯째, 외국인에게 의도성 표현은 이해 영역보다는 표현 영역의 요소가 많고, 각 개인들에게 의도성 표현의 표현 시기가 이해 시기보다 훨씬 앞서 요구된다. 따라서 본 연구에서는 구어적인 요인에 좀 더 비중을 두기로 한다.

이상과 같은 기준에 따라 난이도를 점검하고 말뭉치에 나타난 출현 빈도를 고려하여 의도성 표현을 위계화하고자 한다. 그런데 본고는 학습 자료의 실제성을 중요시하는 관점에서, 언어적인 난이도보다는 출현 빈도를 배열 선정에 있어 우선시할 것이다. 다만 의사소통적 과제는 면밀하게 고려되어야 할 것인데, 현재 제한된 자료로 이루어진 말뭉치 자료를 근거로 일반화하기는 어려울 것이므로 소극적으로 적용한다. 학습자가 실제 언어생활에서 자주 경험할 가능성이 많은 표현부터 교수해야 원만한 의사소통에 실질적인 도움을 줄 수 있으며 학습 성취감에도 긍정적인 영향으로 이어질 것이다. 한국어 모어 화자들이 자주 쓰는 표현은 한국인과 접촉하고 사는 한국어 학습자도 자연히 많이 쓰게 되므로, 빈도를 난이도 이상으로 중시하는 것이다.

1.1 사용 빈도에 따른 위계화

항목의 선정에 있어서는 교수 요목과 그에 따른 단원과의 연관성도 고려되어야 하겠지만 이에 앞서 실제 언어생활에서 가장 빈번하게 사용되는 요소를 가려내는 작업이 이루어져야 할 것이다. 언어 자료의 실제성은 언어 교육에 있어서 기본적으로 고려되어야 할 특성이기 때문이다. 살아 있는 대화를 구성하려면 자연스럽고 그 대화를 구성하는 각 언어 형태의 실제성이 우선되어야 하며 내용의 흐름이 자연스러워야 한다.

실제성을 가진 언어 자료를 수집하고 분석하기 위해서 많은 노력과 작업이 요구되는데, 현실적으로 많은 어려움이 있다. 다행스럽게도 이러한 작업의 일환으로 현재 21세기 세종 계획에서 구축한 연구·교육용 균형 말뭉치가 있어 본고는 이를 이용하여 의도성 표현의 사용 양상을 고찰한다. 기존의 논의에서 제시된 의도성 표현을 각 의미별로 나누어 실제 출현 빈도를 살펴보는 것이다.

한편 이 균형 말뭉치 가운데 구어 자료만을 뽑아서 의도성 표현의 사용 양상을 따로 더 고찰한다. 언어생활에서 기본 표현인 의도성 표현은 이해적인 측면보다 표현적인 측면과 더 관계가 깊고, 한국어 학습자들에게는 문어보다 구어가 더 밀접하게 관련되기 때문이다. 균형 말뭉치에 이미 구어 자료가 포함되어 있기는 하지만 구어 말뭉치에서의 사용 빈도를 더 중요시하여, 이 두 말뭉치를 '1: 1'의 비중으로 값을 매겨 빈도의 최종 순위를 정하기로 한다.

1.1.1 의도성 표현의 형태 목록

2장과 3장에서 국어학과 한국어교육 연구, 한국어 문법 사전, 교재에서 나타난 목록들을 검토하였다. 이제 이들을 종합한 목록을 만들어 실제 말뭉치에 나타나는 사용 빈도와 양상을 살피도록 한다.

의도성 표현 목록은 각 분야의 연구에서 서로 공통인 부분도 있지만 의도성 표현의 선정 여부, 의미 기능의 기술이나 표제형 선택에서 차이를 보인다. 국어학 논의에서 의지 표현으로 설정한 '-(으)ㄹ 셈이다, -(으)ㄹ

참이다, -(으)ㄹ까 싶다, -(으)마, -(으)ㅁ세' 등을 한국어 교재에서는 의지 표현으로 선정하지 않았다. '-(으)마, -(으)ㅁ세'는 국어학 논의에서 약속의 표현으로 선정되어 있지만, 교재에서는 이들을 목표 문법으로 선정하지 않았다. 일부 개인 방언으로 사용되기는 하지만 교육용으로 선정될 만큼 빈도가 높지 않을 것이라 예상했기 때문일 것이다. 반면에 한국어 교재에서 의지 표현으로 선정한 '-아/어야겠다'는 국어학의 논의에 포함되어 있지 않은데, 이는 '-아/어야 하다'와 '-겠다'의 결합형으로 보아 목록에서 제외한 것으로 보인다. 한국어 교육에서는 문법을 분석하는 것보다 의미 중심으로 접근하는 방식을 취하기 때문에 결합형을 독립적으로 제시한 것이다. 따라서 학습자들은 이전에 결합형의 단독형을 학습하였다고 해도, 결합형을 분석하여 의미를 예측하는 것에 익숙하지 않다. 한국어 교재에서 제시되는 형태를 독립된 하나의 구문, 어휘 개념으로 인지하기 때문이다.

의도성 표현에도 이렇게 의미를 유추할 수 있는 '-아/어야겠다, -도록 하겠다, -고 말겠다' 등의 결합형이 포함되어 있다. 한국어 교재에서는 이들이 목표 표현으로 선정된 경우도 있었지만 특별한 설명 없이 예문으로 언급되는 등 제시 방식에서 차이를 보였다. 이러한 결합형들을 목표 표현으로 제시할 것인가에 대한 문제는 간단하지만은 않다. 이들을 각각 독립적인 형태로 제시하면 학습자가 학습할 항목이 너무 많아지기 때문이다. 이미혜(2002)도 현재 한국어 교육에서 제시된 문법 표현이 너무 많아 학습자에게 부담감을 줄 수 있다고 지적하였다. 본고는 결합형 중에서 기본형으로 그 의미를 유추할 수 없는 새로운 의미 기능을 갖는 것이라면 기본형과 독립적으로 다루고, 결합형이 기본형보다 학습 과정에서 요구되는 의미를 분명하게 나타낸다면 결합형을 목표 표현으로 선정해야 한다고 본다. 이 때 결합형은 중심 의미가 있는 요소의 하위 영역에서 다루면 될 것이다. 이러한 방식은 학습자가 하나의 요소를 학습하고도 경제적으로 많은 형태의 의미 기능을 학습할 수 있다는 점에서 학습자에게는 성취감을 주고, 교사에게는 교수 노력의 경제성을 가져다 줄 것이다. 이러한 관점에서 '-아/어야겠다, -도록 하겠다, -고 말겠다'에서 나타나는 의도성은 '-겠다'와의 결합으로 분명해지므로 이들을 '-겠다'의 하위 영역에서 처리할 수 있다. 그런데 이 중에서 '-고 말다' 대신 '-고 말겠다'를 의지를 나타내는 독립 형태로 선정한 논의도 있었고, 교재별로 '-고 말다'를 의지 표현으로 선정하거나 '-고(야) 말겠다'를 목표 표현으로 선정하는 등 표제형 선택과 관련하여 차이를 보인다. '-고 말다'는 완료와 의지의 의미를 갖는 다의미 특성을 가진 표현인데, 의도성 표현으로 '-고 말다'를 선정하면 좋은지, 아니면 '-겠다'와 결합할 때 의지가 분명한 '-고 말겠다'를 선정해야 할지 이들의 실제 빈도를 각각 검토하여 결정하기로 한다. '-아/어야겠다, -도록 하겠다'는 '-겠다'가 결합되기 전의 기본형에서는 각각 의무와 목적/명령의 의미로 실현되는 경우가 많다. 이들을 기본형과는 별도로 의도성 표현으로서 독립 형태로 제시할 것인가, 아니면 다의미 용법의 하나로 처리할 것인가를 빈도, 난이도 등을 기준으로 하여 점검하기로 한다.

의도성 표현의 의미 기술과 관련해서도 차이가 있는데, 한국어 교재에서는 '-(으)ㄹ까 하다, -아/어야지'를 계획 표현으로 보았으나 국어학 연구에서는 의지 표현으로만 설정하였다. 또 실제 언중들은 이들을 어떻게, 어느 정도로 사용하는지 빈도를 구체적으로 살펴서 교육용 목록에 포함할 것인지를 결정하기로 한다.

한국어 교재에서는 구어에서 사용 빈도를 고려하여 일부 의도성 표현 중에 '-(으)려고 해도/-(으)ㄹ 래도, -(으)ㄹ 테니까'와 같은 연결 어미와의 결합형을 표제형으로 제시하였다. 그러나 종결 어미로 기능하지 않은 연결 어미형은 논의 대상에서 제외하기로 한다. 또한 일부 연결 어미형이 실제 사용에서 종결 기능을 해도 표준국어대사전의 정의에서 종결 어미로 인정하지 않는 것은 따로 목록으로 설정하지 않는다. 또한 '-(으)렵니다, -(으)려고요, -(으)련다/-(으)ㄹ란다' 등과 같은 축약형들은 기본형 '-(으)려고 하다'의 하위 영역으로 넣어 그 빈도를 검토한다.

아래의 (1)은 2-3장에서 논의한 의도성 표현을 종합한 것으로, 여기에서는 이들이 실제 말뭉치에서 어떠한 사용 빈도를 보이는지 검토하도록 한다.

(1) 의도성 표현의 총목록
　가. 의지 표현
　　-겠다, -고 말(겠)다, -고자 하다, -도록 하겠다, -아/어야겠다, -아/어야지, -(으)려고 하다, -(으)려고 들다, -(으)려던 참이다, -(으)리다, -(으)ㄹ 것이다, -(으)ㄹ게, -(으)ㄹ까 보다, -(으)ㄹ까 싶다, -(으)ㄹ까 하다, -(으)ㄹ래, -(으)ㄹ 셈이다, -(으)ㄹ 참이다, -(으)ㄹ 테다
　나. 계획 표현
　　-겠다, -기로 하다, -아/어야지, -(으)려고 하다, -(으)려던 참이다, -(으)ㄹ 것이다, -(으)ㄹ까 하다, -(으)ㄹ 참이다
　다. 희망 표현
　　-고 싶다, -(았/었)으면 싶다, -(았/었)으면 좋겠다, -(았/었)으면 하다
　라. 약속 표현
　　-기로 하다, -(으)ㄹ게, -(으)마, -(으)ㅁ세

위의 목록에서 나타나는 것과 같이 각 표현들에서 유사 형태를 모두 검토하는 것은 아니다. 대표적인 사용 형태의 선정은 각 교재에서 목표 항목으로 선정되었거나 출현한 형태들을 위주로 결정한다. 대표형은 학습자에게 직접적이고 연역적으로 보여지는 것이므로 선정 작업에 있어서 가장 기본적이며 효율적인 면이 고려되어야 할 것이다. 이러한 논지에서 본고에서는 '해라'체 평서형으로 표제형을 제시하여 활용 양상을 보이도록 한다. 다만 교육 현장에서는 학습자의 수준을 고려하여 초급 단계에서는 '해요'체를, 중급 이상의 단계부터는 '해라'체로 일관되게 형태를 제시

할 수 있다. 전체적으로 교재의 통일성을 꾀한다면 초급 단계부터 '해라' 체를 표제형으로 선택해도 좋을 것이다. 일정한 기간은 활용에 관심을 두지 않고 선수 학습의 차원에서 활용 자체를 익숙하게 하는 방식으로 접근할 수 있기 때문이다.

1.1.2 균형 말뭉치에 나타난 의도성 표현

21세기 세종 계획에서 구축한 연구·교육용 균형 말뭉치는 전체가 1,000만 어절 812,987 문장이다. 이 가운데 1인칭 화자 주어문의 의도성 표현은 7,959 문장이다. 이들 의도성 문장에서 각 형태별 출현 빈도는 다음과 같은 순서로 나타난다.

<표 9> 균형 말뭉치에 나타난 의도성 표현의 출현 빈도

빈도순	형태	빈도	의미 영역
1	-고 싶다	2843[5]	희망
2	-겠다	1956	의지
3	-아/어야겠다	324	의지
4	-기로 하다	279	계획
4	-고자 하다	279	의지
6	-(으)ㄹ 것이다	271	의지
7	-았/었으면 좋겠다	270	희망
8	-았/었으면 하다	200	희망
9	-(으)려고 하다	198	의지
10	-(으)리다	154	의지
11	-(으)ㄹ게	128	의지
12	-(으)ㄹ까 하다	94	의지
13	-아/어야지	90	의지

13	-(으)ㄹ 참이다	90	의지
15	-기로 하다	69	약속
15	-도록 하겠다	69	의지
17	-겠다	55	계획
18	-(으)려고 하다	54	계획
19	-(으)ㄹ 테다	53	의지
20	-(으)면 좋겠다	40	희망
21	-(으)ㄹ래	35	의지
22	-고 말겠다	34	의지
23	-(으)마	31	약속
24	-(으)ㄹ까 하다	30	계획
25	-았/었으면 싶다	23	희망
26	-(으)ㄹ게	16	약속
27	-(으)ㅁ세	13	약속
28	-(으)ㄹ 참이다	10	계획
29	-고 말다	7	의지
30	-(으)ㄹ 셈이다	6	의지
30	-(으)려던 참이다	5	의지
32	-(으)ㄹ까 보다	5	의지
32	-(으)ㄹ까 싶다	5	의지
34	아/어야지	4	계획
34	-(으)려던 참이다	4	계획
34	-(으)면 하다	4	희망
37	-(으)ㄹ 것이다	2	계획
38	-(으)려고 들다	1	의지
39	-(으)면 싶다	0	희망

5) 숫자는 각 형태가 실현된 문장수를 의미한다.

위의 표에서 나타난 의도성 표현의 결과는 이전 장에서 살펴본 한국어 교재에서 나타나는 의도성 표현의 빈도와 다소 유사성을 보인다. 교재에서는 '-겠다, -(으)려고 하다, -고 싶다'가 높은 사용 빈도를 보였다면, 균형 말뭉치에서는 '-고 싶다, -겠다, -아/어야겠다'가 많이 나타남을 알 수 있다. 이 두 결과에서, 의도성 표현에서 의지와 희망의 표현이 자주 사용된다는 것과, 특정한 형태가 특히 빈번히 선택되었음을 알 수 있다. 상위 30%에 속하는 고빈도 의도성 표현에는 계획 표현 '-기로 하다', 희망 표현 '-고 싶다, -았/었으면 좋겠다, -았/었으면 하다' 이외에는 '-겠다, -아/어야겠다, -고자 하다, -(으)ㄹ 것이다, -(으)려고 하다' 등 주로 의지 표현이 속해 있음을 알 수 있다.

의미 영역별로 각 형태의 빈도 결과를 살피면, 의지 표현은 다음과 같은 빈도순으로 나타난다. '-겠다, -아/어야겠다, -고자 하다, -(으)ㄹ 것이다, -(으)려고 하다, -(으)리다, -(으)ㄹ게, -(으)ㄹ까 하다, -아/어야지, -(으)ㄹ 참이다, -도록 하겠다, -(으)ㄹ 테다, -(으)ㄹ래, -고 말겠다, -고 말다, -(으)ㄹ 셈이다, -(으)려던 참이다, -(으)ㄹ까 보다, -(으)ㄹ까 싶다, -(으)려고 들다'의 순서를 갖는데, 고빈도 표현 형태와 저빈도 표현 형태는 그 출현의 수에 많은 차이를 보인다. 특히 교재에서 제시형으로 출현했던 '-(으)려고만 들다'는 균형 말뭉치에서 사용된 용례가 없는데, 이 형태를 특별히 제시해야 할 중요성이 부각되지 않는 한 표제형으로 선정할 이유가 없다.

<표 10> 균형 말뭉치에 나타난 의지 표현의 출현 빈도

빈도순	형태	빈도	의미 영역
1	-겠다	1956	의지
2	-아/어야겠다	324	의지
3	-고자 하다	279	의지

4	-(으)ㄹ 것이다	271	의지
5	-(으)려고 하다	198	의지
6	-(으)리다	154	의지
7	-(으)ㄹ게	128	의지
8	-(으)ㄹ까 하다	94	의지
9	-아/어야지	90	의지
9	-(으)ㄹ 참이다	90	의지
11	-도록 하겠다	69	의지
12	-(으)ㄹ 테다	53	의지
13	-(으)ㄹ래	35	의지
14	-고 말겠다	34	의지
15	-고 말다	7	의지
16	-(으)ㄹ 셈이다	6	의지
17	-(으)려던 참이다	5	의지
17	-(으)ㄹ까 보다	5	의지
17	-(으)ㄹ까 싶다	5	의지
20	-(으)려고 들다	1	의지

의지 표현에서 '-겠다, -아/어야겠다, -고자 하다'가 높은 빈도로 나타나는데, 말뭉치의 종합 빈도에서도 이들이 1,2,3인칭 주어문에서 '-겠다'는 추측과 계획의 의미로, '-아/어야겠다'는 '-겠다'와의 의미 연관성에 기인된 것으로 볼 수 있다. '-겠다'는 말뭉치 가운데 특히 뉴스와 시사 프로그램 자료에서 주로 '-아/어요'보다 '-ㅂ니다/습니다'와 결합하여 나타난다. 이는 '-겠다'가 일상적으로 가볍게 하는 대화 상황보다는 공식적인 상황에서 자신의 의사를 표현할 때 사용한다는 의미일 것이다. '-고자 하다, -도록 하겠다'도 90% 이상이 거의 격식체로만 나타나서, 특정한 담화 상황에서 특별히 선호되는 형태가 있음을 알 수 있었다.

'-(으)ㄹ 테다'는 말뭉치에서 거의 '-(으)ㄹ 테니까, -(으)ㄹ 테야'의 형태로 나타났다. '-(으)ㄹ 텐데'는 추측의 의미로 사용되었고 의지의 의미로는 거의 '-(으)ㄹ 테니(까)'의 형태로 실현되었다. '-(으)ㄹ 테야'는 주로 드라마에서 아주 친밀한 친구나 가족과의 대화 장면에서 나타났는데, 주로 나이가 어리거나 철부지 같은 성격의 소유자의 대화에서 사용되었다.

'-(으)ㄹ 것이다'는 추측 의미를 나타내는 표현이 50% 이상을 차지하고 의지 의미는 30% 정도였다. 1인칭에서 주어의 의지를 드러내기 때문에 이러한 수치가 나온 것이라 추정된다.

'-(으)려고 하다'는 기본형 이외에 '-(으)ㄹ란다, -(으)련다, -(으)렵니다, -(으)려고요'가 포함된 수치이다. 균형 말뭉치가 문어 중심으로 이루어져서 이러한 결과가 나왔을 것이다. '-(으)리다, -(으)ㄹ 참이다'는 소설 자료에서 많이 출현했다.

'-고 말다'는 '-고 말 것이다'와 '-고 만다'의 형태로 나타나는데, 의지의 의미로 실현되는 경우는 '-고 말겠다'가 더 높은 빈도로 보였으며, '-고 말 것이다'의 형태는 주로 추측의 의미나 3인칭 주어문에서 실현되는 경우가 많았다. 교재에서는 결합형을 바탕으로 '-고 말다'를 기본형으로 제시하고 '-겠다, -(으)ㄹ 것이다'와 결합하여 의지를 나타낸다는 설명으로 제시할 수도 있다. 반면에 '-고 말다'로 나타나는 완료의 의미만을 선택하여 제시하여 의지를 설명하지 않고, '-고 말겠다'를 대표형으로 선정하여 독립적인 형태로 제시하는 방법이 있을 수 있을 것이다. 현재 한국어 교재에서는 이런 방식이 교재마다 다르게 적용되고 있다.

'-고 말다'는 완료의 의미를 나타내는 표현인데, '-겠다'의 결합으로 의도성이 드러나는 것이다. 따라서 새롭게 '-고 말겠다'를 제시하는 것보다 '고 말다'의 하위 용법으로 제시해야 좋을 것이다. 대체적으로 '-고 말다'는 중·고급 단계에서 제시되므로 표현에 나타나는 형태로 의미를 추측할 수 있는 능력이 있다고 보기 때문이다. 실제 사용에서 의지를 나타내는 빈도가 높기 때문에 '-고 말다'를 설명하면서, 여러 용례를 제시하는 가운데 '-겠다'가 포함된 '-고 말겠다'를 필수적으로 제시할 필요가 있다. 다만, 의지를 나타내는 표현을 복습하는 단계에서 독립적인 형태로 제시하여 다른 형태와 비교하는 것이 좋다.

'-(으)려고 들다'는 교재에서 대표형으로 제시되고 있으나, 말뭉치에서 나타나는 빈도는 낮았다. '-(으)려고 들다'는 다른 보조 동사 구문에 비해 의미 분포가 좁고 사용 빈도도 낮았는데, 이러한 형태도 교육해야 할지 검토해야 할 것이다.

계획 표현의 빈도는 '-기로 하다, -(으)려고 하다, -겠다, -(으)ㄹ까 하다, -(으)ㄹ 참이다, -아/어야지 -(으)려던 참이다, (으)ㄹ 것이다'의 순으로 나타난다.

<표 11> 균형 말뭉치에 나타난 계획 표현의 출현 빈도

빈도순	형태	빈도	의미 영역
1	-기로 하다	279	계획
2	-겠다	55	계획
3	-(으)려고 하다	54	계획
4	-(으)ㄹ까 하다	30	계획
5	-(으)ㄹ 참이다	10	계획
6	-아/어야지	4	계획
6	-(으)려던 참이다	4	계획
8	-(으)ㄹ 것이다	2	계획

계획 표현에선 '-기로 하다'가 60% 이상을 차지하는 우세한 사용 빈도를 보이는데, 이는 한국어 교재에서 나타난 빈도와 공통된다. 그러나 '-(으)려던 참이다'는 5개 기관의 한국어교육 교재에서 계획의 학습 항목으로 제시되지 않았으나 말뭉치에는 계획의 의미로 실현되었다. 이를 계획

의 표현으로서 낮은 빈도를 보이는데도 불구하고 이를 목표 항목으로 선정해야 할 이유가 있어야 하며, '-던 참이다'와 차별성과 연계성도 고려해야 할 것이고 '-(으)ㄹ 참이다'와 의미와 구성이 비슷한데도 굳이 이 형태를 선정하여야 하는 이유도 분명해야 할 것이다. 가령, 선수 학습하게 되는 '-(으)려고 하다'와 의미와 형태가 유사한 점을 이유로 삼았다면, '-(으)려던 참이다'를 학습할 때 이전의 학습 내용을 확인할 수 있는 장을 마련하여 경제성을 높여야 할 것이다. 그러나 현행 교재에서는 2장에서 검토한 바와 같이 선수 학습된 요소와의 연계성이 낮았다. 몇몇 교재에서는 이러한 형태·의미적 유사성을 고려해 '-(으)려고 하다', '-아/어도'를 배운 후에 '-(으)려던 참이다'를 의지의 의미로서 목표 항목으로 선정하였는데, 이러한 교수 설계는 학습자로 하여금 배운 항목을 통해 새로운 표현을 도출해 낼 수 있는 응용력과 더불어 흥미 유발에도 도움이 될 수 있을 것이다. 다만 이러한 설계가 좀 더 조직화되어 적용되어야 할 것이다.

희망 표현은 '-고 싶다, -았/었으면 좋겠다, -았/었으면 하다, -(으)면 좋겠다, -았/었으면 싶다, -(으)면 하다, -(으)면 싶다'의 빈도 순서를 보인다. 희망 표현은 '-고 싶다'가 아주 높은 빈도로 나타나며, '-았/었으면 좋겠다'는 '-(으)면 좋겠다'보다 자주 출현하였는데 말뭉치의 예문에서 의미 차이가 별로 없이 사용되었다. '-았/었으면 하다'도 '-(으)면 하다'보다 더 높은 빈도를 보이는데, '-았/었-'이 결합하여 과거의 사실로 인정되기를 바라는 화자의 의도가 반영된 것이라 생각된다.

'-(으)면 하다'는 다른 형태보다 빈도가 낮았는데, '-고 싶다, -았/었으면 싶다, -(았/었)으면 좋겠다'보다 어휘적인 의미가 덜 하기 때문일 것이다. '-았/었으면 하다'는 다른 희망 표현들을 대신하기도 하며, 공식적인 상황이나 화자보다 나이, 사회적 지위가 높은 상대와의 담화 상황에서 주로 사용되었다.

<표 12> 균형 말뭉치에 나타난 희망 표현의 출현 빈도

빈도순	형태	빈도	의미 영역
1	-고 싶다	2843	희망
2	-았/었으면 좋겠다	270	희망
3	-았/었으면 하다	200	희망
4	-(으)면 좋겠다	40	희망
5	-았/었으면 싶다	23	희망
6	-(으)면 하다	4	희망
7	-(으)면 싶다	0	희망

약속 표현은 '-기로 하다, -(으)마, -(으)ㄹ게, -(으)ㅁ세'의 빈도순을 보였다. 약속 표현은 '-기로 하다'가 약속 표현 중에서 50%의 사용 빈도를 나타냈다. '-(으)ㅁ세, -(으)마'는 한국어교육 교재나 연구 논저들에서 제시되지 않은 형태 목록이지만, 말뭉치에서는 약속의 의미로 사용된 예를 상당수 발견할 수 있었다. 그러나 이들은 대개 구어가 아닌 문어 자료에서 주로 출현한 것이므로 한국어교육에 그대로 적용하기는 어려울 것이다.

<표 13> 균형 말뭉치에 나타난 약속 표현의 출현 빈도

빈도순	형태	빈도	의미 영역
1	-기로 하다	69	약속
2	-(으)마	31	약속
3	-(으)ㄹ게	16	약속
4	-(으)ㅁ세	13	약속

이상으로 말뭉치에 나타난 의도성 표현들의 출현 빈도를 살펴보았다. 각 의미 영역에서 가장 높은 빈도를 보이는 표현 형태는 그 영역에서 절

대 다수를 차지함을 알 수 있다. 의지의 '-겠다', 계획과 약속의 '-기로 하다', 희망의 '-고 싶다'는 각 영역별 사용 빈도에서 50% 이상의 비율로 나타났다. 내국인들이 언어생활에서 선호하는 표현 형태가 있으며, 이들은 한국어 학습자에게도 중요하게 교수해야 할 필수 대상임을 의미한다.

1.1.3 구어 말뭉치에 나타난 의도성 표현

교육 자료의 실제성과 현실성을 위해 현재 한국어 화자들이 기본적인 일상생활에서 사용하는 의도성 표현의 실태 파악이 필요하다고 본다. 희망 표현이 화자의 이해 언어적 측면보다는 표현 언어로서 더 사용할 기회가 많다는 점에서, 21세기 세종 계획에서 구축한 연구·교육용 말뭉치 1,000만 어절 중에서 100만 어절 상당의 구어 자료만을 가려내어, 여기에 나타난 의도성 표현의 빈도를 살펴본다.[6]

구어 말뭉치는 실제 담화 상황과 가장 가까운 모습으로 실현되는 것이기 때문에 학습자의 유창성을 고려할 때 중요한 기초 자료가 될 수 있을 것이다. 더욱이 일부 한국어 교재에는 구어 중심으로 교재가 편성되어 구어 형태를 대표형으로 제시하기도 한다. 이러한 관점에서 구어 말뭉치에서는 각 표현의 형태들을 면밀히 검토하여 대표형으로 선정할 만한지를 생각해 볼 것이다.

연구·교육용 구어 말뭉치 전체 100만 어절은 64,693문장으로 되어 있다. 이 가운데 1인칭 화자 주어문의 의도성 표현은 2,369 문장으로, 전체 문장의 3.66%에 해당한다. 이는 전체 균형 말뭉치에서 1인칭 의도성 표현이 차지하는 비율인 0.97%의 4배에 해당하는 수치이다. 이처럼 구어 말뭉

---

6) 본고에서 이용하는 자료는 21세기 세종 계획에서 구축한 연구·교육용 코퍼스로, 구어 자료는 실제 발화를 그대로 전사한 순구어와 방송 대본 형태를 갖는 준구어로 구성되어 있다. 순구어 자료는 주로 대담, 토크쇼, 뉴스 위주이고, 준구어는 주로 만화나 드라마 대본 중심으로 이루어졌다.

치에서는 1인칭 화자의 의도성 표현이 차지하는 비중이 훨씬 높아서 의도성 표현에는 구어적 측면이 많음을 알 수 있었다. 의도성 표현으로 나타나는 각 형태의 출현 빈도순은 아래의 표와 같다.

<표 14> 구어 말뭉치에 나타난 의도성 표현의 출현 빈도

빈도순	형태	빈도	의미 영역
1	-겠다	900	의지
2	-고 싶다	724	희망
3	-았/었으면 좋겠다	185	희망
4	-았/었으면 하다	90	희망
5	-아/어야겠다	85	의지
6	아/어야지	76	의지
7	-도록 하겠다	54	의지
8	-(으)ㄹ 것이다	46	의지
9	-고자 하다	39	의지
10	-(으)려고 하다	30	의지
11	-(으)면 좋겠다	29	희망
12	-(으)ㄹ까 하다	17	의지
13	-기로 하다	12	계획
14	-기로 하다	8	약속
15	-겠다	7	계획
15	-(으)리다	7	의지
17	-고 말겠다	6	의지
17	-(으)ㄹ 테다	6	의지
17	-(으)마	6	약속
20	-(으)ㄹ래	5	의지
21	-아/어야지	4	계획

22	-(으)ㄹ게	3	의지
22	-(으)ㄹ까 보다	2	의지
22	-았/었으면 싶다	2	희망
22	-(으)면 하다	2	희망
22	-(으)ㄹ 것이다	2	계획
27	-(으)ㄹ 참이다	1	의지
27	-고야 말겠다	1	의지
27	-(으)ㄹ게	1	약속
27	-(으)려고 하다	1	계획
27	-(으)려던 참이다	1	의지
32	-고 말다	0	의지
32	-(으)ㄹ 셈이다	0	의지
32	-(으)ㄹ까 싶다	0	의지
32	-(으)려고 들다	0	의지
32	-(으)ㄹ까 하다	0	계획
32	-(으)ㄹ 참이다	0	계획
32	-(으)려던 참이다	0	계획
32	-(으)면 싶다	0	희망
32	-(으)ㅁ세	0	약속

위 표에서 나타난 의도성 표현의 빈도수 결과는 앞서 살펴본 균형 말뭉치에서 나타난 결과처럼 '-고 싶다, -겠다'의 빈도가 월등히 높았다. 그런데 균형 말뭉치에서는 의지 표현과 계획 표현이 연달아 높은 빈도를 보였지만 여기서는 '-았/었으면 좋겠다, -았/었으면 하다'와 같은 희망 표현이 높은 빈도를 보인다. 뉴스에서 소개되는 인터뷰와 토론, 대담 위주의 말뭉치 자료의 특성이 반영된 결과일 수도 있을 것이다. 구어 말뭉치에서도 의지와 희망의 표현이 자주 사용되는데, 특히 희망 표현은 구어 말뭉치에

서 사용 빈도가 더 높다는 것을 알 수 있다.

상위 30%에 속하는 고빈도 의도성 표현에는 희망 표현과 의지 표현이 주를 이루고 계획의 '-기로 하다'는 상위권에 속하기는 하지만 균형 말뭉치에서 보이던 결과보다는 낮은 빈도를 보이고 있다. 그런데 가장 큰 차이는 균형 말뭉치보다 구어 말뭉치에서는 나타나는 의도성 표현의 목록의 수가 적다는 것이다. 구어 말뭉치에서는 의지 표현의 '-고 말다, -(으)ㄹ 셈이다, -(으)ㄹ까 싶다, -(으)려고 들다'와 계획 표현의 '-(으)ㄹ까 하다, -(으)ㄹ 참이다, -(으)려던 참이다', 희망의 '-(으)면 싶다', 약속의 '-(으)ㅁ세'의 용례를 발견할 수 없었다. 이는 곧 구어에서는 일반적으로 화자가 사용하는 언어 사용 범위와 어휘가 한정되어 있다는 것을 알 수 있게 한다. 이는 곧 한국어 교육에서도 무조건 많은 종류의 한국어 표현을 제시할 것이 아니라 필수적인 사항을 선택하여 가장 알맞은 내용으로 제시해야 함을 보여주는 대목이다.

의미 영역별로 각 형태의 빈도 결과를 살피면, 의지 표현은 다음과 같은 빈도순으로 나타난다. '-겠다, -아/어야겠다, -아/어야지, -도록 하겠다, -(으)ㄹ 것이다, -고자 하다, -(으)려고 하다, -(으)ㄹ까 하다, -(으)리다, -고 말겠다, -(으)ㄹ 테다, -(으)ㄹ래, -(으)ㄹ게, -(으)ㄹ까 보다, -(으)ㄹ 참이다, -(으)려던 참이다'의 순으로 나타났다. 그러나 '-고 말다, -(으)ㄹ 셈이다, -(으)ㄹ까 싶다, -(으)려고 들다'는 사용된 예를 발견할 수 없었다.

<표 15> 구어 말뭉치에 나타난 의지 표현의 출현 빈도

빈도순	형태	빈도	의미 영역
1	-겠다	900	의지
2	-아/어야겠다	85	의지
3	-아/어야지	76	의지
4	-도록 하겠다	54	의지

5	-(으)ㄹ 것이다	46	의지
6	-고자 하다	39	의지
7	-(으)려고 하다	30	의지
8	-(으)ㄹ까 하다	17	의지
9	-(으)리다	7	의지
10	-(으)ㄹ 테다	6	의지
10	-고 말겠다	6	의지
12	-(으)ㄹ래	5	의지
13	-(으)ㄹ게	3	의지
14	-(으)ㄹ까 보다	2	의지
15	-고야 말겠다	1	의지
15	-(으)ㄹ 참이다	1	의지
15	-(으)려던 참이다	1	의지
18	-고 말다	0	의지
18	-(으)ㄹ 셈이다	0	의지
18	-(으)ㄹ까 싶다	0	의지
18	-(으)려고 들다	0	의지

 의지 표현에서는 균형 말뭉치에서처럼 '-겠다, -아/어야겠다'의 빈도가 가장 높으며, '-도록 하겠다'는 균형 말뭉치에서는 상위 빈도를 나타내는 형태가 아니었으나 구어 말뭉치에서는 높은 빈도를 나타낸다.

 구어 말뭉치는 모국어 화자의 언어 실상을 잘 반영하는 자료로서, 구어 중심의 교재에서 제시형의 선정 타당성을 가늠하기에 좋은 판단 근거가 된다. 우리는 3장에서 '-(으)ㄹ 것이다'가 교재마다 '-(으)ㄹ 겁니다, (-으)ㄹ 것이다, -(으)ㄹ 거예요' 등으로 제시되었음을 보았다. 이는 교재에서 격식적인 상황을 더욱 고려하여 배치한 것으로 해석할 수 있다. 그러나 학습자의 입장에서 격식적인 상황과 비격식적 상황 중에서 어떠한 담화 환경을 자주 접하며, 학습자의 요구는 무엇인지도 생각하여, 항목의 배열에만 주의를 기울일 것이 아니라 담화 상황의 배열 문제도 고려해야 할 것이다.

실제 말뭉치에서는 '-(으)ㄹ 것입니다'가 26회, '-(으)ㄹ 겁니다'는 8회, '-(으)ㄹ 거예요, -(으)ㄹ 거야, -(으)ㄹ 것이다'가 각 4회씩 출현하였다. 격식적인 상황에서는 '-(으)ㄹ 것입니다'를 사용하는데, 특히 회담, 뉴스 자료에서 많이 등장하였고, '-(으)ㄹ 겁니다'는 대화 상대자가 화자보다 사회적 지위가 높거나 연장자와의 대화에서 주로 나타났다.

다음은 '-겠다'와 '-(으)ㄹ 것이다'가 사용된 예인데, 구어 말뭉치에서 이들은 '-아/어요'보다는 거의 대부분이 '-습니다/ㅂ니다'와 결합한 예로 나타났다.

(2) 가. 연극에 있어서 내용은 꼭 있어야 하는 것이기는 하지만, 연극논의에서 내용문제는 일단 접어두어야 하겠습니다.
나. 내가 이런 일을 할 수 있다라는 그러한 가능성에 대한 것이 사실은 직장 생활하는 샐러리맨한텐 월급보다 더 소중한 게 아닌가 뭐 그런 자부감으로 오늘도 내일도 계속 일을 할 겁니다.

(2가)는 대담 프로 자료이다. 이처럼 '-겠다'는 구어 말뭉치에서 주로 공식적인 상황이나 자신의 의견을 피력할 때 사용되었다. (2나)는 인터뷰 자료인데, 친밀하지 않은 상대자와의 대화에서 '-(으)ㄹ 것이다'로 화자의 견해를 표현하고 있다. (2가)와 (2나)는 모두 화자 자신의 견해를 표현하는 것이며, 어느 정도의 공식적인 상황임에도 불구하고 다른 표현으로 나타났다. (2가)와 (2나)의 차이는 바로 상대자가 화자의 발화 내용과 관련성이 있는가의 여부이다. (2가)의 '-겠다' 사용은 대담이라는 담화 상황에서 화자와 청자와의 상호작용으로 이루어지는 것이나, (2나)는 청자에게 단순히 화자 자신의 의견을 전달하는 것으로 청자와 화자의 발화 내용

이 직접적인 관련성이 없어 보인다. 따라서 한국어 학습자에게 유사한 이 두 가지 표현을 설명하면서 이러한 담화 상황에서 의미 기능의 차별성을 설명해 주면 좋을 것이다.

'-겠다, -(으)ㄹ 것이다' 등과 '-아/어야 하다'가 결합하여 의무보다는 의지의 의미로 실현되는 경우도 나타났다.

(3) 가. 애들이 독립할 때 자유로이 보내 주기 위해서라도 나는 내 할 일을 해야 한다.
나. 그러니까 이러한 것을 우리가 다시 이해할 수 있어야 하겠다는 것입니다.

(3가)의 '-아/어야 하다'는 당위성 표현을 사용하여 자신이 일을 계속할 것이라는 의지를 강하게 표현하는 것이라고 볼 수 있을 것이다. 그런데 '-아/어야 하다'는 (3나)처럼 '-겠다'와 결합하여 화자의 의지를 나타낸다. '-아/어야 하다'의 당위성과 의지의 '-겠다'가 결합하여 당위성에 대한 의지, 즉 그것을 해 내리라는 결심의 의미로 사용된다. 따라서 한국어 학습자에게 '-아/어야 하다'의 결합형으로 '-겠다'이나 '-(으)ㄹ 것이다'를 읽기 교재 등의 여러 경로를 통해서 노출시켜야 할 것이다. 이것은 단순히 형태 결합의 가능성을 평가하는 차원이 아닌, 학습자가 배운 표현으로 자신의 생각을 다양하게 표현할 수 있는 방법이 있음을 지도하는 차원에서이다. '-아/어야 하다'를 꼭 해야 한다는 의무의 표현으로만 제시한다면 언제나 단순형만을 쓰게 돼서 고급 단계에 이르러도 단순한 문장만을 생산하게 된다.

'-고 말다'는 구어 말뭉치에서 의지의 의미로 실현된 예가 없고, 대신 '-고 말겠다, -고야 말겠다'가 의지로 의미로 실현되었다. 그러나 '-고야 말겠다'보다는 '-고 말겠다'가 조금 더 많이 사용되었다. 따라서 '-고 말다, -고 말겠다, -고야 말겠다'에서는 '-고 말겠다'를 기본형으로 제시하는 방법과 '-고 말다'의 다의미 특성을 한꺼번에 제시하되, 의지는 '-고 말겠다'에서 실현된다고 설명하는 방법이 있다. 교육적인 입장에서는 '-고 말다'는 완료의 의미를 나타내는 범위가 더 크며, '-고 말겠다'에서도 완료의 의미가 존재하므로 후자의 방법은 한 번에 모든 의미를 제시할 수 있다는 장점이 있고, '-고 말다'와 '-고 말겠다'를 각기 다른 형태로 제시하면 선수 학습을 다시 되새길 기회가 만들어진다는 점에서 유리하다.

'-(으)려던 참이다'는 균형 말뭉치에서나 구어 말뭉치에서도 빈도가 모두 낮게 나타나는데, 구어 말뭉치에서는 의지의 '-(으)려던 참이다'만이 등장하고 계획의 의미로 실현된 예는 찾을 수 없었다.

계획 표현의 빈도는 '-기로 하다 -겠다, -아/어야지, -(으)ㄹ 것이다, -(으)려고 하다'로 나타나고 '-(으)ㄹ까 하다, -(으)ㄹ 참이다, -(으)려던 참이다'는 실현된 용례를 발견할 수 없었다.

<표 16> 구어 말뭉치에 나타난 계획 표현의 출현 빈도

빈도순	형태	빈도	의미 영역
1	-기로 하다	12	계획
2	-겠다	7	계획
3	-아/어야지	4	계획
4	-(으)ㄹ 것이다	2	계획
5	-(으)려고 하다	1	계획
6	-(으)ㄹ까 하다	0	계획
6	-(으)ㄹ 참이다	0	계획
6	-(으)려던 참이다	0	계획

실제 계획 표현으로 사용된 것은 '-기로 하다, -겠다, -아/어야지, -(으)ㄹ 것이다, -(으)려고 하다'의 5개 표현뿐이다. 균형 말뭉치에서는 '-아/어야지'는 4개의 문장에서 발견할 수 있었는데, 이는 모두 구어 말뭉치에서

계획의 의미로 실현된 예이다. 다음의 (4가)는 '-아/어야지'가 계획으로 실현된 예인데, '오늘'이라는 특정한 시간 내에 고백을 할 것이라는 화자의 결심과 더불어 오늘 그 일을 할 것이라는 계획성이 엿보인다.

(4) 가. 오늘은 상희에게 꼭 고백하고 결판을 내야지. 힘내라 서장훈!
나. 일생 매를 들지 않겠다는 결심을 한 것이 그땝니다.
다. 수학과 사무실에서 할 거야.

'-아/어야지'는 (4가)의 예처럼 화자의 결심을 나타내는 상황에서 사용되어 형태로 '-아/어야지'로 나타나며, 균형 말뭉치에서 동일한 양상을 보인다.

(4나)는 '일생'이라는 시간, (4다)는 '수학과 사무실'이라는 장소를 구체적으로 명시하여 단순히 의사만 표현하는 것이 아니라 화자의 의도가 구체적으로 착수되거나 진행된다는 계획성이 드러난다. '-겠다'은 (4나)의 예처럼 '결심'이라는 핵심 명사를 한정하는 내포 보문에서 자주 사용되었다.

구어 자료에 나타난 희망 표현은 '-고 싶다, -았/었으면 좋겠다, -았/었으면 하다, -(으)면 좋겠다, -(으)면 하다, -았/었으면 싶다, -(으)면 싶다' 순으로 나타나는데, '-고 싶다'가 전체 출현의 70%를 차지함을 알 수 있다. 이러한 빈도순은 균형 말뭉치와 크게 차이를 보이지 않지만, 학습자 말뭉치에서 본 결과와 다소 차이를 보인다. 학습자들은 주로 짧은 형태를 선호하여 사용하였는데, 모국어 화자는 다음의 표에서 보이는 것처럼 '-(으)면 좋겠다, -(으)면 하다'보다 '-았/었으면 좋겠다, -았/었으면 하다'를 더 많이 사용하고 있다. 이러한 경향은 모국어 화자들은 '-았/었-'을 사용하여 자신이 바라는 내용이 과거 사실처럼 이루어졌으면 하는 바람을 표현함으로써 바람의 정도가 더 강해진다고 인식하기 때문일 것이다.

<표 17> 구어 말뭉치에 나타난 희망 표현의 출현 빈도

빈도순	형태	빈도	의미 영역
1	-고 싶다	724	희망
2	-았/었으면 좋겠다	185	희망
4	-았/었으면 하다	90	희망
5	-(으)면 좋겠다	29	희망
6	-았/었으면 싶다	2	희망
5	-(으)면 하다	2	희망
7	-(으)면 싶다	0	희망

말뭉치에 나타난 '싶다'류는 다음 (5)와 같이 부탁의 상황보다는 화자의 희망을 단순히 표현하는 상황에서 많이 사용되었다. '-았/었으면 하다'의 내포문에서 상위 핵심 명사는 (6)과 같이 주로 '바람'이었다.

(5) 저는 딸도 낳고 싶고 아들도 낳고 싶어요.[7]
(6) 4백년 전의 선조를 기리는데 그치지 않고 한국과 일본이 진정한 친선을 도모할 수 있는 작은 계기를 마련했으면 하는 바람입니다.
(7) 가. 누가 나를 알아보지만 않는다면 좀 한없이 걸었으면 좋겠어요.
    나. 어머니: 예에. 사실은 입학금 때문에 빨래삯을 미리 좀 땡겨 주셨으면 좋겠는데… / 의원: 그럼 그러시죠 뭐.

(7가)와 (7나)의 '-았/었으면 좋겠다'에서는 상위문과 내포문의 주어가 같거나 다를 수 있지만 모두 부탁하는 상황에서 1인칭 주어의 희망을 나타내며, 두 가지 모두 많이 나타난다.

'싶다'류에서는 화자의 희망을 단순히 표현하는 상황에서 사용되었는데, '-고 싶다'는 출현 빈도도 높고 친밀한 대화자와의 담화나 사생활을

---

[7] 이 장의 예문은 모두 연구·교육용 코퍼스에서 추출된 것을 그대로 인용한 것이다.

이야기하는 토크쇼에서 주로 쓰였다. '하다'류는 '-았/었으면 하다'형이 많았는데, 뉴스와 대담 프로에서 간곡하게 부탁하는 상황과 '-았/었으면 좋겠다'를 대용하는 맥락으로 사용되었다. '좋다'류에서는 '-았/었으면 좋겠다'가 '-(으)면 좋겠다'보다 더 자주 출현하였고, 비교적 가벼운 주제로 진행되는 토크쇼에서는 화자의 바람을 나타내는 상황에서, 드라마에서는 친밀도도 낮고 사회적 지위가 화자보다 높은 청자에게 부탁을 하는 상황에서 사용되었다.

이와 같이 다소 사적인 상황에서 단순히 개인의 희망을 표출하는 형태는 '-고 싶다, -았/었으면 좋겠다'이고, 비교적 공식적인 상황이나 청자와의 친밀도가 낮은 담화 상황에서 부탁, 당부의 의미로 사용되는 것은 '-았/었 하다, -았/었으면 좋겠다'로 나타났다. 다양한 분포를 보이는 것은 '-았/었으면 좋겠다'이고, 가장 높은 출현 빈도를 보이는 것은 '-고 싶다'였다.

구어 말뭉치에서 약속 표현은 '-기로 하다, -(으)마, -(으)ㄹ게, -(으)ㅁ세'의 순으로 나타났는데, '-기로 하다'가 주로 약속 표현으로 사용되었다. 그런데 균형 말뭉치에 나타난 약속 표현의 빈도와 다음의 구어 말뭉치에서 나타난 약속 표현의 빈도는 차이가 있다.

<표 18> 구어 말뭉치에 나타난 약속 표현의 출현 빈도

빈도순	형태	빈도	의미 영역
1	-기로 하다	8	약속
2	-(으)마	6	약속
3	-(으)ㄹ게	1	약속
4	-(으)ㅁ세	0	약속

위 표에서는 '-(으)ㅁ세'가 사용되지 않았으나 균형 말뭉치에서는 어느 정도의 사용 빈도를 나타냈다. 이는 '-(으)마, -(으)ㅁ세'는 균형 말뭉치에

서 주로 소설 등에서 나타난다는 점에서 더 이상 일반 대중들이 애용하는 일상 표현이 아님을 알 수 있다. 따라서 이들은 한국어 교육 목록에서 제외하거나 이해의 차원에서 가르칠 수 있다. 특히 '-(으)마'는 균형 말뭉치와 구어 말뭉치 모두 '-(으)ㄹ게'보다 더 높은 빈도를 보였다. 이는 말뭉치 자료의 특성과 관련이 있을 것인데, 특히 '하게'체인 '-(으)ㅁ세'는 교육 목록에서 제외하고, '-(으)마'는 이해 차원에서 교재에서 제시될 수 있다. '하게'체인 '-(으)ㅁ세'는 사용 범위가 한정되어 있기 때문으로, '하게'체의 분포와 관련하여 서정수(1980)는 특별 계층에서만 사용되는 문체이므로 다른 청자 대우법과 다르게 취급할 것을 제안하였다.

다음은 '-기로 하다'가 약속의 의미로 사용된 것인데, 이것도 대화 상대방과의 약속을 만들어 가는 진행 과정에서 사용되기도 하고, 다음의 예처럼 이미 약속된 내용을 확인할 때 사용하기도 한다.

(8) 아니 이거 다 오늘 얘기하기로 한 거잖아요.

위 (8)의 예는 '-기로 하다'가 내포문에 나타난 것인데, 실제 한국어 교재에서는 문장을 완전히 끝맺는 환경에서만 주로 나타났을 뿐이다. 따라서 학습자에게 제시되는 예문의 다양성도 이루어져야 할 것이다.

지금까지 말뭉치에 나타난 사용 빈도를 살펴보았는데, 이 결과를 바탕으로 교육용 의도성 표현을 선정할 것이다. 균형 말뭉치와 구어 말뭉치에서 나타난 각 형태의 빈도는 아래와 같다.

<표 19> 의도성 표현의 사용 빈도

빈도순	표현	의미 영역	빈도순		빈도		
			균형 말뭉치	구어 말뭉치	균형 말뭉치	구어 말뭉치	총 빈도
1	-고 싶다	희망	1	2	2843	724	3,567

2	-겠다	의지	2	1	1956	900	2,856
3	-았/었으면 좋겠다	희망	7	3	270	185	455
4	-아/어야겠다	의지	3	5	324	85	409
5	-고자 하다	의지	4	9	279	39	318
6	-(으)ㄹ 것이다	의지	6	8	271	46	317
7	-기로 하다	계획	4	13	279	12	291
8	-았/었으면 하다	희망	8	4	200	90	290
9	-(으)려고 하다	의지	9	10	198	30	228
10	-아/어야지	의지	13	6	90	76	166
11	-(으)리다	의지	10	15	154	7	161
12	-(으)ㄹ게	의지	11	21	128	3	131
13	-도록 하겠다	의지	15	7	69	54	123
14	-(으)ㄹ까 하다	의지	12	12	94	17	111
15	-(으)ㄹ 참이다	의지	13	25	90	1	91
16	-기로 하다	약속	15	14	69	8	77
17	-(으)면 좋겠다	희망	20	11	40	29	69
18	-겠다	계획	19	19	55	7	62
19	-(으)ㄹ 테다	의지	17	16	53	6	59
20	-(으)려고 하다	계획	17	29	54	1	55
21	-(으)ㄹ래	의지	21	18	35	5	40
21	-고 말겠다	의지	22	16	34	6	40
23	-(으)마	약속	24	29	31	6	37
24	-(으)ㄹ까 하다	계획	23	29	30	0	30
25	-았/었으면 싶다	희망	25	22	23	2	25
26	-(으)ㄹ게	약속	26	25	16	1	17
27	-(으)ㅁ세	약속	27	29	13	0	13
28	-(으)ㄹ 참이다	계획	28	29	10	0	10
29	-아/어야지	계획	34	19	4	4	8

30	-(으)ㄹ까 보다	의지	32	22	5	2	7
30	-고 말다	의지	29	29	7	0	7
32	-(으)려던 참이다	의지	30	25	5	1	6
32	-(으)면 하다	희망	34	22	4	2	6
32	-(으)ㄹ 셈이다	의지	30	29	6	0	6
35	-(으)ㄹ까 싶다	의지	32	29	5	0	5
36	-(으)려던 참이다	계획	34	29	4	0	4
36	-(으)ㄹ 것이다	계획	37	25	2	2	4
38	-(으)려고 들다	의지	37	29	1	0	1
39	-(으)면 싶다	희망	39	29	0	0	0

위의 빈도 순위는, 앞에서 기술한 것과 같이 의도성 표현이 이해 언어보다는 표현 언어로 사용되는 경우가 더 많다고 보아, 균형 말뭉치와 구어 말뭉치를 '1:1' 비율로 처리하여 산출한 것이다. 의도성 표현에서 상위 10%에 속하는 형태는 대체적으로 의지 표현이 가장 많았고, 이어서 희망 표현, 계획 표현의 순을 보였다. 수적인 면에서 고빈도를 보이는 것은 의지 표현이지만, 빈도수가 가장 높은 것은 희망 표현의 '-고 싶다'로 나타났다. 반면에 하위 30%의 빈도를 보이는 표현에서는 의지, 계획, 희망, 약속 표현이 모두 나타났다. 이 하위 그룹에 속하는 표현들의 출현은 약 10개 문장을 웃도는 수준으로, 극저빈도의 양상을 보인다.[8] 따라서 이들 표현은 교육 실용성이 떨어지므로 1차적으로 최종 목록에서 제외하며, 자동적으로 희망의 '-고 싶다'부터 약속의 '-(으)ㄹ게'까지가 예비 목록에 포함된다.

---

[8] 이종은(2004:147-153)은 '-(으)면 싶다'를 의존 용언에 포함시켜 한국어 교육에 적용하였지만, 균형 말뭉치 자료에서는 1인칭 화자 주어문에서 의도성 표현으로 사용된 예를 발견할 수 없었다. 교육에 적용하는 대상들은 연구를 위한 것보다는 실제성이 있는 것을 다루어야 한다.

(9) 극저빈도 표현:
  가. 의지 표현: -(으)ㄹ까 보다, -고 말다, -(으)려던 참이다, -(으)ㄹ 셈이다, -(으)ㄹ까 싶다, -(으)려고 들다
  나. 계획 표현: -(으)ㄹ 참이다, -아/어야지, -(으)려던 참이다, -(으)ㄹ 것이다
  다. 희망 표현: -(으)면 하다, -(으)면 싶다
  라. 약속 표현: -(으)ㅁ세

위와 같은 극저빈도 그룹에 속해 있는 표현을 무조건 교육용 목록에서 제외할 것인가를 고려해야 한다. 빈도가 낮더라도 이해 언어 측면에서 교육 과정에 포함시켜야 할 요소가 있고, 선행 학습한 표현과의 연관성을 고려했을 때 학습의 경제적 측면에서 포함시켜도 좋을 표현이 있기 때문이다.

의지 표현의 '-(으)ㄹ까 보다'는 실제 말뭉치에서 종결 표현이 아닌 연결형 '-(으)ㄹ까 봐(서)'의 형태로 더 자주 등장하여, 화자의 의지, 근심, 걱정을 나타내는 경우가 많았다. 종결형으로는 빈도가 낮지만 연결형으로 등장하는 경우가 많으므로 이해 측면에서 이를 교육 목록에 포함시켜야 하는지 고려해 볼 필요가 있다. 또한 의지와 계획의 다의미 특성을 갖는 '-(으)려던 참이다'는 빈도 결과를 반영한다면 목록에서 제외해야 하겠지만, 현재 모든 한국어 교재에서 제시되어 있으므로 과연 이 표현이 이해 측면에서 제시할 필요가 있는지도 검토해 볼 필요가 있다. 따라서 이들을 목록에 포함시킬지 여부는, 난이도를 점검하고 과제·기능의 적용 범위를 부가 기준으로 삼아 심의한 후에 결정하도록 한다. 이는 다른 의미 영역에서도 마찬가지이다.

계획 표현에는 다의미 특성을 가진 표현들이 속해 있다. '-(으)ㄹ 참이다, -아/어야지, -(으)ㄹ 것이다'는 의지 표현으로 사용될 때는 중·상위 빈도 그룹에 속하지만 계획을 나타낼 때는 저빈도로 나타난다. 특히 '-아/

어야지, -(으)ㄹ 것이다'는 상위 빈도 30% 이내에 속한 고빈도 표현이다. 다의미를 가진 하나의 형태를 독립적으로 구별하여, 저빈도의 의미는 교육 대상에서 제외하고 하나의 의미 특성만을 제시하거나, 하나의 표현을 통해 두 의미 특성을 가르칠 수 있는 경제성을 고려하여 두 의미 특성을 모두 교육 과정에 포함시킬지를 고려해야 한다. 빈도만으로 목표 표현을 선정하는 데 있어 이렇게 변수가 발생하기도 한다.

선행 요소와의 관련성에서 희망 표현의 '-(으)면 하다'도 고려 대상이 된다. 실제 언중들이 '-았/었으면 하다'와 '-(으)면 하다'를 구별하여 사용하지도 않고, 형태적으로 유사하여 학습 부담감도 적을 것이라 예상된다. 이렇게 '-(으)면 하다'를 교육 목록에서 제외할 뚜렷한 근거를 빈도 적용 결과로는 찾을 수 없다. 따라서 이 표현도 부가 기준을 적용하여 목록에 포함할지를 결정할 것이며, 이 외에 1차 기준에서 탈락한 표현도 최종적으로 제외할 것인가 하는 문제를 해결한다.

이렇게 이해 언어 측면에서 고려 대상이 되지 않거나 선수 학습된 요소와의 관련성이 적어 교육용 목록에서 제외해도 될 만한 표현도 여럿이 있다. 의지의 '-(으)려고 들다'는 '들다'의 어휘적 의미 때문에 강한 의지를 나타내지만 이를 특별히 교육해야 할 만큼 중요한 특성은 아니며, '-(으)ㄹ 셈이다, -(으)ㄹ까 싶다'는 다른 의지 표현과 '-(으)면 싶다'는 다른 희망 표현과 비교했을 때 특별히 교육적 중요성이 없으므로 이들을 모두 제외한다. 약속의 '-(으)ㅁ세'는 이미 특정 세대에서, 주로 남성이 사용하는 표현으로 사용 범위가 아주 좁아서 교육 필요성이 적으므로 이를 제외할 것이다.

'-고 말다'는 '-고 말겠다'와 비교했을 때, 의지 표현으로 사용되는 경우가 적었으므로 의도성 표현으로 단원의 목표 항목으로 제시할 필요성이 적다. '-고 말다'가 갖는 완료의 의미가 목표 문법으로 선정된다면 '-고 말겠다'를 하위 용법으로 설명하는 방법과, '-고 말겠다'를 완료의 '-고 말다'와 구분하여 목표 문법으로 제시하는 방법 중에 어떠한 것을 선택하느냐가 문제가 될 수 있다. 본고에서는 '-고 말겠다'를 의도성을 나타내는 하나의 독립된 표현으로 제시하는 것이 좋다고 본다. '-고 말다'는 현재 교육 과정에서 대체적으로 중급 이상의 단계에서 소개되는데, '-겠다'를 이미 학습한 상태에서 '-고 말겠다'의 의미를 유도하면 좋겠지만, '-고 말다'에 '-겠다'가 결합되는 경우는 완료 의미로서의 '-고 말다'가 아닌 의지의 '-고 말다'에서 출발하기 때문이다. 따라서 굳이 의지의 '-고 말다'에서 '-고 말겠다'를 생성해 낼 필요가 없으므로 아예 독립적으로 '-고 말겠다'를 독립적인 의도성 표현의 목록으로 선정하기로 한다. '-고 말겠다'를 독립 표현으로 제시하는 경우, 학습자는 '-겠다' 및 '-고 말다'의 완료 용법에 대해 다시 한 번 확인할 수 있는 기회를 갖는 것이다. 교수자의 입장에서는 '-고 말다'의 다의미 특성을 한 번에 제시하지 않고, 단계별 지도를 할 수 있다는 점에서도 좋다.

이상과 같이 1차 기준인 사용 빈도를 적용한 결과 (10가)처럼 교육용 의도성 표현에서 제외할 수 있는 형태들과, 난이도에 따라 목록 설정의 타당성을 확인할 필요가 있는 형태 (10나)를 찾을 수 있었다.

(10) 가. 2차 기준 적용 제외 표현:
　　　의지 표현: -고 말다, -(으)려고 들다, -(으)ㄹ 셈이다, -(으)ㄹ까 싶다
　　　희망 표현: -(으)면 싶다
　　　약속 표현: -(으)ㅁ세

　　나. 2차 기준 적용 대상 표현:
　　　의지 표현: -(으)ㄹ까 보다, -(으)려던 참이다
　　　계획 표현: -(으)ㄹ 참이다, -아/어야지, -(으)려던 참이다, -(으)ㄹ 것이다
　　　희망 표현: -(으)면 하다

빈도 결과를 보면 균형 말뭉치와 구어 말뭉치에서 사용된 의도성 표현의 목록 수에는 차이가 있다. 말뭉치 자료에서 1인칭 화자 주어문에서 의도성 표현으로 사용된 예를 찾을 수 없었던 '-(으)면 싶다'를 제외하면, 균형 말뭉치에서는 약 13개 표현이 저빈도로 나타나지만, 구어 말뭉치에서는 19개 표현이 저빈도 양상을 보인다. 더욱이 구어 말뭉치에서 아예 용례를 발견할 수 없는 표현도 다수 포함되어 있다. 이는 모국어 화자가 자주 사용하는 담화 특성이 반영된 것이라고 본다. 그러므로 구어 말뭉치에서 등장하지 않은 의지의 -고 말다, -(으)ㄹ 셈이다, -(으)ㄹ까 싶다, -(으)려고 들다', 계획의 '-(으)ㄹ 참이다, -(으)려던 참이다', 희망 -(으)면 싶다', 약속의 '-(으)ㅁ세'가 문어 표현이라는 의미는 아니다. 이는 말뭉치 자료가 다양하지 못하고 대담 프로, 드라마 몇 편에 국한되었기 때문이라고 해석할 수도 있고, 화자 자신이 쓰는 표현이 한정되어 있어 언중의 구어 구사 특성을 반영한 것이라고 해석할 수도 있다. 실제 말뭉치를 비교한 결과, 다음의 예처럼 균형 말뭉치와 구어 말뭉치에서 빈도 차이가 발생하는 경우가 있었다.

(11) 말뭉치 성격에 따라 빈도의 불균형을 보이는 표현들 :
　가. -기로 하다[계획]: 균형 상, 구어 중[9])
　나. -(으)려고 하다[의지]: 균형 상, 구어 중
　다. -(으)리다: 균형 상, 구어 중
　라. -(으)ㄹ까 하다[의지]: 균형 상, 구어 중
　마. -(으)ㄹ 참이다[의지]: 균형 중, 구어 하
　바. -(으)려고 하다[계획]: 균형 중, 구어 하
　사. -(으)마: 균형 중, 구어 하
　아. -(으)ㄹ게[의지]: 균형 상, 구어 하
　자. -(으)ㄹ까 하다[계획]: 균형 중, 구어 하

---

[9]) '균형 상'은 균형 말뭉치에서 상위권 빈도를, '구어 중'은 구어 말뭉치에서 중위권 빈도를 의미한다.

차. -았/었으면 싶다[희망]: 균형 중, 구어 하
카. -(으)ㄹ게[의지]: 균형 상, 구어 하
타. -아/어야지[의지]: 균형 중, 구어 상
파. -도록 하겠다[의지]: 균형 중, 구어 상
하. -아/어야지[계획]: 균형 하, 구어 중

위의 (11가)부터 (11차)까지는 균형 말뭉치에서는 빈도가 더 높고, (11타)부터 (11하)까지는 구어 말뭉치에서 더 높은 빈도를 보인다. 그러나 (11타)부터 (11하)의 표현이 구어체 표현이라고 할 수 없다. 특히 대부분 빈도차가 한 단계 정도인데, (11아)의 의지 표현 '-(으)ㄹ게'는 균형 말뭉치에서는 상위권 빈도를, 구어 말뭉치에서는 빈도가 하위권에 있어 빈도의 불균형이 심하다. '-(으)ㄹ게'가 균형 말뭉치에서 높은 빈도를 보이는 것은 균형 말뭉치 자료의 불균형성과 관련이 있다. 실제로 연구·교육용 말뭉치에서는 구어가 단지 10%뿐이고, 구어의 근간이 되는 자료도 시사 토크, 뉴스 등과 같은 몇몇 자료에 국한되기 때문인 것으로 생각된다. 연구·균형 말뭉치에 이러한 불균형이 존재하지만 모국어 화자의 언어를 집약적으로 검토할 수 있는 자료라는 점에서는 가치가 있다. 따라서 본고에서는 목록 선정의 타당성 확보를 위해 빈도 이외에 형태별로 난이도를 측정하여 이를 배열에 이용하고, 과제·기능과의 연관성도 필요에 따라 참고하는 것이다.

1.2 난이도에 따른 위계화

여기에서는 앞서 제시한 난이도 원리에 따라 의도성 표현 형태들의 난이도를 검토하기로 한다. 1차 기준에 의해 목록에서 제외된 표현은 난이도 측정 대상에서 제외하고, 1차에서 선정된 표현 이외에 2차 기준 적용 대상으로 보충한 표현을 포함하여, 각 형태를 음운, 형태, 통사, 의미, 화용적인 관점에서 난이도를 측정할 것이다.

음운론적인 면에서 발음의 용이성을 고려해야 한다. 학습자의 언어 배경에 따라 차이가 발생할 수 있으므로 언어권별로 학습자 난이도를 조사하여 이를 반영하면 더 좋겠지만, 본고에서는 언어권별로 논의하지 않으므로 학습자의 언어 배경은 거의 고려하지 않고 일반론적인 기준에 따르기로 한다. 이는 음운 외에 형태나, 통사, 의미, 화용 부문에서도 마찬가지이다.

음운 현상 가운데에선 한국어 학습자가 일반적으로 어려워하는 음절말 불파 현상, 격음, 경음, 유음, 모음 '으, 어, 애, 예' 등의 발음들을 고려하면 좋을 것이다. '-겠다'류, '-(으)려-'류, '-(으)ㄹ'류 등으로 구성된 형태들은 대체로 외국인에게 어려운 발음에 속한다. 유사 의미를 가진 표현 형태 중에 가능하면 쉽게 발음할 수 있는 형태를 선택하는 것이 일반적인 학습자의 외국어 습득과정에서 나타나는 현상일 것이다. 희망 표현 중에서 특히 '-고 싶다'의 사용 양상이 높은 것은 '-(았/었)으면 좋겠다'처럼 격음화나 활용 등의 제약을 받지 않으며 형태도 간단하기 때문일 것이다. 의미와 형태가 거의 구분되어 사용되고 있지 않는 이 형태들도 학습자들은 차별적으로 사용하고 있다. 실제 학습자 말뭉치에서 나타난 빈도를 보면, '-았/었으면 좋겠다, -았/었으면 하다'보다는 '-(으)면 좋겠다'나 '-(으)면 하다'를 더 자주 사용하는 것으로 나타난다. 학습자들은 비슷한 의미를 가지더라도 발음이나 문법 등에서 고난이도를 갖는 표현이라면, 입력되었더라도 제대로 습득하지 못해 잘 사용하지 않는다. 말하기에 쉬운 특정 형태를 선호하는 것이다.[10]

형태론적인 접근에서는 먼저 가시적인 것에서 출발하고자 한다. 즉, 문법소가 가급적이면 적은 형태나 단독형부터 가르치는 것이 좋을 것이다. 이에 따라 2음절 형태 '-겠다'에서 6음절 '-(으)려던 참이다' 등에 이르기

---

10) 영어를 배우는 외국어 학습자가 초기에는 'would like' 대신 'want'의 형태를 선호하는 현상에 대응될 수 있을 것이다.

까지 음절수에 차이가 나는 것도 학습 용이성 문제에서 고려될 수 있다.11) 음절수에 따르는 문제는 학습의 난이도에 미치는 비중이 그리 크지는 않다. 그런데 이들 목록 중에는 형태적으로 공통성이나 유사성이 있는 형태들이 있다. 예를 들어 '-고 말겠다, -도록 하겠다, -아/어야겠다, -(았/었)으면 좋겠다' 등에서는 '-겠다'가 공통적으로 들어있다. 의존 명사 구성인 '-(으)ㄹ 참이다, -(으)려던 참이다', 의존 용언 '하다' 구성 '-았/었으면 하다, -(으)면 하다', 종결 어미 '-(으)ㄹ까' 류도 서로 공통적이다. 이럴 경우에는 이들을 함께 묶어서 종합하는 학습 기회를 갖는 것도 좋겠지만, 난이도에 큰 차이가 없다면 학습 시기를 이웃하도록 설계할 수도 있다. 그런 점에서 위계화 단계부터 이웃하는 자리매김을 고려할 수 있다. 앞 장에서 검토한 의도성 표현을 형태 수대로 정리하면 아래의 (10)과 같다.

(12) 가. 1: -겠다
    나. 2: -(으)리다, -(으)마
    다. 3: -고 싶다, -(으)ㄹ래, -(으)ㄹ게, -(으)ㄹ 테다
    라. 4: -고 말겠다, -고자 하다, -기로 하다, -아/어야지, -(으)면 하다, -(으)ㄹ 참이다, -(으)ㄹ 것이다, -(으)ㄹ까 보다, -(으)ㄹ까 하다
    마. 5: -도록 하겠다, -(으)려고 하다, -아/어야겠다, -(으)면 좋겠다
    바. 6: -(으)려던 참이다, -았/었으면 좋겠다, -았/었으면 싶다, -았/었으면 하다

이와 같이 형태적 유사성을 고려하는 것 이외에도 띄어쓰기와 같은 정서법을 고려해야 할 것이다. 같은 형태의 형태라도 띄어쓰기가 있는 구성은 학습자의 학습 내용이 더 늘어나기 때문이다. 특히 띄어쓰기가 생소한

---

11) 음절수는 표기 형태의 수와 동일한데, 학습자들은 음절의 개념 대신 표현의 형태의 길이에 따라 학습의 어려움을 느낄 수 있다. 이를 반영하여 글자수를 난이도 원리에 포함한 것이며, 형태론적 접근 방식에서 음절 대신 글자수를 가리키는 것이다.

일본어권과 중국어권 학습자의 경우는 띄어쓰기도 학습해야 할 하나의 항목이다. 띄어쓰기의 잘못은 실제 한국어 교육에서 오류로 처리하고 있기는 하지만, 의사소통을 방해할 정도로 심각한 오류가 아니라는 점에서 가볍게 처리되는 경향이 있다. 그러나 띄어쓰기는 작은 의미 단위를 뜻하는 것으로, 최종적으로 읽기, 말하기 능력과 관련되므로 학습자들로 하여금 띄어쓰기의 중요성을 인식하도록 하는 것도 중요하다. 의도성 표현에서 띄어쓰기의 유표성은 아래의 (11)과 같이 구분될 것이다.

(13) 가. 무표형: -겠다, -(으)리다, -(으)마, -(으)ㄹ게, -(으)ㄹ래, -아/어야 겠다, -아/어야지
나. 유표형: -고 싶다, -고 말겠다, -고자 하다, -기로 하다, -도록 하겠다, -(으)려고 하다, -(으)려던 참이다, -(으)ㄹ 것이다, -(으)ㄹ까 보다, -(으)ㄹ까 하다, -(으)ㄹ 참이다, -(으)ㄹ 테다, -(으)면 좋겠다, -(으)면 하다, -았/었으면 싶다, -았/었으면 좋겠다, -았/었으면 하다

형태수나 띄어쓰기 이외에도 학습자의 학습에 어려움을 주는 요소가 바로 용언의 활용형이다. 음소나 음절이 탈락 또는 첨가되거나 대치되어 형태 변화가 일어나는 표현은 고정된 형태보다 학습의 어려움이 크기 때문에 학습자들은 자주 오류를 범한다. 형태 활용은 학습의 난이도와 관련이 있으므로 이러한 특성도 고려해야 한다. 또한 선·후행 결합 요소와의 관계에 따른 제약과 결합 가능한 선행 어간의 성격과 어말 어미와의 결합성 여부도 고려 대상이 된다.

의도성 표현 중 활용은 크게 음운의 대치와 탈락 및 첨가로 나타난다. 모음조화와 관련하여 '-아/어'의 선택과, 선행 말음에 따라 '으'의 탈락 변동이 발생하는 것이다. 전자는 선행 어간의 모음에 따라 '-아'나 '-어'를 선택하여야 하는데 후자의 음운 현상에 의한 활용보다 비교적 단순하다.

후자는 한국어의 종성 시스템에 익숙하지 않은 학습자에게는 '으'의 형태가 낯설다. 가령, 선행 어간의 받침 유무에 따라 '-(으)ㄹ 거예요'나 '-ㄹ 거예요' 가운데 하나를 선택해야 함을 한꺼번에 제시하는 것이 일반적인 방법이겠지만, 이보다는 '으' 탈락의 설명 방식이 학습자가 형태에 쉽게 접근할 수 있다고 본다. 이렇게 하면 '-(으)-'의 교체 유무도 일관되게 교수할 수 있고, 학습의 효율성에도 기여할 수 있을 것이다. 가령, '-(으)려고 하다'와 '-(으)ㄹ 거예요'를 대표형으로 제시하고 받침이 없으면 탈락하다고 설명할 수 있다. '-(으)-' 탈락 대신 '-(으)-' 첨가로 설명할 수도 있으나 '첨가'보다는 '탈락'이 학습자가 부담을 적게 느낄 수 있을 것이다. 그러나 이러한 조건 학습도 학습자에게 부담을 더하는 것이다. 이 밖에 음운 변동이 있는 형태도 학습 부담을 늘리기는 마찬가지이다. '하다' 동사가 구성에 포함되거나 불규칙 활용이 있는 형태, 'ㄹ' 탈락이 일어나는 형태도 난이도에 영향을 미친다.

(14) 가. 무표형: -겠다, -고 싶다, -고 말겠다, -고자 하다, -기로 하다, -도록 하겠다
　　　나. 음운 대치: -아/어야지, -아/어야겠다, -았/었으면 싶다, -았/었으면 좋겠다, -았/었으면 하다
　　　다. 음운 탈락: -(으)ㄹ래, -(으)ㄹ 것이다, -(으)ㄹ 참이다, -(으)리다, -(으)려고 하다, -(으)려던 참이다, -(으)ㄹ게, -(으)ㄹ까 보다, -(으)ㄹ까 하다, -(으)ㄹ 테다, -(으)마, -(으)면 좋겠다, -(으)면 하다

형태론적 공기 제약도 그 용법의 난이도에 영향을 미친다. 예를 들어, 선행 용언의 의미 특성에 따라 제약이 있는 형태도 학습량을 늘리며, 사용을 어렵게 한다. 의도성 표현 가운데에는 '알다, 모르다' 등의 인식의 의미를 가진 동사나 형용사와 결합하는 경우 추측의 의미로 전이되거나 정문이 되지 않는 경우도 있다. 가령, '내가 예뻐야지', '내가 그 이름을 알으려

고 해요'는 모두 비문인데, 이들은 의도성 표현이 행동으로 옮길 가능성을 전제로 하기 때문에 상태 의미를 갖는 어휘 요소와 결합상의 제약을 보이는 것이다.

    (15) 가. 형용사와 결합 제약에 무표성을 갖는 것:
            -(으)면 좋겠다, -(으)면 하다, -았/었으면 싶다, -았/었으면 하다,
            -았/었으면 좋겠다
      나. 형용사, 인식 동사와 결합 제약에 유표성을 갖는 것:
            -기로 하다, -아/어야지, -(으)려고 하다, -(으)려던 참이다, -(으)ㄹ
            것이다, -(으)ㄹ게, -(으)ㄹ까 보다, -(으)ㄹ까 하다, -(으)ㄹ래, -
            (으)ㄹ 참이다, -(으)ㄹ 테다, -(으)마

    이 밖에도 '-었/았-, -겠다'의 결합에 제약을 갖는 것은 무표적인 것을 배운 후에 제시되도록 한다. 또한 1인칭 화자의 주어문에 나타난 의도성 표현이므로 명령형과 청유형으로 실현되지 않고 주로 평서형으로 실현된다. '-(으)려고 하다, -(으)려고 들다, -(으)리다, -(으)ㄹ래, -(으)ㄹ테다, -아/어야지'는 주로 '하라'체의 평서형만 어울린다.

    문장 구성과 관련하여 접속문, 내포문 구성 여부도 고려해야 한다. 본고는 문장을 완전히 종결하는 표현만을 논의 대상으로 하나, 본유의 문법 특성을 가지고 있기 때문에 이를 고려하여야 하며, 학습자 역시 상위 단계에 올라가면서 종결 표현만을 배우는 것이 아니라 복문을 이해할 수 있는 고급 수준의 언어 능력을 요구하기 때문이다. 가령, '-(았/었)으면 좋겠다'는 내포문 생성에 제약을 갖는데, 문장 형성 조건이 복잡할수록 고급 수준의 언어 능력을 요구하기 때문이다. 그런데 고급 단계의 한국어 학습자들의 부족한 점 가운데 하나는 문장 구성 능력이다. 특히 이것은 쓰기에 그대로 반영되어 말하기 능력과 차이가 나서 언어 기능의 발달에 균형을 이루지 못하는 결과를 낳는다. 따라서 복문 구성 요소도 표현 교육에서

고려해야 할 요소이고, 복문을 구성하는 능력은 학습 대상의 난이도와 관련이 있다고 보아 이를 고려해야 할 것이다.

의도성 표현의 결합 양상을 살피기 위해 본고는 국립국어원의 「한국어 문법1」(2005)와 김수정(2003)에서 보인 교육용 연결 어미 목록에서의 제약 관계를 원용한다. 의도성 표현 중 결합 제약이 가장 큰 것은 '-도록 하겠다'이다. '-겠다'도 '-는데, -(으)니' 이외의 연결 어미와는 결합에 제약이 있다. 의도성 표현과 연결 어미의 결합 제약성의 순서로 나열하면 다음과 같다.

 (16) 연결 어미와의 결합 제약 정도가 큰 순서 :
  -기로 하다, -고 싶다, -(았/었)으면 싶다, -(았/었)으면 좋겠다, -(으)려 던 참이다, -아/어야겠다, -(으)ㄹ까 보다, -(으)ㄹ 테다, -겠다, -아/어 야지, -(으)ㄹ래, -(으)마, -(으)ㄹ게

연결 어미의 결합 제약이 큰 표현일수록 학습자는 오히려 더 쉽게 학습 하거나 습득할 수 있다는 이면이 있다. 결합 제약이 큰 표현은 결합 가능한 일부 연결 어미와의 생산만을 제시하면 간단하게 해결될 수 있을 것 같기 때문이다. 그러나 실제로 우리의 학습자들은 다양한 모습의 자신만의 언어를 생산하기 때문에 제약성의 정도는 학습자의 학습 난이도와 무관한 것이 아니다.

내포문 구성에서도 다음 표현들은 제약을 보이므로 학습자들이 문장 생성 과정에서 제약을 인지해야 한다.

 (17) 내포문에서의 제약성이 큰 표현 :
  -겠다, -고 말겠다, -도록 하겠다, -아/어야지, -(으)리다, -(으)ㄹ게, -(으)ㄹ래, -(으)려고요, -(으)ㄹ까 보다, -(으)ㄹ 테다, -아/어야겠다, -았/었으면 좋겠다, -(으)마

기본 의미, 단순 의미를 중심으로 배열해야 하지만, 때로는 파생 의미가 훨씬 일상적인 경우에는 이를 먼저 놓을 수도 있다. 의도성 표현 중에는 '-고 싶다, -(으)마'처럼 단의미를 갖는 형태도 있지만 '-겠다, -(으)ㄹ 것이다'처럼 다의미 특성을 갖는 것도 있다. 본고의 기준은 단의미를 갖는 표현은 그만큼 학습하기가 쉽다는 것이다.

본고의 의도성 표현에서 다의미 특성을 보이는 것은 다음의 형태들로, 의도성 표현의 의미들이 중첩되는 형태도 있고, 비의도성 의미를 함께 갖는 형태도 있다.

(18) 가. 의지, 계획, 약속, 추측: -겠다
나. 의지, 계획, 추측: -(으)ㄹ 것이다
다. 의무, 의지, 추측: -아/어야겠다
라. 의무, 의지, 계획: -아/어야지
마. 의지, 계획: -(으)려고 하다, -(으)려던 참이다, -(으)ㄹ까 하다, -(으)ㄹ 참이다
바. 계획, 약속: -기로 하다
사. 의지, 약속: -(으)ㄹ게

위의 다의미 표현들은 현재 한국어 교재에서 이들의 다의미 특성을 한 번에 종합적으로 기술하는 방식으로 설명되어 있기도 하지만, '-겠다', '-(으)ㄹ 것이다'와 같은 특정 형태의 경우 난이도를 고려한 단계별 기술 방식으로 편성된 교재도 있다. 그러나 학습자들은 단계별로 배우고 여전히 동일한 형태에서 나타나는 의미임을 알지만, 다음과 같은 문장을 자연스럽게 생산하는 데에 어려움을 겪는다.

(19) 이번에는 내가 가야 할 거야.

위의 예는 의무의 '-아/어야 하다'와 '-(으)ㄹ 것이다'의 결합으로, 학습

자들은 '-(으)ㄹ 것이다'가 1인칭 화자 주어문에서 의지를 나타낸다고 학습된 상태이므로 이것을 의지 표현으로 이해할 것이다. 여기서 '-(으)ㄹ 것이다'는 1인칭 주어문임에도 불구하고 추측의 의미로 실현된다. 다의미 특성은 특정 환경에서 각 의미로 실현될 수도 있지만, 이렇게 다른 요소와의 결합에서는 학습자가 예상하지 못하거나 학습하지 않았던 환경에서 제3의 용법을 경험하기 때문이다. 따라서 다의미 특성을 가진 표현은 단계별 학습이 이루어진다고 해도 어렵게 학습되는 요소일 것이다.

　위 형태들의 가지는 특성으로 추상성의 정도에도 차이가 있다. 구체적인 시간이나 장소 등의 내용이 포함되는 계획과 추상적인 개념의 추측은 학습자들의 이해에 영향을 미칠 것이다. 추상적인 개념은 구체적인 개념보다 이해면에서 학습자에게 어려움을 줄 것이며 이는 곧 난이도를 의미한다. 김유정(1998)에서 논의한 것처럼 의미의 난이도를 고려하여 위계화를 진행해야 한다. 의도성 표현에서 다의미 특성을 보이는 표현들은 '의지, 계획', '의지, 약속', '계획, 약속'의 의미를 갖는다. 각 의미에서 의지는 화자 지향성이 강하고 계획이나 약속은 청자 지향적인데, 화자 지향성 표현은 화자 자신과 관련성이 깊어 상대를 고려하지 않아도 되므로 이를 더 쉽게 다가갈 수 있다는 점에서 이를 더 쉬운 표현으로 본다. 계획과 약속은 모두 청자 지향적인 표현이나 '-기로 하다'의 경우 약속의 의미로 실현되는 경우 활용 변화가 있으므로 복잡성을 인정하여 계획을 더 쉬운 표현으로 보아 채점하였다.

　화용적 특성도 고려하여 배열해야 할 것이다. 대화 참여자간의 상호작용을 고려한다면 그 상황에 맞는 어법이 존재할 것이다. 초급 단계의 학습자는 자신의 의사를 분명하게 전달할 수 있는 능력이 더 시급할 것이고, 전체적인 대화 상황과 흐름을 이해할 수 있는 고급 단계의 학습자한테는 직접적인 표현보다는 간접적이고 완화된 어법이나 격식성의 유무를 고려한 표현이 제시되어야 한다고 본다. 또한 유사한 의미를 갖는 표현들이 있을 때 발화자는 적합한 표현의 선택에 어려움을 겪는데, 이는 주로 화용적 요인에 따르는 문제이다. 따라서 담화 상황에 따라 요구되는 표현의 난이도를 고려해야 할 것이다.

이상의 기준에 따른 의도성 표현의 난이도를 검토하였다. 난이도에 따른 형태는 다음과 같은 순위로 나타났다. 각 기준의 배점은 의미, 문장 구조의 복잡성을 높은 수준의 학습 능력이 요구되는 것으로 봐서 높게 책정하였고, 활용이나 형태 결합 제약, 음운 현상의 특성, 형태 순으로 배점 기준을 달리 하였다.

형태는 문법소의 수에 따라 3음절이 넘으면 1점을 부가하였고, 띄어쓰기의 유무에 따라 배점하였다. 음운의 경우는 불규칙 활용인 경우 1점, 음운 대치나 탈락이 있는 경우 1점을 부가하였다. 선행 용언은 의미적 요소로 형용사와 인식 동사를 구분하여 각각 1점씩을 부가였다. 따라서 두 가지 의미 영역에 모두 제약을 가지면 2점을 부가하였다. 연결 어미는 비교적 자주 쓰이는 경우를 제외하고 학습자가 익숙한 문법 요소인 점을 고려하여 결합 가능한 연결 어미의 수가 10개 이하인 것에 2점을 부가하였다. 내포문은 문장 구성과 관련하여 높은 수준의 언어 생성 능력을 요구하며, 다의미를 가진 형태의 경우는 한국인의 의식 구조와 관련이 있어 상당히 높은 수준의 언어 능력을 필요로 하므로 이 부분을 2점으로 배점하였다. 다만 다의미가 있는 형태에서, 해당 의미가 처음으로 학습될 경우에는 단의미로 이해되므로 이때에는 다의미 조건에 해당되지 않는다. 화용 조건은 담화·화용 조건이 있는가 여부에 따라서 3점을 주었는데, 혼잣말이 가능한가, '해라'체 평서문의 발화가 가능한가, 격식체 표현이 가능한가를 따져서 불가능할 때에 각각 1점씩 배정하였다.

이러한 배점의 가중치는 전혀 절대적이지 않다. 다만 위계화를 수의적이고 개인적인 직관에 의하지 아니하고 좀 더 명시적으로 작업하기 위해서는 각 항목마다 수치로 나타내는 배점이 반드시 있어야 할 것이다. 이

때 각 항목의 가중치를 어떻게 주는가 하는 것이 매우 심각한 문제이다. 여기에는 절대적인 기준을 설정하기가 어렵다는 난점이 있어, 본고에서는 한국어 교육을 담당하는 교수자들의 의견을 종합 정리하여 위와 같이 배점하였다. 그러므로 위의 배점은 객관적인 기준 근거가 찾아지면 얼마든지 수정될 수 있다. 이와 같은 배점 방식으로 의도성 표현의 난이도를 점검하면 아래의 표와 같다.[12]

<표 20> 난이도에 따른 의도성 표현의 위계화

순위	표현	형태 (0-2)	형태적 유사성 (0-1)	음운 (0-3)	선행용언 제약 (0-2)	연결 어미 제약 (0-2)	내포문 제약 (0-2)	다의미 특성 (0-2)	화용 정보 (0-3)	총점
1	-고 싶다	2	0	0	1	0	0	0	0	3
2	-고 말겠다	2	0	0	0	0	2	0	0	4
3	-고자 하다	2	0	1	0	0	0	0	2	5
4	-기로 하다[계획]	2	0	0	1	0	0	1	2	6
4	-겠다[의지]	0	0	0	1	2	2	1	0	6
4	-았/었으면 좋겠다	2	0	2	0	0	2	0	0	6
4	-았/었으면 하다	2	1	3	0	0	0	0	0	6
4	-(으)면 좋겠다	2	0	1	0	2	0	0	1	6
4	-(으)면 하다	2	1	1	1	0	0	0	1	6
10	-았/었으면 싶다	2	1	2	0	0	0	0	2	7
10	-(으)ㄹ 것이다[의지]	2	1	1	0	0	2	1	0	7
10	-기로 하다[약속]	2	0	0	1	0	0	2	2	7
10	-겠다[계획]	0	0	0	1	2	2	2	0	7
10	-도록 하겠다	2	0	1	2	0	2	0	0	7

---

12) 난이도는 기본형을 중심으로 이루어졌다. 가령, 교재의 목표 항목으로 제시된 '(으)려고 해도, (으)ㄹ 테니까'는 '-(으)려고 하다, (으)ㄹ 테다'의 연결 어미 제약 정도와 관련이 있기 때문이다.

15	-(으)ㄹ래	1	0	2	2	0	2	0	3	8
15	-(으)ㄹ 것이다[계획]	2	1	1	0	0	2	2	0	8
17	-(으)리다	0	0	2	2	0	2	0	3	9
17	-(으)려고 하다[의지]	1	1	3	1	0	0	1	2	9
17	-아/어야겠다	1	0	2	2	0	2	2	0	9
17	-(으)려던 참이다[의지]	2	0	2	1	0	0	1	3	9
21	-(으)려고 하다[계획]	1	1	3	1	0	0	2	2	10
21	-(으)ㄹ 테다	1	0	2	2	2	2	0	1	10
21	-(으)려던 참이다[계획]	2	0	2	1	0	0	2	3	10
21	-아/어야지[의지]	1	0	2	0	2	2	1	2	10
21	-(으)ㄹ까 하다[의지]	2	0	3	2	0	0	1	2	10
26	-(으)ㄹ 참이다[의지]	2	0	2	2	0	2	1	2	11
26	-(으)마	0	0	2	2	2	2	0	3	11
26	-아/어야지[계획]	1	0	2	2	2	2	0	2	11
26	-(으)ㄹ까 하다[계획]	2	0	3	2	0	0	2	2	11
30	-(으)ㄹ까 보다	2	0	2	2	2	2	0	2	12
30	-(으)ㄹ 참이다[계획]	2	0	2	2	0	2	2	2	12
32	-(으)ㄹ게[의지]	0	1	2	2	2	2	1	3	13
33	-(으)ㄹ게[약속]	0	1	2	2	2	2	2	3	14

위에서 음운, 형태, 통사, 의미, 화용적 조건을 고려하여 학습 난이도를 산정하였다. 그 결과 상위 30% 이내에 속하는 초급 수준의 표현은 희망의 '-고 싶다'부터 의지의 '-도록 하겠다'까지이다. 이 중 희망의 '-고 싶다'는 앞서 살펴본 빈도에서도 가장 높은 빈도를 보였는데, 난이도에서도 가장 쉬운 표현이라는 결과가 나왔다.[13]

---

13) 난이도는 약 30%를 기준으로 초·중·고급으로 나누고, 같은 단계에 속하는 형태들도 점수대에 따라 상·중·하로 세밀하게 구분하여 초상, 초중, 초하 등과 같이 표현한다. 초상은 초급 수준의 난이도 영역에 속하지만 그 안에서 어려운

이제, 빈도가 낮은 목록 가운데 2차적으로 난이도를 적용해서 목록으로 선정할 것인가 여부를 결정하기로 한 표현들을 점검하기로 한다. 우선, 빈도가 낮아 2차 적용 대상이었던 표현 중 '-(으)면 하다'는 초급 수준의 난이도 표현으로 판명되었다. '-(으)면 하다'는 모국어 화자들도 '-았/었으면 하다'와 구별 없이 사용하며, 단지 형태적으로 과거 시제소의 결합 유무 차이만 있으므로 이를 '-(았/었)으면 하다'의 형태로 제시하여 목록에 포함하는 것이 좋다고 본다. 이와 마찬가지로 계획의 '-(으)ㄹ 것이다'도 빈도는 낮지만 난이도는 중급 수준으로, 의지의 '-(으)ㄹ 것이다'와 학습의 연계성 차원에서 교육용으로 선정하기로 한다. 저빈도 표현에 속했던 의지와 계획의 '-(으)려던 참이다'는 난이도에서 중급 수준의 표현이었으므로 목록에 포함하기로 한다. 그런데 저빈도 표현인 의지의 '-(으)ㄹ까 보다', 계획의 '-(으)ㄹ 참이다, -아/어야지'는 다음의 (20)과 같이 상위 30% 속하는 고난이도 표현에 속한다. 따라서 이 표현들도 역시 교육용 목록에서 제외한다. 특히 '-(으)ㄹ까 보다'는 빈도 결과가 낮고, 고난이도 표현이지만 시도의 '-아/어 보다'의 의미가 발현되므로 학습자가 낯설게 접하지 않을 수 있다는 장점이 있다. 그러나 의미 특성이 어느 정도 추상성을 가지며 빈도도 낮으므로 고급 단계에 배치해도 좋을 것이다. 그런데 '-(으)ㄹ까 보다'는 연결 어미와 결합하여 걱정, 근심의 의미로 사용되는 경우가 의지의 의미로 실현되는 경우보다 우세했다. 따라서 '-(으)ㄹ까 보다'가 교육용 목록에 포함할 정도의 특수성을 갖고 있지 않으므로 목록에서 제외한다.

  (20) 고난이도 표현:
    의지 표현: -(으)ㄹ 참이다, -(으)ㄹ까 보다, -(으)ㄹ게
    계획 표현: -아/어야지, -(으)ㄹ까 하다, -(으)ㄹ 참이다

 정도가 가장 높다는 뜻이다.

약속 표현: -(으)마, -(으)ㄹ게

따라서 2차 기준의 적용 대상이 되었던 표현 중에서 목록에 합류되는 것은 (21가)이고, (21나)의 예들이 목록에서 제외되는 것이다.

(21) 가. 2차 기준 적용 후 목록에 포함된 표현
　　　의지 표현: -(으)려던 참이다
　　　계획 표현: -(으)려던 참이다, -(으)ㄹ 것이다
　　　희망 표현: -(으)면 하다

　　나. 2차 기준 적용 후 목록에서 제외된 표현:
　　　의지 표현: -(으)ㄹ까 보다
　　　계획 표현: -아/어야지, -(으)ㄹ 참이다,

위 (21나)의 목록에서 제외된 표현 중에 '-(으)ㄹ 참이다, -아/어야지'는 다의미 표현으로, 이들이 의지 표현으로 사용될 때는 빈도가 높다. 따라서 기준에 의해 완전히 제외할 것인지, 의지 표현으로 배울 때 계획의 의미를 함께 제시할 것인지도 문제가 될 수 있다. 빈도를 중시한다면 이들은 목록에서 제외되는 것이고, 교수의 편이성을 고려한다면 비록 빈도는 낮고 난이도도 중급 이상의 단계에 속하지만 이들을 교육 대상에 포함할 수 있는 것이다. 본고에서는 이들이 말뭉치 자료에서 사용 예가 10개 이하의 극저빈도 표현이라는 점에서 목록에서 제외하고자 하고, 특히 '-아/어야지'의 중심 의미는 의지와 계획이 아닌 의무라는 점에서 이것을 의도성 목록에서 제외한다.

1・2차 기준에 의해 교육용 목록에서 제외되는 표현들을 종합한 것이 (22)이며, 교육용 목록에 포함된 표현들을 정리하면 (23)과 같다.

(22) 교육용 의도성 표현에서 제외되는 표현:
의지 표현: -고 말다, -(으)려고 들다, -(으)ㄹ 셈이다, -(으)ㄹ까 보다, -(으)ㄹ까 싶다
계획 표현: -아/어야지, -(으)ㄹ 참이다,
희망 표현: -(으)면 싶다
약속 표현: -(으)ㅁ세

(23) 교육용 의도성 표현의 목록
가. 의지 표현
-겠다, -고 말겠다, -고자 하다, -도록 하겠다, -아/어야겠다, -아/어야지, -(으)려고 하다, -(으)려던 참이다, -(으)리다, -(으)ㄹ 것이다, -(으)ㄹ게, -(으)ㄹ까 하다, -(으)ㄹ래, -(으)ㄹ 참이다, -(으)ㄹ 테다
나. 계획 표현
-겠다, -기로 하다, -(으)려고 하다, -(으)려던 참이다, -(으)ㄹ 것이다, -(으)ㄹ까 하다
다. 희망 표현
-고 싶다, -았/었으면 싶다, -(았/었)으면 좋겠다, -(았/었)으면 하다
라. 약속 표현
-기로 하다, -(으)ㄹ게, -(으)마

여기에 각 형태의 구어적 요소와 문어적 요소를 감안하여 한국어 교육에 필요한 구어 위주의 위계화를 설정할 필요가 있을 것이다. 다음 장에서는 여기에서 살펴본 빈도와 난이도를 함께 고려하고, 과제·기능과의 연관성을 고려하여 교육용 의도성 표현의 목록을 단계별로 배열해 보고자 한다.

2. 의도성 표현 형태의 위계화

이 장에서는 앞장에서 빈도와 난이도를 근거로 선정된 교육용 의도성

표현을 위계화하고자 한다. 의미 영역별로 위계화를 시도하고, 이 결과를 바탕으로 의도성 표현의 모든 형태를 숙달도 단계에 따라 배열할 것이다. 의도성 표현의 배열에 있어 논의의 일관성을 위해 빈도, 난이도를 순차적으로 적용하며, 과제·기능의 적용 범위는 등급 조절을 위한 부가 조건으로 사용할 것이다.

교육용 의도성 표현으로 선정된 모든 항목을, 초·중·고급의 단계에 맞춰 학습 대상이 되는 표현의 수에서 동일하게 되도록 배분할 필요는 없다. 또한 목표 표현을 반드시 초·중·고급에서 하나의 항목이라도 배워야 하는 것도 아니다. 오히려 교수 요목에서 교육 대상을 전 과정에 걸쳐 단계별로 배울 것인지를 결정해야 한다. 의도성 표현은 기초적인 생활어의 특성이 강하고, 표현 언어의 측면이 강하다는 점을 고려하여 초·중급 단계에서 교수하기로 한다.14) 초·중급에서는 기초적인 일상생활의 언어 표현부터 우선적으로 배우는 것이 좋기 때문이다. 따라서 앞 장에서 살펴본 상위 빈도 30%에 해당하였던 '-고 싶다'에서 '-(으)ㄹ게'는 초급 단계에서 학습해야 할 목표 표현으로 삼고, 의지의 '-도록 하겠다'부터 계획의 '-(으)ㄹ 것이다'까지를 중급 이상에서 배울 표현으로 본다. 그런데 초급 단계에 포함된 표현에는 다음의 <표 21>에서 나타나듯이 난이도면에서 제일 쉬운 단계인 '하' 수준 이상도 포함되어 있다. 이처럼 선정된 의도성 표현들의 빈도와 난이도가 일치하는 것은 아니다. 이를 학습자의 수준에 맞게 배열하기 위해서 어느 정도의 등급 조절이 필요하므로 과제·기능의 적용 범위의 부가 기준을 적용하는 것이다. 교육용으로 선정된 표현의 빈도와 난이도 차이는 다음의 표를 통해 비교할 수 있다.

---

14) 다만 이해 언어차원에서 의도성 표현의 몇몇 표현이 고급 단계에서 교수될 수 있다는 가능성을 열어두기로 한다.

<표 21> 교육용 의도성 표현의 빈도와 난이도

빈도순	표현	의미 영역	난이도 순	표현	의미 영역
1	-고 싶다	희망	1	-고 싶다	희망
2	-겠다	의지	2	-고 말겠다	의지
3	-았/었으면 좋겠다	희망	3	-고자 하다	의지
4	-아/어야겠다	의지	4	-기로 하다	계획
5	-고자 하다	의지	4	-겠다	의지
6	-(으)ㄹ 것이다	의지	4	-았/었으면 좋겠다	희망
7	-기로 하다	계획	4	-았/었으면 하다	희망
8	-았/었으면 하다	희망	4	-(으)면 좋겠다	희망
9	-(으)려고 하다	의지	4	-(으)면 하다	희망
10	-아/어야지	의지	10	-았/었으면 싶다	희망
11	-(으)리다	의지	10	-(으)ㄹ 것이다	의지
12	-(으)ㄹ게	의지	10	-기로 하다	약속
13	-도록 하겠다	의지	10	-겠다	계획
14	-(으)ㄹ까 하다	의지	10	-도록 하겠다	의지
15	-(으)ㄹ 참이다	의지	15	-(으)ㄹ래	의지
16	-기로 하다	약속	15	-(으)ㄹ 것이다	계획
17	-(으)면 좋겠다	희망	17	-(으)리다	의지
18	-겠다	계획	17	-(으)려고 하다	의지
19	-(으)ㄹ 테다	의지	17	-아/어야겠다	의지
20	-(으)려고 하다	계획	17	-(으)려던 참이다	의지
21	-(으)ㄹ래	의지	21	-(으)려고 하다	계획
21	-고 말겠다	의지	21	-(으)ㄹ 테다	의지
23	-(으)마	약속	21	-(으)려던 참이다	계획
24	-(으)ㄹ까 하다	계획	21	-아/어야지	의지
25	-았/었으면 싶다	희망	21	-(으)ㄹ까 하다	의지

26	-(으)ㄹ게	약속	26	-(으)ㄹ 참이다	의지
27	-(으)려던 참이다	의지	26	-(으)마	약속
27	-(으)면 하다	희망	26	-(으)ㄹ까 하다	계획
29	-(으)려던 참이다	계획	29	-(으)ㄹ게	의지
29	-(으)ㄹ 것이다	계획	30	-(으)ㄹ게	약속

난이도는 앞선 장에서 전체 총점과 순위의 약 30%를 고려하여 '상·중·하'로 구분하였는데, 고난이도권에 해당하는 표현은 의지의 '-(으)ㄹ 참이다'부터 약속의 '-(으)ㄹ게'이고, 난이도 하에 속하는 것은 희망의 '-고 싶다'부터 의지의 '-도록 하겠다'이다. 빈도순은 12 이하는 고빈도, 27 이상의 순위는 저난이도 표현이다. 위 표에서 보듯이 의도성 표현은 빈도순과 난이도순이 일치되지 않았다. 빈도 순위와 난이도 순위를 비교하여 10등 이상의 차이가 있다면 이는 등급 조절이 필요한 요소라고 본다. 빈도가 높아도 고난이도 표현이라면 초급 단계의 학습자가 배우는 데에 너무 어렵기 때문이다. 순위 편차가 심한 표현에는 의지의 '-아/어야지, -(으)ㄹ게, -(으)ㄹ 참이다, -고 말겠다, -(으)려던 참이다', 계획의 '-(으)려던 참이다, -(으)ㄹ 것이다', 희망의 '-(으)면 하다, -(으)면 좋겠다, -았/었으면 싶다'가 있는데, 이러한 것은 등급 조절의 대상이 된다.

이 외에도 상위 빈도 30%를 보이는 표현 중에서 주로 특수 계층이 사용하거나 노래 가사·시와 같은 장르에서 사용하는 '-(으)리다'와, 공식적인 상황에서만 사용하는 '-고자 하다'는 등급 조절을 고려할 필요가 있다. 이들이 사용 빈도 결과에서 고빈도를 보였다고 하더라도 초급에서는 한국어로 어느 정도의 의사소통을 하는 것이 필요하므로 이해 언어보다 표현 언어의 중요도가 크다고 하겠다.[15] 또한 초급 단계의 학습자도 학습자

---

15) 앞에서 살펴본 바와 같이 말뭉치에 나타난 사용 빈도만으로 표현 언어와 이해 언어를 구분하는 작업은 유의미하지 않다. 다만 말뭉치에서 각 표현이 사용된 자료의 성격과 모국어 화자의 사용 양상은 반영할 수 있다고 보아 이를 참고하였다.

의 학습 목적에 따라 공식적인 상황을 접할 수는 있지만, 일반 목적의 한국어를 배우는 학습자에게는 친근하게 사용할 수 있는 일상어를 우선 가르치는 것이 좋다고 본다. 따라서 이들은 고빈도 표현이지만 등급 조절이 필요하다.

배열 기준에 의한 편차로 등급 간의 이동이 발생할 수 있지만 목표 표현의 기본형 제시 방식에 따라 변수가 발생할 수 있다. 교육용 의도성 표현 중에서는 모국어 화자들이 사용상 차이를 두지 않아 한 번에 제시할 만한 것들이 있다. '-았/었으면 좋겠다, -(으)면 좋겠다'와 같은 표현들이 이에 속하는데, 이들은 각각 빈도와 난이도의 차이가 있어서 등급 간의 차이가 발생할 수도 있다. 이러한 것도 등급 조절 대상에 포함된다.

등급 간의 조절 대상도 있겠지만, 동일한 등급에 배치되어도 설명 방식에 있어 배열 순서의 이동이 발생할 수 있다. 빈도와 난이도 적용 결과 다의미 표현의 갖는 의미 특성의 하나는 초급, 다른 것은 중급으로 등급화가 되면, 이들은 결과에 따라 다른 단계에서 새로운 표현으로 제시할 것이다. 그러나 중급 이상의 단계에서 처음 제시되는 경우, 다의미 특성을 한 번에 제시하는 종합식 기술 방식을 선택할 것이다. 이렇게 되면 이들의 배열 기준 결과가 달라도 동일한 단원에서 하나의 표현처럼 제시한다는 것이다. 초급 단계에서는 하나의 표현이 갖는 하나의 기능을 이해하는 것도 쉬운 일이 아니지만, 중급 이상의 단계에서는 다의미 표현이 결국 의도성이라는 의미 범주에 속하는 유사 관계에 있는 것이므로 이들을 함께 제시해도 학습에 큰 무리가 없을 것이다.[16]

지금까지 등급 간의 이동이나, 동일한 등급 내에서의 배열 순서에서 이동의 가능성이 있는 조건에 대해 기술하였는데, 다음은 이에 따라 등급 이동이 예상되는 표현들이다.[17]

---

16) 이런 경우 단원의 과제·기능이 의지, 계획, 약속, 희망 간의 유사성을 잘 활용하도록 설계되어야 한다.

(8) 등급 이동의 고려 대상:
   가. 빈도와 난이도 순위가 10위 이상 차이가 나는 표현
      의지 표현: -아/어야지, -(으)ㄹ게, -(으)ㄹ 참이다, -고 말겠다, -(으)려던 참이다
      계획 표현: -(으)ㄹ 것이다
      희망 표현: -(으)면 하다, -(으)면 좋겠다, -았/었으면 싶다

   나. 고빈도 표현이지만 사용 환경이 특수한 표현
      의지 표현: -(으)리다, -고자 하다

   다. 사용상의 용법 차이가 무의미한 기본형·결합형 관계에 있는 표현
      희망 표현: -았/었으면 좋겠다, -(으)면 좋겠다, -았/었으면 하다, -(으)면 하다

   라. 다의미 표현
      의지와 계획: -겠다, -(으)ㄹ 것이다, -(으)려고 하다, -(으)ㄹ까 하다, -(으)려던 참이다
      계획과 약속: -기로 하다, -(으)ㄹ게

다음 장에서는 위의 예들을 고려하여 의미 영역별로 빈도와 난이도, 과제·기능의 부가 기준을 적용하여 최종적으로 의도성 표현의 등급화를 시도하고자 한다.

2.1 의지 표현

의지 표현에서 상위 빈도 10%이내에 속하는 형태는 균형 말뭉치의 '-겠다, -아/어야겠다, -고자 하다'과, 구어 말뭉치의 '-겠다'뿐이다. 이들은 난이도가 '-아/어야겠다'를 제외하고는 모두 높은 수준에 해당된다. '-겠

---

17) 이들 표현은 등급 조절이 예상되는 대표적인 것인데, 이외에도 등급 변동이 발생할 수는 있다.

다'는 의지, 추측, 계획, 관용적 용법 등 다양한 특성을 가지는데, 이 용법들을 장기간에 걸쳐 단계적으로 학습해야 할 것이다. 이렇게 사용 범위가 넓은 '-겠다'는 초급 단계에 배치한다.

'-아/어야겠다'는 빈도도 높고 난이도도 상위 10% 그룹의 저난이도를 보이므로 초급에 배치한다. '-아/어야겠다'는 빈도와 난이도를 고려했을 때, '-아/어야 하다'와 '-겠다'를 배운 후로 정해서 선수 학습된 이들 표현을 복습할 수 있는 기회를 제공하면 좋을 것이다. 분석적인 방식을 좋아하는 학습자라면 선수 학습한 것을 먼저 제시하지 않고 '-아/어야겠다'의 형태를 새로운 표현으로 제시하지 않아도 될 것이다. 그러나 초급 단계에서 '-아/어야 하다'와 '-겠다'를 분석하는 것은 쉽지 않을 것이므로, '-겠다'의 하위 영역으로 포함시킬 수 없다. 또한 '-겠다'를 처음 배울 때는 이러한 결합형을 예문으로 들 수 없기 때문에 '-아/어야겠다'는 독립적인 형태로 인정하여 초급에서 가르칠 대상으로 정한다. 따라서 의지 표현에서는, '-겠다'를 제일 먼저 제시할 것이다.

'-고자 하다'는 빈도도 높고 난이도순 상위 10% 내에 속하는 쉬운 표현이다. 따라서 다른 표현처럼 이것을 초급에 배치할 수 있다. 그러나 '-고자 하다'는 주로 공식적인 담화 상황에서 사용되어 제약성이 있으므로 과제·기능의 적용 범위가 좁아진다. 실제 한국어 교재에서 '-고자 하다'는 공식적인 담화 상황에서 소개하기, 설명하기 기능으로 사용되었고, 연설문·공문서와 같은 읽기 자료에서 주로 나타났다. 따라서 '-고자 하다'는 중급에 배치하도록 하는데, 중급에서 배치되는 표현에서 '-고 말겠다'보다 뒤에 배치할 것이다. 2차 기준인 난이도에서 '-고 말겠다'가 더 쉽기 때문이다.

위에서 논의한 의도성 표현을 이어 전체 빈도 30%에 속하는 나머지 표현들은 '-(으)ㄹ 것이다, -(으)려고 하다, -아/어야지, -(으)리다, -(으)ㄹ게'가 있다. 이들은 빈도를 기준으로 한다면 초급에 위치되어야 하지만,

난이도순과 비교하면, '-(으)ㄹ 것이다'만 상위 30%의 저난이도 그룹에 속하고, 나머지는 중급 이상의 난이도를 가진 표현이다. '-(으)ㄹ 것이다'는 고빈도, 저난이도의 표현이므로 이 표현들 중에 앞선 초급에 배치하고 '-(으)려고 하다'는 중급에서 중의 난이도를 가지므로 1차 기준에 따라 초급 후반부에 배치할 것이다. '-아/어야지'는 고빈도 표현으로 난이도에서 중상급 수준을 보이는데, 과제·기능에서 의무 말하기, 조언하기와 계획과 결심 이야기하기에서 사용되어 비교적 과제 수행의 적용 범위가 넓어서 빈도와 난이도 편차가 심하지만, 1차 기준에 따라 초급에 배치할 것이다.

'-(으)리다'는 고빈도 표현이고 중급 수준의 난이도를 가진 표현이지만, 앞서 논의한 것처럼 특수한 환경에서 사용되는 특성을 가지므로 등급 조정 대상이 된다. 한국어 교재에서 '-(으)리다'는 읽기 텍스트에서 계획 이야기하기 기능으로 사용된 예만 있어서 주제·기능의 적용 범위를 충분히 평가할 수 없었다. 실제 언어생활에서 사용 분포를 알아보기 위해 말뭉치 자료를 검토한 결과, '-(으)리다'는 대부분 시와 소설에서 등장하였다. 또한 실제 '-(으)리다'는 시와 같은 운율성이 있는 노래에도 자주 사용되는 표현이다. 노래는 학습자가 손쉽게 접할 수 있는 친근하고 흥미로운 자료로서의 가치가 있다. 교재에서는 이러한 자료 가치로서의 중요성을 간과하여 제외한 것으로 예상되는데, 이해 언어 차원에서 '-(으)리다'는 목표 표현으로 제시하고, 다만 노래나 시와 같은 텍스트, 장년층이 사용하는 구어라는 점에서 환경 분포가 좁기 때문에 중급에서 제시하도록 한다. 중급 내에서는 의지 표현에서 '-(으)리다'보다 난이도가 높은 표현 앞에 위치하도록 하는데, 의지의 '-(으)려던 참이다'가 '-(으)리다'보다 난이도에서 더 어려우므로 중급에서 이 표현보다 앞서 배치한다.

'-(으)ㄹ게'는 고빈도 표현인데, 고난이도 표현으로 이는 등급 조정이 예상되는 표현으로 선정되었다. '-(으)ㄹ게'는 교재에서 약속하기, 소개하기, 제안하기 등 기능으로 많이 사용되는데, 이러한 과제·기능의 적용 범위가 넓다는 점에서 등급 내에서 배열 순서를 조정하기로 한다. 등급을 조정하는 데 있어, 빈도는 초급, 난이도는 고급 수준이라고 해서 간단하게 중급으로 배치할 수는 없기 때문이다. '-(으)ㄹ게'는 고난이도 표현인 동시에 다의미 표현이다. 순수 종결 표현이기 때문에 내포문 제약이 있고, 계획, 약속의 다의미를 나타낸다. 실제 교재에서도 '-(으)ㄹ게'는 초급과 중급이 교재에서 제시되어, 배열 선정에 있어 까다로운 대상임을 보여준다. 만약 이것을 중급에 배치하면 다의미 특성을 한 번에 학습해야 하기 때문에 학습자에게 부담을 줄 수 있다. 그러나 내포문 구성 능력이 학습 목표로 요구되지 않는 초급 단계에서는 내포문 구성이 갖는 난이도를 깊게 고려하지 않아도 될 것이다. 또한 의미 기능이 다양하기 때문에 장기간 학습이 필요하므로 '-(으)ㄹ게'는 초급 단계에 배치하되, 난이도를 고려하여 후반부에 배치한다. 이는 학습의 연계성을 고려한 나선형 방식의 교수법에도 부합하는 것으로, 학습자는 고난이도 표현인 '-(으)ㄹ게'의 의미 특성을 단계적으로 배울 수 있다.

다음은 빈도 면에서 중위권에 있는 의지 표현을 살펴보기로 한다. 빈도에서 중급 가운데 고빈도인 '-도록 하겠다'는 중위권 빈도, 난이도에서는 하위권의 난이도를 갖는 비교적 쉬운 표현이다. 1차 기준을 적용하여 중급에서 제시하는 것이 원칙이다. 실제 교재에서는 '-도록 하겠다'를 독립적으로 목표 표현으로 제시하고 있지 않은데, 이는 '-도록'과의 연장에서 이를 제시하기 때문이다. 말뭉치 자료에서 '-도록 하겠다'는 격식적인 상황에서 '주장하기, 의견 이야기하기, 약속하기'의 기능으로 사용되어 제한된 사용 범위를 보여주고 있다. 그러나 '-도록'이나 '-도록 하다'의 의지의 의미로 실현되는 경우는 거의 적고, '-겠다'가 결합하여 그 의미가 분명해진다. 그러나 초급에서 '-겠다'의 용법으로 제시하기에는 '-도록 하다'는 난이도가 높고 분포가 좁다. 또한 '-도록'이나 '-도록 하다'의 하위 용법으로 포함시키기에는 의지의 의미와 거리감이 있다. 따라서 본고에서는 '-도록 하겠다'를 하나의 목표 표현으로 제시하고, 초급 단계에서 배운 '-겠다'를 환기하는 기회로 이용하면 좋다고 본다.

'-(으)ㄹ까 하다'는 중위권의 빈도로, 난이도도 중위권의 표현이므로 이는 중급에서 배치하도록 한다. 또한 계획의 '-(으)ㄹ까 하다'도 중급의 빈도를 보이는데, '-(으)ㄹ까 하다'의 의미 영역에 따라 같은 중급 내에서 빈도순은 다르지만, 이들 모두 중급에서 처음 제시되므로 의미 특성을 한 번에 기술하여 제시하도록 한다.

'-(으)ㄹ 참이다'는 중위권의 빈도를 보이는데, 난이도는 고급 수준의 표현으로 등급 조정이 예상되는 표현이다. 1차 기준에 의해 이는 중급 수준에서 제시한다. 그런데 앞선 장에서 우리는 계획의 '-(으)ㄹ 참이다'가 극저빈도를 보여 목록에서 제외하였는데, 중급에서 의지의 '-(으)ㄹ 참이다'를 제시할 때 계획의 의미도 제시하는 기술 방식을 고려할 수 있다. 그러나 '-(으)ㄹ 참이다'는 계획의 의미로 실현되는 경우는 극히 적었고 교재에서는 아예 목표 표현으로 선정되지도 않아서 기능·과제를 검토할 수 없었고, 말뭉치에서는 지방색이 드러나는 소설책에서 나타나는 경우가 많았다. 이 표현이 비록 중급에서 빈도가 높은 편이지만 난이도에서도 쉬운 표현은 아니며, 과제·기능 범위를 기준으로 봤을 때 읽기 텍스트와 같은 특정한 자료에서만 제시되므로 목록에서 제외한다.

'-(으)ㄹ 테다'는 중위권 빈도 표현이고 난이도에서도 중상급 수준으로 나타나므로 이는 중급에서 제시한다. 말뭉치 자료에서 '-(으)ㄹ 테다'는 주로 '-니(까), -는데'와의 결합형으로만 나타났다. 의지의 의미로는 '-니(까)'의 결합에서만 나타나는데, 5개 대학의 교재에서도 '-(으)ㄹ 테니까'의 형태로 '-(으)ㄹ 테다'를 대신하였다. 말뭉치 자료에서 '-(으)ㄹ 테야'는 비성인이 사용하거나 성인인 경우에도 같은 또래나 아주 친밀한 상대와의 담화에서만 주로 나타났다. 일반 정규 과정에서 한국어를 공부하는 학생들이 대부분 성인 학습자이므로 이러한 담화 특성을 고려하여 '-(으)ㄹ 테니(까)'를 목표 항목으로 선정할 수도 있다. '-(으)ㄹ 테다'와 '-니까'의 결합형이라는 것을 이 단계에서 제시, 설명해야 하는 것은 아니지만 연결 어미를 학습한 후 배치해야 하도록 한다. 따라서 빈도와 난이도면에서 중위권인 '-(으)ㄹ 테다'는 중급 과정에서 배치하면 좋다.

'-(으)ㄹ래'는 빈도에서 중위권에 속하고, 난이도는 중위 그룹에서도 제일 쉬운 표현에 속한다. 그러나 '-(으)ㄹ래'는 주문하기와 같은 선택의 과제를 담당하게 되는데, 주문하기와 같은 과제는 일상생활에서 매우 자주 요구되어 학습자가 빈번하게 접하는 것이므로 이를 초급에서 학습하는 것이 좋다고 본다. 따라서 초급 후반부에 배치하도록 한다.

'-고 말겠다'는 빈도에서 중위권에 속하며, 난이도는 초상급 수준으로 등급 조절이 예상되는 표현으로 선정되었다. '-고 말겠다'는 경험한 사실을 이야기하는 과제에서 굳은 각오를 표현하는 기능으로 사용되어 한정된 과제에서 사용된다. 따라서 난이도가 낮지만 '-고 말겠다'는 빈도나 과제·기능에서 등급 변동 없이 중급에서 배치하도록 한다.

'-(으)려던 참이다'는 저빈도이며 중급 수준의 난이도를 갖는 표현으로, 중급 단계에 배치하도록 한다. '-(으)려던 참이다'는 교재에서 초대하기, 거절하기, 조언하기, 예정된 의도 표현하기의 기능을 수행할 수 있다. 따라서 저빈도 표현이지만 이러한 과제·기능에 적용 범위가 넓어서 이를 중급 후반부에 배치하는 것이 좋다.

이상 빈도와 난이도 결과를 고려하여 교육에 응용할 수 있는 형태들을 검토하였다. 그 결과 한국어 교육을 위한 의지 표현으로, '-겠다, -아/어야 겠다, -(으)ㄹ 것이다, -(으)려고 하다, -아/어야지, -(으)ㄹ게, -(으)ㄹ래, -도록 하겠다, -(으)ㄹ까 하다, -(으)ㄹ 테다, -고 말겠다, -고자 하다, -(으)리다, -(으)려던 참이다, -(으)ㄹ 참이다'를 선정할 수 있었다. 이들 형태를 숙련도 단계에 따라 위계화하면 다음의 <표 22>와 같다.

<표 22> 의지 표현의 위계화

단계	의지 표현
초급	-겠다, -아/어야겠다, -(으)ㄹ 것이다, -(으)려고 하다, -아/어야지, -(으)ㄹ게, -(으)ㄹ래18)
중급	-도록 하겠다, -(으)ㄹ까 하다, -(으)ㄹ 테다, -고 말겠다, -고자 하다, -(으)리다, -(으)려던 참이다
고급	×

2.2 계획 표현

계획 표현으로 균형 말뭉치에서 상위 30%이내의 빈도에 있는 고빈도에 속하면서 난이도도 하위권에 속하는 '-기로 하다'가 있다. 이러한 결과를 반영하여 '-기로 하다'는 초급에 배치한다.

빈도에서 중위권에 있는 계획 표현은 '-겠다, -(으)려고 하다, -(으)ㄹ까 하다'가 있고 저빈도에서는 '-(으)려던 참이다, -(으)ㄹ 것이다'가 있다. 이들의 난이도는 '-겠다'가 초중급, '-(으)려고 하다'는 중급, '-(으)ㄹ까 하다'는 중급 수준으로 각각 다르다. 빈도만을 고려한다면 이들은 중급에서 제시되어도 하겠지만, 난이도도 고려해야 한다. 우선 빈도와 난이도가 모두 중급 수준인 '-(으)려고 하다'는 중급에서 배치한다.

'-겠다'는 중급 단계의 빈도를 보이나, 난이도는 초급 수준의 표현이고, 의지의'-겠다'와 연관성, 과제·기능을 생각해서 초급에 배치할 것이다. 다만 초급 학습자의 이해를 돕기 위해 의지의 '-겠다'와는 단원을 달리하여 단계별로 다의미 특성을 배열할 것이다.

'-(으)ㄹ까 하다'는 빈도는 중, 난이도는 고난이도 표현인데, 1차 기준에 따라 '-(으)ㄹ까 하다'는 중급에서 배치한다. 그런데 의지의 '-(으)ㄹ까 하다'가 중급에서 처음 제시되므로 이들이 하나의 표현으로 기술되면 좋

---

18) 각 표현의 나열 순서는 위계화하여 배열한 것이다.

다고 본다. 난이도는 조금 어려운 편이지만, 중급에서 배운다고 해서 무리가 되지는 않으며, 교육의 불균형이나 학습의 어려움이 크지는 않을 것이라고 보기 때문이다.19)

빈도는 낮지만 계획의 의미로 실현되는 표현에는 '-(으)려던 참이다'와 '-(으)ㄹ 것이다'가 있는데, 이들의 난이도는 모두 중급 수준이다. '-(으)려던 참이다'는 난이도가 중급, '-(으)ㄹ 것이다'도 중급 수준의 형태다. '-(으)ㄹ 것이다'는 과제·기능의 적용 범위가 넓으므로 중급 내에서도 앞부분에 위치하고 난이도를 고려하여 의지의 '-도록 하겠다' 뒤에 배치할 것이다.

'-기로 하다, -겠다'는 초급에, '-(으)ㄹ 것이다, -(으)려고 하다, -(으)려던 참이다'는 중급에 제시한다. 이 중 '-(으)ㄹ까 하다'는 의지와 계획을 함께 제시하여 계획의 '-(으)려고 하다'보다 배열 순서에서 앞선다.

이상으로 '-기로 하다, -겠다, -(으)ㄹ 것이다, -(으)ㄹ까 하다, -(으)려고 하다, -(으)려던 참이다'를 교육용 목록으로 선정하고, 다음과 같이 등급화한다.

<표 23> 계획 표현의 위계화

단계	계획 표현
초급	-기로 하다, -겠다
중급	-(으)ㄹ 것이다, -(으)ㄹ까 하다, -(으)려고 하다, -(으)려던 참이다,
고급	×

2.3 희망 표현

구어 자료에 나타난 희망 표현에서 빈도가 월등하게 높고 난이도도 가

---

19) 여기서는 비록 Swain & Lapkin(1995)의 상호작용 가설을 존중하는 사람들의 바판이 있기는 하지만 Krashen(1985)의 'i+1' 입력 가설대로 현재 수준보다 하나 더 높은 단계의 대상을 배울 수도 있기 때문이다.

장 낮은 '-고 싶다'는 초급 단계에서 학습하는 것이 좋다. 상위 30%의 고빈도 희망 표현에는 '-았/었으면 좋겠다'와 '-았/었으면 하다'가 있다. 그런데 이들을 빈도에 맞추어 초급에 배치하기에는 무리가 있다. 앞선 장에서 이들은 등급 조절의 대상이 되었는데, 모국어 화자는 이들보다 빈도가 낮은 단순형과 용법상의 구분을 하지 않는다는 점 때문이다. 따라서 이들을 단계별로 제시할 수 있지만, 각각의 형태를 나누어 제시할 만큼 이들 요소가 크게 의미 분화를 나타내는 것이 아니며, 각 단계마다 굳이 형태별로 나열하여 교재의 불균형을 초래할 필요가 없으므로, '-(았/었)으면 좋겠다, -(았/었)으면 하다'를 대표형으로 하여 함께 제시하기로 한다. 더욱이 단순형들은 결합형과 난이도에서 별 차이가 없어서 이들을 함께 제시하는 것이 교육의 경제성에도 좋다.

등급 배치에서는 복합형들은 모두 고빈도이지만, 단순형의 '-(으)면 좋겠다'는 중급 수준, '-(으)면 하다'는 빈도가 아주 낮다. 따라서 단순형의 빈도를 고려하여 배치해야 한다. '-았/었으면 좋겠다'는 과제·기능을 생각하면, 제안하기, 부탁하기, 바람 이야기하기, 장래 희망 표현하기 등 과제에 적용 범위가 넓다. 따라서 '-(았/었)으면 좋겠다'는 초급에 제시하고, '-(으)면 좋겠다'의 빈도가 계획의 '-겠다'보다 앞서므로 초급으로 이동한 계획의 '-겠다' 앞에 배치하기로 한다.

'-았/었으면 하다'는 '-았/었으면 좋겠다'를 대신하여 사용할 수 있으며, '-았/었으면 좋겠다'보다 완곡성이 강해 상대방과의 친밀도나 사회적 지위에 따라 차별적으로 사용되는 표현이다. 따라서 '-(았/었)으면 좋겠다'보다 '-(았/었)으면 하다'를 뒤에 배치하는 것이 좋다고 본다. 또한 '-(으)면 하다'가 난이도가 낮다는 것도 반영한다면, 중급 후반부에서 제시하되, '-(았/었)으면 하다'가 난이도에서 '-았/었으면 싶다'보다 쉬운 표현이므로 이에 앞서 배치하도록 한다.

'-았/었으면 싶다'는 빈도가 아주 낮은데 난이도는 초급 단계이므로 무조건 고급 단계에서 제시할 수도 없다. 앞에서 이야기한 것처럼 이해 언어적인 측면이 강하여 등급 고려 대상이 되는데, '-았/었으면 싶다'는 화자의 희망을 간접적으로 표현하는 기능을 갖는다는 점 이외에 독자적인 과제·기능을 담당하는 경우가 없다. 간접적으로 화자의 바람을 나타내는 것은 '-(았/었)으면 좋겠다, -(았/었)으면 하다'가 이를 대신할 수 있다고 보아 이를 제외하기로 한다.

<표 24> 희망 표현의 위계화

단계	희망 표현
초급	-고 싶다, -(았/었)으면 좋겠다,
중급	-(았/었)으면 하다
고급	×

2.4 약속 표현

의도성 표현에서 상위권 빈도에 드는 약속 표현은 없고, 중위권의 빈도를 나타내는 것으로 '-기로 하다, -(으)마'가 있으며, 하위권에 '-(으)ㄹ게'가 있다.

'-기로 하다'는 난이도도 중급 수준이므로 이것을 중급에 배열하는데, 계획의 '-기로 하다'는 초급에서 제시되므로 중급에서 약속의 기능을 수행하는 독립적인 표현으로 제시한다.

'-(으)마'는 빈도가 중급 수준이나 난이도는 고급 수준으로, 등급 설정에 문제가 된다. '-(으)마'는 구어체이지만 구어 말뭉치에서 사용된 예를 발견할 수 없었다. 이는 구어체이지만 오늘날 실제 대화에서 사용하는 것보다 '-(으)마'가 소설 등과 같은 문어 자료에서만 사용된다는 것을 의미한다. 또한 '-(으)마'는 사용하는 언중이 한정되어 있어, 이해 언어 측면에서 중급 후반부에 배치하는 것으로 한다. 다양한 텍스트를 접하는 시기를 고려한 결과이다.

'-(으)ㄹ게'는 저빈도에, 난이도는 고급 수준이지만, 이미 초급 단계에서 의지의 의미로 학습하였고, 앞선 기술한 바와 같이 약속하기, 수락하기, 의견 이야기하기 등의 기능을 수행하여 과제·기능을 적용할 수 있는 범위가 넓다. 따라서 빈도를 기준으로 약속의 '-(으)ㄹ게'는 중급에 배치하는데, 등급 이동을 한 계획의 '-(으)ㄹ 것이다'보다 빈도가 앞서기 때문에 이보다 앞에 배치한다.

교육용 약속 표현은, '-기로 하다, -(으)ㄹ게, -(으)마'로 선정할 수 있고 단계별로 배열하면 다음 <표 25>과 같다.

<표 25> 약속 표현의 위계화

단계	약속 표현
초급	×
중급	-기로 하다, -(으)ㄹ게, -(으)마
고급	×

위계화 결과를 보면 약속 표현은 다른 표현과 달리 초급의 목표 표현으로 제시되지 않았다. 그러나 이것이 약속의 기능이 초급 단계에서 불필요한 과제·기능이라는 것은 아니다. 오히려 약속하기는 교재 전반에 걸쳐 반복적으로 설정된 주제·기능이 하나인 만큼 중요도가 크다. 이러한 기능은 각 단계에서 제시한 표현들의 이용으로 과제가 수행되는 것이지, 반드시 약속의 의미 기능을 갖는 표현만이 가능한 것은 아니다. 따라서 위에서 선정된 '-기로 하다, -(으)ㄹ게, -(으)마'는 중급에서 제시하는 것이 좋다. 특히 약속을 전달하는 것이 아닌 '약속하기'를 의미할 때 '-기로 하다'는 사용 빈도가 그리 높지 않으며, 실제 대화에서 '-기로 하다'는 현재형으로 사용될 때 '약속하기'가 실현된다. 그러나 교재에서는 이러한 차

이점을 주의 깊게 처리하지 않고 '-기로 하다'가 갖는 약속의 의미만을 부각하였기 때문에, 학습자들이 자신의 약속 내용을 다른 사람에게 전달할 때 현재형을 사용하여 어색한 담화를 생산하게 하는 원인 제공을 하고 있다.

지금까지 의미 영역별로 의도성 표현의 목록을 선정하여 위계화를 시도하였는데, 숙달도 단계에 따라 의도성 표현의 목록 전체를 통합하여 배열하면 아래의 <표 26>과 같다. 각 단계별 항목은 사용 빈도, 난이도, 과제·기능의 적용 범위를 기준으로 선정된 것이다. 가령, '-고 싶다'는 빈도도 제일 높지만, 바람 이야기하기, 미래 계획 이야기하기의 과제·기능을 수행한다. '-겠다'는 빈도가 두 번째로 높고, 계획하기, 미래 시간 표현하기, 의견 말하기, 주장하기 등의 여러 과제를 수행한다. 이에 따라서 이들이 제일 앞에 배열된 것이다.

<표 26> 의도성 표현의 위계화

숙달도 단계	의도성 표현	의미 영역
초급	-고 싶다	희망
	-겠다	의지
	-아/어야겠다	의지
	-(으)ㄹ 것이다	의지
	-기로 하다	계획
	-(으)려고 하다	의지
	-아/어야지	의지
	-(으)ㄹ게	의지
	-(았/었)으면 좋겠다	희망
	-겠다	계획
	-(으)ㄹ래	의지

중급	-도록 하겠다	의지
	-(으)ㄹ게	약속
	-(으)ㄹ 것이다	계획
	-(으)ㄹ까 하다	의지, 계획
	-기로 하다	약속
	-(으)ㄹ 테다	의지
	-(으)려고 하다	계획
	-고 말겠다	의지
	-고자 하다	의지
	-(으)리다	의지
	-(으)려던 참이다	의지, 계획
	-(으)마	약속
	-(았/었)으면 하다	희망
고급	×	×

제5장 의도성 표현의 교육 방안

 의도성 표현은 의사소통 과정에서 화자의 의사 전달과 직접적으로 관련이 있기 때문에 실제 언어생활에서 자주 쓰인다. 이러한 의도성 표현은 상대방과의 상호작용을 고려하지 않고 일방적으로 의사를 전달하는 상황에서도 사용된다. 모국어가 아닌 외국어로서의 한국어로 자신을 표현해야 하는 학습자가 일차적으로 선택하여 사용할 수 있는 기본 표현이라고도 할 수 있다. 그러므로 의도성 표현을 효과적으로 제시하기 위해 알맞은 교수 방안을 모색하는 작업이 필요할 것이다.
 의도성 표현에 속하는 형태들은 그 나름대로의 특성을 가진다. 그것은 선어말어미, 어말 어미, 의존 용언구, 의존 명사구, 명사구, 종속구 등 형태적 요인, 의지, 계획, 희망, 약속의 의미 유형적 요인, 단의미와 다의미를 나타내는 의미와 담화 특성 요인, 단계별 학습을 유도하는 학습 난이도 요인 등에 기인한 것들이다. 이렇게 같은 표현 범주에 속하는 형태들의 다양한 특성은 교수법에도 반영되어야 할 것이다. 따라서 이 장에서는 각 의도성 표현에 적합한 교수 방법과 내용을 모색하고자 한다.

1. 의도성 표현의 교수 원리

 이 장에서는 의도성 표현의 교수 방법에 대해 고찰하도록 한다. 선정된 학습 대상은 교수요목의 설계에 따라 배치된 단원의 주제나 기능과의 유기성을 고려해서 제시되어야 한다. 의도성 표현은 이에 따라 단계별로 나누어 제시될 수도 있고, 공통된 의미를 나타내는 의도성 표현이 함께 제시될 수도 있을 것이다. 단계별로 나누어 제시된다면 초급에서는 연역적인 방식으로 접근하는 것이 좋다고 본다. 초급 단계에서는 교사의 설명을 이해하는 데도 어려움이 따르고 귀납적으로 접근할 수 있는 목표 언어 능력이 부족하다고 보기 때문이다. 따라서 초급에서는 의도성 표현의 형태 특성 등을 고려하여 어휘적 접근 방식으로 제시되어도 좋을 것이다. 그러나 고급 단계에서는 목표 언어의 체계를 이해하고 통합한다는 관점에서 주로 귀납적인 방식을 취하는 것이 좋다.

　본고는 Mitchell L.(2000)에서 제안한 문법 교수 원리를 응용하여 의도성 표현의 교수 원리를 제기한다. 전체 체계 내에서 의도성 표현을 완성하는 방식으로 계획되어 각 표현이 교수 전 단계를 거쳐 자주, 반복적으로 제시되어야 한다는 것이다. 그리고 어느 정도 고급 단계에 이르면 반복 학습시 적절한 기회에 이전까지 학습한 내용을 영역별로 체계적으로 종합하는 경험을 갖는 것이 좋다. 이를 위해 우선 단원의 목표에 따라 선택된 형태는 그에 맞는 용법으로 제시되어야 하며, 이때 제시된 형태는 이후 교재의 본문, 예문, 연습 문제 등에서 가끔 출현할 수 있도록 배려해야 한다. 이러한 원리에 따라 의도성 표현을 교육하기 위해 구체적인 교수 방법을 고안해야 한다. 본고에서는 한국어 교육을 위한 의도성 표현 교육을 위해 교수 원리를 세워보고자 한다.

　학습자의 흥미를 유발하면서 알기 쉽게 교수하는 것은 교사가 바라는 가장 이상적인 교수 방법일 것이다. 그러나 한국어를 어떻게 가르치는가 하는 것도 중요하지만 그 이전에 어떤 내용을 가르칠 것인가를 결정하는 것이 매우 중요하다. 이를 위해 학습자 중심에서 학습자의 언어와 교육적 배경, 인지 능력, 한국어 능력, 학습 목적 등을 고려하여 기본적이고 필수적인 사항을 알기 쉽게 가르쳐야 할 것이다. 그런데 학습자가 이해하기 쉽게 설명한다는 것은 문법 설명을 최소한의 양으로 제시한다는 의미가 아니라 가장 필수적인 내용을 학습자의 수준에 맞게 제시한다는 것이다.

의도성 표현 중에서는 담화 상황에서 화자의 생각이나 의도를 직접적으로 표출하는 표현과 상대에게 단순히 사실이나 현상으로 자신의 발화를 전달, 보고하는 표현이 있다. 지금까지 한국어 교육에서는 문장의 기능은 무시되고 문장 내용에만 근거하여 분류를 해 왔기 때문에 학습자가 실제 담화에서 자연스러운 담화를 완성해 내지 못하는 경우가 종종 있어 왔다. 화자의 생각이나 의도를 표출하는 표현에 해당하는 대표적인 형태가 바로 의지의 '-(으)ㄹ게요'이다. '-(으)ㄹ게요'는 대화 장면에서 화자 자신의 의지를 표현하거나 상대에게 무엇인가를 약속할 때 사용하는 것이지, 다른 사람에게 자신의 의지나 약속이 있음을 통보하는 것이 아니다.

화자의 직접적인 의도 표출이 아닌 단순히 화자의 발화 내용이 사실이나 현상이 되어 전달하는 기능을 하는 형태로는 '-기로 했어요'가 있다. '-기로 했어요'는 약속을 만드는 상황이 아닌 약속한 내용을 통보하는 표현이라는 것을 가르쳐야 할 것이다. 이러한 담화 상황의 기능을 고려한다면 현재 이루어지는 예문의 형식에도 변화가 있어야 할 것이다. 화자의 계획이나 약속 내용을 전달하려면 사건과 관계없는 청자와 화자가 공동으로 무엇을 계획하는 참여자의 구별이 필요하기 때문이다. 이러한 점을 고려해서 'A'와 'B' 혹은 '가'와 '나' 대신에 예문의 발화자 이름을 구체적으로 명시하는 것이 좋다. 또한 담화를 완성한다는 측면에서 예문의 수도 단순한 2개의 응답 형식으로 가능한 표현도 있겠지만, 장면을 연상할 수 있도록 문장 수가 많은 담화 형식도 필요할 것이다. 따라서 유사 표현과의 비교에서도 이러한 부분이 언급되어야 하지만 종합적으로 이러한 담화 기능을 기준으로 하여 의도성 표현을 구분하여야 한다.

의도성 표현에서는 형태·통사 정보가 중요한 표현도 있고, 형태·통사 정보보다는 실제 담화 정보가 중요한 표현도 있다.

한국어 표현은 '-고 싶다'처럼 단순하게 희망의 의미를 나타내는 것도 있지만 실제 담화에서는 다른 희망 표현보다 친숙한 관계와의 대화에서 주로 사용된다. 그러나 격식적인 상황에서 '-고 싶다'를 사용하면, 이는 화자의 간절한 바람을 강하게 전달하려는 화자의 의도를 반영한다. 이러한 정보를 제공하지 않으면 고급 학습자가 상황은 고려하지 않고 간단한 형태의 발음 쉬운 '-고 싶다'만을 사용하다가 어색하거나 기분을 상하게 하는 담화 상황이 연출되는 것이다. 실제 3장에서 살펴본 결과, 학습자들은 희망 표현에서 '-고 싶다'의 빈도가 높았는데, 이는 문법적으로 간단하면서 의미가 분명하기 때문일 것이다. 그러나 '-고 싶다'나 '-(았/었)으면 좋겠다'나 '-(았/었)으면 하다'의 사용법이 다르므로 한 형태의 교육 내용 선정에서 주의를 기울여야 한다. '-(았/었)으면 하다'는 다른 희망 표현을 대용하는 기능이 있는데, 이러한 정보가 주어지지 않으면 구어나 문어에서 화자는 계속 같은 표현만을 반복하여 담화의 참신성을 잃게 된다. 따라서 이러한 담화 특성도 반드시 제시되어야 할 것이다.

'-겠다'처럼 의지, 계획, 추측의 의미를 나타내는 것도 있다. '-겠다'가 제시되는 단계에서 '-겠다'가 가지는 기본 의미 이외에 연결어미와의 결합 제약이나 내포문 생성 제약을 전달하는 것이 아니다. 각 형태들은 학습자가 알고 있어야 하는 기본 사항이 있다. 지금까지 한국어 교육에서는 이러한 기본 사항으로 문법 정보에 중점을 두었지만, 실제 의사소통은 교재에 제시된 것과 같이 한 개의 문장이나 하나의 질문과 대답만으로 이루어지는 것이 아니라 대개 두세 문장 이상으로 구성되며, 대화 참여자와의 상호작용으로 이루어지는 것이다. 따라서 대화 상대자나 장면을 고려한 담화 정보가 중요한 역할을 하는 것이다. 본고에서는 의도성 표현 교육에 있어 의미 영역에 속하는 표현들의 가장 기본적인 특성을 제시해야 한다고 본다. 학습자는 의사소통 상황에서 자신의 뜻을 표출하기 위해 여러 의도성 표현 중에서 하나의 형태를 선택하여 사용한다. 상황에 맞는 표현을 선택할 때 학습자들에게 필수적인 사항이 바로 이 형태들이 갖는 형태·통사 정보, 의미 정보, 담화 정보일 것이다. 이를 위해 각 표현의 특성을 어느 범위까지 설명하고 연습해서 전달해야 할 것인지를 결정해야 하는 것은 교사의 몫이다. 이러한 교육 내용은 구체적으로 논의할 필요가 있으므로 5.2장에서 각 형태별로 좀 더 자세히 다루기로 한다.

 의도성 표현은 표현 언어의 관점에서 상대방과의 올바른 의사소통을 전제로 한다. 이때 상황적 요인은 화자가 선택해야 하는 의도성 표현 항목을 결정하는데 중요한 역할을 한다. 어떠한 담화 상황에서든지 가장 적절한 의도성 표현을 선택하는 것은 상대방과의 상호 작용 과정에서 이루어진다. 의도성 표현의 이러한 현상은, 담화 과정 중에는 주로 평서문의 대답에서 나타난다. 따라서 의도성 표현을 유도하는 질문에 관심을 가져야 할 것이다.

 한국어 학습 때에 배운 표현을 모험적으로 시도하는 과정에서, 학습자들은 배운 표현을 기계적으로 적용하거나 상대방이 표현한 문장 가운데 일부를 잉여적으로 그대로 복사하는 경향을 보인다. 화행상 전제되는 표현 내용을 되풀이하지 않고 줄이거나 생략하는 국어의 담화 방식을 익히도록, 질문과 대답 유형이 완전한 하나의 담화를 완성하는 과정을 함께 학습하기 위하여, 필요에 따라서는 두 문장 이상의 문맥 담화 내용을 모두 제시하여야 한다.

 의도성 표현 중에서도 '-(으)ㄹ까 하다'와 같은 경우는 주로 1인칭 주어 평서문에서 실현되는데, 3.2장의 학습자 말뭉치에서 학습자들이 담화 형식과 관계없이 무조건적으로 '-(으)ㄹ까 하다'를 사용하는 예가 있었다. '-(으)까 하다'는 제안을 할 때 계속 사용하는 것이 아니다. 학습자들에게 '-(으)ㄹ까 하다'의 화용 정보가 제대로 전달되지 않았거나, 담화 전략상 반복 발화한 것일 수 있다. 따라서 한 형태의 담화 정보를 제대로 전달하고 담화 패턴을 보이기 위해서는 가시적인 모델이 필요하다. 이것은 교재에서 목표 표현을 제시할 때 사용하는 예문 형식의 변화를 줌으로써 해결할 수 있다. 이제까지의 교재에서는 본문을 제외하고는 목표 표현의 설명을 대신하는 예문이 한 번의 질문과 대답이 오가는 대화 유형이 거의 대부분이다. 앞으로는 두 문장을 넘는 화행적 문맥 전체를 제공해 주거나 통합 교재에서 볼 수 있듯이 각 언어 기능별 담화 본문을 자주 제시하는 방법이 좋다. 이러한 방식은 대화에서 이미 전제된 내용을 생략하거나, '그래요?'와 같은 간략 표현 등도 포함한다면, 학습자의 특정 표현을 복사하는 담화 습관을 지도하는 데도 도움이 될 것이다. 따라서 의도성 표현의 담화 패턴을 익힐 수 있도록 단순 대화문이 아닌 화행 문맥을 제공해야 한다.

의도성 표현은 의지, 계획, 희망, 약속의 의미 영역에 속하는 형태들을 영역별로 체계를 세워 설명해야 한다. 이 때, 각 영역에 속하는 표현들은 유사 관계가 성립되는데, 이 형태들은 수준별 학습 내용의 선정 기준상 동일한 학습 단계에서 학습되는 경우도 있다. 이런 경우 학습자들은 유사 표현에 대한 지적인 욕구가 있게 마련이다. 따라서 각 의미 영역에 속하는 표현들을 비교하여 설명하여야 할 것이다. 그러나 동일한 의미 영역에 속하는 모든 영역들을 비교 설명하는 것은 오히려 학습자의 이해에 방해 요소가 될 것이다. 따라서 비교 대상으로 선정할지를 생각해야 할 것인데, 교사의 경험과 학습자 오류를 통해 비교 대상을 선정할 수도 있지만 그런 경우 모든 학습자에게 적용된다는 보장이 없다.

앞 장에서 우리는 의도성 표현의 목록을 수준별로 위계화하였다. 의지 표현으로 초급 단계에서 '-겠다, -아/어야겠다, -(으)ㄹ 것이다, -(으)려고 하다, -아/어야지, -(으)ㄹ게, -(으)ㄹ래'를 선정하였고, 중급에서는 '-도록 하겠다, -(으)ㄹ까 하다, -(으)ㄹ 테다, -고 말겠다, -고자 하다, -(으)리다, -(으)려던 참이다'를 선정하였다. 이들은 모두 1인칭 화자 주어문에서 화자의 의지를 나타내는 유사 의미 관계가 된다. 그러나 각 형태간의 형태·통사, 의미, 담화 정보를 하나씩 배열하여 비교하자는 것은 아니다. 유사 관계에 있는 형태간의 비교 설명은 적절한 단계가 있고, 각 단계에 맞는 설명 방식에도 차이가 있다. 학습자가 이해 가능한 범위 내에서 이루어져야 하기 때문이다.

이러한 방식으로 비교 대상이 되는 형태가 갖는 특성 중에서 차이가 가장 많이 나타나는 정보를 집중적으로 비교하여 설명하면 좋을 것이다. 우선 비교 대상은 학습자들이 어렵다고 호소하는 항목을 위주로 설명한다. 학습자들은 유사 관계에 있는 표현에서도 특히 비슷한 구성을 보이는 형태들을 어려워한다. 대표적인 것이 '-(으)ㄹ 거예요'와 '-(으)ㄹ게요'이다. 이들은 의지의 표현 의미 이외에도 각각 추측과 약속이라는 의미 특성을 갖는 다의미 표현들이다. 학습자들은 이러한 의미의 분포에 관심을 갖고 이들을 비교하는 것이 아니라, 단지 많은 형태들 중에서 무엇을 언제 선택하느냐에 관심을 둔다.

예를 들어 '-(으)ㄹ 것이다'와 '-(으)ㄹ게'에 대한 비교 설명은 단계에 따라 이루어져야 한다. 이 형태들은 대략 초급에서 다루어지므로, 학습자들은 '-(으)ㄹ 것이다'의 경우 '-(으)ㄹ게'와 달리 활용을 하고, 과거 시제소와 결합이 가능하다는 것, 연결어미와 결합이 가능하다는 것, 내포문을 생성할 수 있다는 것 등의 형태·통사 정보의 차이를 이해할 수 없다. 이러한 비교 설명은 중·고급 단계에서 의지 표현 형태들 전체를 체계적으로 확인하는 단계에서 가능하다. 따라서 초급 단계의 학습자들에게 맞는 내용으로 이들에 나타나는 차이점을 비교 설명해야 할 것이다. '-(으)ㄹ 것이다'와 '-(으)ㄹ게'의 가장 큰 차이는 주어의 인칭이다. '-(으)ㄹ게'는 언제나 1인칭 화자 주어문에서만 사용되지만, '-(으)ㄹ 것이다'는 모든 인칭의 주어문에서 서술어로 사용된다. 의미적으로도 이들은 차이를 보이는데, '-(으)ㄹ 것이다'는 계획을, '-(으)ㄹ게요'는 약속의 의미를 나타내는 것이다. 이러한 의미 차이 이외에 '의지' 표현으로서 이들은 뚜렷한 차이점이 거의 없다. 따라서 이러한 경우는 의미 차이 대신 형태·통사 정보의 차이로 구별하는 것이 좋다.

형태·통사 정보 이외에 담화 정보를 사용하여 유사 관계 형태들을 설명할 수도 있다. 화자의 바람을 나타내는 희망 표현 중에서 모국어 화자나 한국어 학습자들은 '-고 싶다'를 가장 많이 사용한다. 그러나 '-고 싶다'는 완곡 장치를 사용하지 않은 상태나, 친밀한 상대가 아니면 부탁하는 상황에서 잘 사용하지 않는다. '-고 싶다'가 화자의 바람을 직접적이고 강하게 표출하는 것이기 때문이다. 이를 대신해서 한국어 화자들은 자신의 바람이 부탁의 내용인 경우, '-(았/었)으면 좋겠다, -(았/었)으면 하다'의 표현을 사용한다. 특히 공식적인 자리에서는 이들의 사용이 현저히 빈번하게 나타난다. 따라서 이러한 담화 상황의 차이로 설명하면 될 것이다.

'-(았/었)으면 좋겠다'와 '-(았/었)으면 하다'도 비교 대상이 될 수 있다. '-(았/었)으면 하다'는 '-(았/었)으면 좋겠다'를 반복하는 맥락에서 이를 대신하는 기능을 하고, 특히 어려운 부탁이나 격식을 차려야 하는 상황에서 사용하기 때문이다. '-(았/었)으면 하다'가 대용성을 갖는다는 통사 정보와, 아주 공적인 상황에서 사용하고 이러한 화용적인 특성 때문에 '-아/어요'보다는 '-습니다/ㅂ니다'와 결합하는 경우가 대부분이라는 담화 정보로 '-(았/었)으면 좋겠다'와 구분하여 설명할 수 있다. 이러한 담화 정보의 차이는 대화를 완성할 때 중요한 역할을 하기 때문에 학습자에게 유용한 정보가 될 것이다.

5.3장에서는 각 의미 영역에 속하는 표현들 중에 교육 과정에서 제시되어야 할 각 형태의 특성을 중심으로 가장 유사성이 많은 쌍을 검토하여 이들을 비교 대상으로 선정할 것이다.

의도성 표현 중에서 다의미 특성을 가진 표현을 한꺼번에 모든 의미 특성을 기술하는 방법도 있겠지만, 실제 교육 현장에서 하나의 의미를 전달하는 것이 대단히 어려운 과정이고 학습자가 이것을 이해하는 것 또한 많은 시간이 소요됨을 알 수 있다. 따라서 교재 편성에서부터 각 표현의 의미 기술 방식과 제시 방법은 단계별로 분리하여 설정하는 것이 좋다. 기존의 교재 방식처럼 특정 형태가 처음 제시되는 단원에서 그 형태의 의미와 특징을 한꺼번에 제시하는 방식은 학습자에게 학습의 부담감을 가중할 것이다. 김재욱(2003)에서는 한 번에 문법 의미 특성을 제시할 것을 주장하였지만, 가령, '-겠다'가 미래 시제, 추측, 의지의 의미를 가진다고 의미를 설명한다면 초급 단계의 학습자들은 의미 이해에 있어 혼란이 가중될 것이다. 또한 이러한 설명 제시 방법은 김유정(1998)에서 지적한 것처럼, 학습의 난이도 면에서 초급 수준에 적절하지 않다고 본다. 의미의 난이도가 높은 추상 개념을 이해한다는 것은 초급 단계의 학습자에게 어려운 학습 요소로 작용될 수 있기 때문이다.

본고의 의도성 표현에서는 의도성 표현의 의미들이 중첩되는 형태도 있고, 비의도성 의미를 함께 갖는 형태도 있다. 의미가 중첩되는 형태들에는 의지와 계획의 의미를 나타내는 '-(으)려고 하다, -(으)ㄹ까 하다, -(으)려던 참이다'와 계획과 약속의 의미를 나타내는 '-기로 하다', 의지와 약속의 의미를 나타내는 '-(으)ㄹ게' 등이 있다. 이렇게 의도성 표현의 의미들이 중첩되는 형태들은 의미라도 단원의 제시하는 주제나 기능의 차등을 두어 이들의 의미를 각각 제시해야 한다. 특히 계획과 약속의 의미를 나타내는 '-기로 하다'의 경우가 의미 특성에 따라 형태가 변화한다. 계획의 '-기로 하다'는 담화 상황에서 과거 시제와 결합하여 청자에게 단순히 전달하는 화용적 기능을 수행하는 반면, 약속의 '-기로 하다'는 '-기로 해요'와 같은 현재형으로 실현되는 경우 대화 참여자와 약속을 만들기 위한 진행 과정에서 사용되기 때문이다. 그러나 이러한 방식은 다의미 표현이 초급 단계에서 제시되는 경우에만 한정하고, 중급에서 처음 등장하는 경우에는 학습자가 어느 정도 한국어를 이해하고 구사할 수 있다고 보아 이들을 종합적으로 제시하는 방법을 제안한다. 우리는 앞 장에서 다의미 표현 중에서 중급에서 처음 등장하는 의지·계획의 의미를 갖는 '-(으)ㄹ까 하다, -(으)려던 참이다'를 하나의 표현으로 제시하고 이들의 의미 특성을 한 번에 설명하는 기술 방식을 제안하였다.

(1) 의도성 의미 특성만을 갖는 다의미 표현의 제시 순서
    가. 초급에서 처음 제시되는 경우
        ㄱ. 의지 의미 → 계획 의미 / 의지 의미 환기[1]
        -(으)려고 하다: 1단계 의도성 의미(의지)
        2단계 의도성 의미(계획/의지 의미 환기)
        ㄴ. 의지 의미 → 약속 의미 / 의지 의미 환기
        -(으)ㄹ게: 1단계 의도성 의미(의지)
        2단계 의도성 의미(약속/의지 의미 환기)
        ㄷ. 계획 의미 → 약속 의미 / 계획 의미 환기
        -기로 하다: 1단계 의도성 의미(계획)
        2단계 의도성 의미(약속/계획 의미 환기)

    나. 중급에서 처음 제시되는 경우
        의지 의미 / 계획 의미
        -(으)ㄹ까 하다: 1단계 의도성 의미(의지)
        2단계 의도성 의미(계획/의지 의미 환기)
        -(으)려던 참이다: 1단계 의도성 의미(의지)
        2단계 의도성 의미(계획/의지 의미 환기)

비의도성 의미와 의도성 의미를 갖는 표현으로는, 의지, 계획, 추측의 의미를 갖는 '-겠다', 의지, 계획, 추측의 '-(으)ㄹ 것이다', 의무, 의지, 추측

---

1) 여기에서 사용된 부호에 대한 설명은 아래와 같다. 이후에도 마찬가지이다.

  '→': 다른 단원에서 제시
  '/': 동일한 단원에서 제시하지만 순서의 차이가 유지

의 '-아/어야겠다', 의무·의지의 '-아/어야지'가 있다. 이러한 표현들은 의도성과 비의도성 의미로 사용되는 경우를 비교하는 장이 필요하다. 한국어의 의도성 표현은 특히 1인칭 화자 주어문에서 나타나는 인칭 제약성을 갖는다. 그러나 실제 교육에서는 이러한 인칭 제약에 대한 설명이 소홀하게 하여 초급 학습자 중에는 3인칭 주어문에서 주어의 의지를 나타내는 경우에도 사용하는 오류를 범하는 경우가 많다. 따라서 의도성과 비의도성 의미를 갖는 표현들은 교재에서 tip으로 가볍게 이들을 비교하는 설명을 제시할 것을 제안한다. 이러한 방식으로 '-겠다, -(으)ㄹ 것이다, -아/어야겠다, -아/어야지'도 의도성과 비의도성 의미를 비교하여 제시하도록 한다. 이 비교 시기는 비의도성 의미를 배우기 전에, 이전 학습을 환기하면서 새로운 특성을 이끄는 과정에서도 가능하고, 비의도성 의미가 제시된 후에 의도성 의미로 사용된 이전 학습 내용을 환기시키기 위한 수단으로 이용하면 좋다. 그런데 추측처럼 추상적인 표현은 의무, 의지와 같은 명시적인 의미보다 이해하기가 어렵기 때문에 제시 순서에서도 이들보다 뒤에 위치하는 것이 좋다. 실제 이러한 방식으로 선수 학습한 내용을 제시하고 있는 것이 서울대 교재의 tip 코너이다.2)

(2) 비의도성과 의도성 의미 특성을 갖는 다의미 표현의 제시 순서와 실제
가. 의도성 의미 → 비의도성 의미 / 의도성 의미와 비교
-겠다: 1단계 의도성 의미(의지)
2단계 의도성 의미(계획/의지 의미 환기)
3단계 비의도성 의미(추측/의도성 의미 '-겠다'를 tip을 이용하여 환기한다)
-(으)ㄹ 것이다: 1단계 의도성 의미(의지)

---

2) 다의미 표현이 제시될 때마다 의무적으로 비교 설명을 할 필요는 없다. 오히려 학습 흐름을 방해하는 요소가 되거나, 학습자에게 혼돈을 야기 시킬 수 있기 때문이다. 이러한 이유에서 비교 확인의 장면은 간단하고 집약적으로 이루어져야 할 것이다.

2단계 의도성 의미(계획/의지 의미 환기)
　　　3계 비의도성 의미(추측/의도성 의미 '-(으)ㄹ 것이다' tip을 이용하여 환기)

　나. 비의도성 의미 → 의도성 의미 / 비의도성 의미와 비교
　　　-아/어야겠다: 1단계 비의도성 의미(의무)
　　　2단계 의도성 의미(의지/의무 의미 환기)
　　　3단계 비의도성 의미(추측/의지 '-아/어야겠다' 환기)
　　　-아/어야지: 1단계 비의도성 의미(의무)
　　　2단계 의도성 의미(의지/의무 의미 환기)

　위에서 논의한 바처럼 다의미 특성은, 각기 다른 담화 상황을 교재에 설정하여 그 안에서 실현되는 방식으로 단계에 따라 제시하여야 할 것이다. 또한 의도성과 비의도성의 의미를 갖는 다의미 표현도 단계별로 구별되어야 한다.

　지금까지 의도성 표현의 각 위계화 단계에 따라 제시되어야 할 내용을 살펴보았다. 그런데 실제 교육 현장에서 하나의 의미를 전달하는 것이 대단히 어려운 과정이며, 학습자의 입장에서는 하나의 목표 문법을 학습하고 그것을 충분히 연습하여 습득하기도 전에 새 항목을 배우기 때문에 교육 내용에 완전히 익숙해질 만한 물리적 시간이 부족하다. 따라서 기존의 몇몇 교재 방식처럼 특정 형태가 처음 제시되는 단원에서 의미 특성을 고려하지 않고 무조건 그 형태의 의미와 특징을 한꺼번에 제시하는 방식은 학습자에게 학습의 부담감을 가중할 것이다. 본고는 이러한 정보를 한 번에 제시하기보다 나선형 배열 방식을 적용하는 것을 제안한다. 선수 학습한 항목을 새로 제시되는 유사 항목을 배우는 과정에서 언급할 수 있고, 특정 항목을 배우면서 꼭 알아 두어야 할 제약 등을 부가적으로 제시할 수 있기 때문이다.3)

　의도성 표현의 각 의미 분야에 대한 전반적인 질서 체계가 필요하기

때문에 교육 과정의 어느 단계에서는 각 의미 영역별로 종합적으로 고찰할 수 있는 장이 마련되어야 할 것이다. 의도성 표현의 교육에서도 각 단계별로 제시된 형태들은, 유사한 형태나 의미 영역별로 이전 단계에서 학습한 내용을 확인할 수 있는 부분이 마련되어야 할 것이다. 이것은 하나의 의미 영역에 속하는 형태들을 배우고 이들 모두를 종합하는 방식이지만, 가장 마지막에 배우는 형태를 기준으로 하는 것은 아니다. 계획, 약속, 희망 표현은 초급과 중급 단계에서 모두 배우게 되는데, 이때 마지막에 배우는 표현에서 이전에 배운 표현들을 정리할 수도 있고, 초급에서 중급 단계로 넘어가기 직전에 배운 표현을 확인하는 차원에서 이루어질 수도 있다.

다의미 특성을 가진 형태는 1단계에서 1차 선정된 의미를 교수하고, 그 다음에는 2차 의미를 교수하는 단계별 방식으로 진행한다. 2차 의미를 배우는 단계에서 새로운 의미를 학습할 필요성이 끝난다면 이때는 2차 의미를 배우면서 1차 의미를 회상시키는 과정도 요구된다. 가령, '-겠다'는 화자의 의지를 나타내기도 하며 어떠한 사건에 대한 계획의 의미도 갖지만, 이외에도 추측 등 미래적인 요소를 나타내기도 한다. 그런데 추측의 의미 기능이 실제 사용에서 매우 빈번하므로, 단원의 목표 항목으로 반드시 제시되어야 한다. 그러나 이러한 의미 기능의 용법은 의도성 표현과 영역을 달리하므로, 이전에 배운 의도성 용법과 반드시 연계할 필요는 없을 것이다. 이는 학습자의 과중한 부담을 줄이기 위한 것이다. 이러한 선택적 나선형 방식으로 배운 표현들을 고급 단계에서 각 의미 영역별로 정리 종합하여 고찰하는 단계가 있다면 학습자에게 한국어 의도성 표현 전체 체계를 확립할 수 있는 기회가 될 것이다. 이러한 학습 방식은 학습

---

3) '-고 싶다'의 경우 부정문 제약을 가지는데, 이는 제공되어야 할 문법 정보 중의 하나이다. 그런데 '-고 싶다'가 처음 제시되는 단원에서 이러한 정보를 모두 제공한다면 학습의 부담감이 높아질 것이다. 따라서 부정문을 배우는 단원에서 '-고 싶다'의 제약을 제시할 수도 있다.

자의 요구에도 부합되는 것으로, 안경화·김정화·최은규(2000:62-83)도 학습자의 요구 조사 결과, 고급 단계로 올라갈수록 선수 학습한 문법을 복습할 필요가 있다고 제안하였다.

또한 형태적인 차원에서 종합적으로 고찰할 때, 결합형의 의도성 표현은 그 형태 구성에서 이전에 배운 표현의 의미를 유추하는 방식으로 확인하는 것이 가능할 것이다. 이와 같이 결합형 형태에서 그것을 구성하는 요소들을 분석하여 의미를 추출하는 방식은, 학습자의 수준과 성향을 고려하여 시도해 볼 수 있는 방법이라고 본다. 이상의 논의를 정리하면 아래의 (3)과 같다.

(3) 의도성 표현의 교수 원리
  가. 의도성 표현은 형태·통사 정보, 의미 정보, 담화 특성 중에서 교육에 필수적인 내용만을 선택하여 교수해야 한다.
  나. 담화 상황의 기능에 대해 교육해야 한다
  다. 의도성 표현의 담화 패턴을 익힐 수 있도록 단순 대화문이 아닌 화행 문맥을 제공해야 한다.
  라. 의도성의 의미 영역별로 체계를 세우고, 각 영역 내에서 유사 정도가 강한 표현들을 비교하여 교수해야 한다.
  마. 초급 단계에서 처음 등장하는 다의미 특성을 가진 표현들은 동일한 단계에서 제시한다고 하더라도 단원의 차이를 두어야 하고, 새로운 의미 영역으로 소개할 때에는 이전 의미를 환기할 수 있는 장이 마련되어야 한다.
  바. 의도성 표현의 체계성을 이해시키기 위해 의미 영역별로 종합적 고찰의 장이 마련되어야 한다.

2. 의도성 표현의 교육 내용

이 장에서는 지금까지 살펴본 각 표현 형태들의 의미 기능과 특징 가운데 학습자들에게 교육할 내용들을 각 표현별로 정리한다. 이러한 내용들 가운데 일부는 교재에 반영하도록 하고 일부는 교사들이 교육 현장에서 보충적으로 도입할 수 있다.

학습자들의 말뭉치에 나타난 자료를 보면 학습자는 희망 표현과 같이 추측이나 의지 표현처럼 다의미 특성이 아닌 직접적이고 분명한 의미를 나타내는 것은 의미를 비교적 잘 이해한 것으로 생각된다. 그러나 특정 표현만을 반복해서 사용하는 경향이 있었다. 가령, 희망 표현 가운데 '-고 싶다'의 사용이 절대 다수로 나타나고 그 이외의 형태들은 그 쓰임이 매우 적어, 학습자들이 한국어 구사 범위가 폭넓지 못하다는 것을 알 수 있었다. 문장 생산에 있어서도 단순문 표현이 지배적이었다. 이는 의도성 표현에 대한 다양한 정보가 입력되었더라도 제대로 습득하지 못해 잘 사용하지 않거나, 말하기에 쉬운 특정 형태를 선호한 때문일 것이다.4) 따라서 학습자들이 고급 단계에 이르러서도 다양하고 풍부하게 문장을 생산하지 못하고 있다. 이러한 문제점을 해결하기 위해선 학습자들의 오류 원인을 분석한 결과가 교육 내용에 적극적으로 반영되어야 할 것이다. 김제열(2003)은 학습자의 오류를 문법 기술에 반영하여야 하며, 문법 항목이 나선형으로 배열되어야 한다고 주장하였다. 본고에서도, 학습자 오류를 피드백 대상으로만 처리할 것이 아니라 현재 한국어 교육에서 개선되어야 할 사항을 담고 있으므로 교육 내용에 응용해야 한다고 생각한다.

이 장에서는 의도성 표현의 교육 내용을 선정하고자 하는 데 있어, 모국어 화자와 한국어 학습자의 의도성 표현의 사용 양상을 적용하여 앞에서 제시된 각 의미 영역에 속하는 표현들이 갖는 형태·통사 정보 및 의미·담화적인 정보를 기술하고자 한다. 이를 위해 각 표현 형태들의 의미 특성과 문법 제약은 기존의 국어학 연구 성과(허웅 1975, 남기심·고영근

---

4) 영어 습득 초기에, 외국어 학습자가 'would like to' 대신 'want'의 형태를 선호하는 현상에 대응될 수 있을 것이다.

1993, 박재연 2004, 이종희 2004)와 한국어교육(이효정 2003, 이종은 2005 등), 한국어교육을 위한 한국어 문법사전(국립국어원 2005, 백봉자 2006)에서 제시된 의도성 표현들에 대한 논의를 위주로 하여 검토할 것이다.

교수 내용은 목표 표현의 중심 용법을 정확하게 전달하는 것이 목적이므로 순수 언어학 연구와 구분된다. 또한 한국어 교육은 모국어 화자와의 의사소통이 중요시되므로 모국어 화자가 실제 일상생활에서 의도성 표현을 어떻게 사용하는지도 중요하다. 이러한 담화 특성을 알아보기 위해 구어 말뭉치 자료에 의도성 표현의 사용 양상을 검토하는 것도 의의가 있을 것이다. 더욱이 의도성 표현은 문어보다 구어에서 더 많이 사용된다.

여기에서는 구어 표현 자료를 대상으로 의도성 표현이 실제 어떠한 담화에서 어떠한 패턴으로 실현되는지 검토하고 이를 교육에 이용하고자 한다. 모국어 화자들은 자연스럽게 자신이 원하는 내용을 담화 상황에 따라 사용하는데 어려움을 겪지 않지만 한국어 학습자들에게는 담화 상황도 하나의 학습 내용이 된다. 본고는 의도성 표현의 한국어 교육에 관심을 가지므로, 한국인들이 이러한 표현에서 주로 사용하는 담화 상황에 대한 특성도 교수 내용에 포함되어야 한다고 본다.

담화 상황은 내용과 주제에 따라 구별할 수도 있겠지만 형식적인 조건도 중요하다. 이 형식에는 질문 내용에 대한 적절한 응대, 대화 참여자와의 관계, 직접적인 자기 의사 표출 기능과 단순 전달의 기능, 완곡성 등이 속할 것이다. 따라서 본고에서는 의도성 표현들이 어떠한 내용과 주제에서 주로 사용되는지, 형식적으로 이들이 어떠한 상황에서 주로 사용되는지 그 실현 양상을 검토할 것이다. 이렇게 본고에서 논의되는 의도성 표현의 교육 내용은, 기존의 연구에서 얻어진 언어학적 내용과 실제 모국어 화자들의 사용 양상이 반영된 자료에서 고찰한 문제들을 기반으로 이루어진 것이다.

2.1 의지 표현

▶ -겠다

'-겠다'는 기존의 연구에서 주로 의지, 의도, 추측, 가능성 등의 의미를 나타내며, 1인칭 주어 화자문에서 동작 동사와 결합할 때 주어의 의지, 의도를 나타낸다고 논의되었다(허웅 1995:1153-1166, 국립국어원 2005:30-32 등). 학교 문법이나 일부 한국어 교육 문법 사전에서는 삼분법적인 시간 표현의 분류를 따라 '-겠다'를 미래 시제소로 제시하고 다른 양태 의미를 부수적으로 소개하였다(남기심·고영근 1993:310-311, 백봉자 2006:9-10). 그러나 '-겠다'가 시제성을 표현하기보다는 다음의 예처럼 1인칭 주어 화자의 의지를 표현하거나 추측 또는 계획을 말하는 서법적인 쓰임이 더 많다.5)

(4) 가. 내가 그 사람을 반드시 만나겠습니다.
나. 내가 그렇게 날씬하겠어요?
나. 남자 친구를 사귀기 위해서 꼭 예뻐지겠어요.
다. 처음 뵙겠습니다.
라. 내가 그렇게 예뻤겠어요?

(4가)는 '-겠다'가 동작성 용언과 결합하여 1인칭 화자의 의지를 나타내는 예이다. '-겠다'가 가지는 의미는 호응하는 인칭과 선행 요소의 특성에 따라 의미가 달라질 수 있기 때문에, 한국어 교육에서 이러한 인칭 제약과 선행 요소의 특성에 관한 제시는 기본적이며 필수적이다. 또한 (4가)처럼 '-겠다'는 '반드시, 기필코, 꼭' 같은 단정의 부사어와 호응이 가능한데,

---

5) 이것은 아직 하지 않은 일에 대한 화자의 의지를 표현하기 때문에 미래 의미가 부차적으로 발생하는 것이고, 과거 요소와도 결합하지 않는다(국립국어원 2005:30-32, 이효정 2003: 82-88).

이효정(2003:35-36)은 '-겠다'가 강제성, 의무성이라는 양태 의미가 작용하기 때문이라고 하였다. 그러나 이는 의지라는 것이 주체의 통제력으로 좌우되는 것이므로 이러한 단정의 의미 부사와 어울린다고 본다. 이러한 부사어의 호응 관계에 대한 제시도 학습자가 문장을 풍부하게 생산할 수 있게 한다는 점에서 제시되면 좋을 것이다.

　화자의 의지를 표현하는 문장으로서 형용사와 '-겠다'가 결합하는 경우에는 비문이 되는데, 청자의 추측과는 달리 내가 그렇게 날씬하지 않다는 반어문 (4나)의 경우 의문문 형태에서 형용사와의 결합은 가능하다. 이러한 형태 결합상의 특성에 대해 이정민(1975)는 양상조동사 '-겠다'가 의지를 표현하기 위해서는 서술문에서는 1인칭 주어와 동작동사, 의문문에서는 2인칭 주어와 동작동사가 나타나야 한다고 했다. 이렇게 '-겠다'가 가지는 의미 특성 때문에 형용사와 결합하지 않지만, 다음의 (4나)와 같이 동사화한 서술어와 결합하면 1인칭 주어 화자의 의지를 나타낼 수 있다. '-겠다'는 '예뻐지-'와 같이 동사화한 서술어의 예문 (4나)에서 화자의 직접적이고 강한 의지를 표현한다. 따라서 '-겠다'의 선행 요소로서 동사화된 서술어가 결합한다는 점을 제시할 수 있을 것이다. 다만, 이는 '-아/어지다'의 설명이 선행된 후 이루어져야 할 것이다.

　(4다)는 '-겠다'이 관용적으로 사용된 예로, 세밀하게 분석한다면 의지나 능력 등의 의미로 해석될 수 있겠지만, '모르다, 알다, 죽다' 등의 일부 어휘와 어울려 특정한 상황에서 사용되는 관용 표현(국립국어원 2005:30-32, 백봉자 2006:9-10)으로 제시하는 것이 교육적인 면에서 더욱 경제적일 것이다.

　(4라)의 예처럼 과거 시제를 나타내는 '-었-'과 결합한 '-겠다'의 경우에, 이를 미래 시제로 다룬다면 '과거, 현재, 미래'의 3분법적인 시간 표현이 있는 언어권의 학생들에게는 시제소로 제시하는 것이 이해하기에 용이할 것이다. 그러나 과거 시제 '-었-'의 아래에 '-었겠-'과 같이 결합하는

경우에는 '-겠다'가 미래를 나타낸다는 앞선 논의와 모순이 되며, 외국인 학습자에게 상대 시제 개념을 설명하는 것도 무리가 있어 적합한 제시 의미가 아니라고 본다. 또한 1인칭 화자 주어문으로 문법적이지만 화자의 의지와 관계가 없는 반어적 표현이 되고, 주어가 복수 1인칭이라고 해도 화자의 의지가 아닌 반어적 표현이 된다. 김재욱(2005:94-95)은 기존의 한국어 교재나 문법 사전에서 시간 표현으로서의 '-겠다'를 강조하고 있어, 의지나 의도, 추측의 '-겠다'의 용법을 학습자가 습득하지 못하고 오류를 범한다고 하였다.

이렇게 기존의 연구에서 논의된 '-겠다'의 논의를 정리하면, 1인칭 화자 주어문에서 동작성 용언과 결합하여 의지의 의미를 나타내며, 이는 한국어 학습자에게 제시되어야 할 가장 기본적인 특성이기도 하다고 말할 수 있다. 그런데, 다음의 예는 이러한 조건을 충족하였음에도 불구하고 어색하거나 다른 의미로 실현된다.

(5) 가. 다음 시간에 결석하겠습니다.
　　나. 내가 그 일을 책임지겠구나.
　　나'. 내가 그 일을 책임지겠지.
　　다. 내가 이번에는 그냥 넘어가겠는데/넘어가겠지만, 다음번에는 어림도 없어.
　　라. 내가 오지 근무를 하겠다는 소식에 철수가 많이 놀랐나 봐요.
　　마. *내가 지도하겠는(/-은/던/-을) 그 아이는 절대음감을 가졌다.

(5가)는 1인칭 화자 주어의 의지를 표출한 문장이겠지만, 모국어 화자가 이러한 문장을 실제 생활에서 사용하는 일은 흔하지 않다. '결석하다, 결근하다'처럼 부탁의 상황에서는 자신의 의지를 직접적으로 표출하는 것이 상대방에게 불쾌한 인상을 줄 수도 있기 때문이다. 이런 상황에서 한국어 화자는 '죄송하지만, 좀' 등의 언어 장치를 사용하여 자신의 의지

를 완곡하게 표현한다. 이는 '-겠다'가 자신의 의지를 직접적으로 표출하는 의미를 가지며, 이 의미 특성은 담화 상황에 따라 화용적 제약을 불러일으킬 수 있으므로 '-겠다'의 이러한 화용적 특성을 학습자에게 제시할 필요가 있다.

(5나)와 (5나')는 1인칭 화자 주어문이지만 감탄형과 결합하여 추측의 의미로 실현되었다. 화자 자신의 통제와 관련이 있는 의지와 감탄이라는 감정은 의미적으로 어느 정도 배타성이 있어 이때의 '-겠다'는 추측의 의미로 실현되는 것이며, 화자가 '그 일'과 그 주변 상황을 객관적으로 혹은 배타적인 시각으로 보는 것과도 관련이 있을 것이다. 결합하는 종결 어미의 특성에 따라 '-겠다'가 평서문의 1인칭 화자 주어문에서 의지의 의미로 실현되는 것이다.

'-겠다'는 (5다)와 같은 접속문에서 1인칭 화자의 의지를 나타내는데, 김수정(2003:173)에서 제시한 한국어교육을 위한 연결어미 목록에서 결합이 가능한 어미는 역접의 의미를 가지는 '-는데, -지만' 정도이다. '-는데'와 결합하는 경우는 다음 (5다')에서 보듯이 완형보문으로 사용될 때 더욱 자연스럽다는 것도 하나의 특징일 것이다.

(5) 다. ?내가 결혼하겠는데, 누가 뭐래? / 내가 결혼하겠다는데, 누가 뭐래요? / 내가 결혼하겠다고 하는데, 누가 뭐래요?

'-겠다'는 의지 이외의 여러 의미 특성을 가진, 사용 범위가 넓은 선어말 어미지만 실제 결합이 가능한 연결어미의 수는 극히 적기 때문에 결합 가능한 연결 어미의 목록을 제시를 해 줘서 학습자가 오류를 발생하지 않게 하는 것도 좋을 것이다. 이러한 정보는 처음부터 명시적으로 제시되어 학습자가 기본적으로 알아야 할 '-겠다'의 특성보다 더욱 부각되어서는 안 될 것이다.

(5라)는 내포문에서 주어 화자의 의지를 나타낸다. 그러나 (5마)처럼 관계절 내포문에서는 비문이 되는데, 이는 관형사형 어미가 이미 시제성을 가졌기 때문이지만, 관형사화 내포문이라는 것은 주문장에 있는 특정한 명사를 한정하는 문법 기능을 가지므로 여기에서 내포 관형절에 있는 주어의 의지 등이 충분히 발현되지 못하는 것도 하나의 이유가 될 수 있을 것이다.

  구어 말뭉치에 나타난 '-겠다'는 담화 환경에 따라 쓰임이 분명한 편이었다. '-겠다'는 좌담과 같은 공식적인 상황에서 주로 사용되었는데, 일상 대화에서는 사회적인 지위가 높거나 나이가 많은 대화자와 담화에서 주로 '-겠다'가 사용되었다. 특히 대중과 화자의 대화 상황에서 '-겠다'는 격식체 어미 '-습니다/ㅂ니다'와 결합하여 나타났지만 친구 사이처럼 비공식적이면서 친밀도가 높은 사이와의 담화일 경우에 약속, 수락 등의 상황에서는 '-아/어요, -네' 등과 결합한다. '-겠다'는 상대의 요청에 대해 즉석에서 자신의 응대, 약속의 상황에서 자신의 의지를 표현한다.

(6) 가. 김수희 씨의 노래 들으면서 저희는 작별인사 드리겠습니다.
    나. 그럴까요? 네. 다음 주에 다시 인사드리겠습니다. 여러분 안녕히 계십시오.
(7) 가. 한 박사께선 어릴 때부터 사회학자를 꿈꾸셨습니까? 전에 개척 교회도 하셨는데 기독교에는 언제부터 들어가셨습니까?
    나. 저는 모태 신앙 기독교도입니다. 어머님이 저를 임신하시고 6개월 됐을 때 화상을 크게 입어 생명이 위독하게 되셨다고 해요. 그때 이웃 전도사분이 열심히 기도해 주셔서 어머니께서 만일 생명을 건지면 기독교도가 되실 것을 맹세하셨다고 해요. 그러니 어머님께선 저에게 신학을 공부해서 목사가 될 것을 바라셨고 아버님은 의사가 되라고 하셨어요. 저는 중학 시절 6·25를 겪으면서 사회 의사가 되겠다고 결심했어요. 결국 사회병을 고치는 공부를 하겠다고 서울대 사회학과를 지원한 것입니다.

위 예들은 인터뷰 형식의 공식적인 담화 상황에서 사용된 '-겠다'로, (6)은 사회자가 대중을 상대로 사용된 것인데 '-습니다'와 결합하여 격식성을 나타내고 있다. (7)은 화자의 의지를 나타내는 '-겠다'가 사용된 것으로, '결심'이라는 핵심명사를 수식하는 완형 보문에서 사용된 예인데, 실제 말뭉치에서는 '생각, 의도' 등의 핵심명사를 보충하는 예가 많았다.

다음은 가벼운 일상 대화에서 사용된 예로, (8)처럼 사회적으로 지위가 높은 상대를 대상으로 하는 대화에서 '-겠습니다'로, (9)나 (10)처럼 친밀 관계가 성립되는 관계에서는 '-아/어요, -네'와 결합한 형태로 나타난다.

(8) 가. 얘기 계속해요.
　　나. (계속? 더 이상 뭘 어쩌란 말이야?) 사장님께서 …… 다시 저희 회사에 일을 맡겨 주신다면 만족하실 만큼 일을 해 내겠습니다.
(9) 가. 단단히 명심했나? 벼슬살이를 하는 데는 무엇보다도 잊지 말아야 할 것이 인내 두 글자란 말일세.
　　나. 알다 뿐인가. 잊지 않겠네.
(10) 가. 나하고 의논할 일이란 게 뭐여요?
　　나. 그렇게 서두를 건 없잖아. 시간은 많아. 미세스 톰슨이 난로까지 알맞게 피워 놓았군 그래. 톰슨 부인 생각나지? 크리스한테 잘해 줬잖아.
　　가. 일 관계로 얘기할 게 없다면 난 돌아가겠어요.
　　나. 이봐! 크리스. 난 아직 스미스 광고에 내 일을 맡기겠다고 한 적 없어. 크리스가 이런 식으로 나온다면 내 마음이 어느 쪽으로 결정지어지겠나? 지금이라도 내가 크리스와 일을 못 하겠다고 손 털고 나서면 어떻게 되는 거지?

(8나)는 지위가 높은 사장에게 그 일에 대한 화자의 반드시 그 일을 이루겠다는 확고한 의지를 드러내어, 화자가 원하고자 하는 바를 성취하기 위해 '-겠다'가 사용되었다. 조건절의 후행절에서 '-겠다'의 사용이 자주 발견되었는데, '-겠다'가 앞으로 하고자 하는 화자의 의지를 나타내는

의미 특성을 가지므로 '조건'이나 '가정'과 같이 앞으로 일어날 가능성이 있는 상황과 어울리는 것이다.

(9)는 친구 사이의 대화로, 친구의 당부에 대한 수락이나 약속의 상황에서 사용된 것이다. (10가)는 (8나)처럼 조건절에 후행하며 화자의 의지를 일방적으로 단호하게 표현하고 있다. '-겠다'는 상대에게 곧 행위를 할 것이라는 통보로서의 기능으로 사용되었고, 이러한 성격은 (10나)에서도 마찬가지이다.

이상과 같이 구어 자료에 나타난 '-겠다'의 주된 사용법을 살펴보았는데, 공통적으로 청자에게 화자의 의지를 직접적으로 전달하는 특성이 강하며, 이러한 직접성 때문에 청자와 관련된 사항을 이야기할 때 많이 사용되며, 청자에게 약속하는 기능이 잠재적으로 수반된다. 또한 화자가 어떠한 행위를 곧 할 것이라는 의미도 갖는데, 이는 화자가 강한 의지를 표현하는 것이기 때문에 화자가 그 행위를 곧 행할 것이라는 기대감을 수반하는 것이다. 또한 이러한 의미 특성 때문에, '기필코, 꼭, 반드시, 곧, 절대로' 등과 같은 정도성을 표현하는 부사와 잘 공기한다.

▶ -아/어야겠다

(11나)의 '-아/어야겠다'를 '-아/어야 하다'와 '-겠다'의 축약형으로 본다면, 화자의 의지적 표현이 (11가)보다 분명하고 강하게 표출되었다.

(11) 가. 내가 회장님을 만나야 합니다.
　　　나. 내가 회장님을 만나야 하겠다.

(11가)에서 나타나는 '-아/어야 하다'의 의지는 직접적으로 드러나는 것이 아니라 당위성에서 파생되는 의미이며, '-겠다'가 결합하는 경우 오히려 의지가 강하게 드러난다. 따라서 '-아/어야 하다'의 다의미 특성에 의

지를 포함하는 것보다는 '-아/어야겠다'를 의지 표현으로 교육용 목록에 포함해야 한다. 학습자 말뭉치에서 보면 '-아/어야 하다'와 '-아/어야겠다'를 혼동하여 오류를 범하는 경우가 있었다. 따라서 '-아/어야 하다'가 의무와 의지를 나타내는 다의미 특성을 갖는다고 해도, 의무만을 부각시키고, 의지의 표현으로 '-아/어야겠다'를 학습시키는 것이 좋다. 구어 말뭉치에서 '-아/어야겠다'는 혼잣말이나 상호 작용이 존재하는 대화문에서 사용되었는데, 다음과 같이 '-는데' 등의 연결어미와 결합하여 나타나기도 하였다.

(12) 가. 어험! 그런 걸 가지고… 우리는 공연히 걱정을 했지 뭐야. 그 녀석 어린이 잡지 한권 사줘야겠는데…
나. 정말 더욱 잘해 줘야겠어요.
(13) 가. 교장 선생님을 찾아가서 그 애를 출전시키지 못하도록 얘기를 해 놔야겠다. 잠시라도 그런 아이와 지낸다는 건 안 돼.
나. 그만두셔요. 어머니.
(14) 가. 현재 럭키금성그룹이 하고 있는 사회사업은 어떤 것이 있습니까.
나. 우리 그룹은 이미 지난 69년에 연암문화재단을 설립해 2개의 전문대학을 운영하고 있습니다. 또 우수한 대학생들에게 4년간의 학비를 지원하고 있고, 교수해외연수지원사업도 활발히 벌여 나가고 있습니다. 오늘도 25명의 교수들에게 해외연수증서를 드렸습니다. 앞으로 더욱 많은 기회를 만들어야겠다고 생각합니다.
(15) 뭔가 잘못된 게 아닐까요. 제가 모범 상공인이라니 스스로 과거를 돌아보게 되는 군요. 한편으로는 앞으로 더욱 보람 있는 일을 해야겠다는 강한 자극을 받게 됩니다.
(16) 참, 시간이 늦었으니까 집에 전화해야지. 엄마! 나최고 아저씨 사인 받는데 시간이 많이 걸려서 내일 아침에 돌아가야겠어요. 다음은 내 조카 줄 것도 한 장…

위의 예에서 '-아/어야겠다'는 모두 화자가 앞으로 어떠한 행위를 할 것이라는 의미를 나타내고 있는데, 다양한 어미와 결합한다. (12)처럼 '-는데' 뿐만 아니라 실제 담화에서는 '-지만, -(으)니'와 결합하는 경우가 많았으며, (13)의 예처럼 다른 의도성 표현과는 달리 해라체의 '-다'와 결합하여 나타나는 경우가 많았다.

'-아/어야겠다'가 내포문을 이루는 경우에는 (14)처럼 '생각, 결심, 마음'의 핵심명사를 수식하는 완형보문으로 실현되는 예가 많았고, (15)처럼 '앞으로, 내일'같은 미래성을 갖는 부사와 호응하는 경우가 많았다. 이는 '-아/어야겠다'가 미래에 하려는 행위에 대한 의지를 표현하는 의미 특성에서 기인하는 것이다.

'-아/어야겠다'는 이처럼 화자의 의지를 직접 표출하기도 하지만 (16)처럼 직접적으로 허락을 요청하는 것이 아니라 화자가 선택할 수 없는 어쩔 수 없는 상황임을 전달하면서 요청에 대한 정당성을 나타낸다. 이러한 화자의 간접적인 의지 전달은 완곡성을 갖는다. 화자의 의지 표현 중에서 학습자들이 가장 많이 사용하기도 하는 '-겠다'는 실제 모국어 화자 대화에서도 일반성이 높지만 부탁, 요청과 같은 내용을 전달할 때 '-겠다'의 사용은 화용적으로 어색한 경우가 있다. 따라서 형태적으로 관련성이 있는 이 두 표현을 비교할 때 완곡성의 정도는 차별성을 보이는 요소이므로 제시되면 좋을 것이다.

(17) 가. 내일 아침에 돌아가겠어요.
　　　나. 내일 아침에 돌아가야겠어요.
(18) 가. 결석하겠어요.
　　　나. 결석해야겠어요.

위 예에서 (17나), (18나)는 내용에 대한 이유를 청자가 기대한다는 점에서 직접성을 갖는 (17가)나 (18가)보다는 어느 정도의 완곡성을 갖는다. '-아/어야겠다'는 공식적인 담화나 일상 대화에 관계없이 화자의 의지를 분명히 밝히는 상황에서 사용되었다. 또한 미래성 부사와 호응하여 화자의 의지를 표현하며, 특히 '생각, 마음, 결심'과 같은 핵심명사를 수식하는 내포문에서 실현되어 주로 대답으로 많이 사용되었다.

▶ -(으)ㄹ 것이다

'-(으)ㄹ 것이다'는 미래, 추측, 의지를 나타내는데, 의지는 1인칭 화자 주어문에서 동작성 용언과 결합하는 경우에 한정된다.

(19) 가. 나는 시험이 끝나면 실컷 잘 것이다.
나. 나는 시험이 끝나면 실컷 잘 거예요.
다. 나는 시험이 끝나면 실컷 자겠습니다.

(19)는 모두 화자의 의지를 나타내는데, (19가), (19나)의 '-(으)ㄹ 것이다'가 자신의 의지를 객관화하여 말하는 상황에서 무엇인가를 하겠다는 강한 의지, 주관적 소신을 나타낸다는 견해도 있다(백봉자 2006:90-91, 국립국어원 2005:771-772).

대화 상황과 의미에 따라 이들은 다소 차이를 보인다. 비교적 친근한 대화 상대와의 비공식적인 상황에서는 '-(으)ㄹ 거예요, -(으)ㄹ 거야'가 사용되며, 격식체인 '-ㅂ니다/습니다'와의 결합형은 오히려 대화보다는 일기나 메모와 같은 (20)의 문어체적인 상황에서 사용된다. 객관적이고 격식적인 자리에서는 '-겠다'를 더 자주 사용하여 주관적인 강한 의지를 나타낸다. 실제 학습자 말뭉치를 보면 구어체와 문어체를 정확하게 습득하지 못해 오류를 범하였다. 그런데 이러한 형태·통사적 특성 이외에 학습자가 나타내는 의지 표현은 화자 자신이 통제가 가능한 내용만을 담는다는 정보를 반드시 전달해야 한다. 학습자는 내용보다는 문법에 더 관심을 두는 경향이 있기 때문에 이런 문맥 정보를 명시적으로 제시하는 것이 좋다.

  (20) 이제부터 밥을 조금만 먹을 것.

 '-(으)ㄹ 것이다'는 상대방의 질문에 대한 직접적인 응답뿐 아니라 자신의 의지나 계획을 단순하게 통보하는 기능이 있지만, '-겠다'는 상대방의 질문에 대한 직접적인 응답 상황에서 더 자주 쓰인다.

  (21) 가. A: 새댁 언제 이사 가? / B: 이제 곧 갈 거예요.
     나. A: 새댁 언제 이사 가? / B: 이제 곧 갈 거예요. / 이제 곧 가겠습니다.

 (21가)의 A가 집주인이 아닌 대화 내용과 직접적으로 관련이 없는 사람인 경우에는 주로 '-(으)ㄹ 것이다'로 대답하지만, '-겠다'로 대답하지 않는다. 그러나 (21나)의 A가 집주인이라면 대답으로 '-(으)ㄹ 것이다'와 '-겠다'가 모두 가능하다. 이렇게 대화 상대와의 관계에 따라 이들이 구분되기도 하지만 '-(으)ㄹ 것이다'도 '-겠다'처럼 선행 요소에 과거 시제소와 결합이 가능하다.

  (22) 오늘이 면접이라면 일찍 일어났을 거예요.

 (22)는 1인칭 화자 주어문에서 동작성 용언과 결합하였으나 화자의 의지를 나타내는 것이 아닌 추측의 의미로 전이되었다.
 구어 말뭉치에서 '-(으)ㄹ 것이다'는, 다음처럼 화자가 미래에 되고자/하고자 하는 내용을 이야기하는 장면에서 사용되는데, 담화 성격에 따라 문체가 뚜렷하게 구별되어 사용되었다.

  (23) 가. 참! 할아버지 저 말 사 주셔요.
     나. 뭐? 말?
     가. 저도 오늘부터 말 타는 연습을 해서 [마괘]같은 명인이 될 거여요.

(24) 여당 의석이 개헌선 재적 3분의 2*2백석을 훨씬 넘게 커진 것은 상대적으로 책임이 커졌다는 뜻입니다. 종전에는 하고 싶어도 못하는 일이 있었을지 모르나 이젠 수적으로는 뭐든 할 수 있게 됐습니다만 국민을 걱정케 하는 *힘자랑은 삼갈 것입니다.
　　　 지난 1월 방한당시 KAL기 사건에 대한 새로운 자료를 찾도록 노력하겠다고 밝히지 않았습니까.
　　　 나. 물론 KAL기 관련 자료가 추가로 입수되면 한국측에 전달할 것입니다.
(26) 가. 아니, 요리를 저렇게 잘하시는데 왜 장가를 안가세요? 일등 신랑감일 텐데..
　　　 나. 아, 결혼. 인제 할 겁니다.
(27) 욕을 적게 했으면은 내가 그 길로 돌아갔을 거예요.

위 (23)은 일상 대화로, 할아버지와 손자가 대화 구성원으로 화자의 결심을 상대에게 전달하는 기능으로 사용되었다. 그 외의 예들은 인터뷰나 토크쇼 등과 같은 비교적 공식적인 담화 상황에서 사용된 것으로, 정치, 경제 등의 시사 프로그램에서의 기사인 (24)와 (25)에서는 격식체를 사용하는 반면, 가벼운 일상 주제나 자신의 신변을 이야기하는 토크쇼 자료인 (26)과 (27)에서는 순화된 격식체 '-(으)ㄹ 겁니다'와 비격식체가 사용되었다. 그런데 실제 구어 말뭉치에서는 '-(으)ㄹ 거예요'와 '-(으)ㄹ 것입니다'의 사용 빈도가 '-(으)ㄹ 겁니다'보다 더 높았다. (27)은 1인칭 주어 화자문이지만 화자의 의지 표현이라기보다는 추측의 의미로 실현되었다. 다른 의지 표현들과 비교하자면, '-(으)ㄹ 것이다'는 1인칭 주어문에서 비과거 시제를 나타내는 상황에서만 화자의 의지를 나타내는 것으로 차이점을 설명할 수 있을 것이다.

'-(으)ㄹ 것이다'는 일상적인 대화에서 '-(으)ㄹ 거예요'로 나타나고, 특정 정보를 묻는 질문에 대한 대답이 아니라 단지 자신의 결심을 의미하지만 그 행위가 언제 이루어질지에 대해서는 당장에 이루어진다는 뉘앙스보다는 막연한 의지 표현이라고 하겠다. '-(으)ㄹ 것이다'는 1인칭 주어 현재 시제문에서 화자 자신의 의지를 직접적으로 표출하는 기능을 갖는다.

▶ -(으)려고 하다

'-(으)려고 하다'는 다음의 예 (28)처럼 동작성 용언과 결합하여 주체의 의도나 어떤 일이 곧 일어날 것이라는 의미를 가지는데, '-(으)려고 하다'는 다음과 같이 구어에서 '-(으)린다'로 나타난다.

(28) 가. 이제 마음먹고 열심히 살아 보려고 합니다.
(29) 내가 먼저 가련다. 너희들은 나중에 오너라.

(29)는 '-(으)려고 한다'의 축약형으로 '-(으)린다'가 실현된 것인데, 현재 이 언어는 표현 언어보다 이해 언어 측면이 강해졌다.6) 즉, 드라마나 특정 텍스트에 등장하거나 일부 개인 방언으로는 존재하지만 그 사용 빈도가 높지 않으므로 이러한 축약형은 독립된 표현으로 제시될 중요도가 떨어진다.

'-(으)려고 하다'는 화자의 의지를 나타내는데, '-았/었-'의 결합 여부에 따라 문장의 기능이 다소 구별된다. 실제 담화에서 '-(으)려고 하다'는 내포문 구성보다는 종속 접속문 구성으로 나타나는 경우가 많았다. 종속 연결어미 중에서도 특히 역접의 '-는데, -(으)나, -지만' 등과 결합하여, 화자가 하려고 했던 행위의 성취 결과보다는 하고자 했던 화자의 의도에 초점을 두고 발화하는 예가 많았다.

---

6) 이정민(1975)는 '-(으)려고 하다'는 1인칭 주어문에서 의도의 의미를 나타낼 때만 이러한 축약이 가능하고 지적하였다. 또한 김제열(1993)에서도 '-(으)려고 한다'가 '-(으)린다'로 융합되는 현상은 '-(으)려고'가 미래, 의도, 예정성의 자질을 가지기 때문이라고 하였다.

(30) 가. 앙앙 원통하고… 분하고… 억울해.
나. 왜 저러니?
다. 글쎄?
가. 내가 먼저 도망을 치려고 했는데 선수를 빼앗겼잖아.
(31) 가. 아침에 급히 출근하다가 떨어뜨린 제 지갑을 이 어린이가 찾아 주었다 이겁니다.
나. 그래서요?
가. 그 정직하고 착한 마음씨가 기특해서… 사례를 하려고 했더니 막무가내로 사양을 하지 뭡니까? 그래서 빵이라도 사주려고 했더니 그것마저 거절…..
(32) 가. 취임소감은.
나. 90년 헌정사에서 진일보한 국회를 열어 가려고 했는데, 원 구성 자체를 정치투쟁의 목적으로 삼아 거부하다니, 솔직히 마음이 무겁습니다.
(33) 가. 바둑판을 앞에 두면 무슨 생각이 나는지.
나. 아무 생각도 안 하려고 노력해요. 머릿속에 잡념이 생기지 않고 빈 상태를 유지하려고 합니다.

위의 (30)과 (31)은 일상 대화에서, (32)와 (33)은 인터뷰와 같은 공식적인 담화 상황의 발화 장면이다. 화자의 의지를 직접적으로 표출하는 '-(으)려고 하다'는 공식적인 상황에서 사용하여 강한 인상을 전달한다. '-(으)려고 하다'는 화자가 무엇을 하고자 하는 마음을 나타내는데, (30가), (31가), (32나)는 화자가 어떠한 행위를 하려는 의사가 있었다는 사실을 상대에게 전달하는 기능이라면, (33나)는 화자의 지금 하고자 하는 행위에 대한 의지를 표출하는 것이라고 할 수 있다.

실제 담화 자료를 통해 '-(으)려고 하다'는 과거 시제소와의 결합 여부에 따라 문장 기능에 차이가 있으며, 시제소와 결합한 경우 주로 역접의 종속 연결어미로 나타나는 경우가 많았다. 따라서 이러한 문장 특성에 유의하여 예문을 제시하면 학습자가 보다 자연스러운 한국어를 구사하는데 도움이 될 수 있을 것이다.

▶ -아/어야지

'-아/어야지'는 화자의 의지나 결심, 권유, 알림, 마땅히 그렇게 해야 함을 강조하는 의미를 갖는데(허웅 1995:637, 국립국어원 2005:537-540, 박재연 2004:188-192 등), 화자의 의지는 1인칭 주어문에서 동사와 결합하는 경우에만 실현된다고 하였다.

(34) 가. 시험이 끝나면 실컷 자야지.
　　　나. 시험이 끝나면 실컷 자야지요.
　　　가. 시험이 끝나면 실컷 자겠어.
　　　나. 시험이 끝나면 실컷 자겠어요.

'-아(/어)야지(요)'는 (34)처럼 동사와 결합하여 1인칭 화자의 의지를 나타내는 것으로, 결심이나 계획의 의미를 포괄한다. (34가)는 독백과 대화가 모두 가능하며, 독백의 경우 결심의 의미를 수반하게 되는데, (34나)는 결심이 아닌 자신의 의지, 혹은 박재연(2004:188-192)의 지적대로 자고 싶다는 바람을 내재하며 이를 알리는 정도라고 하겠다. 그러나 (35가)는 (34가)처럼 독백이나 대화가 가능하지만 상대방의 반응을 전혀 고려하지 않고 일방적인 화자의 의지를 표출한다는 점에서 (34가)나 (34나)와 다르다.[7]

(36) 가. 시장에 가서 점심을 먹어야지.
　　　나. 다리가 *아파서/아프니까 좀 쉬어야지.
　　　나". 다리가 아파서/아프니까 좀 쉬겠어.
　　　다. 내가 일찍 갔어야지. / 내가 일찍 갔어야지요?

---

[7] 이들을 희망의 유무로 비교하면 학습자들에게 오히려 혼돈을 줄 수 있을 것이다. '-겠다'에서 나타나는 의지는 화자가 자신의 바람을 행위로 실현하기 위한 과정에서 기인한 것으로 보기 때문이다.

'-아/어야지(요)'는 (36가)처럼 계기의 '-아(/어서)'와는 결합이 가능하다. (36나)에서 보듯이 같은 이유의 어미 중에서 '-아(/어서)'와는 제약을 갖지만 '-(으)니까'와는 결합이 가능하다. 이는 주관성을 갖는 '-(으)니까'가 독백의 성격이 강한 '-아(/어)야지'와 의미적으로 잘 호응되기 때문일 것이다.

(36다)는 '-아(/어)야지(요)' 앞에 과거 시제소가 결합된 것이다. 의지의 '-아(/어)야지(요)'가 아닌 어떤 상황이어야 하는데 그렇지 않아서 안타깝다는 의미로, '-아(/어)야 하지요'의 축약형으로 볼 수 있다. 이들은 형용사나 과거 시제와 결합할 수 있다.

말뭉치에서 '-아/어야지'는 화자가 무엇인가를 시도하려는 의지의 의미로 사용되었는데, 대화 참여자가 있더라도 혼잣말로 사용하는 경우가 많았다.

(37) 가. 꼬끼오
나. (벌떡) 설날 아침에 늦잠을 자면 1년 내내 늦잠을 잔다는데… 일찍 일어나야지.
(38) 욕심쟁이 원님은 너무나 신기해서 항아리를 대청으로 옮겨 놓았다. 이를 본 원님의 아버지는…도대체 저 항아리 속에 뭐가 들어 있길래 저렇게 뽀뽀를 하고 야단일까? 도무지 궁금해서 견딜 수가 있나? 어디 아무도 없는 틈에 슬쩍 한번 들여다봐야지, 젠장… 이거야 항아리가 워낙 커서 뭐가 들었는지 알 수가 없잖아.
(39) 가. 할 말이 많았단 말이야. 빨리 샤워하고 와서 들어줘.
나. 저녁은 어떻게 했어?
가. 먹었어. 스티브 얘기 해 줘야지.
나. 무슨 얘긴데?
(40) 가. 오는 10월 평양에서의 제2차 본회담 성사에 대한 전망은.
나. 반드시 되도록 해야지요. 점쟁이가 아닌 이상 앞일을 알 수야 없지만, 서로 합의하고 약속한 사항이니 그대로 이루어져야지요. 미래에 관한 것은 늘 목표를 세우고 노력해야지요.

(41) 그저 조카에게 잘 위로해 달라고 부탁만 했지요. 구속에 대비해 잠을 푹 자두려고 했는데 아이들 생각, 집사람 고생할 생각에 통 잠이 와야지요. 며칠간 연속으로 폭로 기사가 나간 뒤 집에 오니 집사람이 반갑게 맞이해 주더군요. 울지도 않고, 원망하지도 않고, 의연했습니다. 주변 사람들의 격려에 힘을 얻었던 탓이겠지요.

위 (37)과 (38)은 혼잣말로, (38)과 (39)는 대화 참여자가 존재하는 담화 상황으로서, '-아/어야지(요)'가 사용된 예이다. (37나)와 (38나), (39나)처럼 화자가 자신의 행위 의지를 발화하면서 행위로 옮기면서도 사용이 가능하지만, (40나)처럼 앞으로의 화자가 행하려는 의지를 나타날 때도 쓰인다. 그런데 '-아/어야지(요)'는 화자의 의지만 나타내는 것이 아니라 (41)처럼 '잠을 잘 수 없었다'는 반어적인 용법으로 사용되기도 한다. 이러한 반어적 용법은 화자의 의지를 나타내거나 당위성의 의미와 의미적으로 연관되기 어렵다. 이런 용법은 화자의 의지 의미와 구분하여 동일한 단계가 아닌 한국어의 뉘앙스와도 관련되므로 상위 단계에서 제시되는 것이 좋다.

'-아/어야지'는 화자가 그러한 행위를 곧 이어서 하거나 그 행동을 이미 시작한 상황에서 사용하는데, 이는 행위가 이루어질 수 있는 조건이 마련되는 담화 상황에서 주로 사용되기 때문이다. '-아/어야지'는 청자의 유무에 관계없이 혼잣말로 화자 자신의 의지를 표명하는 것이 가능하며, 당위성이 수반되어 '반드시, 꼭, 기필코' 등의 강조의 의미를 갖는 부사와 호응하여 화자의 행위 실현을 강조하게 된다.

▶ -(으)ㄹ게

'-(으)ㄹ게'는 1인칭 화자 주어문에서 동작성 용언과 결합하여, 화자가 어떠한 행위를 하려는 의지를 나타낸다(허웅 1995:571-573. 국립국어원 2005:776-777 등). 다음의 (42)처럼 '-(으)ㄹ게요'는, 화자가 출발의 행동을 실행할 것이라는 의지인 동시에 약속의 기능을 수반한다.

 (42) 내가 지금 출발할게요.

'-(으)ㄹ게'는 문장을 완전히 맺는 종결형에만 등장하므로, 어미와의 결합이나 시제소와 결합 현상이 없는 등 비교적 제약이 없는 편이다. 이러한 문법 제약 이외에 '-(으)ㄹ게(요)'는 대화 참여자, 청자에게 단순히 자신의 의지를 보고하거나 전달하는 것이 아니라, 반드시 화자와 청자의 상호 작용으로 실현된다는 것이다. '-(으)ㄹ게(요)'는 어떠한 사건과 직·간접적으로 관계가 있는 청자와의 담화 상황에서 화자의 의지를 직접적으로 표출하는 형태이다. 그런데 이러한 담화 조건을 몰라서 학습자들은 오류를 범하곤 하므로 이를 교육 내용에 포함해야 한다.

'-(으)ㄹ게(요)'는 다음과 같이 청자와의 상호 작용이 존재하는 담화에서 사용되고 있다.

 (43) 가. 왕손아 목욕물 더웠다.
    나. 알았어요. 곧 갈께요.
 (44) 가. 차려 놓은 음식은 어떡하죠?
    나. 걱정 마. 내가 다 먹어 줄께.
 (45) 가. 네. 어떻게, 이제부터는 월급명세서 화장대에 차곡차곡 모아 놓으시겠네요?
    나. 네. 잘 보관할게요.
    가. 어, 잘 보관한다고 하시네요. 아, 근데 사실은 또 전 이런 생각이 들어요.(중략)

(43나)는 어머니가 빨리 오라는 의미로 하는 발화에 대응하여 그렇게 할 것이라는 동의의 내용이며, (44나)의 경우는 청자에게 화자의 행위가 이득이 되는 경우로 청자의 고민을 해결하는 과정에서 '-(으)ㄹ게'가 사용

된 것이다.

(45나)의 내용은 (45가)인 청자와는 관련이 없는 사건으로, 화자가 앞으로 월급 명세서를 보관할 것이라는 의지를 표현한 것이다. 단지 앞으로 화자의 의도를 묻는 질문에 대한 답변으로 사용된 것으로, 의미 특성 때문에 '이제부터는, 앞으로' 등의 미래성 의미를 갖는 부사와 호응한다. 이렇게 '-(으)ㄹ게'는 1인칭 화자 주어문에서 화자의 의지를 표현하며, 1인칭 현재 주어문에서 종결형으로만 나타나 대답의 형식으로 사용된다는 것이 다른 의지 표현과 구별되는 요소이다.

▶ -(으)ㄹ래

'-(으)ㄹ래'는 1인칭 주어 평서문에서 동작성 용언과 결합하여 의도, 의지를 나타내는 종결 어미로 논의되었다(허웅 1995:574, 백봉자 2006:254, 박재연254 등) 다음의 (41가)에서 이러한 주어의 의지가 나타나는데, 주로 친구나 아랫사람과의 대화에서 사용하는 것이다(국립국어원 2005:792-793)

> (46) 가. 일요일에는 그냥 집에서 쉴래요.
> 나. 일요일에는 그냥 집에서 쉬겠어요.
> 다. 일요일에는 그냥 집에서 쉬려고 해요.
> 라. 일요일에는 그냥 집에서 쉬고 싶어요.

(46가)는 화자의 의지를 나타내는데, 주로 선택 사항에 대한 화자의 의지를 나타내는 것으로, 다른 의지 표현과 달리 주로 상대방의 질문에 대한 대답 형식에 사용한다.

'-(으)ㄹ래'는 '-(으)려고 하다, -겠어요, -고 싶다'와 의미가 비슷하다고 일부 논의에서 제기되었다(박재연 2004:179-184, 백봉자 2006:254, 국립국어원 2005:792-793). (46다)의 '-(으)려고 하다'나 (46나)의 '-겠어요'와의 차이점은 크게 없으나, 전자의 경우는 청자에 대한 배려가 좀 더 있는 표현이라고 할 것이다. '-(으)ㄹ래'는 비격식적인 상황의 구어체에서 사용된다(백봉자 2006:254). 그런데 '-(으)ㄹ래'와 '-겠어요' 가운데 1인칭 복수 주어 의문문에서는 '-(으)ㄹ래'만이 청자의 의도를 물을 수 있다(박재연 2004:179-184).

  (47) 가. 우리가 김밥을 먹을래요?
     가'. 우리 김밥 먹을래요?
     나. 우리가 김밥을 먹겠어요?
     나'. ?우리 김밥 먹겠어요?

'-(으)ㄹ래요'는 (47가)처럼 1인칭 복수 주어문에서 화자의 의지를 나타내며, (47가')처럼 조사 '가'가 생략되어도 의미의 변화가 없다. 그러나 '-겠어요'는 (47나)처럼 우리는 김밥을 먹지 않을 것이라는 반어적 의미로 실현되며, (47나')처럼 조사가 생략되면 어색한 문장이 된다. (47나')의 경우는 조사 생략이 빈번한 구어체 위주의 제시문을 주로 접하게 되는 학습자들이 경험하기 쉬운 오류가 될 수 있기 때문에, 교재나 교사의 예문 제시의 중요성을 시사해 준다.

 (47라)의 '-고 싶다'는 실현 가능 여부를 전제로 하지 않는 단순 희망의 표현이지만, '-(으)ㄹ래(요)'는 구체적인 화자의 의지를 표현하는 것으로, 예정된 사항을 의미한다(국립국어원 2005:792-793).

 구어 자료에서 '-(으)ㄹ래(요)'는 1인칭 주어문과 2인칭 주어문에서만 사용되는데, 1인칭 주어문에서 화자의 의지를 나타낸다. 다음의 예들은 모두 친구끼리의 대화로 사용된 예이다.

  (48) 가. 아 나 이거 먹을래.
     나. 그래그래. 먹어. 먹어 봐.

(49) 가. 이제 끝났니? 우리 좀 돌아다니지 않을래? 아이 쇼핑도 할겸 …….
나. 미안해. 애니 약속이 있어.

(48)에서는 새로운 주제를 시작하면서 화자가 하고 싶은 행위에 대한 의지를 표현한 것이고, (49가)는 1인칭 복수 주어 의문문으로 제안의 기능을 한다. '-(으)래(요)'는 화자가 원하는 바를 직접적으로 표출하는 것으로 형태 변화 없이 문장을 완전히 끝맺는 종결형에서 실현된다. 따라서 이러한 형태·통사적 특성은 다른 의도성 표현들과 구별되는 것이다. 또한 말뭉치에서도 나타나듯이 위 예들은 모두 어린 아이들이 주고받는 또래와의 대화 장면이다. '-(으)ㄹ래'는 어린 아이들이 친구나 친구처럼 친근한 상대와의 대화에서 제안이나 선택의 상황에 사용된다는 화용 정보를 제공해야 한다. 현재 한국어 학습자는 대부분 성인이므로, 이러한 정보를 배우지 못하면 어린 아이들의 언어인 '-(으)ㄹ래'를 과용하여 떼를 쓰거나 억지를 쓰는 인상을 줄 수 있기 때문이다.

▶ -도록 하겠다

'-도록 하다'는 1인칭 화자 주어인 경우, 다음의 (50가)보다는 (50나)의 예처럼 '-겠다'와 결합하는 것이 더욱 자연스럽다.

(50) 가. ?내가 회장님을 만나도록 합니다.
나. 내가 회장님을 만나도록 하겠습니다.
다. 내가 회장님을 만나겠어.

'-고자 하다'와 '-도록 하다'의 사용에 있어 제약의 차이를 보이는 것은, '-도록 하다'의 경우는 '사역성'과 '방법'의 의미가 있는 것과 관련이 있는 것 같다. 따라서 '-도록 하다'를 기본형으로 제시하는 것보다는 '-도록 하겠다'의 구성이 화자의 의지 표현으로 제시하는 것이 해석의 중의성을 낳지 않는 방법이며, '-도록 하다'는 명령, 제안의 의미로 제시하여 사용 범위를 구분하는 것이 명료성 측면에서 효율적이다. 그런데 (50나)와 (50다)가 모두 화자의 의지를 표현하기는 하는데, (50나)는 보다 공식적이거나 청자와의 친밀감, 지위적 차이에 따라 사용되는 반면, 더 친근한 상대와의 대화 장면에서 사용할 때는 '만나도록 하겠다'는 표현 대신 (50다)의 표현을 사용한다.

모국어 화자 말뭉치 자료에서는 '-도록 하(겠)다'는 1인칭 복수 주어문에서 사용되어 화자가 하고자 하는 일을 상대에게 권하는 기능으로 사용되었다.

(51) 가. 옳지! 좋은 수가 있다. 딱. 할아버지! 우리 저 흑백텔레비전을 컬러로 보도록 해요.
　　　나. 어떻게?
　　　가. 아빠는 고등학교 시절에 미술 대회에서 입상까지 하신 솜씨라고 하셨잖아요?
　　　　　아무튼 그 쪽 일은 이미 계약이 된 거니까 내일은 올 수가 없어요.
　　　나. 와야 해! 우리 일도 급하니까.
　　　가. 그렇겠죠. 그럼 내일 뵙도록 하겠어요.
(53) 여러분! 안녕하십니까? 광복 50주년을 맞는 오늘 3.1절 MBC 뉴스데스크는 지금에 더욱 절실한 3.1 정신에 복원을 위해서 76년 전 그 독립의 함성과 숨결이 배어 나오는 이곳 서울 종로2가 탑골공원에서 직접 현장 진행해 드리도록 하겠습니다.
(54) 가. 지금 불교에는 내부적으로 개혁의 목소리가 높은 것 같습니다. 향후 종정으로서의 역할은 어떤 것이라고 생각하십니까.
　　　나. 부처님의 밝은 등불을 비춤으로써 불교 내부의 혼탁해진 부분을 물리치도록 하겠습니다. 구체적으로 우리 승단의 병폐는 곧 우리 사회의 병폐와 직결되므로 이를 고쳐 나가는 데 역점을 둘 것이며 또 승려들에 대한 교육에 힘을 쏟을 생각입니다.

(55) 가. 언론의 책임에 대한 요청이 높아가고 있습니다. 오랫동안 신문사의 주필과 사장으로 재직하신 언론계의 대선배로서 요즘 언론에 대해 어떤 느낌을 갖고 계십니까.
　　　나. 내가 경남일보에 초창기 몸담았을 때는 명색이 사장이면서 주필 논설위원 연재 희곡 집필가 편집자에 교정 검열까지 1인 6역을 했어요. (중략) 어떻게 해서든 이 땅에 민주주의가 뿌리를 내리도록 해야 한다는 일념에서였지요.

위의 (51)은 손자와 할아버지의 대화에서 사용된 예로, 1인칭 복수 주어 문에서 제안 기능으로 사용되었다. (52)는 직장 상사와의 대화문으로, 어느 정도의 거리감을 유지하는 상황에서 사용되었으나 일상적인 대화에서 화자의 의지를 나타내는 경우 '-도록 하다'가 사용되는 예는 거의 없었다.

'-도록 하(겠)다'는 (53)과 같이 뉴스의 진행자나 (54나)와 (55나)처럼 인터뷰 상황에서 자신의 의지를 표현할 때 사용된다. 또한 (55나)는 내포문에 사용된 예이지만 실제 '-도록 하(겠)다'는 문장을 완전히 맺는 종결형에서 사용되는 경우가 더욱 빈번하였다. 또한 '-도록 하(겠)다'는 화자를 제외한 타인에게 작용되는 무엇인가를 한다는 의미가 강하다면, '-고자 하다'는 화자 자신의 의지 내용을 전달하는 내용이 주를 이룬다.

▶ -(으)ㄹ까 하다

'-(으)ㄹ까 하다'와 '-(으)ㄹ까 싶다', '-(으)ㄹ까 보다'는 모두 의문종결형 '-(으)ㄹ까'에 의존 용언이 결합한 구성이다. 이들의 통사 구조와 의미에 대한 논의들은 서로 차이를 보이는데, '-(으)ㄹ까 싶다/하다'가 추측과 의도의 의미를 모두 갖는다는 견해(서정수 1996, 백봉자 2006:435), '-(으)ㄹ까 보다/싶다/하다'가 모두 추측의 의미를 갖는다는 견해(김석득 1992), 이와 대조적으로 '-(으)ㄹ까 하다/싶다/보다'를 모두 의도의 의미로 본 견해(이종은 2005:101-102), '-(으)ㄹ까 하다'와 '-(으)ㄹ까 보다'를 미확정된 결심의 의미로 보는 견해(박진호 1998:139-164)와, '-(으)ㄹ까 싶다'를 의도의 의미로 보는 엄정호(1990)가 있다. 이렇게 기존의 연구에서는 '-(으)ㄹ까'류는 추측, 의도, 미확정된 결심의 의미를 갖는다고 하여 '-겠다'처럼 의지 표현의 전형적인 의미 특성을 보인다고 하였다.

'-(으)ㄹ까'류는 다음과 같이 1인칭 주어문에서 동작성 용언과 결합하여 1인칭 화자의 의지를 나타내는데, 다음의 (56가)부터 (56다)까지에서도 모두 1인칭 화자 주어의 의지를 보여준다.

(56) 가. 나는 돈을 아껴 쓸까 보다
나. 나는 돈을 아껴 쓸까 싶다.
다. 나는 돈을 아껴 쓸까 한다.

위의 예들은 그렇게 하고 싶은 의도나 생각은 있지만 아직 행동으로 실천을 한 것은 아니다. '-(으)ㄹ까'와 결합한 '하다, 싶다, 보다'를 '생각하다'와 대응시켜도 의미가 유지되기 때문이다. '-(으)ㄹ까'의 의미 자체가 허웅(1995:672-673)의 논의처럼 화자가 어떠한 일에 대한 망설임이나 확신성이 적은 의지를 나타내기 때문인 것으로 여겨진다. 그런데 이들은 각기 용법과 의미에서 약간의 차이를 보인다. '-(으)ㄹ까 보다'를 '-(으)ㄹ까 하다'나 '-(으)ㄹ까 싶다'가 대신할 수 있지만, 다음과 같은 상황에서는 그러한 대용의 가능성 여부와 의미 자체에 차이가 있다(국립국어원 2005:779-781).

(57) 가. A: 당신한테 뽀뽀할까 보다/*하다/싶다. / B: 너 그런 말 다시 하면 혼내 줄 거야.
(58) 가. 다음에 만나면 그냥 확 뽀뽀할까 봐.
나. 다음에 만나면 그냥 확 뽀뽀할까 해.
다. 다음에 만나면 그냥 확 뽀뽀할까 싶어.

(57가)에서 화자의 행위 의지가 청자에게 미치는 것은 청자와의 대화 장면에서 반드시 상호작용 하에 이루어지는 것으로, '-(으)ㄹ까 보다'가 '-(으)ㄹ까 하다'로 대응되지 않지만, (58가)와 같이 청자가 존재하지만 그 행위와 관련이 없거나 혼잣말로 이루어지는 형태로는 이것이 가능하다. 이들의 의미 차이에 대해 이효정(2003:99), 이종은(188-190)은 '-(으)ㄹ까 하다'와 '-(으)ㄹ까 싶다'보다는 '-(으)ㄹ까 보다'가 화자의 의지가 더 강하다고 하였다. 이효정(2003:99)은 '-(으)ㄹ까 보다'는 의지가 강해서 의협적인 인상을 준다고 하였다. (57가)처럼 대화가 진행되는 과정에서 보조 동사 '보다'는 시도의 의미가 있기 때문에 상대방에게 행위를 곧 행할 것이라는 위협이 될 수 있을 것이다. (58가)의 '-(으)ㄹ까 보다'는 화자가 곧 그 내용을 실행에 옮길 것이라는 의지로, (58나)의 '-(으)ㄹ까 하다'는 그럴 의지가 있어서 앞으로 행동으로 옮길 가능성이 있다는 계획된 의지로, (58다)의 '-(으)ㄹ까 싶다'는 하고 싶은 마음이 많아서 행동도 하고 싶다는 의미로 실현된다.

이들은 용법에서 다음과 같이 연결 어미와의 결합에서 많은 차이를 보인다. '-(으)ㄹ까 하다'는 대등 연결어미나 종속 연결어미와 결합에 제약이 거의 없는 반면, '-(으)ㄹ까 싶다'나 '-(으)ㄹ까 보다'는 제약이 크다.

(59) 가. 나는 쉴까 *보고/하고/*싶고 커피 한 잔을 뽑아서 밖으로 나갔다.
　　　나. 나는 지금 퇴근할까 *보는데/하는데/싶은데, 괜찮겠어요?

위의 (59)에서 연결 어미 '-고'와 결합한 접속문을 이룰 때 '-(으)ㄹ까 하다'를 제외하고는 비문이 되었다. 이는 '하다'와 '싶다, 보다'의 의미적 특성과 관련이 있는 것 같다. '하다'는 '쉬다'라는 동사에 어떠한 의미를 부가하지 않지만, '싶다'나 '보다'는 보조 동사이지만 각각의 어휘 의미를 갖고 있기 때문이다. 즉 '하다'는 '쉬다'의 연속 의미로 그 다음 동작의 내용과 관계없이 자연스럽게 사용되지만 '싶다'나 '보다' 다음에 커피 한 잔을 뽑았다는 내용은 이야기 흐름과 정보의 관련성이 멀기 때문에 그것을 연결해 줄만한 다음의 예와 같이 종속의 연결 어미가 오는 것이 자연스럽다.

(60) 가. 나는 야근을 할까 해서 옷을 편하게 입고 왔다.
나. 나는 야근을 할까 싶어서 옷을 편하게 입고 왔다.
다. 나는 야근을 할까 봐서 옷을 편하게 입고 왔다.

(60가)는 화자 스스로가 야근을 할 마음이 있어서 옷을 편하게 입고 온 것이라면, (60나)는 화자 스스로가 원한 것일 수도 있고 다른 사람에 의해서 하게 될 수 있는 상황이 될 수 있어 옷을 편하게 입고 왔다는 의미로도 표현될 수 있을 것이다. 그러나 (60다)의 경우는 1인칭 주어 화자가 야근을 하려는 마음이 있어서 옷을 편하게 입고 온 것이 아니라 그런 상황이 될 가능성이 있기 때문에 옷을 편하게 입고 왔다는 의미이다.

'-(으)ㄹ까 하다'가 의미의 연속성을 유지하는 역할은 다음의 예에서도 잘 드러난다. (61가)는 화자가 의지적으로 굶는 것도 먹는 것도 선택하고 행동을 바꿀 수 있다는 의미로 전환의 의미를 나타내는 '-다가'와 결합이 가능하다. 그런데 (61나)와 (61다)는 화자의 의지성이 그만큼 약하기 때문에 화자가 의도적으로 행동이나 의사를 바꾸는 전환의 '-다가'나 '-지만', 양보의 '-아/어도' 등과 결합에 제약이 있다.

(61) 가. 나는 밥을 먹을까 *보다가/하다가/*싶다가 그만 두었다.
나. 나는 이번 휴가 때 그리스에 갈까 *보지만/하지만/*싶지만,
--(중략)--
다. 나는 이번 휴가 때 그리스에 갈까 *봐도/해도/싶어도

위의 (61)의 예처럼 '-(으)ㄹ까 보다'와 '-(으)ㄹ까 싶다'는 연결 어미와

의 제약이 있는데, '-(으)ㄹ까 보다'의 경우가 제약 정도가 크다.

연결 어미와의 결합에 있어서만 제약을 보이는 것이 아니라 다음과 같이 내포문에서도 '-(으)ㄹ까 보다'는 제약을 보인다. 관계절이나 보문에서 모두 제약을 보이는데, '-(으)ㄹ까 보다'가 '-(으)ㄹ까 하다'와 '-(으)ㄹ까 싶다'보다 즉흥적인 시도의 어휘적 의미가 실현되기 때문에 의미 기능이 발달한 어미들과 충돌하기 때문이다. (62)에서 '-(으)ㄹ까 보다'는 그것을 실제 행동으로 옮긴다는 의미에서 의지가 더 강하게 작용한다고 해석할 수 있다.

(62) 가. 나는 아침 산책을 할까 *보는/하는/싶은 마음에 아침 일찍 일어났다.
나. 내가 살까 *보는/하는/싶은 집은 바로 이거야.

이렇게 '-(으)ㄹ까'류는 의미적인 측면에서 각각 차이가 있고, 문법적 제약이 다르기 때문에 이러한 특성이 제시되어야 할 것이다.

구어 말뭉치에서 '-(으)ㄹ까 하다'는 대담 프로와 같은 공식성을 띤 담화에서든 일상 대화에서든 화자의 의지를 우회적으로 나타내는 표현이다. 다음의 (63)은 대화 주도자인 사회자의 직접적인 요청이 없었음에도 불구하고 화자 스스로 화제를 시작하는 과정에서 사용되었다.

(63) 가. 그땐, 차 한 대 팔기도 힘드셨죠?
나. 그렇습니다. 예. 차 한 대 팔기도 힘들었었죠. 그져 제가 그, 제 옛날 얘기를 뭐, 이 참, 후배사원들도 있고한데 구구절절 다 할 순 없겠지마는, 그래도 참 몇 가지만 그 재밌는 얘기를 해볼까 합니다.
(64) 가. 허! 세상에. 언니가 공장에 다니던 여공이었다니 말이다. 네 이모가 아니었으면 큰일 날 뻔 했다. 제 부모가 없더라도 그렇지 공부를 잘 한다니까 그냥 사귀도록 할까 하던 중이었는데……그런

주제에 어쩌면 그렇게 순진한 얼굴로 새침을 떨고 있었는지⋯ 앙큼하기도 하지.

(64가)에 쓰인 '-(으)ㄹ까 하다'는 미완료의 의미를 나타내는 '-던 중이다'와 결합하여, 화자가 어떠한 행위를 하고자 하는 마음을 갖고 있다는 의미를 보인다. '-(으)ㄹ까 하다'는 화자의 의지를 표현하며, 비완료성을 지니는 표현과 결합할 수 있다.

학습자들은 '-(으)ㄹ까 하다'를 사용하면서 의미에 집중하다 보니, 담화를 맺어야 하는 부분에서도 계속 '-(으)ㄹ까 하다'를 사용하는 경향이 있었다. 따라서 표현 정보에는 그 표현만이 가지는 담화 패턴의 특성도 교수 내용에 포함되어야 할 것이다.

▶ -(으)ㄹ 테다

'-(으)ㄹ 테다'는 화자의 의지나 계획의 의미를 가지며, 주로 구어체에서 친근한 상대자와 대화 상황에서 사용되거나 독백으로 표현된다(백봉자 2006:418-419, 국립국어원 2005:814).

    (65) 가. 나는 그 회사에 반드시 입사할 테야./*텝니다.
          나. 나는 주말에 떠날 테니까, --(중략)--.
          다. 나는 주말이면 떠날 테고/텐데/테지만/*테며/*테도/*테면서, --(중략)--.

(65가)처럼 '-(으)ㄹ 테다'는 '해(요)체, 해라체'로 주로 사용되어 종결형 어미와의 제약이 크다. 또한 (65나)처럼 연결 어미에서도 주관성이 강한 이유의 '-(으)니까'와 결합할 때, 1인칭 화자 주어의 의지가 나타난다. (65다)의 '-고, -(이)ㄴ데, -지만'과는 결합이 가능하지만 화자의 의지를 직접적으로 표출하는 것이 아닌 사건의 내용을 통보하는 성격이 강하다.

말뭉치 자료에서 '-(으)ㄹ 테다'는 이유의 연결어미 '-(으)니까'와 결합한 '-(으)ㄹ 테니(까)'와 형태와 해라체 평서형 종결어미 '-다'와 결합한 '-(으)ㄹ테다', 해체로 나타난다.

(66) 가. 그러는 너는 도대체 얼마나 축구를 잘하니?
나. 그러고도 우리 학교 축구선수라니… 내가 시범을 보일 테니 모두들 잘 봐.
(67) 가. 네가 가면 어딜 가. 발자국만 따라가면… 꼼짝없이 독 안에 든 쥐지. 녀석 잡히기만 하면 그냥 안 둘 테다.
나. 이리로 갔어요.
(68) 이번 기회에 클린턴에게 분명히 경고합니다. 앞으로 또다시 새벽잠을 깨울 때는 절대로 가만두지 않을 테야.

(66)은 친구들끼리 하는 대화로, 화자가 어떠한 행위를 보여 줄 것이라는 의지의 표현으로 주의 환기하는 기능이 있다. (67)은 대화 상대자가 있지만 혼잣말로, (68)은 상대에게 통보를 목적으로 '-(으)ㄹ 테다'를 사용하고 있는데, 모두 경고성 발언에 가깝다.

학습자 말뭉치에서 '-(으)ㄹ 테다'의 사용 빈도는 아주 낮았는데, 비슷한 의미를 갖는 표현에서 학습자들이 선호하는 패턴이 존재한다는 것을 대변하는 것이다.

▶ -고 말겠다

'-겠다'가 결합하여 화자의 의지가 분명하게 드러나는 표현에는 '-고 말겠다'의 기본형 -고 말다'도 동사 뒤에서 그 동작을 완전히 끝남을 나타내거나 1인칭 화자 주어문에서 강한 의지를 나타낸다고 하였다(허웅 1995:353-355, 백봉자 2006:296 등). 더불어 화자의 강한 의지는 '-겠다, -(으)ㄹ 것이다'와 결합하였을 때 드러나는 것으로 기술하였다. 그러나

'-고 말겠다'의 경우만 화자의 의지를 나타내는 것은 아니다.

    (69) 가. 이번에는 금메달을 따고 만다.
           나. 이번에는 금메달을 따고 말겠어.
           다. 이번에는 금메달을 따고 만다는/말겠다는/*마는/*말겠는 말에 다들 놀랐다.

  (69가)와 (69나)의 예가 모두 금메달을 따고 싶다는 화자의 강한 의지를 표현하는 것이다. 이들은 다만 의지의 정도에서 차이를 보인다고 하겠다. 즉, (69가)의 경우가 더욱 화자의 의지가 강하게 드러난다고 할 수 있는데, 그 이유는 미정의 사건을 현재 사건처럼 기술한다는 것은 그만큼 그 일을 꼭 완성한다는 강한 의지를 드러내는 것이고, 그 일이 이루어진다는 확신이 있어서 마치 있는 사실처럼 기정화하는 것이기 때문이다. '-고 말다'가 화자의 의지를 표현할 때는 반드시 1인칭 주어 화자 평서문에서 동사와 결합하는 경우로 한정되며, 내포문에서는 (69다)처럼 완형 보문에서만 가능하다. 그러나 (69가)는 대화 상대가 있다고 해도 그에 대한 대답이나 반응이 아닌 혼잣말로 사용되어 결심을 표출하는 것이라면, (69나)는 혼잣말로 화자의 결심을 표현하는 것일 수도 상대방과의 의사소통 상황에서 사용되는 경우도 가능하여 더 사용 범위가 넓다. 또한 아직 이루어지지 않은 일에 대한 화자의 의지를 표현하기 때문에 '-고 말겠다'의 형태가 많이 사용되므로 화자의 의지를 표현하는 형태로는 '-고 말겠다'를 설정하는 것이 좋다.

  '-고 말겠다'는 국립국어원(2995:42-43)에서 지적한 것처럼 아주 힘들게 어떠한 일을 완료한다는 것을 의미하기 때문에 결합하는 선행 동사나 발화 상황이 한정되어 있다.

    (70) 가. 다음에는 에베레스트 산에 정복하고 말겠어요.

나. 다음에는 에베레트스 산에 도전하겠어요. / ?도전하고 말겠어요.

(70가)처럼 어려운 과정이 예상되는 내용에서 '-고 말겠다'가 사용되며, (70나)의 경우는 '도전하다'는 힘들게 진행되는 것이 아닌 시도하다의 의미이기 때문에 '-고 말다'와 결합하면 어색하게 된다. 따라서 '-고 말겠다'는 선행 요소에 동사가 한정되며 그 내용도 어려운 과정이 예상되는 발화 상황에서 사용된다는 정보를 제시해야 할 것이다. 다만 (71가)처럼 일반 동사라고 하지만 '주어진 기한 내에'라는 힘든 상황을 나타내는 장치가 있을 때는 가능하다.

(71) 가. 내가 주어진 기한 내에 이 보고서를 제출하고 말겠어요.
     나. 내가 주어진 기한 내에 이 보고서를 제출하고 말 거예요.
     다. 내가 주어진 기한 내에 이 보고서를 제출하겠어.

(71가)와 (71나)는 '말다'의 어휘적 의미가 발현되어 그 일을 반드시 완성해서 끝낸다는 의도까지 화자의 의지와 함께 포함되었다고 할 수 있다. (71다)도 기한 내에 보고서를 제출한다는 화자의 의지가 담겨 있는데, '-고 말겠다'의 표현이 강력하다고 학습자에게 전달할 수 있다. 또한 (71가)와 (71나)는 모국어 화자도 의미적인 차이를 구분하지 않고 사용하기 때문에 이들을 굳이 나누어 제시할 필요가 없으며 '-고 말겠다'와 대응하여 '-고 말 것이다'를 독립된 것으로 제시할 큰 특성이 없어 사용 범위가 넓은 '-고 말겠다'만을 제시해도 충분하다. '-고 말겠다'는 1인칭 주어 화자문에서 동사와 결합하여 사용하고 명령, 청유형 어미와 결합하지 않는다는 문법 정보 이외에 화자가 그 일을 하기에 어려운 상황에서 그 것을 이루려는 것으로 의지를 표현한다.

'-고 말다'는 '-고(야) 말겠다'와 '-고(야) 만다'로 나타나는데, 좌담이나 뉴스와 같은 공식적인 상황에서 사용되는 예는 거의 발견할 수 없었다.

'-고 말(겠)다'는 다음의 예처럼 대화 상대자가 존재하는 경우와 혼잣말의 상황에서 사용된다.

(72) 가. 흄를 이겨낼 수 있는 절호의 찬스일 수도. 그렇다면 나 이번 기회를 절대로 놓치지 않겠어요. 그가 내 앞에 무릎을 꿇는 순간을 꼭 만들고 말겠어요.
　　 나. 이거 내가 잘하는 짓인지 모르겠군.
(73) 가. 통합을 성사시킨 소감은….
　　 나. 나로서도 굉장히 어려운 결단을 했다. 마음으로 협조해 준 당직자들과 당원들에게 감사드린다. 지난 8월 무주 휴가지에서 깊이 생각한 결과 87년의 과오를 다시 되풀이해서는 안 되며 무슨 희생을 치러서라도 통합을 이루고야 말겠다는 결심을 하게 됐다.
(74) 이리로 들어갔구나. 지구 끝까지라도 따라가서…기어코 찾아내고야 만다.

(72)와 (73)은 청자가 존재하는 대화로서 화자가 피력하는 의지의 내용과 관련성 여부와 관계없이 내용을 전달하며, (74)는 혼잣말로 화자의 의지를 나타내는 것이다. '-고 말(겠)다'는 위의 예들에서 보이는 것처럼 '꼭, 기필코'와 같은 정도 부사와 주로 호응하거나 강세의 보조사 '-야'와 결합하여 화자의 굳은 의지를 나타낸다. 특히 '-고 말(겠)다'는 공식적인 상황에서 사용되는 경우가 드문데, (73나)처럼 화자가 직접적으로 자신의 의지를 나타내는 것이 아닌 내포문의 형식으로 자신의 결심을 보충하는 방식으로 나타나기도 한다.

'-고 말(겠)다'는 화자가 하고자 하는 것을 성취한다는 의미를 내포할 정도로 그 의미가 강하기 때문에 일상 대화에서는 사용되지만, 좌담이나 인터뷰와 같은 공식적인 상황에서는 거의 사용되지 않는다.

▶ -고자 하다

'-고자 하다'는 '-고자'의 형태로 문법 사전에 등재되는데 '하다'와 결합하여 하나의 구성을 이루어 의도의 의미를 나타낸다. 허웅(1995:382-383)에서는 '-고자'는 연결어미로, '-고자 하다'는 보조 용언 구성으로 보아, 문법적인 관점에서 이들을 별개로 제시하면서 그 의미는 '뜻함'이라고 하였다. 그런데 '-고자'의 구문상의 특성을 들어 이종은(2005:188-190)에서는 '-고자 하다'를 어휘적 접근을 통하여 교수하여야 한다고 하였다. 본고는 교육적 관점에서 '-고자 하다'를 하나의 표현으로 다루는 것에 동의한다.8)

'-고자 하다'는 (75가)처럼 동작성 용언과 결합하여 1인칭 주어문에서 주체의 의지, 희망으로 실현된다. 그러나 (75나)처럼 '-겠다'가 결합하면 의지를 나타내는 의미가 충돌하여 비문이 되며, 선행 요소로 과거 시제와 결합하지 않지만 (75다)처럼 후행 요소로 과거의 시제 선어말 어미 '-었-'과는 결합이 가능하다.

(75) 가. 나는 회장님을 만나고자 합니다.
　　　나. *나는 회장님을 만나고자 하겠습니다.
　　　다. 나는 회장님을 만나고자 했습니다.

'-고자'는 미래 시제 요소와 결합이 자연스럽지 않은데, 다음과 같이 부정문 생성에도 제약이 있다.

(76) 가. 내가 그 일을 추진하고자 하지 않았습니다.
　　　나. *내가 그 일을 추진하고자 안 했습니다.
　　　다. ?나는 그 일을 안 추진하고자 했습니다.
　　　라. *나는 그 일을 못 추진하고자 했습니다.

---

8) 학습자에게 여전히 '-고자'와 '-고자 하다'의 두 형태를 학습해야 하는 부담감을 지울 수 있다는 점에서 이들 제시 방법은 간단한 문제가 아니다. 이는 '-고자'의 연결 어미를 배우는 과정에서 후행절에 '하다' 동사가 연결된 것으로, '-고자 하다'만을 독립적으로 할 수 있을 것이다. 본고는 문장을 완전히 맺는 종결형만을 대상으로 하므로 이에 대해 심도있게 다루지 않는다.

(76가)와 같이 긴 부정문의 형태는 자연스러운데, 이는 선행하는 '-고자'와 그에 이어지는 '하-'가 매우 긴밀하게 연결되는 보조 용언의 성격을 가짐을 말하는 것이다. 그러나 (76나)처럼 보조 동사 '하다' 앞에 부정 부사를 결합할 수 없거나, (76다)처럼 짧은 부정문도 자연스럽지 않다. 또한 (76라)처럼 능력의 부정 부사와 결합하지 않는다.

'-고자 하다'는 일상적인 대화에서는 거의 사용되지 않고 인터뷰와 같은 좌담이나 대중을 대상으로 하는 사회자의 발화에서 주로 나타난다.

(77) 가. 수업이 끝나면 여기서 기다려. 너한테 독일어 가르치는 것을 우리 집에서 할지 너희 집에서 할지는 그 때 결정하겠어.
　　　나. 알았어요.
　　　가. 내가 귀찮은가봐. 그렇지만 내가 이렇게 하고자 한 건 아니잖아. 교장 선생님이 시켰을 뿐이지.
　　　이탈리아의 디자인이 세계를 누비는 비결은 어디에 있다고 보십니까.
　　　나. 유행이라면 파리에서 시작된다고 말할 수 있지요. 그러나 요즘은 이탈리아인들이 사업 면에서 프랑스보다 실력이 더 좋아졌어요. 공장도 많고, 하고자 하는 의욕도 파리에 비해 높거든요.
(79) 한번 빠지면은 좀처럼 벗어나기 힘든 열등감을, 그러나 오늘은 아주 멋지게 탈출을 하신 그런 분들의 얘기를 함께 나누고자 합니다.

(77)은 일상적인 대화문에서 나타난 '-고자 하다'인데, 내포문에서 사용된 예로 극히 드물게 화자의 의도를 표현하기도 한다. (78)과 (79)처럼 인터뷰나 프로그램 진행과 같은 공식적인 담화 상황에서 주로 사용되는데, (78나)처럼 '의욕, 결심'과 같은 핵심명사를 수식하는 관계절에서 나타나기도 한다.

'-고자 하다'는 거의 공식적인 담화 상황에서 사용되기 때문에 비격식체 '-아/어요'가 결합하는 경우가 나타나지 않는다. 이러한 결합 정보를 학습자들에게 명시적으로 제시하지 않기 때문에, 학습자들은 문법적이지만 모국어 화자가 만들어내지 않는 어색한 문장을 생산하는 것이다. 일상 대화에서도 내포문에서 사용된 예만 극히 드물게 나타날 뿐이므로, 격식체와 사용된다는 정보를 중요시하여 학습해야 할 것이다.

학습자들의 작문 말뭉치에서는 '-고자 하다'의 사용이 비교적 높은 빈도로 나타났는데, 학습자들은 '-고자 하다'가 1인칭 화자 주어문에서만 사용된다는 인칭 제약에 대한 정보를 잘 습득하지 못해 오류를 범한 것이다. 또한 의지문은 명령·청유문으로 나타나지 않는다는 특성을 완전히 이해하지 못해 어색한 문장을 생산하는 경우도 많으므로 이러한 기본 정보가 교육 내용에 충실히 반영되어야 한다.

▶ -(으)리다

'-(으)리다'는 다음의 자료처럼 고전을 다루는 만화책과 소설책에서 추출된 예가 등장한다. 그러나 실제 말뭉치 자료에 나타난 빈도를 고려하여 이해 언어 차원에서 교육목록에 포함하는 것이 좋다.

(80) 그런 놈은 왕실을 떠받드는 놈이 아니니 내 물고를 내리라. 모두 꽁꽁 묶어라.
(81) 가. 저 배는 남만에서 온 장사꾼 배라 함부로 건드렸다간 해를 당하네. 내가 내일 아침에 잘 처리해 줄 테니 덤비지 말게.
나. 그럼. 쉰네 다녀오리다.

▶ -(으)려던 참이다

'-(으)려던 참이다'도 1인칭 화자 주어문에서 화자의 의미를 나타내는데, 어떤 행위를 하고자 했던 그 상황을 회상해서 말할 때 사용한다고 하였다(백봉자 2006:413-414).

(82) 가. 밥을 먹으려던 참이야.
　　　나. 밥을 먹을 참이야.
　　　다. 밥을 먹으려던 참이었어.

　(82가)의 '-(으)려던 참이다'는 1인칭 화자 주어문에서 어떤 행위를 하려는 화자의 의지, 계획을 나타내는데, (82나)와 의미적으로 큰 차이가 없다. 이렇게 유사한 의미를 나타내고 그 표현을 이루는 구성소들이 약간의 차이만을 보인다면 교육적으로 이 두 개의 표현을 모두 가르칠 필요가 없을 것이다. 이 두 표현 중에서 사용 분포가 넓은 것을 선택하는 것이 더 바람직할 것이다. (82다)는 화자가 밥을 먹을 마음이 있어서 그렇게 행동을 하려고 했다는 사실을 청자에게 전달하는 것으로 화자의 의지를 직접적으로 드러내는 것은 아니다.
　'-(으)려던 참이다'도 구어 말뭉치에서 찾아볼 수 없었는데, 관형형 어미 구성인 '-(으)려던'이나, '-던 참이다'는 발견할 수 있었다.

(83) 가. 한참 뛰었더니 목이 마르잖아요. 그러니까 콜라 한 병…
　　　나. 하긴 나도 목이 타던 참이니 한 병 사서 나눠 마시자.
(84) 이제 거의 두 시간째. 이쯤에서 철수를 하고 박성희씨의 집으로 쳐들어갈까 하던 참이었다.

　(83나)에선 1인칭 주어문에서 의지가 아닌 현재의 상태를 나타내지만, (84)에선 3인칭 주어문에서 화자의 의지를 표현하는 예를 발견할 수 있었다.

2.2. 계획 표현

▶ -겠다

　'-겠다'이 화자의 계획을 나타낸다고 논의한 기존의 견해는 거의 없지만 1인칭 화자 주어문에서 독백의 형태로 발현되면 결심으로 해석된다. 그런데 의지, 결심이라는 것은 앞으로 일어날 내용에 대한 것이라는 점에서 계획으로 파생된다.

다음의 (85가)나 (85나)의 예처럼 앞으로 장기간에 걸친 사항뿐만 아니라 (85다)처럼 바로 앞의 일에 대한 계획을 나타낼 수도 있다. 그러나 (85다)처럼 바로 일어난 일에 대해서는 계획의 의미보다는 의지성이 더 드러나는 것으로 보아, 의지가 1차적인 의미로 실현된다고 할 것이다. 그런데 (85가)나 (85나) 역시 화자가 설계한 계획이기는 하지만 그 계획을 실천하려는 의지가 강하게 드러난 것으로 보아 역시 '-겠다'의 기본 의미는 의지라고 말할 수 있다.

(85) 가. 나는 이번에는 다이어트에 성공하겠어.
    나. 나는 부모님께 자주 전화를 드려야겠다.
    다. 나는 지금 출발하겠어.

다음의 (86가)는 '-겠다'가 1인칭 화자의 앞으로의 계획으로 볼 수 있지만, (86나)와 (86다)의 경우는 계획의 의미가 아닌 의지의 표현이다. 즉 능력 부정의 '못' 부정문에서는 화자의 계획이 아닌 의지성만 드러난다. 계획이라는 것이 화자가 그럴 의도가 있어서 설계하는 것인데, 능력 없이 계획을 하는 것은 논리적으로 맞는 것이 아니기 때문이다.

(86) 가. 나는 시험에 합격하기 위해서 도서관에서 살겠다.
    나. 나는 김치 없이는 한 숟가락도 못 먹겠어.
    다. 나는 더 이상 첩보원 일은 못 하겠어요.

'-겠다'를 계획의 표현으로 선정하였는데, 문맥 의존성이 비교적 크다. 실제 담화에서 대개 (87)처럼 '-겠다'는 계획을 묻는 대답으로 사용되는데, 본고에서는 이러한 경우를 계획의 의미로 보았다. 이외에도 (88)처럼 이미 설정된 시간이나 장소와 같은 구체적으로 확정된 근거가 있는 문장에서 실현되는 경우를 계획의 의미로 보았다.

(87) 가. 앞으로의 정치적 진로나 계획은….
나. 지금은 새 집을 지을 때도 아닌 것 같다. 새 집을 짓거나 내 목소리만 커도 소야가 그나마 분파 작용하는 것으로 비칠지 모른다. 그저 야당에 쓸 주춧돌 서까래를 찾는 마음으로 혼자서 원칙의 길을 가겠다.
(88) 가. 그밖에 한국에서 할 일은.
나. 다른 백화점도 방문하겠다. 현대 백화점은 그룹 차원에서 소련에 차관을 제공하고 있으므로 제휴 문제를 논의하겠다.

'-겠다'는 앞으로의 진로나 계획 등을 직접적으로 묻는 질문에 대한 대답에서 계획의 의미로 실현되며, '앞으로, 장차' 등의 미래성 의미를 갖는 부사나 '노후에'와 같은 미래를 나타내는 구체적인 부사구와 호응한다.

▶ -기로 하다

'-기로 하다'는 1인칭 주어문에서 결정, 결심, 약속의 의미를 가지고 '-기로 결정하다, 결심하다, 약속하다'로 대응될 수 있다고 하였다(허웅 385-386, 국립국어원 2005:77). 다음 (89가)의 경우는 청자가 있고, 그 청자에게 화자가 하려는 사항을 약속하는 의미다. 즉 자신이 혼자 그 일을 수행하든, 청자와 도모하든지 간에 청자에게 화자의 의지를 실천하겠다는 약속의 기능을 수반하게 된다. 이에 비해 (89나)는 합의 하에 화자가 그곳에 먼저 가 있는 것으로 약속의 의미가 수반된다. 즉 청자와 합의된 계획이라고 할 수 있다.

(89나)의 문장에서 '-기로 하다'는 과거 시제 요소가 결합하여 청자에게

이전에 화자가 결정한 내용, 약속한 내용을 청자에게 알리는 것으로, 이러한 발화는 결국 화자의 계획 내용을 보고하는 것이다. (89다)처럼 '-겠다'가 결합된 독백 상황에서는 화자 자신의 계획의 의미가 나타지만, 대화 참여자와의 대화 장면에서 발화되는 (89라)는 약속의 기능을 갖는다.

(89) 가. 네가 도착하기 전에 내가 먼저 가서 기다리기로 해.
　　　나. 네가 도착하기 전에 내가 먼저 가서 기다리기로 했어.
　　　다. 나는 내일부터 아침에 일찍 일어나기로 하겠어.
　　　라. 내가 시장에 가기는 하겠는데, 너는 뭐 할 거야?

'-기로 하다'는 화자 자신의 계획을 이야기함으로써 화제를 시작하는 경우나 청자의 질문에 대한 대답에서 계획의 의미로 실현된다.

(90) 가. 그렇지! 선생님께서도… 여름 방학을 보람있게 보내자. 라고 말씀하셨는데… 옳지! 딴 애들은 어떻게 하고 있나 시찰 좀 하고 오자.
　　　나. 나는 동화책을 100권 읽기로 했어.
　　　다. 그럴테지 원래 책벌레니까…

(91) 가. 김영삼 대통령과는 언제부터 알게 됐습니까? 한 박사는 80년 5공초 이른바 *김 대중 내란음모사건으로 감옥에도 갔지 않습니까? 학자로 계시면서 정치에 관심을 갖게 된 이유가 특별히 있습니까?
　　　나. 사회 정의와 인권에 대한 관심이 자연스럽게 그렇게 된 것 같습니다. 그러나 어떤 정치적 야망은 가져 본 적이 없습니다. (중략) 몇 달 뒤 민자당에서 흔들림이 일어났을 때부터 그 분의 민주적 개혁 의도를 살려야겠다는 저 나름대로의 결심을 했어요. 뒤에서 돕기로 한 것입니다.

위 예는 친구끼리 대화인데, (90나)는 방학 계획으로 세워 논 내용을 상대에게 전달하는 것이고 (91)은 인터뷰 프로에서 발췌된 예인데, 화자가 자신의 결심을 했다고 보고하면서 결심의 내용, 계획한 내용을 이야기하면서 '-기로 하다'를 사용하였다.

구어 말뭉치에서는 '-기로 하다'가 계획의 의미로 사용된 예가 더 많이 나타났다. 따라서 '-기로 하다'가 제시될 때는 약속의 상황뿐만이 아닌 계획의 의미도 제시되어야 할 것이다.

▶ -(으)ㄹ 것이다

'-(으)ㄹ 것이다'는 다음의 예처럼 화자의 계획을 표현하는데, (92가)의 예는 '이제부터'라는 부사어구가 계획임을 더 부각시킨다. (92다)의 경우는 내포문에서 사용되어 주어 자신의 계획을 말하고 있다.

(92) 가. 이제부터 머리를 기를 거야.
　　　나. 나는 이따가 김밥을 먹을 것이다.
　　　다. 영수한테 다시 전화할 거라고 말하고 깜빡했네.

다음의 예처럼 '-(으)ㄹ 것이다'는 '-(으)려고 하다'보다 계획을 실천하려는 의지를 더욱 강하게 드러내는 표현이다.

(93) 가. 새해에는 매일 아침 운동을 할 것이다.
　　　나. 새해에는 매일 아침 운동을 하려고 한다.

(93가)가 (93나)보다 그 계획에 대한 단호함이 더 드러난다. '-(으)ㄹ 것이다'가 지시의 의미가 있기 때문에 의지의 의미가 강하게 발현되기 때문일 것이다(국립국어원 2005:771-772).

'-(으)ㄹ 것이다'도 다음의 (94)처럼 앞으로 일어날 일들에 대해 확정성과 구체성을 부여하는 '내일'이라는 부사와 호응하며 계획을 나타내고 있다.

(94) 내일 나는 워싱턴으로 떠나 부시 미국 대통령과 만날 것이다.

▶ -(으)ㄹ까 하다

'-(으)ㄹ까 하다'는 구어 말뭉치에 나타난 계획의 의미로 사용된 예를 발견할 수 없었는데, 구체성이 그만큼 적기 때문에 의지 표현으로 사용되는 경우가 더 많다고 본다. '-(으)ㄹ까 하다'의 계획 의미를 4장에서 논의한 바와 같이 의지의 의미를 다룰 때 함께 제시되어야 한다.

▶ -(으)려고 하다

'-(으)려고 하다'에 대해 계획의 기능을 언급한 논의는 거의 없으나, 다른 의도성 표현처럼 화자가 앞으로 일어날 일에 대한 의도를 표현한다는 점에서 계획의 의미를 갖는다.

(95가)처럼 단시간적인 계획뿐만 아니라 (95나)처럼 장기간에 걸친 계획도 표현한다. 이 구성은 보통 긴 부정문이 도입되어 부정문을 생성할 수 있는데, 이 경우 화자의 의도성이 더욱 표출되는 것 같다. 또한 다른 구성과 달리 연결어미 '-(으)려고'와 '하다'의 통사 경계가 있기 때문에 부정 부사의 개입이 가능하다.

(95) 가. 나는 지금 저녁을 먹으려고 한다.
나. 나는 1년 내에 집을 사려고 한다.
다. 나는 교통 질서를 위반하려고 하지 않는다.
라. 나는 교통 질서를 위반하려고 안 한다.
마. 나는 교통 질서를 안 위반하려고 한다.

'-(으)려고 하다'는 연결어미와의 결합에서 제약을 보이는데, (96가)나 (96나)처럼 '-아/어서'와의 결합에서 특히 그러하다. 일반적으로 후행절에 부정의 내용이 나오면 자연스러운데, (96나)를 (96다)처럼 '-기로 하다'로 바꾸면 더욱 자연스러운 문장이 된다. 선·후행절의 주어가 동일할 때, 좀 더 확정적인 (96다)에 비해 확정적이지 못한 인과 관계를 갖는 (96가)와 (96나)는 어색하다.

(96) 가. ?오후에 친구와 영화를 보려고 해서 예매를 해야 한다.
나. ?내가 술을 끊으려고 해서 술자리에 갈 수 없어.
다. 내가 술을 끊기로 해서 술자리에 갈 수 없어.

'-고'로 연결된 접속문에서 동일한 주어일 경우에는 (97다)처럼 맨 나중에 연결되는 문장에만 '-(으)려고 하다'를 사용하는 것이 자연스럽다. 이 때 맨 마지막 문장에만 주어의 의지가 드러나는 것이 아니라 선행하는 접속문들 모두에 의지 의미가 다 적용된다.

(97) 가. 나는 나가려고 하고 동생은 집에 있으려고 했다.
나. ?나는 도서관에 가려고 하고, 밥을 먹으려고 하고, 운동을 하려고 해.
다. 나는 도서관에 가고, 밥을 먹고, 운동을 하려고 해.

'-(으)려고 하다'가 1인칭 화자 주어문에서 나타나는 경우 '-(으)련다/-(으)ㄹ란다'로 축약 현상이 일어나는데, 개인 방언적인 요소가 강하고 실제 언어생활에서 사용 분포가 넓지 않다.

구어 말뭉치에 나타난 (98)의 예에서 '-(으)려고 하다'는 과거소와 결합하여 발화시 이전에 계획한 내용을 전달하기도 하고 현재형으로 앞으로 이루어질 내용을 전달하기도 하는데, '내일'이라는 부사와 호응함으로써 미래의 계획을 전달한다.

(98) 가. 서울 체류 소감은….
나. 공연이 잘 되도록 국립 극장 등 시설을 성심성의껏 준비해준데 대해 감사한다. 그러나 우리의 공연 프로그램 포스터를 시내에

붙이려 했으나 남측이 못 붙이게 해 유감스럽다. 해외 공연을 많이 갖고 있지만 주최측이 프로그램을 받아 선전하는 것은 초보적인 상식이다. 내일 10일도 공연을 뜻 깊게 하려고 하는데 내일이라도 붙여 주었으면 한다. 이번 음악회가 통일의 대축제가 되길 기원한다.

▶ -(으)려던 참이다.

'-(으)려던 참이다'는 4장에서 논의한 바와 같이 중급에서 처음 제시되는 것으로 의지의 '-(으)려던 참이다'와 함께 다루어져야 한다.

'-(으)려던 참이다'는 어휘적 의미 때문에 (99나)의 경우는 어색한 문장이 된다. (99가)의 경우는 나갈 계획이 있었다는 것을 나타내는데, (99나)의 경우는 그 행동이 중단이 되면 어색한 어휘이기 때문에 결합에 제약을 보인다. 즉 '-참이다'가 어떤 순간을 뜻하고, 화자가 어떤 의도로서의 계획을 담은 내용의 중단을 뜻하기 때문이다. (99다)의 경우는 나가는 도중의 의미가 더 강하고 (99가)의 경우가 오히려 계획의 의미가 더 있는 것 같다.

(99) 가. 내가 지금 막 나가려던 참이야.
나. ?내가 결혼하려던 참이야.
다. 내가 지금 막 나갈 참이야.

2.3. 희망 표현

▶ -고 싶다

'-고 싶다'가 '희망'의 의미를 표현한다는 것은 지금까지 학계에서 일반적으로 수용되고 있다. '-고 싶다'는 동작 동사와 결합하는데, 전지적 작가 시점으로 3인칭 주어문에서 실현된 예를 제외하면 1인칭 화자 주어문에서 화자의 바람을 직접적으로 나타낸다(이관규 1986 등)[9].

'-고 싶다'는 다음의 예처럼 다른 요소와의 결합에 있어 제약을 갖는다. '-고 싶다'는 (100가)처럼 능력의 의미를 갖는 '못, -(으)ㄹ 수 있다' 등이나 (100나)의 '-겠다'와 결합 제약을 보인다(국립국어원 2005 등). 이는 미완결된 사항을 바라는 것과 능력이라는 완결성이 의미적으로 충돌되기 때문일 것이다.

(100) 가. *나는 복어를 못 먹고 싶어요/나는 복어를 먹을 수 있고 싶어요.
나. ?내가 결혼하고 싶겠어요.
다. 나는 씻고만 싶어요.
라. 나는 커피를/가 마시고 싶은데, 우리 나갈까?

'-고'와 '싶다'는 분리성이 없어서 '매일, 안' 등과 같이 다른 성분의 개입이 허용되지 않는다. 다만 (100다)와 같이 일부 조사의 개입이 가능하지만(성낙수 1987:240), 이는 보조 용언의 내포문을 명사구로 보는 견해(홍종선 1990 등)의 견해를 뒷받침할 뿐 교육적인 측면에서 실용성이 낮다. 특수한 상황에서 희망의 의미를 다소 보강하는 역할을 담당할 뿐 희망의 의미 자체를 변화시키는 것은 아니다.

(100라)는 상위문과 내포문의 동사 특성에 따라 격표지가 각각 주격과 대격으로 실현된 예이다. 이러한 '-고 싶다'의 구문적 특성에 대해, 인접 동사의 특성을 반영한 대격 표지가 초급 학습자에게는 더 간단하게 이해될 것이다. 그러나 고급 학습자의 경우에는 서정수(1996:657)의 논의를 적용하여, 선행 용언과 후행 '-고 싶다' 중에서 비중을 두는 것에 따라 격교체가 일어난다고 설명할 수도 있을 것이다.

'-고 싶다'는 아래의 예들처럼 화자가 자신의 희망을 이야기할 때 사용하는데, 다음과 같이 다양한 결합 정보를 갖는다.

---

9) 이러한 인칭 제약 해소 현상도 이해 교육의 차원에서 고려되어 할 것인데, 전지적 작가 시점으로 서술된 텍스트를 접하는 시기에 전달할 수 있다고 본다.

(101) 가. 바둑판 하나 사주셔요.
　　　 나. 별안간 바둑판은 왜?
　　　 다. 저도 지금부터 바둑을 배워서… [조지훈] 아저씨처럼 명인이 되고 싶어요.</p>
(102) 가. 에유 오늘 어머님 덕분에 맛있는 음식 아주 잘 먹었습니다. 새해에 계획이 있다면 한마디만 해주세요.
　　　 나. 우선 시설을 개축을 허든 안하든 쪼금 좀 현재보다는 몇백두 더 늘리고 싶다, 우선 그래구 큰아들 선을 시키는 바램을 이뤄졌으면 좋겠다.

위의 예들은 모두 화자의 희망을 나타내는데, (101)은 화자의 바람이 성립되기까지 어느 정도 물리적 시간이 걸리는 상황에서 사용되었다. '-고 싶다, -(았/었)으면 좋겠다'는 (102)에서처럼 앞으로의 계획을 묻는 대답에서 나타나는 예가 비교적 많았다.

▶ -(았/었)으면 좋겠다

화자의 희망을 표현하는 형태에는 '-(으)면 좋겠다, -았/었이으면 좋겠다'가 있다.10) 이들은 희망의 의미 외에 요청의 기능을 수행하기도 한다.

(103) 가. 조용히 해 주시면 좋겠는데요.
　　　 나. 조용히 해 주셨으면 좋겠는데요.

(103)의 '-(았/었)으면 좋겠다'는 화자가 청자에게 완곡하게 요구하는 화행 기능을 수반한다. '-(으)면 좋겠다'는 화자가 요구하는 사항이 현재 혹은 빠른 시간 내에 이루어지기를 바란다는 점에서 '-았/었이으면 좋겠

---

10) '-(았/었)으면 좋다'는 어떤 사건에 대한 화자의 판단을 나타내는 것으로, 희망의 표현이 아니라고 본다. 김지은(1998:108-110)도 '-겠다'와의 결합형만을 희망 표현으로 제시하였다.

다'보다 더 직접적이고 강한 표현이라 할 것이다.

희망 표현들은 모두 종결형 활용이 비교적 자유롭다. 그러나 미래 표현에는 '-고 싶다'만이 반어적 의문문에서 가능하다. 내포문 형성은 모두 가능하다. 의문문 생산에는 모두 제약되며, '못'과의 호응에는 '-고 싶다'가 제약된다.

희망 표현들 가운데 '-고 싶다, -(았/었)으면 좋겠다'는 의미의 정도성이 강하다. 의도성 영역 내에서 다의미성은 모든 표현에서 없으며, 발화와 동작이 동시성을 갖는 표현도 없다. 모두 혼잣말이 가능하고, '-다' 기본형으로도 쓰이며 격식체로도 가능하다.

'-았/었으면 좋겠다'와 '-았/었으면 하다'는 모두 구어 자료에서 화자의 바람을 나타내는데, 다음과 같이 내포문의 주어가 모문의 주어와 일치하지 않는 문장 유형으로도 나타난다.

(104) 난 내가 무지무지 예뻤으면 좋겠어.
(105) 언니 지금 모습대로 항상 최선을 다해서 열심히 했으면 좋겠어.
(106) 양=(중략) 우리는 과거를 자꾸 잊어 먹는 건망증이 심한데 저쪽은 6·25를 일으킨 장본인이 지금도 앉아 있으니 기본 전략이 안 바뀝니다. 때문에 우리에겐 꾸준히 인내하는 자세가 절실합니다. 그리고 우린 자꾸 동서독 통일을 말하는데 저쪽이 싫어하는 것을 공개적으로 반복하지 않았으면 해요.

(104)는 1인칭 화자가 자신과 관계되는 사항을 나타내는 경우이며, (105)와 (106)은 다른 행위자에 대한 화자의 바람을 표현한 것이다.

(105)는 언니에게 당부하는 상황에서 '-았/었으면 좋겠다'를 통해 화자의 바람을 나타낸 것이고, (106)은 인터뷰 자료에서 추출된 예로 1인칭 복수 주어문에서 사용된 것이다. 이 예도 부탁, 당부의 상황에서 사용된 것으로, 화자 자신의 행위에 대한 희망을 나타내는 '-고 싶다'와 구별되는

담화 특성을 갖는다고 할 수 있다. 따라서 '-고 싶다'와 구별될 만한 이 특성을 학습자에게 제시하면 좋을 것이다.

▶ -(았/었)으면 하다

화자의 희망을 표현하는 형태에는 '하다'와 조건절의 결합으로 구성된 '-았/었이으면 하다'와 '-(으)면 하다'가 있다. 이 때 '하다'가 대용성을 가지므로 '-았/었이으면 싶다'를 대신할 수 있으며, 이러한 대용성은 화자의 희망을 간접적으로 표출하는 것과 관련이 있다.

(107) 가. 나는 그리스에 갔으면 한다.
나. 나는 그리스에 갔으면 싶다.

위 (107)은 화자의 의도를 표현한 것으로, 이들의 의미는 크게 다르지 않다고 보는 것이 일반적이다(국립국어원 2005 등). 그런데 엄정호(1990:104-106)은, '싶다' 구문이 '꼭'이라는 부사와의 결합에 제약이 있으므로 '하다' 구문보다 원망(desire)의 정도가 약하다고 하였다. 그러나 '하다'류는 의미 보충을 위해 '꼭'과 같은 부사와 호응한다. 따라서 '싶다'류와 '하다'류는 희망의 정도성에 차이를 갖기보다는, 대용성이 강한 '하다'류가 '싶다'류보다 간접적이고 완곡한 표현이라는 차이만 존재한다. 이것은 실제 대화에서 공손성으로 전이되어, 주로 대화 참여자와 친밀도가 낮거나 지위가 화자보다 높을 때 주로 사용한다.

다음의 '-(으)면 하다'와 '-았/었이으면 하다'는 모두 1인칭 화자 주어의 희망을 나타내는데, 이종은(2005: 149-151)은 전자가 더 직접적으로 강한 의도를, 백봉자(2006: 437-438)은 후자가 화자의 간절함을 표현하는 것이라고 보아, 서로 상반된 견해를 나타낸다.

(108) 가. ?나는 그와 계속 만나면 한다.

나. 나는 그와 계속 만났으면 한다.

위의 (108)는 화자가 그와 계속 만남을 유지하고 싶다는 의도를 나타낸다는 점에서 동일하지만, 완료의 '-았/었-'이 결합된 (108나)가 화자의 바람을 강하게 표현하는 것이라고 본다. 더구나 (108가)를 보면, '-(으)면 하다'는 동작성 선행 동사에서는 거의 비문에 가깝다.

'하다'류는 '싶다'류를 대신하는데, 이러한 대용성은 대동사 '하다'와도 유기적인 관계로 학습할 수 있다는 점에서 경제성이 있으므로 학습자에게 제시되어야 할 내용이다. '하다'류는 희망의 의미가 어휘가 아닌 구절 형태에서 기인하는 것으로, 간접적으로 표출되는 것이다.

'-았/었으면 좋겠다'와 '-았/었으면 하다'는 모두 구어 자료에서 화자의 바람을 나타내는데, 다음과 같이 내포문의 주어가 모문의 주어와 일치하지 않는 문장 유형으로도 나타난다.

(109) 난 내가 무지무지 예뻤으면 좋겠어.
(110) 언니 지금 모습대로 항상 최선을 다해서 열심히 했으면 좋겠어.
(111) 양=(중략) 우리는 과거를 자꾸 잊어 먹는 건망증이 심한데 저쪽은 6*25를 일으킨 장본인이 지금도 앉아 있으니 기본 전략이 안 바뀝니다. 때문에 우리에겐 꾸준히 인내하는 자세가 절실합니다. 그리고 우린 자꾸 동서독 통일을 말하는데 저쪽이 싫어하는 것을 공개적으로 반복하지 않았으면 해요.

(109)는 1인칭 화자가 자신과 관계되는 사항을 나타내는 경우이며, (110)과 (111)은 다른 행위자에 대한 화자의 바람을 표현한 것이다.

(110)은 언니에게 당부하는 상황에서 '-았/었으면 좋겠다'를 통해 화자의 바람을 나타낸 것이고, (111)은 인터뷰 자료에서 추출된 예로 1인칭 복수 주어문에서 사용된 것이다. 이 예도 부탁, 당부의 상황에서 사용된 것으로, 화자 자신의 행위에 대한 희망을 나타내는 '-고 싶다'와 구별되는

담화 특성을 갖는다고 할 수 있다. 따라서 '-고 싶다'와 구별될 만한 이 특성을 학습자에게 제시하면 좋을 것이다.

2.4. 약속 표현

▶ -(으)ㄹ게

'-(으)ㄹ게'는 1인칭 화자 주어문에서 동작성 용언과 결합하여 청자에게 화자가 하려는 의사를 밝히면서 동시에 약속의 기능을 수반한다(허웅 1995:571-573, 국립국어원 2005:776-777 등). 약속의 기능은 화자의 의지대로 좌우될 수 있는 내용을 전제로 하기 때문이다. 따라서 다음의 (112)처럼 '-(으)ㄹ게'는 화자가 말하는 내용을 지킬 것이라는 약속의 표현인 동시에 자신이 그것을 하리라는 의지도 나타낸다.

(112) 이번에는 꼭 시험에 합격할게.

이처럼 기존의 논의에서 '-(으)ㄹ게'는 약속의 종결 어미라는 의미 중심의 정의가 주를 이루었다. '-(으)ㄹ게'가 내포문을 형성하거나 미래성을 표현하는 요소들과 결합하지 않는다는 당연한 사실에 대해서는 기술하고 있지 않다. 그러나 한국어 교육에서는 '-(으)ㄹ게'가 1인칭 주어문에서 사용된다는 정보 이외에도 이러한 기본적인 내용도 교수 내용에 포함되어야 한다. 3장에서 살펴본 학습자 말뭉치에서, 인칭 제약을 제대로 습득하지 못해서 '-(으)ㄹ게'의 사용에서 오류를 범한 작문을 접할 수 있었다. 기존 논의에서는 화용적 특성에 대해서도 설명하고 있지 않는데, '-(으)ㄹ게'는 다음의 (113)처럼 화자의 상대의 요청, 제안, 명령을 수락하는 상황에서 약속의 의미를 나타냄을 교육의 정보로 도입해야 할 것이다.

(113) 가. 이제부터 공부 좀 열심히 해.

나. 알았어. 그러니까 그만 화 내. 다음부터 열심히 할게.

구어 말뭉치에서 '-(으)ㄹ게요'는 다음의 (114)로 나타났는데, 청자와 합의는 하지 않았지만 화자가 먼저 제안하면서 약속의 기능이 수반된다.

(114) 아유, 근데 정말 뭘 해두 잘 할 우리 희지양인데 오늘 아유, 그냥 뒤에 땀이 다 나네. 근데 이 자린 괜찮지? 여긴 괜찮지? 나 열심히 할게.

따라서 '-(으)ㄹ게'는 청자의 요구에 대해 화자가 수락하거나 화자가 먼저 무엇인가를 제안하는 담화 상황에서 약속의 의미로 실현된다. 약속의 의미 기능을 하는 '-기로 하다'와 비교할 때, '-(으)ㄹ게'가 화자의 자발적이고 직접적인 약속 표현이라면, '-기로 하다'는 청자에게 무엇인가를 할 것이라는 약속의 기능뿐만 아니라 상황에 따라 청자를 고려한 약속 표현이다.

(115) 가. 내가 다시 전화할게.
　　　나. 내가 다시 전화하기로 해.
　　　다. 제가 다시 전화하기로 했습니다.

(115가)는 화자가 직접적으로 자신의 말한 내용을 지키겠다는 의미이고, (115나)는 청자의 동의 혹은 청자와의 협의아래 진행된 약속이다. (115다)는 청자에게 약속을 한 사실을 이야기할 때 통보하는 것으로 공식적인 담화 상황에서 사용된 예이다. (115가)의 예처럼 '-(으)ㄹ게'는 발화와 동작이 동시에 이루어질 수 있다는 점에서 (115나), (115다)의 '-기로 하다'와 차별성을 갖는다. 또한 '-(으)ㄹ게'는 (115다)처럼 격식체 활용을 하지 않는다. 그러나 이들이 약속의 의미 이외에 차이를 보이는 것은 아니다. '-(으)ㄹ게'와 '-기로 하다'는 혼잣말이나, 기본형 '-다'의 발화가 어렵다.

▶ -기로 하다

'-기로 하다'는 청자에게 약속을 나타내는 의미도 있고, 자신과의 약속인 결심을 나타낼 때도 사용할 수 있다. (116가), (116나)는 화자 자신에게 하는 스스로의 결심일 수도 있고, 청자에게 다이어트를 하겠다는 것을 약속하거나 그 약속을 잊지 않았음을 표현하는 것이다.

(116) 가. 나는 내일부터 다이어트를 하기로 했다.
나. 나는 내일부터 다이어트를 하기로 하고 너는 언제부터 할 거야?

'-기로 하다'는 다음의 (117가)처럼 청자에게 약속을 선언하거나 공표하는 상황에서 사용할 수 있다. '-기로 하다'는 (117나)의 예처럼 선행요소로 과거 시제가 올 수 없는데, 이것은 예정, 미래성을 갖는 '-기'의 의미와 충돌하기 때문이다.

(117) 가. 일요일에는 꼭 외식하기로 해. 자~, 약속!
나. *내가 전화했기로 한다.

구어 말뭉치에서 '-기로 하다'는 (118)처럼 화자가 청자에게 이전에 약속을 한 내용을 확인하는 과정에서 사용된 예로, '-기로 하다'는 이렇게 약속을 만들어 가는 진행 과정 이외에도 사용된다. 구어 자료에서는 과거 시제소와 결합된 형태가 현재형 표현보다 더 빈번하게 나타난다.

(118) 가. 스티브! 여기!
나. 뭐야?
가. 애니의 밀크 쉐이크 값! 내가 내기로 했었잖아.

한국어 학습자들이 '-기로 하다'를 사용하면서 계획과 약속의 의미를 구별하지 못해 오류를 범하였는데, 위 (118)의 '-기로 하다'는 지금 약속을 하는 것이 아니라 대화 상대자에게 과거 사건으로 약속을 전달하는 것이라고 분명하게 제시해야 한다. 약속을 진행하는 상황에서는 1인칭 복수 주어문에서만 가능하다는 설명도 포함되어야 한다.

'-기로 하다'는 화자와 청자의 상호 작용이 이루어진 상황에서의 약속을 나타낼 때 사용될 수 있는 표현이다. 그러나 '-기로 하다'가 다음의 예처럼 언제나 약속의 의미 기능을 나타내는 것은 아니다.

    (119) 가. 내가 그곳에 가기로 한다.
            나. 내가 그곳에 가기로 할게.
            다. 내가 그곳에 가기로 하지.

(119가)의 '-기로 하다'는 청자와 이미 논의된 사항에 대해 그 결과를 다짐하듯이 약속하는 것이지만, (119나)에서 '-기로 하다'는 약속의 의미가 아닌 계획의 의미로 실현된다. '-기로 하다'가 '-(으)ㄹ게'와 결합하면, '-기로 하다'는 약속의 기능보다는 계획의 의미로 실현되고 약속의 의미는 '-(으)ㄹ게'에 의해서 나타나는 것이다. 약속 표현의 '-기로 하다'는 직접적으로 대화 현장에서 화자와의 상호 협의하에 이루어지거나 약속으로서의 값을 갖는 '-기로 해(요)'만이 약속의 표현이다. 이처럼 '-기로 하다'는 '-ㄴ/는다, -(으)ㄹ게(요), -지'의 형태로 다양한 활용 양상을 보인다.

'-(으)ㄹ게'는 화자가 자발적으로 청자에게 무엇인가를 약속할 때 사용하는 것으로, 화자 중심의 약속 전달이라는 측면이 강하다면, '-지'는 약속의 의미와 더불어 그것을 꼭 할 것이라는 확언의 의미 기능이 더해진다. '-기로 하다'는 자신을 객관화하여 스스로에게 하는 약속의 의미, 결심이나 다짐의 상황에서도 사용하며, 청자와의 논의된 사항에 대해 청자에게 그것을 할 것이라는 다짐의 태도로 약속하는 것으로, '-(으)ㄹ게'보다 그 약속을 실천하려는 의지가 더 개입한다.

▶ -(으)마

'-(으)마'는 약속의 의미를 갖는 종결 어미로 논의되었는데(허웅 1995 등), 오늘날 언어생활에서 특정 세대나 문어 자료에 등장하는 경우를 제외하고 사용 범위가 축소화하고 있다. 구어 말뭉치 자료에서도 이러한 현상을 발견할 수 있었는데, 다음의 예처럼 남성 화자가 주로 사용하였고, 대화 상대보다 주로 상위 위치에 있는 경우에 나타나거나 상대를 낮추기 위한 전략의 하나로 사용되었다.

(120) 가. 그럼 씨름 계속하자.
　　　나. 좋다. 다시는 네 입에서 씨름의 씨자도 안 나오도록 해 주마.
(121) 가. 아저씨 어디가 편치 않으셔요?
　　　나. 왜 이 야단들이냐?
　　　가. 어디가 편찮으신지 구체적으로 우리가 알아야…대책을 세울 것 아니어요?(중략)
　　　나. 그럼 설명을 하마.
(122) 가. 이렇게 3년이 지난 어느날 스승은 [마관]을 불렀다.
　　　나. 마관아 (히히히힝)
　　　가. 호오! 됐다 됐어. 용케도 그처럼 말과 같은 마음이 되었구나. 오늘부터는 너에게 말을 타도록 허락하마.

(120)은 친구에게 자신감을 드러내며 화자가 그런 행위가 이루어지도록 할 것이며 그것을 행할 수 있다는 자신감을 드러내는 것이다. (121)은 친구 아버지가 자식의 친구들에게 자신의 상황을 설명을 요구하는 상대의 요청을 수락하는 상황에서, (122)는 허락의 상황에서 스승이 제자에게 하는 대화로, 이 두 예들은 모두 의도성 표현인 '-도록 하다'에 결합한 형태이다.

'-(으)마'는 한국어 교육에서 이해 언어로서 교육 내용에 포함시킬 수 있다고 논의하였는데, 문학 작품에서 등장하는 '-(으)마'의 빈도를 반영하여 읽기 텍스트를 통해 제시할 수 있을 것이다.

지금까지 의도성 표현의 각 의미 영역에 따라 제시되어야 할 내용을 살펴보았다. 그런데 실제 교육 현장에서 하나의 의미를 전달하는 것이 대단히 어려운 과정이며, 학습자의 입장에서는 하나의 목표 문법을 학습하고 그것을 충분히 연습하여 습득하기도 전에 새 항목을 배우기 때문에 교육 내용에 완전히 익숙할 만한 물리적 시간이 부족하다. 따라서 기존의 몇몇 교재 방식처럼 특정 형태가 처음 제시되는 단원에서 의미 특성을 고려하지 않고 무조건 그 형태의 의미와 특징을 한꺼번에 제시하는 방식은 학습자에게 학습의 부담감을 가중할 것이다. 이러한 정보를 한 번에 제시하기보다 나선형 배열 방식을 적용한다면, 선수 학습한 항목을 새로 제시되는 유사 항목을 배우는 과정에서 언급할 수 있고, 특정 항목을 배우면서 꼭 알아 두어야 할 제약 등을 부가적으로 제시할 수 있을 것이다.11)

제3장에서 살펴본 바와 같이, 현행 한국어 교재에서는 이미 학습된 요소와 유사한 항목이 제시되더라도 이전 요소와의 연계성이 적었다. 하나의 의도성 표현을 배울 때 기본적인 정보를 제시하고 유사 항목이 나오는 단원에서 이전에 다루지 않았던 정보를 교육하는 것이 학습자의 이해를 도울 수 있으며, 이미 학습한 항목을 재확인할 수 있다는 점에서도 의의가 있다. 가령, 초급에서 '-고 싶다'가 목표 문법으로 제시되는 경우 가장 기본적으로 1인칭 주어문에서 동작 동사와 결합하여 희망의 의미를 표현한다는 정보만을 제공한다. 중급 단계에서 유사 표현인 '-(았/었)으면 좋겠다'를 제시할 때 선수 학습된 '-고 싶다'를 환기시켜 의미의 연관성을 유도하고, '-(았/었)으면 좋겠다'는 '-고 싶다'와 달리 1인칭 주어문에서 선행

---

11) '-고 싶다'의 경우 부정문 제약을 가지는데, 이는 제공되어야 할 문법 정보 중의 하나이다. 그런데 '-고 싶다'가 처음 제시되는 단원에서 이러한 정보를 모두 제공한다면 학습의 부담감이 높아질 것이다. 따라서 부정문을 배우는 단원에서 '-고 싶다'의 제약을 제시할 수도 있다.

요소와의 결합 제약이 없이 희망의 의미를 간접적으로 나타내며 부탁하는 상황에서 많이 사용한다는 화용 정보를 주는 것이다. 이어 고급 단계에서 '-(았/었)으면 하다'를 배울 때, 이전에 학습한 '-고 싶다'와 '-(았/었)으면 좋겠다'를 환기하도록 하여 '-았/었으면 하다'를 제시한다. '-았/었으면 좋겠다'를 대신할 수 있다는 정보 외에 아주 공손한 표현이라는 점을 말하여 '-(았/었)으면 좋겠다'와 화용적 차별성을 제공함으로써 학습자의 이해에 도움을 주도록 한다. 이러한 학습 방식에서 마지막에 배열된 희망 표현을 배울 때는, 선수 학습한 요소를 복습하고 한국어의 희망 표현 전체를 포괄적으로 이해할 수 있는 기회도 되어서, 학습자는 거시적인 관점으로 한국어 체계를 조망할 수 있을 것이다.

3. 유사 관계 의도성 표현의 교수 내용

의도성 표현들은 '의지, 계획, 희망, 약속'의 의미 특성을 갖는데, 이들 각 의미 영역에 속하는 표현들은 서로 유의적 관계를 갖는다. 이러한 유의 관계는 학습자들에게는 포괄적인 의미 특성을 제시함으로써 하나의 형태를 학습하는 데에 도움이 되지만, 학습 기간이 지속되면서 배운 형태들이 축적되면서 학습자들은 동일한 의미 영역에 해당하는 표현들을 혼동하거나 명확하게 알고자 하는 욕구가 생기게 된다. 학습자들은 유사 관계에 있는 표현들 모두를 비교하기를 바라는 것이 아니라, 비슷한 시기에 배우거나 서로 연접되는 단원에서 유사 관계를 보이는 표현들에 대해 이러한 설명 방식을 원한다. 또는 이해에 어려움이 많은 형태간에도 비교를 원하는 경우가 많다. 예를 들어, 형태적으로 유사한 '-(으)ㄹ게요'와 '-(으)ㄹ 거예요', 대화 형식에서 유사한 용법을 보이거나 비슷한 시기에 학습하는 '-(으)까 하다'와 '(으)ㄹ래요', 다의미 특성을 갖는 '-겠다, -기로 하다' 등이다. 이와 반대로 유사한 의미 특성을 갖는 새로운 목표 표현을 학습할 때 교사들은 이전에 배운 표현의 의미를 차용하기도 한다. 교수자의 입장에서 유사 관계 비교 방법은, 교육 과정에서 비교를 통해 경제적으로 설명할 수 있거나 표현 간의 특성이 상당 부분 교차되는 경우에 선택하게 된다. 이외에도 학습자가 화석화된 오류를 범하는 표현이 있으면 관련되는 표현을 들어 설명하고자 이용되기도 한다. 학습자들은 비슷한 의미 특성을 갖는 여러 표현을 학습, 습득했어도 사용에 있어 특별히 선호하는 표현이 존재하여, 알고 있는 표현과 자주 사용하는 표현에 불일치를 보이기 때문이다. 여기에 학습자들이 보다 자연스러운 한국어, 원활한 의사소통을 위한 적절한 한국어를 구사하기 바라는 교사의 기대감이 작용하기 때문일 것이다. 예를 들어, 학습자들은 '-고 싶다'와 '-았/었으면 좋겠다'는 형태·통사면에서 오류를 범하는 경우보다 실제 담화에서 화용적 실수를 많이 하기 때문에 유사 관계로 다루어 이들의 용법 차이를 정확하게 제시해야 한다.

이렇게 유사 관계에 있는 표현들은 학습자나 교사 입장에서 교육 과정에서 필수적인 교수 방법이 된다. 따라서 보다 효율적인 의도성 표현 교육을 위해 동일한 의미 영역에 속하는 표현간의 비교를 통한 교수 방법은 필요하다. 본고는 유사 관계에 있는 표현들을 모두 비교하는 것은 교육 과정에서 필요하다고 보지 않는다. 다른 표현들보다 형태가 유사하거나 의미 거리가 가깝거나 실제 담화에서 화용적 특성이 뚜렷하여 차이점을 제시할 필요성이 높은 것들을 선별하여 제시해야 한다고 본다.

학습에서 제시될 만한 유사 관계를 보이는 표현들은 각 형태들의 형태·동사, 의미, 화용 정보의 유사성을 띠는 것, 학습자 말뭉치에서 오류를 보이는 것, 기존의 교재에서 유사 관계로 지목한 것들로, 이들을 중심으로 선택하여 비교하고자 한다.

각 표현들을 비교할 때에는 가장 두드러지는 차별성을 제시하는 방법이 가장 간단하면서도 명확한 전달 방법이라고 생각한다. 이를 위해서 표현들이 갖는 형태·통사, 의미, 화용 정보를 충분히 활용하여 배운 내용을 이용하면, 학습자들은 새로운 내용을 배운다는 부담감을 느끼지 않고 학습할 수 있고, 교수면에서 경제성이 클 것이다.

본고에서는 지금까지 살펴본 각 표현들의 교수 내용을 바탕으로 이들을 구분하여 교수하는 방안을 세워보고자 한다. 각 교수 내용을 비교하여 비교 대상이 되는 표현들을 찾을 수 있는 동시에 비교 내용으로 활용할 수 있을 것이다.

3.1. 의도성 표현의 유사 관계

의도성 표현은 각 의미 특성에 따라 '의지, 계획, 희망, 약속'으로 구분하여 이에 속하는 형태들을 목록화하였다. 동일한 의미 영역에 있는 표현들은 이미 유사 관계를 나타낸다고 할 수 있는데, 여기에서는 그 안에서도 유사성의 정도가 강해 학습자에게 구분하여 제시하면 이해에 도움이 될 것으로 보고 유사 표현들을 선정하고자 한다.

1) 형태 정보의 차이

각 표현들의 형태 정보는 활용 현상의 여부, 과거 형태소 '-았/었-'의 결합 여부, 미래 의미를 나타내는 '-겠다', '-(으)ㄹ 것이다'와의 결합 현상을 기준으로 하였다. 과거 시제소는 표현을 중심으로 결합 위치에 따라 구분하였는데, 이는 의미 차이를 보이기 때문이다. 각 항목에서 2개 이상의 형태 정보를 갖고 이 정보 내용이 일치하는 경우 유사 관계가 성립한다고 볼 것이다.

다음은 의지 표현의 형태 정보를 표로 정리한 것으로, 3개 항목이 일치하는 표현들은 없고, 2개 항목을 동일하게 갖는 표현은 2쌍이다.

<표 27> 의지 표현의 형태 정보

의도성 표현	활용	'-았/었-'과의 결합	'-겠다'와의 결합
-겠다	o	선행 요소(반어문, 추측)	×*
-(으)ㄹ 것이다	o	선행 요소(추측)	×*
-(으)ㄹ게	×	×	×
-(으)려고 하다	o	후행 요소(전달 기능)	후행 요소(반어의문문)
-아/어야겠다	o	×	×
-(으)ㄹ 테다	o	×	×
-아/어야지	×	선행 요소(의미 변화:아쉬움)	×
-(으)ㄹ까 하다	o	후행 요소(전달 기능)	×
-(으)ㄹ래	×	×	×
-고 말겠다	o	×	×**
-고자 하다	o	후행 요소(전달 기능)	×
-도록 하겠다	o	×	×**
-(으)리다	o	×	×
-(으)려던 참이다	o	후행 요소(전달 기능)	×

　　　　* 형태 자체가 미래성을 갖는 것이므로 이는 결합으로 보지 않았다.
　　　** '-겠다'를 포함하는 형태를 기본형으로 보았기 때문에 결합으로 보지 않았다.

위의 표에서 형태 정보에서 비슷한 특성을 보이는 것은 '-겠다', '-(으)ㄹ 것이다', '-(으)ㄹ까 하다'와 '-고자 하다, -(으)려던 참이다'이다. 이들은 서로 유사 관계가 성립된다고 보아, 표현들의 차이를 살펴볼 것이다.

<표 28> 계획 표현의 형태 정보

의도성 표현	활용	'-았/었-'과의 결합	'-겠다'와의 결합
-겠다	o	선행 요소(반어문, 추측)	×*
-(으)ㄹ 것이다	o	선행 요소(추측)	×*
-(으)려고 하다	o	후행 요소(전달 기능)	후행 요소(반어의문문)
-기로 하다	o	후행 요소(전달 기능)	o(평서문)
-(으)ㄹ까 하다	o	후행 요소(전달 기능)	×
-(으)려던 참이다	o	후행 요소(전달 기능)	×

　　　　* 형태 자체가 미래성을 갖는 것이므로 이는 결합으로 보지 않았다.

위의 표에서 형태 정보에서 비슷한 특성을 보이는 것은 '-겠다'와 '-(으)ㄹ 것이다', '-(으)려고 하다'와 '-기로 하다', '-(으)ㄹ까 하다'와 '-(으)려던 참이다'이다. 이들은 형태적 측면에서 유사 관계를 보이고 있다.

다음은 희망 표현의 형태적 유사성을 표로 정리한 것인데, 모든 항목이 일치하는 표현은 없다.

<표 29> 희망 표현의 형태 정보

의도성 표현	활용	'-았/었-'과의 결합	'-겠다'와의 결합
-고 싶다	o	후행 요소(전달 기능)	후행 요소(반어의문문)
-(았/었)으면 좋겠다	o	선·후행 요소(전달 기능)*	×
-(았/었)으면 하다	o	선·후행 요소(전달 기능)*	×

* '-(았/었)으면 하다/좋겠다'는 '-았/었-'이 결합될 수도 있다는 의미이므로 선행 요소 결합으로 보았다.

희망 표현에서 형태 정보가 유사한 표현은 '-(았/었)으면 좋겠다'와 '-(았/었)으면 하다'이다. 형태적으로 2개 항목이 일치하므로 이들을 비교 목록에 포함시킬 것이다.

다음은 약속 표현의 형태 정보를 표로 정리한 것이다. 약속 표현은 '-(으)ㄹ게'와 '-(으)마'가 형태 정보의 유사성을 보인다.

<표 30> 약속 표현의 형태 정보

의도성 표현	활용	'-았/었-'과의 결합	'-겠다'와의 결합
-(으)ㄹ게	×	×	×
-기로 하다	o	후행 요소(전달 기능)	o
-(으)마	×	×	×

2) 통사 정보에 따른 차이

의도성 표현들의 통사 정보는 내포문과 의문문 생성 가능성, 능력의 '못' 부정 부사와의 호응을 기준으로 하였다. 의문문을 생산하는 표현들은 우회적으로 반어문을 만들거나 청자에게 확인을 하는 문장 기능의 차이가 있다. 능력의 '못'과 호응에서도 이러한 의미 변화를 발견되는데, 통사 정보의 항목에서 2개 이상의 형태 정보를 갖고 이 정보 내용이 일치하는 경우에 유사 관계가 성립한다고 볼 것이다.

다음은 의지 표현의 통사 정보를 표로 정리한 것이다.

<표 31> 의지 표현의 통사 정보

의도성 표현	내포문 생산	의문문 생산	'못'과의 호응
-겠다	o	o(반어 의문문)	o
-(으)ㄹ 것이다	o	×	o(의미 변화: 추측)
-(으)ㄹ게	×	×	×
-(으)려고 하다	o	o(반어 의문문)	×
-아/어야겠다	o	o(반어 의문문)	×
-(으)ㄹ 테다	×	×	×
-아/어야지	o	o(확인)	o
-(으)ㄹ까 하다	o	×	×
-(으)ㄹ래	×	×	×
-고 말겠다	o	×	o(의미 변화: 추측)
-고자 하다	o	×	×
-도록 하겠다	o	×*	×**
-(으)리다	o	o	o
-(으)려던 참이다	×	×	×

의지 표현에서 통사 정보가 유사한 표현은 '-겠다'와 '-아/어야지, -(으)리다', '-(으)려고 하다'와 '-아/어야겠다'를 들 수 있다. 이들은 통사 특성상 2개 항목이 일치하므로 이들을 비교 목록에 포함시킬 것이다.

다음은 계획 표현의 통사 정보를 표로 정리한 것인데, 계획 표현에서 유사 관계에 있는 것은 의지 표현에서의 형태와 동일하다.

<표 32> 계획 표현의 통사 정보

의도성 표현	내포문 생산	의문문 생산	'못'과의 호응
-겠다	o	o(반어 의문문)	o
-(으)ㄹ 것이다	o	×	o(의미 변화:추측)
-(으)려고 하다	o	o(반어 의문문)	×
-기로 하다	o	×	×
-(으)ㄹ까 하다	o	×	×
-(으)려던 참이다	×	×	×

위 표에서 2개 항목 이상 유사 관계를 나타내는 계획 표현은 '-겠다', '-(으)려고 하다'이다.

다음은 희망 표현의 통사 정보를 표로 나타낸 것이다. '-(았/었)으면 좋겠다'와 '-(았/었)으면 하다'가 유사 관계가 된다.

<표 33> 희망 표현의 통사 정보

의도성 표현	내포문 생산	의문문 생산	'못'과의 호응
-고 싶다	o	×	×
-(았/었)으면 좋겠다	o	×	o
-(았/었)으면 하다	o	×	o

다음의 약속 표현은 통사적인 항목에서 '-(으)ㄹ게'와 '-(으)마'가 공통성을 보인다.

<표 34> 약속 표현의 통사 정보

의도성 표현	내포문 생산	의문문 생산	'못'과의 호응
-(으)ㄹ게	×	×	×
-기로 하다	o	×	×
-(으)마	×	×	×

3) 의미 정보에 따른 차이

의도성 표현들의 의미 정보 논의에서, 동일한 의미 영역에 속하는 표현들은 의미 정도의 차이를 순차적으로 나눈다는 것이 무리가 있어 강과 약으로 나누어 구분하였고, 다의미 특성을 보이는 표현들 중 의미 영역의 종류를 구분하였다.

각 의미를 화자의 발화와 사건의 진행에 연속성을 보이는 것은 발화와 동작이 동시성이 있다고 보아서 이를 기준으로 삼았다. 다음의 예처럼 '-겠어요'나 '-(으)ㄹ게요, -(으)ㄹ 거예요'는 발화와 동작이 동시성에서 차이가 난다.

(124) 가. 자, 어서들 먹어요. 나. 잘 먹겠습니다.
(125) 가. 자, 어서들 먹어요. 나. *잘 먹을 거예요.
(126) 가. 자, 어서들 먹어요. 나. 잘 먹을게요.

식사를 준비하여 손님이나 가족에게 제공하면서 주고받는 담화 장면에서 (1나)와 (126나)는 정문이 되지만, (125나)처럼 대답하지는 않는다. (125나)의 '-(으)ㄹ 거예요'는 질문에 대한 답은 되지만 그 행위가 언제 실현되는지에 대한 화자의 의도는 알 수 없기 때문이다. 그러나 (124나)와 (126나)는 발화와 동시에 행위로 이어지는 순차성을 가지고 있기 때문이다. '-아/어야지'도 발화와 동시에 행위로 실현되기도 하므로 이것은 표현 자체에 발화와 동작이 동시성을 내포한다고 보아 이를 구별 기준으로 삼았다.

다음은 의지 표현의 의미 정보를 표로 정리한 것으로, 2개 이상의 항목을 특성으로 갖고 일치하는 표현들은 '-겠다, -(으)ㄹ 것이다', '-아/어야겠다, -(으)ㄹ 테다', -(으)ㄹ래, -고 말겠다, -고자 하라, -도록 하겠다, -(으)리라', +의려고 하다, -(으)려던 참이다, -아/어야지, -(으)ㄹ까 해라' 이다.

<표 35> 의지 표현의 의미 정보

의도성 표현	의미의 정도성	의도성 영역 내에서의 다의미성
-겠다	강	o(의지, 계획)
-(으)ㄹ 것이다	강	o(의지, 계획)
-(으)ㄹ게	강	o(의지, 약속)
-(으)려고 하다	약	o(의지, 계획)
-아/어야겠다	강	×
-(으)ㄹ 테다	강	×
-아/어야지	약	o(의지, 계획)
-(으)ㄹ까 하다	약	o(의지, 계획)
-(으)ㄹ래	강	×
-고 말겠다	강	×
-고자 하다	강	×
-도록 하겠다	강	×
-(으)리다	강	×
-(으)려던 참이다	약	o(의지, 계획)

다음은 계획 표현의 의미 정보를 나타낸 것인데, 유사 관계에 속하는 표현들은 '-겠다'와 '-(으)ㄹ 것이다', '-(으)려고 하다'와 '-(으)ㄹ까 하다, -(으)려던 참이다'가 있다.

<표 36> 계획 표현의 의미 정보

의도성 표현	의미의 정도성	의도성 영역 내에서의 다의미성
-겠다	강	o(의지, 계획)

의도성 표현	의미의 정도성	의도성 영역 내에서의 다의미성
-(으)ㄹ 것이다	강	o(의지, 계획)
-(으)려고 하다	약	o(의지, 계획)
-기로 하다	강	o(계획, 약속)
-(으)ㄹ까 하다	약	o(의지, 계획)
-(으)려던 참이다	약	o(의지, 계획)

희망 표현은 의미 정보에서 유사 관계에 해당하는 표현은 '-고 싶다'와 '(았/었)이면 좋겠다' 이다.

<표 37> 희망 표현의 의미 정보

의도성 표현	의미의 정도성	의도성 영역 내에서의 다의미성
-고 싶다	강	×
-(았/었)으면 좋겠다	강	×
-(았/었)으면 하다	약	×

다음은 약속 표현의 의미 정보를 표로 정리한 것인데, 의미적 유사성에서 2개 이상이 완벽하게 일치하는 것이 없다.

<표 38> 약속 표현의 의미 정보

의도성 표현	의미의 정도성	의도성 영역 내에서의 다의미성
-(으)ㄹ게	강	o(의지, 약속)
-기로 하다	강	o(계획, 약속)
-(으)마	강	×

(4) 화용 정보에 따른 차이

의도성 표현들의 화용 정보는 학습자가 원활하고 자연스러운 의사소통을 하기 위해 반드시 학습하여야 할 요소이다. 이러한 화용 정보를 공유하는 표현들 을 담화 상화에 맞게 선택하는 것은 학습자에게 여간 부담스럽지 않다. 수많은 표현에서 적절한 표현을 선택하여 아주 짧은 시간 내에 발화해야 하기 때문이다.

화용 정보로는 혼잣말로 발화 가능한 것, 기본형 '-다'로 발화 가능한 것, 격식체 어미와 결합하여 공식적인 상황에서 사용이 가능한 것으로 구분하였다. 청자가 없는 담화 상황에서 화자가 발화하는 모든 생산 언어는 혼잣말일 것이나, 이러한 일반적인 개념으로서의 혼잣말이 아닌 모국어 화자가 주로 혼잣말로 사용하는 표현들에 주목하였다. 또한 활용형이 아닌 기본형 자체로 발화가 가능한 것들을 구별해 내기 위해 이를 기준으로 삼았다. 장소와 때에 맞는 발화를 수행하기 위한 상황적 요소를 중요시하여, 격식체로 사용될 수 있는 것도 화용 정보에 포함하였다.

다음은 의지 표현의 화용 정보를 표로 정리한 것으로 '-겠다, -아/어야겠다, -도록 하겠다', '-(으)ㄹ 것이다, -고 말겠다', '-(으)려고 하다, -(으)ㄹ까 하다, -고자 하다, -(으)려던 참이다'가 공통성을 보인다.

<표 39> 의지 표현의 화용 정보

의도성 표현	혼잣말	격식체 표현	발화와 동작의 동시성
-겠다	o	o	o
-(으)ㄹ 것이다	o	o	×
-(으)ㄹ게	×	×	o
-(으)려고 하다	×	o	×
-아/어야겠다	o	o	o
-(으)ㄹ 테다	o	×	×
-아/어야지	o	×	o
-(으)ㄹ까 하다	×	o	×
-(으)ㄹ래	×	×	×
-고 말겠다	o	o	×

-고자 하다	×	○	×
-도록 하겠다	○	○	○
-(으)리다	×	×	×
-(으)려던 참이다	×	○	×

다음은 계획 표현의 공통 화용 정보를 표로 정리한 것인데, '-겠다'와 '-(으)ㄹ 것이다'를 제외한 표현들이 특성을 공유하므로 이들의 구별이 필요하다고 본다.

<표 40> 계획 표현의 화용 정보

의도성 표현	혼잣말	격식체 표현	발화와 동작의 동시성
-겠다	○	○	○
-(으)ㄹ 것이다	○	○	×
-(으)려고 하다	×	○	×
-기로 하다	×	○	×
-(으)ㄹ까 하다	×	○	×
-(으)려던 참이다	×	○	×

희망 표현에서는 '-고 싶다, -(았/었)으면 좋겠다'와 '-(았/었)으면 하다'가 2개의 항목에서 정보를 공유하는 유사 관계에 있다.

<표 41> 희망 표현의 화용 정보

의도성 표현	혼잣말	격식체 표현	발화와 동작의 동시성
-고 싶다	○	○	×
-(았/었)으면 좋겠다	○	○	×
-(았/었)으면 하다	○	○	×

다음은 약속 표현의 화용 정보를 정리한 것인데, 화용 정보를 공유하고 있지 않아, 이들의 유사 관계 비교가 반드시 필요할 정도는 아니라고 본다.

<표 42> 약속 표현의 화용 정보

의도성 표현	혼잣말	격식체 표현	발화와 동작의 동시성
-(으)ㄹ게	×	×	o
-기로 하다	×	o	×
-(으)마	×	×	×

지금까지 의도성 표현들이 갖는 각 특성에서 동일한 정보를 갖고 있어 독립적으로 장을 마련하여 이들의 비교가 필요한 유사 관계들을 검토하였다. 형태, 통사, 의미, 화용 정보별로 살펴보았는데, 여기에서 각 정보별로 2개 이상 공유하는 것은 다음과 같다.

    (127) 의지: '-겠다, -(으)ㄹ 것이다'
           계획: '-겠다, -(으)ㄹ 것이다'
           희망: '-(았/었)으면 좋겠다, -(았/었)으면 하다'
           약속: '-(으)ㄹ게, -(으)마'

이상으로 의도성 표현 내에서 유사 관계에 속하는 표현 형태들을 각 형태의 특성을 중심으로 추출해 보았다.

한국어 교재에서 유사 관계에 대한 언급은 소략하게 다루어졌고, 더욱이 의도성 표현과 관련해서는 유사 관계라고 언급하는 수준일 뿐 그들의 차이점에 대해 심도 있게 다루어지지 않았다. 다음은 한국어 교재에서 제시된 유사 관계에 있는 표현들이다.

의지 표현에서 유사 관계로 소개된 것은 '-겠어요'와 '-(으)ㄹ게요.'가 있고, 의지의 '-(으)ㄹ래요'와 희망의 '-고 싶어요'가 유사한 의미로 대치할 수 있다고 설명하고 있다. 이외에도 희망의 '-았/었으면 하다'와 '-(으)면 좋겠다'를 '-(으)면 하다'와 '-(으)면 좋겠다, -(았/었)으면 좋겠다'를 들고 있는데, 교재에서 제시된 유사 관계를 보이는 것은 다음과 같다.

  (128) '-겠어요'와 '-(으)ㄹ게요.'//의지의 '-(으)ㄹ래요'와 희망의 '-고 싶어요'//'-았/었으면 하다'와 '-(으)면 좋겠다'//'-(으)면 하다'와 '-(으)면 좋겠다, -(았/었)으면 좋겠다'

 위의 목록에서 희망 표현들은 '-았/었-'과의 결합 여부는 실제 담화에서 차이 없이 혼용되고 있으므로 유사 관계로 보지 않고, '-(았/었)으면 좋겠다'와 '-(았/었)으면 하다'를 유사 관계로 보아 이들을 비교하도록 한다.
 여기에 더하여, 학습자 말하기와 쓰기 말뭉치에서 오류 현상 가운데 대치에 의한 사용 오류를 범한 것은 검토할 필요가 있다고 본다. 이는 학습자들이 각 표현들을 혼동하여 완전히 습득하지 않아 오류를 범했다고 보기 때문이다. 의지 표현에서 '-겠다'와 '-(으)ㄹ 것이다', '-겠다'와 '-(으)려고 하다', '-(으)ㄹ 거예요'와 '-(으)ㄹ까 해요', '-(으)ㄹ 거예요'와 '-(으)ㄹ게요', '-(으)ㄹ게요'와 '-아/어야겠어요'에서 대치 오류를 범하고 있다.

  (129) '-겠다'와 '-(으)ㄹ 것이다'// '-겠다'와 '-(으)려고 하다'//'-(으)ㄹ 거예요'와 '-(으)ㄹ까 해요'//'-(으)ㄹ 거예요'와 '-(으)ㄹ게요'//'-(으)ㄹ게요'와 '-아/어야겠다'

 교재에서 제시된 유사 관계나 학습자들이 생각하는 유사 관계에는 동일한 의미 영역에 속하는 표현들도 있지만 의미 영역을 넘어 서로 유사 관계로 짝지어진 것들도 있다. 의미 영역을 넘어선 표현들은 결국 이들의 의도성으로 포괄할 수 있는 근거가 된다.
 지금까지 각 표현들이 가지는 특성에서 유사성을 보이는 것, 교재에서 유사 관계로 제시한 것, 학습자 말뭉치를 근거로 학습자가 유사 관계로 공통되게 나타나는 것은 다음과 같다.

 (130) '-겠다'와 '-(으)ㄹ 것이다'//'-겠다'와 '-(으)ㄹ게요'//'-(으)ㄹ 것이다'와 '-(으)ㄹ게요' //'-(았/었)으면 좋겠다'와 '-(았/었)으면 하다'

위의 목록들은 여러 기준을 거쳐서도 가장 유사 정도가 밀착되어 있는 표현들일 것이다. 따라서 다음 장에서는 이들의 교수 방안에 대해 살펴보기로 한다.

3.2 유사 표현의 교수 방안

이 장에서는 유사 관계에 있는 표현들의 교육 방안으로, 가장 명확하게 제시하는 방법의 일환으로 이들의 차별성을 제시하는 방법을 선택할 것이다.

▶ '-겠다'와 '-(으)ㄹ 것이다'

'-겠다'와 '-(으)ㄹ 것이다'는 활용형이 존재하고, 과거 시제소와 결합 가능하지만 추측의 의미로 변화한다는 동일한 형태 정보를 갖는다. 또한 혼잣말로 사용되고 기본형으로 발화에 참여할 수 있는 화용 정보도 어느 정도 유사성을 띤다.

이러한 유사성 이외에 통사·의미 정보에서도 공유하는 부분이 있지만, 다음과 같은 차이를 나타낸다. '-(으)ㄹ 것이다'는 1인칭 주어가 실현되는 의문문을 생산하지 못한다는 점에서 통사적인 차이가 있다. 의미 정보면에서 '-겠다'는 대화가 진행되는 과정에서 즉각적으로 화자의 의지를 표출하는 동시에 행위로 이어지는 시간차가 '-(으)ㄹ 것이다'보다 짧다는 차이가 있다. 이 표현들은 초급 단계에서 비슷한 시기에 목표 표현으로 다루어지므로 이러한 의미 차이를 실제 생활 장면을 예로 들어 설명하면 좋을 것이다.

(131) 가. 따르르릉   나. 제가 받겠습니다.
(132) 가. 따르릉   나. 제가 받을 겁니다.

실제 전화가 오는 상황에서 모국어 화자들은 (131)처럼 대답하는 것이 일반적이다. 물론 (132)와 같은 상황도 연출되지만, 이런 경우는 내가 전화를 받을 것이므로 너는 받지 말라는 화용적 의미가 추가될 수도 있다.
다음 예처럼 헤어지는 상황에서 화자와 청자가 직접적으로 대면을 하는 경우, (133)은 가능하지만 (134)는 가능하지 않다.

(133) 가. 그럼 다음에 뵙겠습니다.   나. 네, 안녕히 가세요.
(134) 가. *그럼 다음에 뵐 겁니다.   나. 네. 안녕히 가세요.

(134)가 문법적인 표현은, 다음에 볼 대상이 (134나)가 아닌 담화 상황에서만 가능한 일이다. 이렇게 '-겠다'는, 화자가 청자와 직면하고 실제 발화 내용이 청자를 대상으로 하는 경우에 사용한다. 이러한 의미·화용 정보도 충분히 제공하여야 할 것이다.

▶ '-겠다'와 '-(으)ㄹ게요'

'-겠다'와 '-(으)ㄹ게요'는 형태 정보에서 차이가 나는데, '-(으)ㄹ게요'는 형태 활용을 하지 않으며, 과거 시제소와 결합하지 않는다.

(135) 가. 이제부터 발표를 시작하겠습니다/시작하겠어요/시작하는데/....
      나. 이제부터 발표를 시작할게요.
(136) 가. 내가 이 많은 것을 다 먹었겠어요?
      *나. 내가 이 많은 것을 다 먹을게요?

통사적으로 '-(으)ㄹ게'는 직접 인용문을 제외한 내포문에 나타날 수 없어서, 복합문에서는 (137)과 같이 언제나 후행 상위절에서만 나타나는 특성을 보인다. 또한 (138)의 예처럼 능력의 '못'부정문에서 '-(으)ㄹ게요'는 제약을 보인다.

(137) 내가 지금은 여기서 물러나겠는데/물러나겠지만/*물러날게는데/*물러날게지만...
(138) 가. 배가 아파서 학교에 못 가겠어요.
 *나. 배가 아파서 학교에 못 갈게요.

그러나 이러한 형태·통사적인 차이 이외에도, 다음의 (139가)처럼 대화 참여자의 존재 여부에 관계없이 '-겠다'는 혼잣말이 가능하나 '-(으)ㄹ게요'는 독백으로 잘 쓰이지 않는다.

(139) 가. 내일은 지각을 하지 않겠어.
 *나. 내가 지각을 하지 않을게.

▶ '-(으)ㄹ게요'와 '-(으)ㄹ 것이다'

'-(으)ㄹ게요'와 '-(으)ㄹ 것이다'는 형태면에서 차이가 있는데, '-(으)ㄹ 것이다'만 활용을 한다. 통사면에서 '못' 부정문에서의 제약성 여부에 차이가 있으며, 화용 정보에서도 혼잣말 발화 제약에 차이가 있다. 또한 의미적 특성에서 다음의 예처럼 '-(으)ㄹ게요'는 약속의 수반되는 반면, '-(으)ㄹ 것이다'는 계획의 의미가 있다는 점에서 차이가 난다. 더불어 청자와 관련된 사항이 발화 대상이 된다는 점에서도 차이가 난다.

(140) 가. 다음 학기에는 어떤 수업 등록할 거야?
 나. 영어 회화 수업을 등록할 거야.
(141) 가. 다음 학기에는 어떤 수업을 등록할 거야?

나. 영어 회화 수업을 등록할게.

(140)과 (141)의 담화 상황은 차이가 있는데, 잘 아는 친구에게 (140나)는 화자의 계획을 표출하는 기능을 하고, (141나)는 이전에 이 일에 대해 언급한 경험이 있다는 사실이 전제되어 약속의 기능을 한다. 즉 '-(으)ㄹ 것이다'는 화자 의지의 표출이 첫 정보인 반면, '-(으)ㄹ게'로 언급되는 정보가 구정보임을 전제로 한다. 그러나 이러한 내포 의미 등은 학습자에게 어렵거나 맥락에 따라 유동적인 의미 특성이므로, 계획과 약속의 의미 기능의 차이로 설명하는 것이 좋다고 본다.

▶ '-(았/었)으면 좋겠다'와 '-(았/었)으면 하다

'-(았/었)으면 좋겠다'와 '-(았/었)으면 하다'는 형태, 통사, 의미, 화용 정보가 공통되는 부분이 많다. 그러나 가장 두드러지는 특성은 담화 맥락에서 '-(았/었)으면 하다'가 '-(았/었)으면 좋겠다'를 대용할 수 있다는 점이다. 이는 한국어 교육에서 제공되어야 할 중요한 정보일 것이다.

3.3 유사 표현의 제시 모형

이 장에서는 앞에서 제시한 유사 표현을 교수에 반영되어야 할 내용을 5.1장에서 논의된 의미 영역별로 체계를 세운 표현간의 차별성을 단계에 맞추어 교육하여야 한다는 원리에 맞게 적용해 본다.

▶ '-겠다'와 '-(으)ㄹ 것이다'

제4장에서는 '-겠다'와 '-(으)ㄹ 것이다'를 초급 단계에서 배워야 할 표현으로 선정한 바 있다. 두 표현 모두 1급에서도 비교적 앞선 시기에 제시되는데, '-(으)ㄹ 것이다'가 '-겠다'보다 뒤에 배우므로 '-(으)ㄹ 것이다'를

배운 후에 바로 제시되는 것이 좋다. 1급에서는 의도성 표현의 상당 부분이 제시되며, 이중 가장 차별성이 드러나는 문장을 제시하여 이들을 비교한다.

교재에서 이들은 대체적으로 초급에서 제시되므로 초급에 어울리는 담화 상황의 예로 설명하면 좋을 것이다. 전화 받기, 인사하기 등 여러 기능으로 사용 가능하나 초급 단계를 고려한다면 인사하기 상황에서 이들의 쓰임을 보이는 것도 좋을 것이다.

(142) 가. 그럼 다음에 뵙겠습니다. 네, 안녕히 가세요.
나. 그럼 다음에 뵐 겁니다. 네, 안녕히 가세요.

위 예는 인사하기 상황에서 사용된 예인데, 가는 의지성이 있거나 관용적으로 쓰이기도 하지만, (142나)는 구체성이 없어 앞으로 물리적 시간상 거리가 있음을 내포한다.

▶ '-(으)ㄹ게'와 '-(으)ㄹ 것이다'

'-(으)ㄹ게'와 '-(으)ㄹ 것이다'는 의미 기능이 다르다. '-(으)ㄹ게'는 의지와 약속의 상황에서, '-(으)ㄹ 것이다'는 의지와 계획의 의미로 사용됨을 제시하면 좋다. 이 때 같은 의미 기능인 '의지' 용법에서 서로 다른 점을 비교 설명하여야 한다.

(143) 가. *내일은 내가 못 갈게.
나. 내일은 내가 못 갈 것이다.
(144) 가. 내일은 내가 갈게.
나. 내일은 내가 갈 것이다.

(143가)는 능력을 나타내는 '못'과 공기하지 못하나, (143나)는 가능하

다. 또한 (144가)는 대개 의지 표현을 가볍게 나타낼 때 쓰나, (144나)는 의지를 강하게 드러낸다.

▶ '-(았/었)으면 좋겠다'와 '-(았/었)으면 하다'

'-(았/었)으면 좋겠다'와 '-(았/었)으면 하다'는 후자가 대용성이 있어 전자를 대신할 수 있다는 이점이 있다. 그러나 실제 교재에서는 이러한 정보를 제공하고 있지 않았다.

 (145) 가. 이번 일은 내가 했으면 좋겠다.
    나. *이번 일은 내가 했으면 하다.
    다. 이번 일은 내가 했으면 한다.

'-았으면 좋겠다'는 (145가)처럼 자신의 희망을 강하게 드러내는 반면, 해라체 '-으면 하다'형이 비문인 '-으면 한다'는 희망을 소극적으로 나타낸다. 후자에 나타난 '하다'형이 대용성 용언이므로 의미 표현을 소극화하는 것으로 보인다.

제6장 결론

본고에서는 자신이 하고 싶거나 되고 싶어 하는 뜻을 나타내는 표현을 '의도성 표현'으로 설정하여, 한국어 교육에서 이러한 표현을 어떻게 교육할 것인가에 대한 문제를 논의하였다. 한국어 교육을 위한 의도성 표현을 의미 기능 중심으로 기능별 구조를 짜서 각 기능에 해당하는 표현들을 정리하여, 이 표현들이 각각 가지고 있는 문법과 의미 특성을 살피고 화용상 의미 차이를 구별한 후에, 이들을 어떻게 한국어 교육에서 다룰 것인가를 논의하였다.

이를 위해 제2장에서는 의도성 표현의 개념과 범위에 대해 논의하고, 기존의 국어학 연구 성과와 한국어교육, 한국어교육을 위한 한국어 문법 사전, 한국어 교재에서 논의된 의도성 표현들의 목록을 검토하였다. 이어 이들을 '의지, 계획, 희망, 약속'으로 유형화하여 영역별 각 형태들이 갖는 일반적인 특성을 살펴보았다.

제3장에서는 의도성 표현의 교육을 위하여, 기존의 한국어 교재(고려대, 연세대서울대, 이대, 경희대)에서는 이들을 어떻게 다루었는가를 분석하였다. 또한 교재에서 제시된 의도성 표현을 학습자들은 어떻게 습득하였는지 살펴보기 위해 학습자들의 말뭉치를 살펴보았다.

각 교재에서 등장한 의지 표현 형태들에는 '-겠다, -고 말겠다, -고자 하다, -도록 하겠다, -아/어야지, -(으)려고요, -(으)려고 들다, -(으)려고 하다, -(으)리-, -(으)ㄹ 거예요/것입니다, -(으)ㄹ게요, -(으)ㄹ까 보다, -(으)ㄹ까 하다, -(으)ㄹ래요, -(으)ㄹ 테니까, -아/어야겠다'가 있었다. 교재에 나타난 의지 표현은 교재의 성격에 따라 목록에서 어느 정도의 차이를 보였다. 또한 의미 기술의 있어 내용에는 큰 차이가 없었지만 다의미를 갖는 형태에 대해 의미 기술의 범위에는 차이가 있었다.

계획 표현은 제시 순서나 의미 기술에서 거의 동일하게 기술되어 있었다. 교재에서 제시한 계획 표현은 '-기로 하다, -(으)려던 참이다, -(으)ㄹ까 하다, -(으)ㄹ 거예요, -(으)려고 하다, -아/어야겠다, -겠다'이었다. 이 중에서 5개 교재에서 모두 계획 표현으로 제시한 것은 '-기로 하다, -(으)려던 참이다, -(으)ㄹ까 하다'이고, '-(으)ㄹ 거예요, -(으)려고 하다'는 4개 교재에서, '-겠다, -아/어야겠다'는 1개 교재에서 사용하였다. 그런데 5개 교재에서 제시한 계획 표현 중 '-겠다, -(으)ㄹ 거예요, -(으)ㄹ까 하다, -아/어야겠다, -(으)려고 하다'는 의지 표현과 중첩되는 것이다. '-기로 하다'는 다음에 기술된 약속 표현에도 제시되는 형태이다.

희망 표현에는 '-고 싶다, -았/었으면 좋겠다, -았/었으면 하다, -았/었으면 싶다'가 있다. 이 중에서 '-고 싶다, -았/었으면 좋겠다'는 5개 교재에서 모두 희망의 의미로 사용되었고, '-았/었으면 하다, -았/었으면 싶다'는 2-3개의 교재에서 희망 표현으로 제시되었다. 교재에서 이들의 의미에 대한 차이를 구별하여 설명하지 않고, '-았/었으면 좋겠다'와 '-(으)면 좋겠다'의 구별도 하고 있지 않았다.

약속 표현에는 '-기로 하다, -겠다, -(으)ㄹ게요'가 있는데, 이들은 각 형태가 갖는 다의미 특성 때문에 나타난 것으로 상황 맥락에 의존적인 의미라고 할 수 있다. 약속 표현은 교재의 특성에 따라 이러한 의미를 수행하는 예문을 사용하였다. 약속 표현 형태들의 의미 기능은 상당히 문맥 의존적이기 때문에 이들이 약속의 의미로 제시된 경우는 없고, 다만 상황 속에서 이러한 의미로 실현되었음을 찾을 수 있었을 뿐이다.

의도성 표현들은 대부분 초급과 중급 교재에서 제시되고 있다. 5개 교재에 있는 이러한 형태들 중에서 가장 이른 단계에서 제시되고 있는 것은 의지 표현의 '-겠, -고 싶다'로, 5개 교재에서 모두 1급 교재에서 제시되었다. 즉 의지와 희망의 표현이 가장 이른 단계에서 제시되고 있으며, 이들 표현 중에서 형태, 통사적으로 가장 단순한 형태를 먼저 제시하였음을 알 수 있었다.

교재 분석을 한 뒤에는 학습자들의 말뭉치에 나타난 의도성 표현의 사용 실태를 검토하였다. 그 결과 학습자들은 특정 표현만을 집중적으로 사용하고 주로 단순문을 사용하고 있어, 표현하고자 하는 의도성을 다양하고 섬세하게 사용하지 못 한다는 결론을 얻었다. 이를 극복하기 위해선 학습자들에게 좀 더 거시적인 관점에서 의도성 표현을 학습할 수 있는 기회가 제공되어야 하며, 유기적인 학습을 통하여 이들 의도성 표현간의 비교 학습이 이루어져야 할 것이다.

제4장에서는 한국어 균형 말뭉치와 구어 말뭉치에서 각각의 의도성 표현 형태들이 나타나는 빈도수를 조사하고 형태별 난이도를 고려하여, 이들 가운데 한국어 교육용 목록을 추출하고 이들을 위계화하여 실제 교육 현장에서 사용할 수 있도록 논의하였다.

초급 단계에서는 의지 표현으로 '-겠다, -아/어야겠다, -(으)ㄹ 것이다, -(으)려고 하다, -아/어야지, -(으)ㄹ게, -(으)ㄹ래'를, 계획 표현에 '-기로 하다, -겠다' 를, 희망 표현에 '-고 싶다, -았/었으면 좋겠다'를 선정하였다.

중급 단계에서는 의지 표현에 '-도록 하겠다, -(으)ㄹ까 하다 -(으)ㄹ 테다, -고 말겠다, -고자 하다, -(으)리다, -(으)려던 참이다'를, 계획 표현에서는 '-(으)ㄹ 것이다, -(으)ㄹ까 하다, -(으)려고 하다, -(으)려던 참이다'를, 희망 표현으로는 '-(았/었)으면 하다'를, 약속 표현으로는 '-(으)ㄹ게, -기로 하다, -(으)마'를 한국어 의도성 표현의 목록으로 배열하였다.

제5장에서는 선정된 의도성 표현이 교수 요목의 설계에 따라 배치된

단원의 주제나 기능과의 유기성을 가지면서 제시되어야 함을 제안하였다. 각 의도성 표현들에 관해선 형태적 요인, 통사 구조적인 요인, 의미 유형적 요인, 각 표현들의 의미 특성과 담화적 요소 등이 학습자들이 이해하기 쉽게 교수되어야 한다. 본고에서는 이를 위해 의도성 표현의 교육 방법 원리를 아래와 같이 설정하였다.

먼저 의도성 표현의 형태·통사 정보, 의미 정보, 담화 정보를 충실히 제공해야 한다. 둘째, 의도성 표현은 의지, 계획, 희망, 약속의 의미 영역에 속하는 형태들을 영역별로 체계를 세워 설명해야 한다. 셋째, 다의미 특성을 가진 표현은 개별 형태의 제시 단계에 따라 종합적이거나 단계별로 제시하도록 한다. 넷째, 담화 상황의 기능에 대해 교육해야 한다. 다섯째, 각 단계별로 제시된 형태들은 형태별로, 의미 영역별로 이전 단계에서 학습한 내용을 확인할 수 있는 부분이 마련되어야 한다. 마지막으로 의도성 표현은 표현 언어의 관점에서 상대방과의 의사소통을 전제로 하기 때문에 필요에 따라서는 두 문장을 넘는 화행적 문맥 전체를 제공해 줄 필요도 있다.

이러한 여섯 가지 원리 중에서 특히 의도성 표현의 형태·통사 정보, 의미 정보, 담화 정보에 대해서는 구체적으로 논의할 필요가 있으므로 5.2장에서 각 형태별로 이들을 본격적으로 다루었다. 기존의 연구에서 보인 각 형태들의 문법과 의미 특성을 참고하여 실제적인 담화 특성을 위해 구어 말뭉치 자료에 나타난 각 표현의 특성을 검토하여 최종적으로 한국어 교육에 반영해야 할 교수 내용을 제시하였다. 그 결과, 의도성 표현들은 1인칭 표현에서 인칭이 바뀌면 의미 기능이 달라지는 경우가 많았으며, 의도성 어미들에 선행하는 용언 어간에 나타나는 문법 범주의 제약, 의도성 표현들이 갖는 명령형과 청유형에서의 제약, 과거 시제 형태소와의 공기 관계, 내포문이나 접속문에 나타나는 제약 등이 문법 특성에서 많이 논의되었다. 의도성 범위 내에서 나타나는 다의미도 있고, 비의도성 의미 기능을 포함하는 다의미 표현 등에 대한 논의도 필요하였다. 각 의도성 표현들이 발화 상황이나 화행 속에서 특별히 선호되거나 제약을 갖는 특성도 한국어 교육에서 크게 요구되는 교육 내용임을 확인할 수 있었다.

5.3장에서는 의도성 표현 중에서도 그 유사성의 정도가 강하여 학습자에게 구분해서 제시해야 하는 유사 표현을 그의 형태, 통사, 화용 정보를 이용하여 선정하였다. '-겠다'와 '-(으)ㄹ 것이다', '-겠다'와 '-(으)ㄹ게요', '-(으)ㄹ게요'와 '-(으)ㄹ 것이다', '-(았/었)으면 좋겠다'와 '-(았/었)으면 하다' 등이 여기에 해당하는데, 이들 사이에 있는 차별성을 찾아 교수 내용을 제안하였다.

본고에서는 한국어 의도성 표현의 교육을 위해 균형 말뭉치에 나타난 모국어 화자의 사용 빈도와 양상을 검토하였다. 이는 한국어 교육 자료의 실제성을 더하여 학습 목록을 위계화하기 위한 것이며, 사용 양상의 고찰에서 얻어진 결과는 의도성 표현의 교육 내용에 적용하고자 하는 이유도 포함된 것이었다. 그러나 본고에서는 이러한 교육 내용을 실제 교실에서 적용하지는 못하였다. 따라서 앞으로 이러한 교수 내용이 반영된 학습을 통해 학습자의 습득 결과를 조사하는 작업이 필요할 것이다.

참고문헌

강소영. 2001. "양태 표지 '-ㄹ 터이-'의 의미."「한국어 의미학」9. 한국어의미학회.
강소영. 2002. "[확연], [당연], [개연]의 양태표지 연구."「한국어학」16. 한국어학회.
고영근. 1989.「국어형태론연구」서울대학교 출판부.
김기혁. 1987. "국어 보조동사 연구." 연세대 박사학위논문.
김동욱. 2000. "한국어 추측표현의 의미차이에 관한 연구."「국어학」35. 국어학회.
김영숙 외. 2004.「영어과 교육론」1·2 한국문화사.
김석득. 1992.「우리말 형태론」탑출판사.
김수정. 2004. "한국어 교육을 위한 연결 어미 연구." 서울대 박사학위 논문.
김유정. 1997. "외국어로서의 한국어 문법 교육-문법 교육의 위치·원리에 대하여-."「한국어학」6. 한국어학회.
김유정. 1998. "외국어로서의 한국어 문법 교육-문법 항목 선정과 단계화를 중심으로-."「한국어교육」9-1. 국제한국어교육학회.
김재욱. 2001. "범주 확장망 모형을 통한 한국어 문법 교육."「한국어교육」12-1. 국제한국어교육학회. 73-92쪽.
김재욱. 2005. "한국어 학습자의 시제표현 문법형태의 용법별 중간언어 연구."「언어과학연구」32. 언어과학회.
김정숙. 1992. "한국어 교육과정과 교과서 연구." 고려대 박사학위논문.
김정숙. 1998. "과제 수행을 중심으로 한 한국어 교육 방법론,"「한국어교육」9-1. 국제한국어교육학회, 95-112쪽.
김정숙. 2002. "한국어 교수요목 설계와 교재 구성."「21세기 한국어교육학의 현황과 과제」한국문화사.
김정숙. 2003. 통합교육을 위한 한국어 교수요목 설계 방안 연구.「한국어교육」14-3. 국제한국어교육학회, 119-143쪽.
김제열. 1993. "국어 의도 구문의 융합 현상 연구." 경희대 석사학위 논문.

김제열. 2001. "한국어교육에서 기초문법 항목의 선정과 배열 연구."「한국어교육」12-1. 국제한국어교육학회.

김제열. 2003. "한국어교육에서 시간 표현 요소의 문법적 기술 방법 연구."「한국어교육」14-1. 국제한국어교육학회. 51-75쪽.

김지은. 1998.「우리말 양태용언 구문 연구」한국문화사.

김하수. 1979. "'-ㄹ까'의 의미와 통사적 특징."「말」4. 연세대학교 한국어학당.

김혜정. 1994. "'-겠다 표현'의 화행론적 분석 시고." 서울대 국어교육과 석사학위논문.

김호정. 2006. "한국어 교육 문법의 시간 표현 연구." 서울대 박사학위논문.

김홍수. 1983. "'싶다'의 통사·의미특성."「관악어문연구」8. 서울대국어국문학과.

노대규. 1990. "한국어의 약속문 연구."「동방학지」연세대학교 국학연구원.

노지니. 2004. "한국어 교육을 위한 추측의 통어적 문법소 연구." 서울대 석사학위논문.

류시종. 1995. "한국어 보조용언 범주 연구: 원형이론적 접근." 서울대 박사학위논문.

박나리. 2004. "한국어 교육문법에서의 종결 어미 기술에 대한 한 제안."「이중언어학」26. 이중언어학회.

박동호. 2004. "외국인을 위한 한국어 문법 교육과정."「문법교육」1. 한국문법교육학회.

박선아. 1994. "외국어 화자를 위한 한국어 시간 표현의 학습 모형." 상명여대 석사학위논문.

박재연. 2004. "한국어 양태 어미 연구." 서울대 박사학위 논문.

박재희. 1998. "한국어 문법 교수에 관한 연구." 이화여대 석사학위논문.

배두본. 1997.「외국어 교육 과정론」한국문화사.

배현숙. 1989. "'싶다' 구문의 의미 구조." 고려대 석사학위논문.

변정민. 2001. "'싶다'의 의미 연구."「한국어학」13. 한국어학회.

서정수. 1977. "'겠'에 관하여."「말」2. 연세대학교 한국어학당.

서정수. 1980. "존대말은 어떻게 달라지고 있는가?(2)."「한글」167. 한글학회.

서정수. 1996.「국어문법」한양대학교 출판부.

석주연. 2005. "한국어 교육에서의 문형 교육의 방향에 대한 일고찰."「한국어교육」16-1. 국제한국어교육학회.

선은희. 2003. "한국어 문법 교수 방안 연구." 연세대 교육대학원 석사학위논문.
성광수. 1993. "'싶다'구문의 보문구조와 의미해석."「한국학연구」5. 고려대학교 한국학연구소.
성낙수. 1987. "이른바 도움그림씨 '싶다'의 연구."「한글」196. 한글학회.
손세모돌. 1995. "'-고 싶다'의 의미 정립 과정."「국어학」26. 국어학회.
신창순. 1975. "현대한국어의 용언보조어간 '겠'의 의의와 용법."「현대국어문법」 (남기심 외 편). 계명대출판부.
신창순. 1997. "용언토의 분석과 양태 범주."「국어학」29. 국어학회. 139-169쪽.
안경화·김정화·최은규. 2000. "학습자 중심의 한국어 교육과정 개발 방향에 대하여."「한국어교육」11-1. 국제한국어교육학회.
안정아. 2000. "의존명사 구성의 양태 의미 연구." 고려대 석사학위논문.
안주호. 1997.「한국어 명사의 문법화 현상 연구」한국문화사.
안주호. 2002. "종결 어미 '-ㄹ 게'의 통사적·의미적 정보."「새국어교육」63. 한국국어교육학회.
안주호. 2005. "'싶다' 구문의 통시적 고찰."「어문학」90. 한국어문학회.
엄정호. 1990. "종결 어미와 보조동사의 통합구문에 대한 연구." 성균관대 박사학위논문.
엄정호. 2003. "'-고 싶다' 구문의 격 교체."「국어학」41. 국어학회.
윤석민. 1999.「현대국어의 문장종결법 연구」집문당.
이기갑. 1987. "의도 구문의 인칭 제약."「한글」196. 한글학회.
이남순. 1998. "'겠'과 'ㄹ 것'의 판단론."「시제·상·서법」월인.
이미혜. 2005.「한국어 문법 항목 교육 연구」도서출판 박이정.
이민선. 2004. "기능에 기초한 한국어 문법 교수 방안 연구." 연세대 교육대학원 석사학위 논문.
이종은. 2005. "한국어 교육을 위한 의존용언 표현의 어휘항목 선정."「이중언어학」28. 이중언어학회.
이성영. 1994. "표현 의도의 표현 방식에 관한 화용론적 연구." 서울대 박사학위논문.
이영. 2006. "중국인 학습자를 위한 한국어 보조용언 교육에 관한 연구." 서울대 석사학위논문.
이윤진·노지니. 2003. "한국어교육에서의 양태 표현 연구."「한국어교육」14-1. 국제한국어교육학회.
이은경. 1995. "국어의 연결 어미 연구." 서울대 박사학위논문.
이정택. 1988. "'-고'와 공존하는 도움풀이씨 연구."「한글」200.
이종은. 2005. "한국어 교육을 위한 의존용언 표현의 어휘항목 선정."「이중언어학」 28. 이중언어학회.
이종희. 2004. "국어 종결 어미의 의미 체계 연구." 연세대 박사학위 논문.
이지양. 1998. "문법화."「문법 연구와 자료」태학사.
이찬규. 2004. "문장에 나타나는 의도와 의지의 의미 범주와 상호 작용." 어문연구 32-1. 한국어문교육연구회.
이해영. 1992. "'보조동사구문'의 통사적 특성."「국어국문학」108. 국어국문학회.
이해영. 1998. "문법 교수의 원리와 실제."「이중언어학」15. 이중언어학회.
이해용. 2003. "[짐작], [추측] 양태 표현의 의미와 화용적 기능." 이화여대 석사학위논문.
이현순. 1995. "한국어 학습자를 위한 교수 학습 모형." 상명여대 석사학위논문.
이효정. 2001. "한국어 학습자 담화에 나타난 연결 어미 연구."「한국어교육」12-1. 국제한국어교육학회.
이효정. 2003. "한국어 교육을 위한 양태 표현 연구." 상명대 박사학위논문.
임동훈. 2001. "'-겠다'의 용법과 그 역사적 해석."「국어학」37. 국어학회.
장경희. 1985.「현대국어의 양태 범주 연구」탑출판사.
장경희. 1998. "서법과 양태."「문법 연구와 자료」태학사.
전나영. 1999. "{-나 보다/ -ㄹ 모양이다/ ㄹ 것 같다/ -ㄹ 것이다/-겠다}의 의미기능."「외국어로서의 한국어교육」연세대학교 한국어학당.
전혜영. 1988. "현대 한국어 접속 어미에 대한 화용론적 연구." 이화여대 박사학위논문.
전혜영. 1995. "한국어 공손현상과 '-겠다'의 화용론."「국어학」26. 국어학회.
정명숙. 2003. "비지니즈 한국어의 교수요목 설계를 위한 연구."「한국어교육」 14-2. 국제한국어교육학회.
정정덕. 1986. "국어 접속 어미의 의미·통사론적 연구." 한양대 박사학위논문.
조일영. 1994. "국어 양태소의 의미 기능 연구." 고려대 박사학위논문.
조현용. 2005. "문법화와 한국어 문형 교육 연구."「교육발전연구」21-1.

차현실. 1984. "'싶다'의 의미와 통사구조."「언어」9-2. 한국언어학회.

최정순. 2006. "의사소통적 한국어 구어 능력 개발을 위한 제언."「국어교육연구」 18. 서울대학교 국어연구소.

최정순. 1997. "개발자(Developer)"로서의 교사-교재 개발 및 교과 과정 개발에서의 교사의 역할-."「한국어교육」8. 국제한국어교육학회.

최재희. 1996. "국어 의존동사 구문의 통사론."「한글」232. 한글학회.

최해주. 2003. "한국어 보조용언 교육방안 연구." 경희대 교육학석사학위논문.

최현배. 1980.「우리말본」정음사.

최호철. 1993. "현대 국어 서술어의 의미 연구." 고려대 박사학위논문.

한송화. 2003. "기능과 문법 요소의 연결을 통한 한국어 교육."「한국어교육」14-3. 국제한국어교육학회.

한송화. 2000. "한국어 보조용언의 상적 기능과 양태 기능, 화행적 기능에 대한 연구"「한국어교육」11-2. 국제한국어교육학회. 189-209쪽.

허웅. 1995.「20세기 우리말의 형태론」샘 문화사.

홍종선. 1990.「국어 체언화 구문의 연구」고려대 민족문화연구소.

홍종선. 2005. "한국어의 연어구 연구."「ICKL 창립 30주년 기념 학술대회 논문집」 국제한국어학회.

Brown, H. Douglas. *Teaching by Principle*. Longman. 권오량·김영숙·한문섭 공역.「원리에 의한 교수」Pearson Education Korea.

Bybee, J. R. Perkins. & W. Pagliuca. 1994. *The Evolution of Grammar: Tense. Aspect and Modality in the language of the world*. The University of Chicago Press.

Chomsky, N. & M. Halle. 1968. *The Sound Pattern of English*. The Hague: Mouteon.

Cross David. 1999. *A Practical handbook of Language Teaching*. Longman.

Doughty, C. & J. William. 1998. *Focus on Form in Classroom Second Language Acquisition*. Cambridge University Press.

Graves, K. ed. 1996. *Teachers as Course Developers*. Cambridge University Press.

Nattinger, James R. & Jeanette S. DeCarrico. 1992. *Lexical Phrases and*

Language Teaching. Oxford University Press.

Jesperson, O. 1924. *The Philosophy of Grammar.* Allen and Unwin LTD. 이환묵·이석부 역(1987). 「문법 철학」. 한신문화사.

Krashen D. 1985. *The Input Hypothesis.* London: Longman.

Lado. 1957. *Linguistics Across Cultures.* Ann Arbor: University of Michigan Press.

Larsen-Freeman, D. 1991. Teaching Grammar. *Teaching English as a Second or Foreign Language.* Heinle & Heinle Publishers.

Michael, M & Ronald Carter. 2002. Ten Criteria for a Spoken Grammar. *New Perspectives on grammar Teaching in Second Language Classroom.* Ed. Eli Hinkel & Sandra Fotos. University of Nottingham. UK.

Michael, M & Felicity, O..2002. *English Phrasal idioms in Use.* Cambridge.

Michael, M & Felicity, O..2004. *English Phrasal Verbs in Use.* Cambridge.

Michael, M & Felicity, O..2005. *English collocations in Use.* Cambridge.

Mitchell Lewis. 1993. *The Lexical Approach. Language Teaching Publication.* 어휘접근법과 영어교육. 김성환 옮김. 한국문화사.

Mitchell Lewis. 2000. *Teaching Collocation-Further Developments in the Lexical Approach.* Heinle: Thomson ELT.

Morley, J. 2001. Aural compression instruction: *Teaching English as a second or foreign language.* Boston: Heinle & Heinle.

Munby, J. 1978. *Communicative Syllabus Design.* Cambridge University Press.

Nunan, D. 1988. *Syllabus Design.* Cambridge University Press.

Nunan, D. 1989. *Designing Tasks for the Communicative Classroom.* Cambridge University Press.

Nunan, D.1999. *Second Language Teaching & Learning.* Hongkong University. 임병빈·한혜령·송해선·김지선. 제2언어 교수 학습. 한국문화사.

Omaggio, A. 2000. *Teaching Language in Context.* Heinle & Heinle.

Peters, A. 1983. *The units of language acquisition.* Cambridge: Cambridge University.

Prator, Clifford H. 1967. *Hierarchy of difficulty.* Unpublished classroom lecture.

University of California. LA.

Rebecca L. Oxford. 1990. *Language Learning Strategies.* 영어 학습 전략. 박경자·김현지·박혜숙 공역. 교보문고.

Richards, J. C. 2002. *Curriculum Development in Language Teaching.* Cambridge University Press.

Stern, H. H. 1983. *Fundamental Concepts of Language Teaching(OALl).* 언어교수의 기본개념. 심영택·위호정·김봉순 공역. 하우출판사.

Swain, Merrill. & Lapkin 1995. Problems in output and the cognitive process hey generate: a step towards second language learning. *Applied Linguistics 16*:

Tricia Hedge. 2000. *Teaching and Learning in the classroom.* Oxford handbook of teachers.

Ur. Penny. 1988. *Grammar Practice Activities:* A Practical Guide for Teachers. Cambridge: Cambridge University Press.

Wallance, C. 1992. *Language Teaching: Reading.* Oxford University Press.

Widdowson, H. G. 1979. The process of reading. *Explorations in applied linguistics.*(Ed. by Widdowson, H.). Cambridge Press.

Wilkins, D. A. 1972. *Notional Syllabuses.* Oxford University Press.

* 한국어교재 *

경희대학교. 2000-2003. 「한국어」 1-6. 경희대학교 출판국.

고려대학교. 1991-1992. 「한국어 회화」 1-6. 고려대학교 민족문화연구원.

서울대학교. 1999-2001. 「한국어」 1-4. 문진미디어.

연세대학교. 1992-1994. 「한국어」 1-6. 연세대학교 출판부.

이화여자대학교. 1998-2002. 「말이 트이는 한국어」 1-4. 이화여자대학교 언어교육원·이화여자대학교 출판부 편.

찾아보기

(ㄱ)

가중치 ·· 164
간접적 ·· 168
-겠다 ······ 65, 102, 127, 247, 282
격 표지 ··· 131
결심 ·· 47
결정 ·· 47
결합 양상 ·· 205
결합 유무 ·· 141
결합 제약 ·· 204
결합형 표현 ····································· 167
계획 ·· 8, 47
계획 표현 ······························· 133, 282
계획 표현의 출현 빈도 ············ 188
고난이도 표현 ································ 211
-고 말겠다 ······························ 69, 275
고빈도 의도성 표현 ···················· 184
-고 싶다 ······················ 111, 136, 289
-고자 하다 ······························· 71, 278
과잉 오류 ··· 137
과제 ·· 164
교육용 목록 ···································· 161
교육용 의도성 표현의 빈도와 난이도
··· 215
교재 ·· 60
구어 환경 ··· 128

구어적인 요인 ······························· 168
구절 구조 ·· 51
권유문 ·· 32
극저빈도 표현 ······························· 195
금지 ·· 33
-기 ··· 188
기능 ··· 164
기능 중심 ··· 7
-기로 하다 ····· 116, 134, 284, 297
-기로 했다 ······································ 135
기본형 ·· 49
기원 ·· 38
기초 어휘 ··· 136

(ㄴ)

난이도 ······························ 150, 162, 164
난이도에 따른 위계화 ··············· 199
난이도에 따른 의도성 표현의 위계화
··· 209
능력 ·· 33

(ㄷ)

다의미 ··· 167
다의미 특성 ······································ 68
다의미 표현 ···································· 206
다짐 ·· 47

단독형 선어말 어미 ················· 51
단독형 표현 ························ 167
단의미 ······························ 167
단일형 ································ 51
담화 상황 ······················ 20, 30
-도록 하겠다 ················ 74, 267
대치 ·································· 145
대표형 ································ 49
대화 참여자 ······················· 140
동작성 용언 ························· 53
등급화 ······························· 163
띄어쓰기 ···························· 202

(ㄹ)

롤플레이 ···························· 144

(ㅁ)

말하기 말뭉치 ···················· 125
맹세 ···································· 48
명령 ······························ 33, 34
목록 ···································· 60
목적 ···································· 47
무표성 ······························· 204
문법소가 적은 형태부터 제시 ·· 167
문장 구성과 관련 ················ 167
문장 길이 ·························· 150
문장 내용 ···························· 30
문장 내용과 관련성 ············· 130
문장 단위 ···························· 20
문형 중심 ···························· 60
미래지향적인 특성 ··············· 30

(ㅂ)

바람 ···································· 48
발음하기 용이 ···················· 166
배열 원리 ·························· 161
보조 용언 ······················ 11, 46
비과거(非過去) 시제 ············· 24

(ㅅ)

상태성 용언 ························· 53
상호 작용 ·························· 140
서술성 표현 ··························· 1
선어말 어미 ························· 46
성취 지향적 ························· 48
수행문 ································ 23
시간 표현 ···························· 15
시제소 ······························· 141
쓰기 말뭉치 ················ 125, 126

(ㅇ)

알림 ···································· 31
-아/어야 하다 ···················· 187
-아/어야겠다 ········ 132, 145, 253
-아/어야겠다 ······················ 77
-아/어야지 ······ 80, 105, 189, 261
-았/었으면 싶다 ················· 111
-(았/었)으면 좋겠다 ······ 112, 291
-(았/었)으면 하다 ·········· 113, 293
약속 ······················ 8, 27, 38, 48
약속 표현 ·························· 295
약속 표현의 출현 빈도 ········ 191
양태 ···································· 10
양태 표현 ···························· 13

어법 ·· 168	-(으)려던 참이다. ···················· 289
연구·교육용 균형 말뭉치 ········ 169	-(으)리다 ······················· 89, 281
오류문 ······································ 129	-(으)마 ···································· 299
완화된 어법 ···························· 168	-(으)면 좋겠다 ······················· 155
요청 ·· 31	음운적인 난이도 ···················· 166
욕구 ·· 48	음절수 ······································ 201
욕망 ·· 26	의도 ···································· 24, 47
위계화 ································ 8, 161	의도 표출 표현 ··························· 1
유사 관계 의도성 표현의 교수 내용	의도성 ······································· 26
·· 301	의도성 표현 ······················ 1, 205
유사 표현 ························· 69, 142	의도성 표현의 위계화 ············ 229
유사 표현을 교수 ··················· 318	의미 ································ 134, 167
유사어 ·· 25	의미 기능 ···································· 8
유의 관계 ······························· 142	의미 기술 방식 ················ 60, 68
유표성 ······································ 204	의미 내용 ···································· 6
-(으)ㄹ 거야 ··························· 186	의미 단위 ···································· 9
-(으)ㄹ 거예요 ················ 145, 186	의미 정보에 따른 차이 ·········· 308
-(으)ㄹ 겁니다 ······················· 186	의사 ·· 26
-(으)ㄹ 것이다 ·························· 89	의존 명사 ································· 51
107, 129, 186, 256, 286	의존 용언 ······················· 42, 43, 51
-(으)ㄹ 것입니다 ···················· 186	의지 ······························· 8, 24, 38, 47
-(으)ㄹ 테다 ····················· 96, 274	의지 표현 ······················· 64, 247
-(으)ㄹ게 ································· 91	의지 표현의 출현 빈도 ········· 184
117, 128, 146, 156, 263, 295	이루어진 구 ······························ 51
-(으)ㄹ까 보다 ·························· 93	인식 ·· 39
-(으)ㄹ까 하다 ······················· 108	인식 동사 ······························· 204
147, 269, 287	인터뷰 ······································ 144
-(으)ㄹ래 ················· 95, 150, 265	일반화 가능성 ························ 162
-(으)려고 들다 ·························· 82	1인칭 화자 주어 ······················· 22
-(으)려고 하다 ·························· 83	
105, 131, 149, 154, 259, 287	**(ㅈ)**
-(으)려던 참이다 ······ 87, 188, 281	자체 활용 ······························· 167

제안문인 ……………………………… 31
종결 어미 ……………………… 9, 46, 51
중간 언어 과정 ……………………… 137

(ㅊ)

추상성 ……………………………… 207
추진 ………………………………… 47
추측 표현 …………………………… 13

(ㅌ)

탈락 ………………………………… 167
통사 정보 …………………………… 306
통합 교재 …………………………… 63

(ㅍ)

파생 ………………………………… 134
파생 의미 …………………………… 167
표제형 ……………………………… 49
표출 기능 …………………………… 38
표현 범주 …………………………… 16
표현 영역 …………………………… 168
표현 형태 …………………………… 7
표현론적인 의미 ……………………… 6

(ㅎ)

하라체 ……………………………… 49
학습 용이성 ………………………… 201
학습자 말뭉치 ……………………… 124
학습자 오류 ………………………… 142
한국어 교재 ………………………… 59
행위 …………………………… 23, 39
행위 기능 …………………………… 38

행위 주체 지향적 …………………… 48
허락 ………………………………… 33
현재(비과거) 시제문 ………………… 23
형용사 ……………………………… 204
형태 정보의 차이 …………………… 303
형태론적 공기 제약 ………………… 203
형태수 ……………………………… 202
형태적 유사성 ……………………… 201
형태적 표현 ………………………… 5
화청자 지향성 ……………………… 21
화용 정보에 따른 차이 ……………… 310
화용적 특성 ………………………… 167
화자의 발화 태도 …………………… 26
활용상 ……………………………… 167
희망 …………………………… 8, 48
희망 표현 …………………… 135, 289
희망 표현의 출현 빈도 ……………… 190